Hans G. Hoffmann • Marion Hoffmann • Patrick Hoffmann

Deutsch
So gelingt's!

A GERMAN COURSE FOR BEGINNERS

Hueber Verlag

Wenn Sie Fragen zum deutschen Sprachgebrauch oder Kommentare zum
Inhalt dieses Buches haben, schreiben Sie bitte an diese E-Mail-Adresse:
hansgeorghoffmann@gmail.com
Ihre Fragen (auf Deutsch oder Englisch) werden kostenlos beantwortet.

Dank an Herrn Zanoon Khalaf für Beratung aus der Perspektive
eines erfolgreichen Deutschlerners.

Die Hörtexte finden Sie auch als kostenlosen MP3-Download
unter www.hueber.de/audioservice.

3. 2. 1.   Die letzten Ziffern
2022 21 20 19 18   bezeichnen Zahl und Jahr des Druckes.
Alle Drucke dieser Auflage können, da unverändert,
nebeneinander benutzt werden.
1. Auflage
© 2018 Hueber Verlag GmbH & Co. KG, München, Deutschland
Umschlaggestaltung: Sieveking • Agentur für Kommunikation, München
Zeichnungen: Irmtraud Guhe, München
Layout und Satz: Sieveking • Agentur für Kommunikation, München
Verlagsredaktion: Katrin Dorhmi, Hueber Verlag, München
Druck und Bindung: Firmengruppe APPL, aprinta druck GmbH, Wemding
Printed in Germany
ISBN 978–3–19–029476–3

Art. 530_24116_001_01

Willkommen!

Sie haben gar keine oder nur geringe Kenntnisse der deutschen Sprache? Mit *So gelingt's!* können Sie sie bis zur Niveaustufe B1 ausbauen.

Was Sie zum Deutschlernen brauchen, ist hier vereinigt in einem Band:
- Texte mit Tonaufnahmen und englischer Übersetzung
- 1700 Wörter in den verbindlichen Lektionsteilen, 700 Wörter in den nicht verbindlichen H-Teilen sowie die grundlegende Grammatik bis B1
- Grammatik- und Wortschatzübungen sowie zahlreiche Kreuzworträtsel

Die 15 Lektionen sind alle 12 Seiten lang und haben stets den gleichen Aufbau:

A und D: Texte (meist Dialoge)
B und E: Verben, die in den Texten vorkommen
C und F: Erklärungen und Übungen (mit Lösungen im Anhang)
G: Grammatikerklärungen und -übersichten
H: Zusätzliche Texte zur Landeskunde, deren Stoff in den späteren Lektionen nicht als bekannt vorausgesetzt wird
I: Kreuzworträtsel usw.

Besonders wichtig für das Lernen und Nachschlagen ist der umfangreiche Anhang:
- Lösungsschlüssel zu den Übungen
- Alphabetisches Verzeichnis mit Erklärungen aller verwendeten Fachausdrücke
- Grammatikregister, über das Sie alle Grammatikregeln finden
- Wortregister, in dem alle Vokabeln des Kurses (nur nicht die der H-Teile) mit grammatischen Formen und englischer Übersetzung enthalten sind
- Liste der ca. 150 wichtigsten unregelmäßigen Verben des Deutschen

Dieser Kurs führt Sie zuverlässig zum Lernziel B1. Hier noch einige Tipps, die Ihnen helfen sollen, einen möglichst guten Lernerfolg zu erzielen:
- Hören Sie so viel Deutsch, wie Sie können. Zum Beispiel den Text einer Lektion: Hören Sie ihn viele Male, immer wieder, bis sie ihn fast auswendig können. Aber hören Sie auch sonst überall hin, wo Leute deutsch sprechen: unterwegs und vor allem im Fernsehen, im Radio, im Internet usw.
- Sprechen Sie so oft deutsch wie möglich. Sprechen Sie vor allem den Lehrbuchtext mehrmals mit, sodass Sie die Wörter, Wortgruppen, Sätze, die Betonung und die Satzmelodie am Ende gut beherrschen. Sprechen Sie mit deutschsprachigen Leuten, stellen Sie Fragen, erzählen Sie von sich selbst, auch wenn Sie wissen, dass Sie Fehler machen werden. Fehler sind nicht wichtig! Denken Sie zunächst nicht an die grammatischen Endungen der Wörter. Die lernen Sie erst mit der Zeit, ganz allmählich.
- Lesen Sie kurze deutsche Texte, die Sie interessieren: Schilder, Plakate, Comics, kurze Nachrichten in den Medien usw. Benutzen Sie ein Print- oder Online-Wörterbuch zum Nachschlagen unbekannter Wörter. Notieren Sie sich neue Vokabeln nach Möglichkeit in kleinen Wortgruppen: nicht *fahren*, sondern zum Beispiel *ich fahre mit dem Fahrrad*.
- Schreiben Sie jeden Tag einen deutschen Text ab: ca. 50 Wörter aus dem Lehrbuch, aus dem Internet, aus der Zeitung. Achten Sie beim Schreiben der Buchstaben besonders auf die Oberlängen (z. B. bei *d*) und Unterlängen (z. B. bei *p*).

Wir wünschen Ihnen erfolgreiches Lernen mit *So gelingt's!*

Welcome!

You know very little German or none at all? *So gelingt's!* will help you build up a working knowledge of German step by step to the level of B1.

In one volume, this book includes all the things you need to learn German and to look up key information:
• Texts with audio recordings and English translations
• 1700 words in the essential lesson sections and 700 words in the optional H parts as well as all the essential grammar needed for B1
• Lots of exercises as well as fun elements such as crossword puzzles

You find all this in 15 twelve-page Units which are all structured the same way:

A and D:	Texts (mostly dialogues)
B and E:	Verbs that come up in the texts
C and F:	Explanations and exercises (with the correct answers in the appendix)
G:	Grammar rules and tables
H:	Additional texts on German life, culture and institutions with new (and optional) vocabulary
I:	Crossword puzzles, etc.

The large appendix at the back of the book is extremely important for study and reference. It comprises:
• the correct solutions of the exercises,
• an alphabetical list with explanations of all the grammatical terms used,
• the grammar index which directs you to specific grammar points,
• the vocabulary index which contains all the words of the course (except for the H parts) along with their inflectional forms and English translations,
• a list of the 150 irregular verbs most frequently used in German.

This course offers a reliable route to the level of B1.
The following tips may help you to achieve the best possible results:
• Listen to as much German as you can. You should listen to the text of a Unit several times until you virtually know it by heart. But there are many other possibilities of listening to spoken German, above all on TV, on the internet and on the radio.
• Talk as much German as possible yourself. Start by reading the text of a Unit aloud simultaneously with the recording. Do this several times until your own speech matches the pronunciation and intonation of the model voices perfectly. Talk with German speakers wherever you meet them, ask questions, talk about yourself even though you know you're going to make mistakes. Mistakes don't matter! Don't think too much about the correct grammatical endings when you start speaking German, you're sure to learn them gradually as time goes by.
• Make it a habit to read short texts about things that matter to you: signs, noticeboards and posters, cartoons, news items in the media, etc. Always have a dictionary (printed or online) handy to look up words you don't know. You will remember new words better if you write them down in phrases and review them regularly.
• Copy out a German text of about 50 words every day: from this book, from the internet, from a newspaper. As you write, make sure that your letters b d f h k l t really go up to "above normal" height while your letters g j p q y really go "below normal" height.

We wish you fun and success learning German with *So gelingt's!*

Inhaltsverzeichnis

WER UND WO
ICH BIN

1

→ **Texte und Themen** Genau der richtige Ort: Gespräch zum Kennenlernen • Ein Interview: Gespräch über Einstellungen und Lebensgewohnheiten • Beschreibung einer Stadt • Die 16 Bundesländer • Die größten deutschen Städte → **Verb** Konjugation Präsens häufig gebrauchter Verben (einschl. *sein*) • Verbformen zu *ich, du, er, sie, es, wir, ihr, sie, Sie* → **Nomen** Maskuline / feminine Nomen • Artikel(wörter) *der, die, ein(en), kein(en), mein* • *für mich* • *beide, einige, viele* → **Syntax** Aussagesatz • Verneinung mit *nicht / kein* • Ja-/Nein-Frage • Wie-/Woher-Frage → **Verschiedenes** Funktionswörter

Genau der richtige Ort

Just the right place

◀) Track 1

◆ Saida
○ Michelle

◆ Hallo! Ich heiße Saida.
  Wie heißt du?
○ Ich bin Michelle. –
  Saida – das klingt arabisch …
◆ Ja, es ist ein arabischer Name.
  Ich komme aus Syrien.
○ Hat der Name eine Bedeutung?
◆ Saida bedeutet: „die Glückliche".
○ Ah! Ein schöner Name.
  Bist du denn glücklich?
◆ Du meinst wohl,
  bin ich verliebt?
  Nein, ich bin nicht verliebt.
  Ich habe keinen Freund.
  Aber sag mal,
  Michelle ist doch
  ein französischer Name.
  Bist du Französin?
○ Nein, ich bin Deutsche.
  Michelle ist ein häufiger Vorname
  in Deutschland.
  Mein Bruder hat
  auch einen französischen Namen.
  Er heißt Marcel.
  Viele Jungen heißen
  Marcel in Deutschland.
◆ Michelle und Marcel –
  beide Namen sind schön.
  Und wir sind hier in Glückstadt.
  Ich denke immer:
  Dies ist genau die richtige Stadt
  für mich.

◆ Hello! My name is Saida.
  What is your name?
○ I am Michelle. –
  Saida – that sounds Arabic …
◆ Yes, it is an Arabic name.
  I come from Syria.
○ Does the name have a meaning?
◆ Saida means "the happy one".
○ Ah! A beautiful / nice name.
  Are you happy, then?
◆ You probably mean
  am I in love?
  No, I am not in love.
  I don't have a boyfriend.
  But tell me,
  Michelle is
  a French name (, isn't it).
  Are you French?
○ No, I am German.
  Michelle is a common first name
  in Germany.
  My brother has
  a French name too.
  He is called Marcel.
  Many guys are called
  Marcel in Germany.
◆ Michelle and Marcel –
  both names are nice.
  And we are in Glückstadt ("Happy Town")
  here. I always think:
  This is just the right town
  for me.

bedeuten	(to) mean
Saida bedeutet „die Glückliche"	Saida means "the happy one"
denken	(to) think
ich denke immer …	I always think …
haben	(to) have
mein Bruder hat einen französischen Namen	my brother has a French name
ich habe keinen Freund	I don't have a boyfriend
hat der Name eine Bedeutung?	does the name have a meaning?
heißen	(to) be called
ich heiße Saida	I am called Saida; my name is Saida
wie heißt du?	what is your name?; what are you called?
er heißt Marcel	he is called Marcel; his name is Marcel
viele Jungen heißen Marcel	many boys are called Marcel
klingen	(to) sound
das klingt arabisch / schön / richtig	that sounds Arabic / nice / right
kommen	(to) come
woher kommst du?	where do you come from?
ich komme aus Syrien	I come from Syria
sie kommt aus Deutschland	she comes from Germany
meinen	(to) mean
du meinst mich / Michelle / Glückstadt	you mean me / Michelle / Glückstadt
sagen	(to) tell / say
sag mal: liebst du mich?	tell me / say: do you love me?
sein	(to) be
ich bin glücklich	I am happy
du bist verliebt	you are in love
er ist aus Syrien	he is from Syria
wir sind in Glückstadt	we are in Glückstadt

1 Sprechen Sie die Singular- und Pluralformen. Say the singular and plural forms aloud.

a	ein Name – viele Namen	a/one name – many names
b	ein schöner Name – viele schöne Namen	a/one beautiful name – many beautiful names
c	ein Junge – viele Jungen	a/one guy – many guys
d	eine Französin – viele Französinnen	a/one Frenchwoman – many Frenchwomen
e	eine Syrerin – viele Syrerinnen	a/one Syrian woman – many Syrian women
f	eine Deutsche – viele Deutsche	a/one German (woman) – many Germans

2 Setzen Sie *der, die, ein, einen* ein.

Put in *der, die, ein, einen*.

a _____ Name Michelle klingt französisch.

b Michelle ist _____ französischer Vorname.

c Sie hat _____ französischen Vornamen.

d Du hast _____ französischen Vornamen.

e Glückstadt ist genau _____ richtige Stadt für mich.

f Glückstadt ist genau _____ richtige Ort für mich.

3 Setzen Sie die korrekten Formen der folgenden Wörter ein. Put in the correct forms of the following words.

arabisch	bedeuten	französisch	heißen	sein	Syrien

a Michelle klingt _____ .

b Michelle ist ein _____ Name.

c Saida ist ein _____ Name.

d Michelles Bruder hat einen _____ Namen.

e Der _____ Name Saida ist schön.

f Die Namen Michelle und Saida _____ schön.

g Saida kommt aus _____ .

h Saida _____ „die Glückliche".

i _____ du glücklich, Saida?

j Er _____ Marcel.

k Viele Jungen _____ Marcel.

4 Schreiben Sie den Text ab. Kopieren Sie die Handschrift so genau wie möglich. Copy out the text, imitating the handwriting as closely as possible.

> Saida ist aus Syrien und Michelle ist aus Deutschland.
> Sie sind beide in Glückstadt. Die Stadt hat einen schönen Namen.
> Sie ist genau der richtige Ort für Saida. Saida ist glücklich hier.

5 Ergänzen Sie die fehlenden Wörter. Fill in the missing words.

a Ich _____ Saida.

b Ich _____ aus Syrien.

c Saida _____ ein arabischer Name.

d Er _____ „die Glückliche".

e Der Name ist _____ .

f Ich _____ glücklich, aber ich _____ nicht verliebt.

g Ich _____ keinen Freund.

6 *Die* oder *der*? *Die* or *der*?

a _____ Stadt

b _____ Name

c _____ Französin

d _____ Bruder

e _____ Namen

f _____ Jungen

7 Machen Sie die Sätze negativ mit *nicht* oder einer Form von *kein*. Make the sentences negative by adding *nicht* or a form of *kein*.

> Ich bin verliebt. → Ich bin nicht verliebt.

a Sie heißt Saida.

b Der Name Michelle ist arabisch.

c Es ist ein arabischer Name.

d Ich komme aus Syrien.

e Saida ist Deutsche.

f Dies ist der richtige Ort für mich.

g Saida ist verliebt.

h Sie hat einen Freund.

i Marcel ist in Glückstadt.

8 Einige Fragen zu Ihrer Person. Some questions about yourself.

(In this exercise we use the formal *Sie* address, not the informal *du* address.)

a Wie heißen Sie?

b Ist das ein arabischer Name?

c Ist es ein häufiger Name?

d Woher kommen Sie?

e Sind Sie in Deutschland?

f Sind Sie glücklich hier?

g Sind Sie verliebt?

h Haben Sie einen Bruder?

9 Schreiben Sie den Text ab und ergänzen Sie dabei die fehlenden Buchstaben. Copy out the text and fill in the missing letters.

> Sie heißt Saida
> Saida kommt aus Syrien. Der Na____ Saida bedeu____ „die Glück____".
> Saida i____ glücklich, ab____ sie i____ nicht verl____ . Sie h____ keinen
> Freu____ . Saida i____ in Glückst____ , das i____ eine St____ in Deutsch____ .
> Michelle u____ Marcel si____ auch i____ Glückstadt. D____ Stadt i____ schön.
> Sie ist genau d____ rich____ Ort für Saida.

Ein Interview

An interview

◀) Track 2

◆ Reporter
○ Frau Halabi

◆ Frau Halabi, Sie leben schon
seit einiger Zeit hier.
Wie gefällt es Ihnen in Glückstadt?

◆ Mrs Halabi, you have been living
here for some time.
How do you like it in Glückstadt?

○ Oh, sehr gut. Die Stadt ist schön,
die Menschen sind freundlich –
ich fühle mich wohl hier.

○ Oh, very much. The town is nice,
the people are friendly –
I feel comfortable here.

◆ Haben Sie eine eigene Wohnung?

◆ Do you have a flat of your own?

○ Ja, eine kleine,
aber sie ist hübsch und praktisch.

○ Yes, a small one,
but it's pretty and convenient.

◆ Und Freunde?

◆ And friends?

○ O ja. Meine Freundin Amena
ist auch aus Syrien,
und wir haben einige
deutsche Freunde.

○ Oh yes. My friend Amena
is from Syria too
and we have some
German friends.

◆ Sie sprechen sehr gut Deutsch.

◆ You speak German very well.

○ Danke! Ich habe
einen guten Lehrer,
und ich spreche überall deutsch,
sogar mit Amena –
meistens jedenfalls.

○ Thanks. I have
a good teacher
and I speak German everywhere,
even with Amena –
most of the time anyway.

◆ Super! Und …
kochen Sie auch deutsch?

◆ Great! And …
do you cook German too?

○ Hm, ja, ein bisschen.
Königsberger Klopse mache ich gern.

○ Hm, yes, a little.
I like to do Königsberg Meatballs.

◆ Und kochen Sie auch syrisch?

◆ And do you also cook Syrian?

○ Ja, manchmal.
Meine Freunde lieben
meine Syrische Reispfanne.

○ Yes, sometimes.
My friends love
my Syrian Rice Pan.

◆ Mmh! Ich bekomme Appetit.

◆ Mmm! I'm getting an appetite.

○ Kommen Sie doch am Sonntag zu mir,
da machen wir eine große
Syrische Reispfanne.
Ich liebe Kurkuma.

○ Come to my place on Sunday,
we'll be doing a big
Syrian Rice Pan then.
I love turmeric.

◆ Ich auch.
Vielen Dank für die Einladung!
Und jetzt lade ich Sie ein.

◆ Me too.
Many thanks for the invitation.
And now I am inviting you.

○ Ja?

○ Yes? / You are?

◆ Ja! Nebenan
gibt es fantastischen
Glückstädter Matjes.
Da gehen wir jetzt hin.

◆ Yes. Next door
they offer fantastic
Glückstadt Herring.
That's where we're going now.

bekommen	(to) get
ich bekomme Appetit	I'm getting an appetite
einladen	(to) invite
ich lade Sie ein	I'm inviting you
sich wohlfühlen	(to) feel well/comfortable
ich fühle mich wohl	I feel well/comfortable
geben	(to) give
es gibt Matjes	there is/they offer/they have herring
gefallen	(to) like
wie gefällt es Ihnen?	how do you like it?
hingehen	(to) go (there)
da gehen wir hin	we are going there/that's where we are going
kochen	(to) cook
Sie kochen	you cook
leben	(to) live
Sie leben	you live
lieben	(to) love
meine Freunde / sie lieben ...	my friends/they love ...
machen	(to) make/do
ich mache gern Klopse	I like to do/cook/prepare Klopse
sprechen	(to) speak
Sie sprechen gut Deutsch	you speak German well

Matjesfilets mit Zwiebeln

1 Ergänzen Sie *der* oder *die* und das Personalpronomen *er* oder *sie.* Fill in *der* or *die* and add the personal pronoun *er* or *sie.*

> *der* Freund → *er*   *die* Freundin → *sie*

a _____ Appetit → _____

b _____ Bedeutung → _____

c _____ Bruder → _____

d _____ Einladung → _____

e _____ Französin → _____

f _____ Freund → _____

g _____ Freundin → _____

h _____ Klops → _____

i _____ Lehrer → _____

j _____ Mensch → _____

k _____ Name → _____

l _____ Pfanne → _____

m _____ Sonntag → _____

n _____ Stadt → _____

o _____ Wohnung → _____

p _____ Zeit → _____

2 Setzen Sie bitte ein:

1. die korrekte Form von *ein*, 2. die korrekte Form des Adjektivs.

> Er hat (ein) (französisch) Freund. → *Er hat einen französischen Freund.*

a Ich habe (ein) (gut) Lehrer.

b Er ist (ein) (gut) Lehrer.

c Ich habe (ein) (nett) Freundin.

d Ich habe (ein) (nett) Freund.

e Glückstadt ist (ein) (schön) Stadt.

f Ich bekomme (ein) (groß) Wohnung.

g Haben Sie (ein) (eigen) Wohnung?

3 Setzen Sie ein Verb aus der Liste in der richtigen Form ein. Put in a verb from the list in the correct form.

> haben ¦ heißen ¦ klingen ¦ kommen ¦ machen ¦ sein

a Wie _____ du?

b Wie _____ Sie?

c Viele Jungen _____ Marcel.

d Ich _____ glücklich.

e Wir _____ glücklich.

f Der Name _____ arabisch.

g Die Namen _____ arabisch.

h Woher _____ du?

i Woher _____ er?

j Woher _____ Sie?

k Er _____ eine eigene Wohnung.

l _____ Sie eine eigene Wohnung?

m _____ du eine eigene Wohnung?

n _____ sie eine eigene Wohnung?

o Königsberger Klopse _____ ich gern.

Königsberger Klopse

4 Schreiben Sie den Text ab. Kopieren Sie die Handschrift so genau wie möglich. Beachten Sie die unterstrichenen Formen. Copy out the text, imitating the handwriting as closely as possible. Note the underlined forms.

> Zahra Halabi lebt schon seit einiger Zeit in Glückstadt.
> Sie hat eine eigene kleine Wohnung und fühlt sich wohl hier.
> Sie hat einige deutsche Freunde.
> Sie spricht sehr gut Deutsch.
> Manchmal kocht sie deutsch und manchmal syrisch.
> Königsberger Klopse macht sie gern.
> Sie liebt eine Syrische Reispfanne mit viel Kurkuma.

5 Schreiben Sie den Text ab und ergänzen Sie dabei die fehlenden Buchstaben. Copy out the text, filling in the missing letters.

> Zarah in Glückstadt
> Ich lebe schon seit einiger Zeit in Glückstadt. Die St_____ ist sch_____, die
> Mens_____ sind freu_____, und i_____ fühle mi_____ sehr wo_____ hier.
> I_____ habe ei_____ hübsche kle_____ Wohnung. Me_____ Freundin Amena
> ko_____ aus Syr_____, aber i_____ habe au_____ einige deu_____ Freunde.
> I_____ spreche vi_____ deutsch, au_____ mit mei_____ nichtdeut_____
> Freunden. I_____ koche ge_____ Königsberger Klo_____ oder Syri_____
> Reispfanne. Jetzt habe ich großen Appetit auf einen Glückstädter Matjeshering.

6 Verneinung mit *nicht*: Antworten Sie in ganzen Sätzen mit *nein … nicht*. Negation with *nicht*. Answer in complete sentences with *nein … nicht*.

> Ist Michelle aus Syrien? → Nein, sie ist nicht aus Syrien.

a Ist Marcel glücklich?
b Kommst du aus Glückstadt?
c Bist du verliebt?
d Ist der Name Wendelin häufig?
e Heißt du Marcel?

7 Verneinung mit *kein*: Antworten Sie in ganzen Sätzen mit *nein … keine(n)*. Negation with *keine(n)*. Answer in complete sentences with *nein … keine(n)*.

a Hat sie Appetit?
b Hat Saida einen Freund?
c Haben Sie eine eigene Wohnung?
d Hast du einen guten Lehrer?

1 **Das Nomen** The noun

Maskulin		Feminin	
der Appetit	der Lehrer	die Bedeutung	die Pfanne
der Bruder	der Mensch	die Deutsche	die Stadt
der Freund	der Name	die Einladung	die Wohnung
der Junge	der Ort	die Französin	die Zeit
der Klops	der Sonntag	die Freundin	

	Nominativ	Akkusativ
Maskulin	der / ein / kein Freund	den / einen / keinen Freund
	der / ein / kein Name	den / einen / keinen Namen
	der / ein / kein Mensch	den / einen / keinen Menschen
Feminin	die / eine / keine Zeit	(wie Nominativ)
	die / eine / keine Freundin	(wie Nominativ)

2 **Das Verb** The verb

Konjugation

Infinitiv	lieben	machen	meinen	denken	kommen	haben	sein
ich	liebe	mache	meine	denke	komme	habe	bin
du	liebst	machst	meinst	denkst	kommst	hast	bist
er / sie / es	liebt	macht	meint	denkt	kommt	hat	ist
wir	lieben	machen	meinen	denken	kommen	haben	sind
ihr	liebt	macht	meint	denkt	kommt	habt	seid
sie / Sie	lieben	machen	meinen	denken	kommen	haben	sind

Trennbare Verben Separable verbs (→ 3G1, 4C4, 5C5, 6C4, 7C1, 10C1)

Ungetrennte Form: **einladen**	Getrennte Form: ich **lade** Sie **ein**
Ungetrennte Form: **hingehen**	Getrennte Form: wir **gehen** jetzt **hin**
Ungetrennte Form: sich **wohlfühlen**	Getrennte Form: ich **fühle** mich **wohl**

3 **Einige besonders wichtige Wörter**   Some particularly important words

kommen Sie **am** Sonntag **zu** mir	come to my place on Sunday
sie ist **aus** Syrien – sie ist **in** Syrien	she is from Syria – she is in Syria
vielen Dank **für** die Einladung	many thanks for the invitation
dies ist der richtige Ort **für mich**	this is the right place for me
seit einiger Zeit	for some time
ich fühle **mich** wohl hier	I feel comfortable here
das / es klingt gut	that / it sounds good
beide / einige / viele Jungen heißen Marcel	both / some / many boys are called Marcel
er ist **immer / jetzt / meistens** in Berlin	he is always / now / usually in Berlin

🔊 Track 3

Die Stadt Glückstadt

Glückstadt liegt (= lies) an der Elbe im Bundesland
Schleswig-Holstein, etwa (= about) 50 (fünfzig) Kilometer
nordwestlich von Hamburg.
Die Stadt ist 400 (vierhundert) Jahre alt (= 400 years old)
und hat etwa 11 000 (elftausend) Einwohner (= inhabitants).
Glückstadt hat eine schöne Altstadt, ein interessantes
Museum, eine alte Kirche (= an old church) und einen
Hafen (= harbour).
Jedes Jahr (= each year) im Juni finden die Glückstädter
Matjeswochen statt (stattfinden = take place, Wochen = weeks).

Die 16 Bundesländer (= states)

Schleswig-Holstein und Hamburg sind zwei der sechzehn Bundesländer
der Bundesrepublik Deutschland.
Liste der Bundesländer, die Landeshauptstadt steht in Klammern
(= capital in brackets):

- Baden-Württemberg (Stuttgart)
- Bayern (München)
- Berlin
- Brandenburg (Potsdam)
- Bremen
- Hamburg
- Hessen (Wiesbaden)
- Mecklenburg-Vorpommern (Schwerin)
- Niedersachsen (Hannover)
- Nordrhein-Westfalen (Düsseldorf)
- Rheinland-Pfalz (Mainz)
- Saarland (Saarbrücken)
- Sachsen (Dresden)
- Sachsen-Anhalt (Magdeburg)
- Schleswig-Holstein (Kiel)
- Thüringen (Erfurt)

Berlin, Bremen und Hamburg sind
sowohl Städte als auch Bundesländer
(= cities as well as states).

Die größten deutschen Städte
(= the largest German cities)

Hauptstadt und Regierungssitz
(= seat of government) Deutschlands
ist die Stadt Berlin. Berlin ist mit etwa
3,7 Millionen Einwohnern die größte
Stadt Deutschlands; an zweiter
Stelle folgt Hamburg mit 1,8 Millionen
und an dritter Stelle München mit
1,5 Millionen Einwohnern.

Bringen Sie die Wortgruppen aus den beiden Spalten richtig zusammen und schreiben Sie sie als Sätze auf. Match the phrases from the two columns and write them down as sentences.

der Name Saida	am Sonntag
die Hauptstadt Deutschlands	eine eigene Wohnung
die Hauptstadt von Bayern	für die Einladung
ein arabisches Wort für Altstadt	haben einige deutsche Freunde
Frau Halabi hat	ist Berlin
Glückstadt	ist ein Bundesland
Hamburg	ist ein französischer Vorname
ich fühle	ist Medina
ich mache die Reispfanne	ist München
kommen Sie doch	klingt arabisch
meine Freunde lieben	liegt in Schleswig-Holstein
Michelle	meine Königsberger Klopse
Sie sprechen	mich wohl
vielen Dank	mit viel Kurkuma
wir	sehr gut Deutsch

Die Hauptstadt von Bayern – Bayerns Hauptstadt

LIEBE GEWOHNHEITEN

2

Der Verdacht

The suspicion

◀) Track 4

◆ die Frau
◎ der Mann

◆ Was gibt es im Fernsehen?

◆ What's on TV?

◎ Ich weiß nicht. Wir können ja nachgucken.
Wo ist denn das Programm?

◎ I don't know. We can have a look.
Where's the programme?

◆ Hier, glaube ich, unter den Zeitungen.

◆ Here, I think, under the newspapers.

◎ Ah ja. – Heute ist Montag, nicht wahr?

◎ Ah, yes. – Today is Monday, isn't it?

◆ Ja. Montag, der vierte Mai. –
Was gibt es denn im Ersten Programm?

◆ Yes. Monday the fourth of May. –
What's on Channel One?

◎ Im Ersten kommt ein Western.

◎ There's a western on Channel One.

◆ Hm. Ich mag keine Western. Der gute Held
kämpft gegen den bösen Helden …

◆ Hm. I don't like westerns. The good hero
fights the bad hero …

◎ Und am Ende siegt der gute Held …

◎ And eventually the good hero wins …

◆ … und reitet in den Sonnenuntergang.

◆ … and rides into the sunset.

◎ Du sagst es! – Aber warte mal, im MDR
gibt es einen Krimi – „Das gelbe Band".

◎ You said it! – But wait, there's a crime
movie on MDR – "The Yellow Band".

◆ Das klingt doch interessant.
Wovon handelt er?

◆ That sounds interesting.
What is it about?

◎ Na … von einem gelben Band, denke ich.

◎ Well … a yellow band, I suppose.

◆ Ah … ich verstehe schon.
Die Polizei findet einen Toten …

◆ Oh … I get it.
The police find a dead man …

◎ … in einem Zimmer
in einem kleinen, schäbigen Hotel.

◎ … in a room
in a small, shabby hotel.

◆ Und neben dem Toten
liegt ein gelbes Band.

◆ And next to the dead man
lies a yellow band.

◎ Richtig. Und das gelbe Band
ist aus Seide
und es hängen ein paar Haare daran.

◎ Correct. And the yellow band
is made of silk
and there are a few hairs hanging on it.

◆ Frauenhaare.

◆ A woman's hairs.

◎ Genau! Die Polizei muss die Frau
finden, dann hat sie die Mörderin. –
Warte mal! Du hast doch ein Haarband
aus gelber Seide.
Es passt so schön zu deinem Haar.

◎ Exactly! The police must find the
woman, then they have the murderer. –
Wait a moment. You have a hairband
made of yellow silk.
It goes so nicely with your hair.

◆ Ein Geschenk von Tante Liane,
handgemacht.

◆ A present from Aunt Liane,
handmade.

◎ Das gelbe Band … Natürlich!
Liebling, entschuldige mich bitte
einen Moment.
Ich muss mal kurz telefonieren.

◎ The yellow band … Of course!
Darling, please excuse me
for a moment.
I just have a short call to make.

entschuldigen	(to) excuse
entschuldige mich einen Moment	excuse me for a moment
geben	(to) give
was gibt es im Ersten Programm?	what's on Channel One?
glauben	(to) believe
ich glaube	I believe
handeln von	(to) be about; (to) deal with
er handelt von einem gelben Band	it is about a yellow band
hängen	(to) hang
es hängen Haare daran	there are hairs hanging on it
kämpfen (gegen)	(to) fight
er kämpft gegen den bösen Helden	he fights the bad hero
liegen	(to) lie
es liegt neben dem Toten	it lies next to the dead man
mögen	(to) like
ich mag keine Western	I don't like westerns
müssen	(to) have to
die Polizei / sie muss die Frau finden	the police / they must find the woman
ich muss mal telefonieren	I have a phone call to make
passen zu	(to) go (well) with
reiten	(to) ride
er reitet	he rides
sagen	(to) say
du sagst	you say
du sagst es!	(*Redensart*) you said it!
siegen	(to) prevail
der gute Held / er siegt	the good hero / he prevails
verstehen	(to) understand
ich verstehe	I understand
warten	(to) wait
warte!	wait!
wissen	(to) know
ich weiß	I know
ich weiß nicht	I don't know

1 **Setzen Sie *in* oder *im* ein. (Beachten Sie: *im* = *in dem*)**

a Was gibt es _____ Fernsehen?

b Er ist _____ einem Zimmer _____ einem kleinen Hotel.

c Am Ende reitet der Held _____ den Sonnenuntergang.

d Sie lebt _____ Glückstadt, das ist eine Stadt _____ Schleswig-Holstein.

e Glückstadt liegt _____ Bundesland Schleswig-Holstein.

f Ist sie noch _____ Hotel?

g Die Glückstädter Matjeswochen finden _____ Juni statt.

h Was gibt es _____ Ersten Programm?

2 **Setzen Sie *der, den* oder *dem* ein.**

a _____ gute Held kämpft gegen _____ bösen Helden.

b Am Ende siegt _____ gute Held und reitet in _____ Sonnenuntergang.

c Das Fernsehprogramm liegt unter _____ Zeitungen.

d Heute ist Montag, _____ vierte Mai.

e _____ Tote liegt in einem schäbigen kleinen Hotelzimmer.

f Neben _____ Toten liegt ein gelbes Band.

g _____ Bundestag ist in Berlin.

h Was bedeutet _____ Name Saida?

i Glückstadt ist genau _____ richtige Ort für Saida.

3 **Eine wichtige Regel zur Wortstellung** An important rule of word order
(→ 2G3, 4F3, 5C6, 8F3, 8F4, 9G, 11F5, 12F2)

Steht das Subjekt an erster Stelle, so ergibt sich diese Reihenfolge:
If the subject is in first place, the following word order results:

<u>Subjekt</u> – <u>Prädikat</u> – Adverbial usw.: <u>Ein gelbes Band</u> <u>liegt</u> neben dem Toten.

Steht etwas anderes als das Subjekt an erster Stelle, so ändert sich die Reihenfolge von Subjekt–Prädikat auf Prädikat–Subjekt:
If something other than the subject is in first place, the word order changes from subject–verb to verb–subject:

Adverbial usw. – <u>Prädikat</u> – <u>Subjekt</u>: Neben dem Toten <u>liegt</u> <u>ein gelbes Band.</u>

Setzen Sie den eingeklammerten Ausdruck an den Anfang und verändern Sie die Wortstellung von Subjekt – Prädikat auf Prädikat – Subjekt. Place the bracketed expression at the beginning and change the word order from subject–verb to verb–subject.

a <u>Der gute Held</u> <u>reitet</u> in den Sonnenuntergang. (Am Ende …)

b <u>Es</u> <u>gibt</u> einen Krimi. (Im MDR …)

c <u>Das</u> <u>klingt</u> interessant. (Für mich …)

d <u>Die Polizei</u> <u>findet</u> einen Toten. (In einem schäbigen Hotelzimmer …)

e <u>Frau Halabi</u> <u>spricht</u> deutsch. (Meistens …)

f <u>Wir</u> <u>machen</u> eine große Syrische Reispfanne. (Am Sonntag …)

g <u>Es</u> <u>gibt</u> einen Western. (Am Montag …)

4 **Setzen Sie den unterstrichenen Satzteil an den Anfang und ändern Sie die Wortstellung von Subjekt – Prädikat auf Prädikat – Subjekt.** Move the underlined word(s) to the beginning and change the word order from subject–verb to verb–subject.

> Viele Jungen heißen Marcel <u>in Deutschland</u>. → *In Deutschland heißen viele Jungen Marcel.*

a Ich fühle mich wohl <u>hier</u>.

b Ich bin nicht <u>verliebt</u>.

c Das ist <u>ein schöner Name</u>.

d Beide Namen sind <u>schön</u>.

e Ich liebe <u>deine Syrische Reispfanne</u>.

f Sie kocht gern <u>Königsberger Klopse</u>.

g Ein gelbes Band liegt <u>neben dem Toten</u>.

5 **Setzen Sie die richtige Form ein:** *ein, eine, einen* **oder** *einem*.

a Marcel ist _____ französischer Vorname.

b Mein Bruder hat _____ französischen Vornamen.

c Ich habe großen Appetit auf _____ Matjeshering.

d Liebling, entschuldige mich bitte für _____ Moment.

e Im Ersten Programm gibt es _____ Krimi.

f Der Film handelt von _____ gelben Band.

g In _____ schäbigen kleinen Hotelzimmer liegt _____ Toter.

h Glückstadt ist _____ kleine Stadt in Schleswig-Holstein.

i Glückstadt hat _____ alte Kirche und _____ Hafen.

6 **Setzen Sie eine der folgenden Präpositionen ein.**

| am | auf | aus | gegen | im | neben | seit | von | zu |

a _____ Ersten Programm gibt es einen Krimi.

b Der Film handelt _____ einem gelben Band.

c _____ dem Toten liegt ein gelbes Band.

d Das gelbe Band passt so schön _____ deinem Haar.

e Das Haarband ist _____ gelber Seide.

f Ich habe großen Appetit _____ einen Matjeshering.

g Ich lebe schon _____ einiger Zeit in Glückstadt.

h Kommen Sie doch _____ Sonntag zu mir.

i Der gute Held kämpft _____ den bösen Helden.

Wie ich von A nach B komme

How I get from A to B

🔊 Track 5

Ich habe kein Auto.	I don't have a car.
Ich brauche kein Auto.	I don't need a car.
Ich will kein Auto.	I don't want a car.
Aber ich habe eine Jahreskarte	But I have an annual pass
für die öffentlichen Verkehrsmittel,	for public transport
und ich habe mein gutes altes Fahrrad.	and I have my good old bike.
Die Öffentlichen, das sind in Berlin	Public transport, in Berlin that's
die U-Bahn, die S-Bahn, der Bus	the underground, the S-Bahn, the bus
und die Straßenbahn.	and the tram.
Auch das Taxi ist ein	The taxi is also a
öffentliches Verkehrsmittel,	means of public transport
aber ich fahre nie mit dem Taxi.	but I never go by taxi.
Von meiner Wohnung sind es	From my home it's
300 Meter zur Bushaltestelle	300 metres to the bus stop
und 800 Meter zum U-Bahnhof.	and 800 metres to the underground station.
Ich kann fast jeden Punkt in der Stadt gut	I can reach almost every point in the city
erreichen.	(centre) easily.
Die U-Bahn ist schnell,	The underground is fast,
das Auto dagegen ist langsam,	the car, however, is slow
denn man steht oft im Stau.	because you often stand in a traffic jam.
Zum Supermarkt fahre ich mit dem Fahrrad.	I cycle to the supermarket.
Ein Kilometer – eine angenehme Fahrt,	One kilometre – a pleasant ride
wenn es nicht regnet oder schneit.	if it isn't raining or snowing.
Oft gehe ich zu Fuß, und manchmal jogge ich.	I often walk, and sometimes I jog.
Ich bin gern zu Fuß unterwegs.	I like to be out on foot.
Mein Freund Sebastian macht alle Wege	My friend Sebastian makes every trip
mit dem Auto.	by car.
Er besitzt kein Fahrrad	He doesn't own a bike
und er fährt nie mit den Öffentlichen.	and he never uses public transport.
Zu Hause sitzt er entweder am Computer	At home he either sits at the computer
oder im Sessel vor dem Fernseher.	or in the chair in front of the TV.
Ich frage ihn: „Warum läufst du so wenig?"	I ask him: "Why do you walk so little?"
Er antwortet: „Ich laufe zum Auto	He answers: "I walk to the car
und auf dem Laufband im Fitnessstudio.	and on the treadmill in the gym.
Das ist genug."	That's enough."
Ich wiege siebzig Kilo;	I weigh 70 kilos;
Sebastian wiegt hundertzehn.	Sebastian weighs 110.

antworten	(to) answer
er antwortet	he answers
besitzen	(to) own
er besitzt kein Fahrrad	he doesn't own a bike
brauchen	(to) need
ich brauche	I need
erreichen	(to) reach
ich kann jeden Punkt erreichen	I can reach every point
(mit dem Bus / Fahrrad usw.) **fahren**	(to) go (by bus/by bike, etc.)
ich fahre (mit dem Bus usw.)	I go (by bus, etc.)
er fährt nie mit dem Bus	he never goes by bus
fragen	(to) ask
ich frage ihn	I ask him
zu Fuß **gehen**	(to) walk; (to) go on foot
ich gehe oft zu Fuß	I often walk; I often go on foot
joggen	(to) jog
manchmal jogge ich	sometimes I jog
laufen (= zu Fuß gehen, nicht fahren)	(to) walk
zum Supermarkt laufe ich	I walk to the supermarket
warum läufst du nicht?	why don't you walk?
regnen	(to) rain
es regnet	it rains; it is raining
schneien	(to) snow
es schneit	it snows; it is snowing
sitzen	(to) sit
er sitzt am Computer	he sits at the computer
stehen	(to) stand
man steht im Stau	one stands/you stand in a traffic jam
wiegen	(to) weigh
ich wiege siebzig Kilo	I weigh 70 kilos
wollen	(to) want
ich will	I want

1 Genus der Nomen Gender of nouns

Maskulin (*der*), feminin (*die*) oder neutral (*das*)? Setzen Sie *der, die* oder *das* vor die Nomen.

a _____ Auto	_____ Bahnhof	_____ Bus
b _____ Computer	_____ Ende	_____ Fahrrad
c _____ Fahrt	_____ Fernsehen	_____ Fernseher
d _____ Freund	_____ Geschenk	_____ Haltestelle
e _____ Hotel	_____ Jahreskarte	_____ Krimi
f _____ Polizei	_____ Programm	_____ Punkt
g _____ Sessel	_____ Stadt	_____ Stau
h _____ Supermarkt	_____ Taxi	_____ U-Bahn
i _____ Wohnung	_____ Zeitung	_____ Zimmer

2 Präposition + Akkusativ oder Dativ (→ 3F1, 4G2, 13F5)

	maskulin	feminin	neutral
Nominativ (wer?)	der Bus	die Bahn	das Taxi
Akkusativ (wen?)	den Bus	die Bahn	das Taxi
Dativ (wem?)	dem Bus	der Bahn	dem Taxi

Präposition + Akkusativ: *für, gegen*
Präposition + Dativ: *aus, mit, von*

Setzen Sie den passenden Artikel ein: *das, dem, den, der* oder *die*.

a Ich fahre nie mit _____ Taxi.
b Ich fahre immer mit _____ U-Bahn.
c Ich fahre nicht gern mit _____ Bus.
d Ich kann fast jeden Punkt in _____ Stadt gut erreichen.
e Vielen Dank für _____ Einladung!
f Vielen Dank für _____ Geschenk!
g Vielen Dank für _____ Krimi.
h Der gute Held kämpft gegen _____ bösen Helden.
i Von _____ Wohnung sind es 300 Meter zur Bushaltestelle.
j Meine Freundin Amena kommt aus _____ Stadt Aleppo in Syrien.

3 Verschmelzung von Präposition und Artikel

Die folgenden Verschmelzungen von Präposition und Artikel sind besonders häufig:
The following combinations of preposition and article are particularly common:

am (= an dem), im (= in dem), zum (= zu dem)

Setzen Sie diese Wörter in den Lücken ein. Use these words to fill the gaps.

a _____ Ende siegt immer der gute Held.
b _____ Fitnessstudio ist ein Laufband.
c _____ Juni finden die Glückstädter Matjeswochen statt.
d _____ Supermarkt fahre ich mit dem Fahrrad.

e Er sitzt entweder _____ Computer oder _____ Sessel vor dem Fernseher.

f Glückstadt liegt an der Elbe _____ Bundesland Schleswig-Holstein.

g Kommen Sie doch _____ Sonntag zu mir.

h Mit dem Auto steht man oft _____ Stau.

i Von meiner Wohnung sind es 800 Meter _____ U-Bahnhof.

j Was gibt es _____ Fernsehen?

4 **Setzen Sie die unterstrichenen Teile ans Ende und ändern Sie die Wortstellung.** (→ 2C3)

a <u>Eine Jahreskarte</u> habe ich. → *Ich habe eine Jahreskarte.*

b <u>Mit dem Taxi</u> fahre ich nie.

c <u>Zum Supermarkt</u> fahre ich mit dem Fahrrad.

d <u>Siebzig Kilo</u> wiege ich.

e <u>Gern</u> mache ich Königsberger Klopse.

f <u>Neben dem Toten</u> liegt ein gelbes Band.

g <u>Freundlich</u> sind die Menschen hier.

h <u>Eine eigene Wohnung</u> hat sie.

5 **Schreiben Sie den Text ab und ergänzen Sie dabei die fehlenden Buchstaben.**

> In Berlin brauche ich kein Auto, denn es gibt die U-Bahn, die S-Bahn, den Bus und die Straßenbahn. Ich ha_____ eine Jahres_____ für d_____ öffentlichen Verkehrs_____ und i_____ habe me_____ gutes alt_____ Fahrrad. M_____ dem Ta_____ fahre i_____ nie. V_____ meiner Woh_____ sind e_____ 300 Me_____ zur Bushalt_____ und 800 Meter z_____ U-Bahnhof. D_____ 1100 Meter z_____ Supermarkt fa_____ ich m_____ dem Fah_____. Ich ka_____ fast je_____ Punkt in d_____ Stadt gut errei_____.

6 **Fragen und Antworten**

Beantworten Sie die Fragen. Answer the questions.

a Haben Sie ein Auto? → *Ja, ich habe ein Auto. / Nein, ich habe kein Auto.*

b Haben Sie eine Jahreskarte für die öffentlichen Verkehrsmittel?

c Haben Sie ein Fahrrad?

d Gibt es in Ihrer Stadt (= in your city) eine U-Bahn?

e Fahren Sie gern mit dem Fahrrad?

f Ist das Radfahren immer angenehm?

g Joggen Sie manchmal?

h Gehen Sie in ein Fitnessstudio?

1 **Das Verb: Infinitiv, Stamm und Präsens**

Der **Infinitiv** endet meistens auf -en: The infinitive usually ends in -en:

bekomm**en**   denk**en**   glaub**en**   kämpf**en**   lieb**en**   mein**en**   sag**en**   telefonier**en**

Der **Stamm** ist meistens der Infinitiv ohne -en: The stem is usually the infinitive without -en: *bekomm-, denk-, glaub-, kämpf-, lieb-, mein-, sag-, telefonier-.*

Das **Präsens** bildet man meistens durch Anhängen von -e, -st, -t, -en an den **Stamm:**
The present tense is usually formed by adding -e, -st, -t, -en to the stem:

ich	glaub**e**	kämpf**e**	lieb**e**	sag**e**	telefonier**e**
du	glaub**st**	kämpf**st**	lieb**st**	sag**st**	telefonier**st**
er / sie / es	glaub**t**	kämpf**t**	lieb**t**	sag**t**	telefonier**t**
wir	glaub**en**	kämpf**en**	lieb**en**	sag**en**	telefonier**en**
ihr	glaub**t**	kämpf**t**	lieb**t**	sag**t**	telefonier**t**
sie / Sie	glaub**en**	kämpf**en**	lieb**en**	sag**en**	telefonier**en**

Stark unregelmäßig sind einige Präsensformen bei *geben, mögen, wissen, haben, sein:*
Some of the present tense forms of *geben, mögen, wissen, haben, sein* are heavily irregular:

ich	geb**e**	**mag**	**weiß**	**habe**	**bin**
du	gi**bst**	**magst**	**weißt**	**hast**	**bist**
er / sie / es	gi**bt**	**mag**	**weiß**	**hat**	**ist**
wir	geb**en**	mög**en**	wiss**en**	hab**en**	**sind**
ihr	geb**t**	mög**t**	wiss**t**	hab**t**	**seid**
sie / Sie	geb**en**	mög**en**	wiss**en**	hab**en**	**sind**

2 **Das Nomen: Nominativ, Akkusativ, Dativ**

	maskulin	feminin	neutral
Nominativ (wer? who?)	der Mann	die Frau	das Hotel
Akkusativ (wen? whom?)	den Mann	die Frau	das Hotel
Dativ (wem? to whom?)	dem Mann	der Frau	dem Hotel

Beispiele:

Der Mann (*maskulin – Nominativ*) liebt **die Frau** (*feminin – Akkusativ*).
Die Frau (*feminin – Nominativ*) fährt **den Bus** (*maskulin – Akkusativ*).
Meine Freundin (*feminin – Nominativ*) besitzt **kein Auto** (*neutral – Akkusativ*).
Mein Bruder (*maskulin – Nominativ*) sitzt vor **dem Fernseher** (*maskulin – Dativ*).

3 **Wortstellung: Positionstausch von Subjekt und Prädikat** Subject and verb reversed

<u>Ich wiege</u> siebzig Kilo. – Siebzig Kilo <u>wiege ich</u>.

Sie sehen: Steht nicht das Subjekt (hier: *ich*), sondern ein anderer Satzteil (hier: *siebzig Kilo*) vorn, so ist die Reihenfolge nicht Subjekt – Prädikat, sondern Prädikat – Subjekt.
Note: If a sentence part other than the subject is in first position, the word order changes from subject – verb to verb – subject.

◀) Track 6

Fernsehen in Deutschland Television in Germany

In Deutschland gibt es öffentlich-rechtliche und private Fernsehsender. Die öffentlich-rechtlichen Fernsehsender sind weitgehend aus Gebühren finanziert, die privaten aus Werbeeinnahmen.

Germany has public and private TV channels. Public channels are largely funded by fees, private channels by advertising revenue.

Polizei in Deutschland Police in Germany

In Deutschland hat jedes Bundesland seine eigene Landespolizei. Außerdem gibt es die Bundespolizei. Sie ist für den Grenzschutz, den Schutz des Eisenbahnverkehrs und die Luftsicherheit in ganz Deutschland zuständig.

In Germany, each state has its own state police force. Germany also has a federal police force which is tasked with border protection, rail safety and aviation security in the whole of Germany.

Öffentliche Verkehrsmittel in Deutschland Public transport in Germany

Für die öffentlichen Verkehrsmittel kauft man sein Ticket an einem Automaten. Die Ticketautomaten sind überall verschieden und für Ortsfremde oft schwierig zu bedienen.

Tickets for public transport are bought from machines. The ticket machines are different everywhere and often difficult to use for strangers.

U-Bahn und Straßenbahn in Deutschland Metro and tram in Germany

Eine echte U-Bahn gibt es in Deutschland nur in Berlin, Hamburg, München und Nürnberg. Straßenbahnen gibt es in etwa 70 Städten und Gemeinden. Berlin besitzt das größte U-Bahnnetz Deutschlands. Berlins Straßenbahnnetz ist das größte Deutschlands und das drittgrößte der Welt.

In Germany, only Berlin, Hamburg, Munich and Nuremberg have a real metro. There are tram systems in about 70 cities and municipalities. Berlin boasts the largest metro network in Germany. Berlin's tram network is the largest in Germany and the third largest in the world.

Das erste Kreuzworträtsel The first crossword puzzle

Setzen Sie die fehlenden Wörter in das Kreuzworträtsel ein.
Enter the missing words in the crossword puzzle.

Waagerecht Across

5 Der Name Saida _____ arabisch.

9 Michelle ist ein häufiger _____ in Deutschland.

10 Frau Halabi _____ sehr gut Deutsch.

12 „Kommen Sie doch am Sonntag zu mir." – „Vielen Dank für die _____ ."

13 Michelle hat einen französischen Namen, aber sie ist _____ Französin.

14 Das Taxi ist ein öffentliches _____ .

15 Mit dem Auto steht man oft im _____ .

16 Im _____ reitet der Held am Ende in den Sonnenuntergang.

Senkrecht Down

1 „Das gelbe Band" ist ein _____ .

2 Glückstadt _____ in Schleswig-Holstein.

3 Ich wiege 70 _____ .

4 Im Fitnessstudio kann man auf dem _____ laufen.

5 Ich liebe Königsberger _____ .

6 Die U-Bahn ist schnell, aber das Auto ist _____ .

7 Der Name Saida hat eine Bedeutung. Er _____ „die Glückliche".

8 Die Fahrt mit dem Fahrrad ist angenehm, wenn es nicht regnet oder _____ .

11 Ich heiße Michelle, _____ heißt du?

WAS MAN ZUM LEBEN BRAUCHT

3

→ **Texte und Themen** Einkaufen: Was Oma alles aus dem Supermarkt benötigt • Im Möbelhaus: Zarah und
Florina kaufen zwei Betten • Der Supermarkt → **Verb** Die Modalverben *können* und *müssen* • Konjugation von
haben • Trennbare Verben → **Nomen** Pluralbildung • Deklination des Nomens: Nominativ, Akkusativ,
Dativ • Präposition + Akkusativ oder Dativ • Singular und Plural mit Artikel(wörtern) → **Syntax** Wortstellung
bei Modalverbkonstruktionen • Wortstellung bei nachgestelltem Subjekt • Wortstellung in Aussage- und
Fragesatz bei normaler und besonderer Betonung → **Verschiedenes** *Weil – denn*

Einkaufen

Shopping

◆ Stefanie
◎ Jonas

◆ Gehst du einkaufen?

◎ Ja. Bier, Säfte und so.

◆ Prima. Dann kannst du doch etwas
für die Oma mitbringen, ja?

◎ Getränke?

◆ Vor allem was zu essen.
Brot, Äpfel, Tomaten.
Ihr Kühlschrank ist leer.

◎ Okay. Dann sag mir,
was sie braucht. Ich schreibe auf.

◆ Warte mal, ich muss nachdenken.
Also: Brot …

◎ Das habe ich schon.

◆ Gut, aber Brötchen braucht sie auch.
Drei Brötchen …

◎ Ja?

◆ Und Butter – ein Stück. Nein, besser
zwei, dann kann sie eins einfrieren.

◎ Also zwei Stück Butter.

◆ Ja, und Margarine, Halbfettmargarine.
Die Butter nimmt sie ja meist zum Kochen.

◎ Wie ist es mit Quark?

◆ Ja, den zwanzigprozentigen.
Und sie möchte sicher auch Käse –
ein Stück Gouda.

◎ Und Wurst?

◆ Nein, keine Wurst. Du weißt doch,
sie lebt jetzt wieder vegetarisch.
Aber Milch, die musst du mitbringen.
Einen Liter von der frischen fettarmen.

◎ Habe ich. Und Äpfel und Tomaten,
nicht wahr?

◆ Ja, und Orangen und Bananen.

◎ Gut. Das ist dann wohl alles?

◆ Ich glaube. –
Nein, warte. Haben wir Saft?

◎ Nein, noch nicht. – Apfelsaft?

◆ Ja, sie nimmt gern den Direktsaft. –
Na, und eine Tafel Schokolade.

◎ Warum denn das?
Die Oma isst doch keine Schokolade.

◆ Aber ich! Bringst du mir
die Nugatschokolade?

◆ Are you going shopping?

◎ Yes. Beer, juices and so on.

◆ Great. Then you can bring something
for grandma, can't you?

◎ Something to drink?

◆ Most of all something to eat.
Bread, apples, tomatoes.
Her fridge is empty.

◎ OK. Then tell me
what she needs. I'll write it down.

◆ Hang on, I have to think.
Well now: bread …

◎ I've got that.

◆ OK, but she also needs bread rolls.
Three rolls …

◎ Yes?

◆ And butter – one piece. No, better two,
then she can freeze one.

◎ So, two pieces of butter.

◆ Yes, and margarine, half-fat margarine.
She usually uses the butter for cooking.

◎ What about quark?

◆ Yes, the twenty per cent one.
And she's sure to want cheese as well –
a piece of gouda.

◎ And some sausage?

◆ No, no sausage. You know
she's gone back to being vegetarian.
But milk, you'll have to bring milk.
A litre of the fresh low-fat (milk).

◎ I got it. And apples and tomatoes,
right?

◆ Yes, and oranges and bananas.

◎ OK. That's all I suppose?

◆ I think so. –
No, wait. Do we have juice?

◎ No, not yet. – Apple juice?

◆ Yes, she likes (the) proper juice. –
Well, and a bar of chocolate.

◎ Why that?
Grandma doesn't eat chocolate.

◆ But I do. Will you bring me
the nougat chocolate?

aufschreiben	(to) write down
ich schreibe es auf	I('ll) write it down
ich muss es aufschreiben	I must/have to write it down
brauchen	(to) need
was braucht sie?	what does she need?
sag mir, was sie braucht	tell me what she needs
bringen	(to) bring
bringst du mir die Nugatschokolade?	will you bring me the nougat chocolate?
einfrieren	(to) freeze
sie friert sie (= die Butter) ein	she freezes it
sie kann sie einfrieren	she can freeze it
einkaufen	(to) shop
du kaufst ein	you shop
du gehst einkaufen	you go shopping
du musst einkaufen gehen	you must go shopping
essen	(to) eat
etwas zu essen	something to eat
die Oma isst doch keine Schokolade	grandma doesn't eat chocolate
glauben	(to) believe/think
ich glaube, das ist alles	I think that's all
leben	(to) live
sie lebt vegetarisch	she's (a) vegetarian
mitbringen	(to) bring
kannst du etwas mitbringen?	can you bring something?
du musst Milch mitbringen	you must bring milk
mögen	(to) want
sie möchte auch Käse	she also wants cheese
nachdenken	(to) think
ich denke nach	I'm thinking
ich muss nachdenken	I have to think
nehmen	(to) take/use
sie nimmt die Butter zum Kochen	she uses the butter for cooking
sie nimmt gern den Direktsaft	she likes to have the proper juice
warten	(to) wait
warte!	wait!
wissen	(to) know
du weißt (das) doch	you know (that)

1 Plural des Nomens

Bezeichnet ein Nomen nur ein Exemplar, dann steht es im Singular;
bezeichnet es mehr als ein Exemplar, so steht es im Plural:

Der <u>Name ist</u> schön. – Die <u>Namen sind</u> schön.

Der Plural wird im Deutschen auf sehr unterschiedliche Weise gebildet. Häufig sind die
folgenden vier Arten der Pluralbildung: Four common ways of forming the plural:

Anhängen von -e Adding -e	Anhängen von -en Adding -en
der Freund – viele Freunde	die Fahrt – viele Fahrten
das Programm – viele Programme	die Frau – viele Frauen
der Punkt – viele Punkte	der Mensch – viele Menschen
der Sonntag – viele Sonntage	die Wohnung – viele Wohnungen
der Weg – viele Wege	die Zeitung – viele Zeitungen

Anhängen von -n Adding -n	Gleiche Form wie Singular Same form as singular
die Banane – viele Bananen	das Brötchen – viele Brötchen
der Junge – viele Jungen	der Computer – viele Computer
der Name – viele Namen	der Lehrer – viele Lehrer
die Orange – viele Orangen	der Sessel – viele Sessel
die Tomate – viele Tomaten	das Zimmer – viele Zimmer

Beachten Sie: Im Wortregister (Seite 236 – 281) ist zu jedem Nomen die Pluralform angegeben.
Note: In the alphabetical Word List (pages 236 – 281) each noun is listed with its plural form.

Vervollständigen Sie die Wörter wo notwendig. Complete the words where necessary.

a Kannst du mir bitte drei Banan_____
mitbringen?

b Michelle isst gern Orang_____ .

c Sebastian macht viele Fahrt_____ mit
dem Auto.

d Er macht jede Fahrt_____ mit dem Auto.

e Das Hotel hat siebzig Zimm_____ .

f Ich habe einige Freun_____ in Glückstadt.

g Viele Mensch_____ haben keine Wohnu_____ .

h Marcel isst immer zwei Bröt_____ .

i Es gibt nicht genug Deutschlehr_____ .

2 Wortstellung bei Modalverbkonstruktionen (→ 3F4, 3G1, 4F2, 9C1, 11G2, 12F4)

Es gibt sechs Modalverben im Deutschen. Zwei von ihnen sind *können* und *müssen*:
There are six modal auxiliary verbs in German. Two of them are *können* and *müssen*:

Oma <u>kann</u> die Butter einfrieren.   Grandma can freeze the butter.
Die Polizei <u>muss</u> die Frau finden.   The police must find the woman.

Sie sehen:

1. Das Modalverb verändert (modifiziert) das Vollverb: *Kann einfrieren* ist etwas anderes als
einfrieren allein. The modal auxiliary verb modifies the main verb: *Can freeze* is
different from *freeze* alone.

2. Im Deutschen steht eine Ergänzung usw. zwischen Modalverb und Vollverb: _muss die Frau finden;_ im Englischen und anderen Sprachen bleiben Modalverb und Vollverb zusammen: _must find the woman._ In German, an additional word or phrase is placed between modal auxiliary verb and main verb: _muss die Frau finden;_ in English and other languages, modal auxiliary verb and main verb stay together: _must find the woman._

Schreiben Sie die Sätze ab und setzen Sie die eingeklammerte Ergänzung an die richtige Stelle. Copy the sentences out, putting the phrase in brackets in the right place.

> du musst mitbringen (Milch) → _Du musst Milch mitbringen._

a ich muss telefonieren (mal kurz)
b du kannst mitbringen (mir etwas)
c du kannst essen (ein Stück Schokolade)
d wir können nehmen (die U-Bahn)
e du musst haben (eine Jahreskarte)
f ich muss kaufen (Getränke für die Oma)

g ich kann erreichen (fast jeden Ort mit den öffentlichen Verkehrsmitteln)
h der gute Held muss siegen (am Ende)
i ich muss haben (kein Auto)
j wir können nachgucken (im Programm)

3 **Setzen Sie die passende Präsensform von _haben_ ein.**

a Ich _____ ein altes Fahrrad.
b Du _____ doch ein Haarband aus gelber Seide.
c Mein Bruder _____ einen französischen Vornamen.
d _____ der Name Saida eine Bedeutung?

e Sie _____ einen französischen Freund.
f Ihr _____ eine schöne Wohnung.
g Wir _____ einige syrische Freunde.
h Die Müllers _____ zwei Autos.

4 **Schreiben Sie den Text ab. Kopieren Sie die Handschrift so genau wie möglich.**

Beachten Sie die unterstrichenen Formen. Copy out the text, imitating the handwriting as closely as you can. Note the endings of the underlined words.

> _Im Fernsehen gibt es einen Krimi, „Das gelbe Band". Er handelt – na wovon wohl? – von einem gelben Band. Die Polizei findet einen Toten in einem Zimmer in einem kleinen, schäbigen Hotel. Neben dem Toten liegt ein gelbes Band. Es ist aus Seide und es hängen ein paar Frauenhaare daran. Die Polizei muss die Frau finden, dann hat sie die Mörderin. Meine Frau hat ein Haarband aus gelber Seide. Kann sie die Mörderin sein?_

Im Möbelhaus

In the furniture store

◀ Track 8

◆ Verkäufer = salesman
○ Zarah
▲ Florina

Zarah und Florina haben
ein gemeinsames Zimmer.
Das Zimmer ist leer.
In dem Zimmer ist kein Bett,
kein Schrank, kein Tisch und kein Stuhl.
Das Zimmer hat keine Lampen
und keine Gardinen.
Es sind keine Teppiche auf dem Fußboden
und keine Bilder an den Wänden.
Zarah und Florina gehen in ein Möbelhaus.

Zarah and Florina have
a shared room.
The room is empty.
There is no bed in the room,
no wardrobe, no table and no chair.
The room has no lamps
and no curtains.
There are no carpets on the floor
and no pictures on the walls.
Zarah and Florina go to a furniture store.

◆ Guten Tag, meine Damen,
kann ich Ihnen helfen?

◆ Good day, ladies,
can I help you?

○ Ja, wir suchen zwei Betten
für unser Zimmer.

○ Yes, we're looking for two beds
for our room.

▲ Wir brauchen zwei Betten.
Zwei breite, bequeme, billige Betten.

▲ We need two beds.
Two wide, comfortable, cheap beds.

◆ Hm. Breit, bequem und billig?

◆ Hm. Wide, comfortable and cheap?

○ Ja – breit, bequem und sehr billig.

○ Yes – wide, comfortable and very cheap.

◆ Diese beiden Betten sind
sehr preiswert.
Sie sind ein Sonderangebot.

◆ These two beds are
very reasonably priced.
They are a special offer.

▲ Diese Betten sind ja schwarz!
Ich will kein schwarzes Bett.

▲ But these beds are black!
I don't want a black bed.

◆ Niemand will ein schwarzes Bett.
Deshalb ist es ein Sonderangebot.
Der Preis ist 99,90 Euro.

◆ Nobody wants a black bed.
That's why it is a special offer.
The price is 99.90 euros.

○ Für beide Betten zusammen?

○ For both beds together?

◆ Nein, für ein Bett.
Ein Bett kostet 99,90 Euro.
Zwei Betten kosten das Doppelte –
199,80 Euro.

◆ No, for one bed.
One bed costs 99.90 euros.
Two beds cost twice as much –
199.80 euros.

▲ Wir zahlen 150 Euro
für beide Betten zusammen …
und eine Dose weiße Farbe.

▲ We'll pay 150 euros
for both beds together …
and a can of white paint.

◆ Hm. 150 Euro für diese beiden
hochwertigen Betten … Das ist zu wenig.

◆ Hm. 150 euros for these two
high-quality beds … That's not enough.

○ Für zwei schwarze
Betten ist es genug.
Niemand kauft
schwarze Betten!

○ For two black beds
it is enough.
Nobody buys
black beds!

◆ Na gut. 150 Euro,
weil Sie es sind.

◆ OK then. 150 euros,
only for you.

▲ Und eine Dose
weiße Farbe!

▲ And a can of white paint!

brauchen	(to) need
ich brauche ein Bett	I need a/one bed
wir brauchen zwei Betten	we need two beds
gehen	(to) go
sie (= Zarah) geht in ein Möbelhaus	she (= Zarah) goes to a furniture store
sie (= Zarah und Florina) gehen in ein Möbelhaus	they (= Zarah and Florina) go to a furniture store
haben	(to) have
Saida hat ein hübsches Zimmer	Saida has a pretty room
Zarah und Florina haben ein hübsches Zimmer	Zarah and Florina have a pretty room
helfen	(to) help
kann ich Ihnen helfen?	can I help you?
kaufen	(to) buy
niemand kauft schwarze Betten	nobody buys black beds
kosten	(to) cost
ein Bett kostet 99,90 Euro	one bed costs 99.90 euros
zwei Betten kosten 199,80	two beds cost 199.80
sein	(to) be
es ist kein Teppich auf dem Boden	there is no carpet on the floor
es sind keine Teppiche auf dem Boden	there are no carpets on the floor
suchen	(to) look for
ich suche ein Bett	I'm looking for a bed
wir suchen zwei Betten	we're looking for two beds
wollen	(to) want
ich will kein schwarzes Bett	I don't want a black bed
du willst / sie will kein schwarzes Bett	you don't / she doesn't want a black bed
wir wollen kein schwarzes Bett	we don't want a black bed
zahlen	(to) pay
wir zahlen 150 Euro	we('ll) pay 150 euros

1 Nominativ, Akkusativ und Dativ im Singular

Maskulin Nominativ:	der / ein / kein Schrank
Maskulin Akkusativ:	den / einen / keinen Schrank
Maskulin Dativ:	dem / einem / keinem Schrank
Feminin Nominativ:	die / eine / keine Lampe
Feminin Akkusativ:	die / eine / keine Lampe
Feminin Dativ:	der / einer / keiner Lampe
Neutral Nominativ:	das / ein / kein Bett
Neutral Akkusativ:	das / ein / kein Bett
Neutral Dativ:	dem / einem / keinem Bett

Der Nominativ antwortet auf die Frage „wer oder was?" und ist Subjekt:
Der Schrank kostet 300 Euro.

Der Akkusativ antwortet auf die Frage „wen oder was?" und ist direktes Objekt
oder steht nach bestimmten Präpositionen:
Ich brauche einen Schrank.
Ich zahle 300 Euro für einen Schrank.

Der Dativ antwortet auf die Frage „wem oder was?" und ist indirektes Objekt
oder steht nach bestimmten Präpositionen:
Kannst du der Oma eine Tafel Schokolade mitbringen?
Das Band passt so schön zu deinem Haar.

Präposition stets + Akkusativ: *durch, für, gegen, ohne.*
Präposition stets + Dativ: *aus, bei, mit, nach, seit, von, zu.*

Vervollständigen Sie die Wörter.

a Ich fahre oft mit d_____ Fahrrad oder mit d_____ U-Bahn.

b Ich suche ein Geschenk für mei_____ Lehrer.

c Sie hat kei_____ Tisch, kei_____ Stuhl und kei_____ Lampe.

d Ich will kei_____ schwarz_____ Bett und kei_____ schwarz_____ Schrank.

e D_____ Held kämpft gegen ei_____ bös_____ Menschen.

f Mei_____ Oma isst kei_____ Wurst und kei_____ Käse.

g Sie kommt aus ei_____ Stadt mit ei_____ schön_____ Namen.

h D_____ Film handelt von ei_____ Frau mit ei_____ gelb_____ Haarband.

2 Stellen Sie den unterstrichenen Satzteil zur Betonung nach vorn und verändern Sie die Wortstellung. Move the underlined part to the front and change the word order. (→ 2C3)

> Diese Betten sind sehr preiswert. → *Sehr preiswert sind diese Betten.*

a Wir brauchen zwei Betten.

b Niemand will ein schwarzes Bett.

c Ein Bett kostet 99,90 Euro.

d Wir bezahlen 150 Euro für beide Betten zusammen.

e Sie braucht auch Brötchen.

f Sie möchte sicher auch Käse.

g Sie nimmt gern den Direktsaft.

h Ich fahre nie mit dem Taxi.

3 **Singular und Plural**

der / ein / dieser / mein **Freund**	die / einige / diese / meine **Freunde**
der / ein / dieser / mein **Teppich**	die / einige / diese / meine **Teppiche**
der / ein / dieser / mein **Schrank**	die / einige / diese / meine **Schränke**
der / ein / dieser / mein **Stuhl**	die / einige / diese / meine **Stühle**
die / eine / diese / meine **Lampe**	die / einige / diese / meine **Lampen**
die / eine / diese / meine **Gardine**	die / einige / diese / meine **Gardinen**
das / ein / dieses / mein **Bett**	die / einige / diese / meine **Betten**
das / ein / dieses / mein **Bild**	die / einige / diese / meine **Bilder**

Zur Bildung des Dativs der Pluralform hängt man in der Regel ein *-n* an:

Nominativ, Akkusativ:	die **Freunde**
Dativ:	den / einigen / diesen / meinen **Freunden**

Kein Dativ-*n* nach Plural auf *-n* oder *-s*: *die Menschen – den Menschen, die Autos – den Autos.*

Setzen Sie den underlined **Satzteil vom Singular in den Plural oder vom Plural in den Singular.** Change the underlined part from singular to plural or plural to singular.

Mein Freund spricht gut Deutsch. → *Meine Freunde sprechen gut Deutsch.*
Ich habe einige deutsche Freunde. → *Ich habe einen deutschen Freund.*

a Wir haben keinen Schrank und keinen Stuhl.
b In dem Zimmer ist kein Bett.
c Die Zimmer haben keine Lampen und keine Gardinen.
d Es ist kein Teppich auf dem Fußboden.
e Dieses Bett ist sehr preiswert.
f Ich gehe zu meinen Freunden.

4 **Die Modalverben *können* und *müssen*** (→ 3C2, 3G1, 4F2, 9C1, 11G2, 12F4)

Infinitiv	können	müssen
ich	kann	muss
du	kannst	musst
er / sie / es / man	kann	muss
wir	können	müssen
ihr	könnt	müsst
sie / Sie	können	müssen

Setzen Sie die passende Form von *können* oder *müssen* ein.

a Im Fitnessstudio _____ man auf dem Laufband laufen.
b _____ du für mich einkaufen gehen?
c _____ Sie mir bitte helfen?
d Wir _____ kein schwarzes Bett nehmen.
e Der Kühlschrank ist leer. Ihr _____ was zu essen mitbringen.
f Ich weiß nicht, was ich will. Ich _____ nachdenken.
g Du _____ die Brötchen doch einfrieren.
h _____ man denn Brötchen einfrieren?

1 **Trennbare Verben** Separable verbs ($\rightarrow$ 1G2, 4C4, 5C5, 6C4, 7C1, 10C1)

	Infinitiv (oft mit Modalverb)	Konjugierte Form
aufschreiben	Ich muss es **aufschreiben**.	Ich **schreibe** es **auf**.
einfrieren	Sie kann es **einfrieren**.	Sie **friert** es **ein**.
einladen	Ich kann ihn **einladen**.	Ich **lade** ihn **ein**.
hingehen	Wir müssen nicht **hingehen**.	Wir **gehen** nicht **hin**.
mitbringen	Du kannst etwas **mitbringen**.	Du **bringst** etwas **mit**.
nachdenken	Ich muss **nachdenken**.	Ich **denke nach**.
wohlfühlen	Hier kann ich mich **wohlfühlen**.	Hier **fühle** ich mich **wohl**.

Trennbare Verben bestehen aus zwei Teilen: einem einfachen Verb wie *gehen* und einer Vorsilbe wie *hin-, auf-* oder *nach-*. Lernen Sie zunächst, was die Beispiele zeigen:
a. Verb im Infinitiv (z. B. nach Modalverb) – man **trennt nicht**: *Ich muss **nachdenken**.*
b. Verb in einer konjugierten Form – man **trennt**: *Ich **denke** (viel) **nach**.*
Separable verbs are made up of two parts: a "normal" verb like *gehen* and a prefix like *hin-, auf-* or *nach-*. The examples show that a verb in the infinitive stays in one word while a finite verb (= a verb that is conjugated, i.e. showing tense) is split into two.

2 **Wortstellung**

Die Wortstellung ist im Deutschen sehr flexibel, anders als im Englischen. German word order is extremely flexible, quite unlike English word order, which is very rigid.

a	Du kannst etwas für die Oma mitbringen.	You can bring something for Grandma.
b	Du kannst für die Oma etwas mitbringen.	You can bring something for Grandma.
c	Kannst du etwas für die Oma mitbringen?	Can you bring something for Grandma?
d	Kannst du für die Oma etwas mitbringen?	Can you bring something for Grandma?
e	Für die Oma kannst du etwas mitbringen.	You can bring something for Grandma.
f	Mitbringen kannst du etwas für die Oma.	You can bring something for Grandma.

a und **b**: Neutrale Stellung im Aussagesatz. Normal word order non-interrogative.
c und **d**: Neutrale Stellung im Fragesatz. Normal word order interrogative.
e und **f**: Möglichkeiten besonderer Betonung. Special word order for emphasis.

3 *Weil – denn* ($\rightarrow$ 9C4)

Beide Wörter nennen den Grund, warum etwas geschieht. Beachten Sie aber die unterschiedliche Stellung des Verbs: Both words indicate the reason why something happens, but note the different positions of the verb:

Ich bin glücklich, **weil** ich verliebt bin.	I'm happy because I'm in love.
Ich bin glücklich, **denn** ich bin verliebt.	I'm happy because I'm in love.

Weil leitet einen Nebensatz ein; das finite Verb steht hinten (Verbletztstellung).
Denn leitet einen Hauptsatz ein; das finite Verb steht vorn (Verbzweitstellung).
Weil introduces a subordinate clause (with the finite verb in final position).
Denn introduces a main clause (with the finite verb in second position).

🔊 Track 9

Der Supermarkt

Lebensmittel und Dinge des täglichen Bedarfs kauft man meistens im Supermarkt. In den Supermärkten ist das Warenangebot groß und die Preise sind niedrig wegen der starken Konkurrenz.

Die meisten Leute fahren mit dem Auto zum Supermarkt. Sie stellen das Auto auf dem Parkplatz ab und holen sich einen Einkaufswagen. Mit diesem gehen sie in den Markt und entlang an den Regalen. Sie entnehmen die gewünschten Waren und legen sie in den Einkaufswagen.

An der Kasse legen die Kunden alle ausgesuchten Waren auf das Kassenband. Zur Trennung ihrer Einkäufe von denen anderer Kunden benutzen sie sogenannte Warentrenner.

Die Kassiererin scannt jeden einzelnen Artikel, der Kunde legt seine Waren zurück in den Einkaufswagen, zahlt den Gesamtbetrag bar oder mit Karte und schiebt den Wagen dann zurück zum Parkplatz, wo er das Gekaufte in seinem Auto verstaut.

Lebensmittel groceries • Dinge des täglichen Bedarfs daily necessities • Warenangebot range of goods • niedrig low • wegen because of • starke Konkurrenz strong competition • die meisten Leute most people • Parkplatz car park • abstellen (to) park • (sich) etwas holen (to) get something • Einkaufswagen shopping trolley • entlang an den Regalen along the shelves • entnehmen (to) pick • die gewünschten Waren the desired items • legen sie in den Einkaufswagen put them in the trolley • Kunde customer • Kasse checkout • alle ausgesuchten Waren all the picked items • etwas auf das Kassenband legen (to) put something on the belt • zur Trennung ihrer Einkäufe to separate their shopping • benutzen (to) use • sogenannte Warentrenner so-called (checkout) dividers • den Gesamtbetrag zahlen (to) pay the total • bar oder mit Karte bezahlen (to) pay cash or by card • schieben (to) push • es in seinem Auto verstauen (to) stow it away in his car

Alles gleich – oder etwa nicht?

Das obere und das untere Bild sind gleich, nicht wahr? Oder etwa nicht?
Vergleichen Sie die Bilder. Entdecken Sie Unterschiede?
Wenn ja, was sind die Unterschiede? Machen Sie eine Liste.
Diese Wörter helfen Ihnen vielleicht: *Auf dem unteren Bild ist / fehlt / liegt / steht …*

GELD VERDIENEN UND AUSGEBEN

4

→ **Texte und Themen** In der Schlange: Ich beobachte Menschen an der Supermarktkasse • Endlich Geld verdienen: Ali hat einen Job im Auge • Wollen Sie in Deutschland arbeiten? • Die 20 größten deutschen Städte
→ **Verb** Hilfs- und Modalverben • Konjugation von *möchte* • Futur mit *werden* • *Werden* mit trennbaren Verben
→ **Nomen** Präposition + Akkusativ oder Dativ • Pluralbildung mit Umlaut → **Syntax** Wortstellung: Subjekt vor und nach finitem Verb → **Verschiedenes** Nominativ, Akkusativ, Dativ der Personalpronomen • *Du – Sie*

In der Schlange

◀) Track 10

Samstag, später Vormittag.
Ich stehe in einer langen Schlange
an der Supermarktkasse,
vor mir mehrere Leute
mit vollen Einkaufswagen.

Was werden meine Einkäufe kosten –
zwanzig, dreißig oder vierzig Euro?
Ich addiere die Preise im Kopf:
eine Menge Obst und Gemüse –
nicht billig, aber auch nicht wirklich teuer.
Katzenfutter? Für Mieze ist nur das Beste
gut genug.
Was sonst noch?
Brot, Käse, Milch, Joghurt
und heute auch ein guter Rotwein.
Gesamtsumme? Dreißig Euro, schätze ich.
Ist meine Schätzung richtig?
An der Kasse werde ich es erfahren.

Ich rate gern, was mein Einkauf kosten wird,
aber noch lieber beobachte ich die Leute
in der Schlange an der Kasse:

Ein alter Mann holt viele kleine Münzen
aus seiner Geldbörse.
Er möchte passend bezahlen.

Eine blasse, rothaarige Frau hat
große Mengen von H-Milch in ihrem Wagen.

Ein junges Mädchen bringt
nur eine Dose Cola zur Kasse.

Ein dicker Mann trägt ein knallrotes T-Shirt
mit dem Satz:
„Ich bin nichts für schwache Nerven."

Vor mir ist eine Lücke.
Ich will nachrücken,
aber eine kräftige Dame schiebt mir
ihren vollen Einkaufswagen in die Beine.
„Nicht vordrängeln!", brüllt sie,
und ich bleibe erschrocken stehen.

In the queue

Saturday, late morning.
I am standing in a long queue
at the supermarket checkout,
in front of me several people
with full (shopping) trolleys.

What will my purchases cost –
twenty, thirty or forty euros?
I add up the prices mentally:
a lot of fruits and vegetables –
not cheap but not really expensive either.
Cat food? For Kitty, only the best is
good enough.
What else?
Bread, cheese, milk, yogurt
and today also a good red wine.
Sum total? My estimate is thirty euros.
Is my estimate correct?
I will find out at the checkout.

I like to guess what my purchase will cost
but even more I like watching the people
in the queue at the checkout:

An old man takes many small coins
from his purse.
He wants to give the exact amount.

A pale, red-haired woman has
large quantities of UHT milk in her trolley.

A young girl is bringing
just one can of cola to the checkout.

A fat man is wearing a bright red T-shirt
with the sentence:
"I am nothing for weak nerves."

There is a gap in front of me.
I am about to move up
but a stout lady pushes
her full trolley into my legs.
"No queue-jumping!" she yells,
and I stop, startled.

beobachten	(to) watch
sie beobachtet gern Leute	she likes to watch people
bezahlen	(to) pay
ich möchte den Wein bezahlen	I want to pay for the wine
bringen	(to) bring
sie bringt mir eine Dose Cola	she brings me a can of cola
erfahren	(to) find out
sie erfährt, ob ihre Schätzung richtig ist	she finds out if her estimate is correct
holen	(to) fetch / get
er holt viele Münzen aus seiner Geldbörse	he gets lots of coins from his purse
kosten	(to) cost
was wird es kosten?	what will it cost?
mögen	(to) want
er möchte passend bezahlen	he wants to give the exact amount
nachrücken	(to) move up
ich will nachrücken	I want to move up
warum rückst du nicht nach?	why don't you move up?
raten	(to) guess
rate mal, was es kostet	guess what it costs
schätzen	(to) guess; (to) estimate
ich schätze die Gesamtsumme	I estimate the sum total
schieben	(to) push
sie schiebt mir den Wagen in die Beine	she pushes the trolley into my legs
stehen	(to) stand
ich stehe in einer Schlange	I am standing in a queue
stehen bleiben	(to) stop
ich bleibe stehen	I stop
tragen	(to) wear
er trägt ein rotes T-Shirt	he is wearing a red T-shirt

1   Schreiben Sie die Sätze ab und ergänzen Sie dabei die fehlenden Buchstaben.

> Ich stehe in ei____ langen Schlange an d____ Supermarktkasse.
> Vor m____ stehen mehrere Leute mit vol____ Einkaufswagen.
> Ein alter Mann holt viele kleine Münzen aus sei____ Geldbörse.
> Eine Frau hat große Mengen von H-Milch in ihr____ Wagen.
> Ein dicker Mann trägt ein rotes T-Shirt mit d____ Satz:
> „Ich bin nichts für schw____ Nerven."
> Eine kräftige Dame schiebt mir ih____ vollen Wagen in d____ Beine.

2   Setzen Sie die passende Form von *möchte* ein.

a   Ich _möchte_ passend bezahlen.
b   Du _____ passend bezahlen.
c   Der Mann _____ passend bezahlen.
d   Die Frau _____ passend bezahlen.
e   Das Mädchen _____ passend bezahlen.
f   Wir _____ passend bezahlen.
g   Ihr _____ passend bezahlen.
h   Die Leute _____ passend bezahlen.

3   Futur mit *werden*

Dass eine Handlung in der Zukunft stattfinden wird, drückt man oft mithilfe von *werden* aus:
That an action will take place in the future is often expressed by means of *werden*:

Was **werden** meine Einkäufe kosten?	What will my purchases cost?
An der Kasse **werde** ich es erfahren.	I will find out at the checkout.

Werden wird unregelmäßig konjugiert: *Werden* conjugates irregularly:

ich **werde** (es erfahren)	wir **werden** (es erfahren)
du **wirst** (es erfahren)	ihr **werdet** (es erfahren)
er / sie / es **wird** (es erfahren)	sie / Sie **werden** (es erfahren)

Setzen Sie die folgenden Sätze vom Präsens ins Futur. Change from present to future.

a   Ich addiere die Preise. → Ich werde die Preise addieren.
b   Wir bezahlen nur hundert Euro. → Wir …
c   Sie beobachtet ihn. → Sie …
d   Er hilft dem alten Mann. → Er …
e   Die Polizei findet den Mörder. → Die Polizei …
f   Du hast eine eigene Wohnung. → Du …
g   Am Sonntag kochen sie syrisch. → Am Sonntag …
h   Brauchen Sie ein Taxi?
i   Gefällt es ihm hier?

4 *Werden* **mit trennbaren Verben** (→ 1G2, 3G1, 5C5, 6C4, 7C1, 10C1)

In Verbindung mit dem Hilfsverb *werden* gebraucht man trennbare Verben in der ungetrennten Form (die Wortstellung ist also die gleiche wie bei den Modalverben):

In connection with the auxiliary verb *werden* separable verbs are used in their unseparated form (so the word order is the same as with modal auxiliary verbs):

Ungetrennt (mit Hilfs- oder Modalverb)	Getrennt (ohne Hilfs- oder Modalverb)
Ich werde / muss es **aufschreiben**.	Ich **schreibe** es **auf**.
Sie wird / kann es **einfrieren**.	Sie **friert** es **ein**.

Setzen Sie die folgenden Sätze vom Präsens ins Futur.

a Hier fühle ich mich wohl. → *Hier werde ich mich wohlfühlen.*

b Ich kaufe heute nicht ein. → *Ich ...*

c Wir laden zwei oder drei Freunde ein. → *Wir ...*

d Ich bringe etwas Obst mit. → *Ich ...*

e Sie guckt im Auto nach. → *Sie ...*

f Ich stelle das Auto auf dem Parkplatz ab. → *Ich ...*

5 **Die Personalpronomen** (→ 10C5)

Nominativ (wer? who?)		Akkusativ (wen? whom?)		Dativ (wem? who ... to?)	
ich	I	**mich**	me	**mir**	me
du[1]	you	**dich**[1]	you	**dir**[1]	you
er	he/it	**ihn**	him/it	**ihm**	him/it
sie	she/it	**sie**	her/it	**ihr**	her/it
es	it	**es**	it	**ihm**	it
wir	we	**uns**	us	**uns**	us
ihr[1]	you	**euch**[1]	you	**euch**[1]	you
sie	they	**sie**	them	**ihnen**	them
Sie[2]	you	**Sie**[2]	you	**Ihnen**[2]	you

[1]Vertrauliche Anrede. Informal way of address.
[2]Förmliche Anrede. Formal way of address.

Setzen Sie das passende Personalpronomen ein. Put in the personal pronoun.

a Ich fühle _____ wohl hier.

b Ich liebe _____ , Johanna!

c Ich mag _____ , denn er ist ein guter Mensch.

d Ich stehe an der Kasse. Vor _____ sind mehrere Leute mit vollen Einkaufswagen.

e Ist das Bier für mich? – Nein, _____ ist für Oma.

f Suchen Sie etwas – kann ich _____ helfen?

g Was sagt er über München, gefällt es _____ da?

h Warte, ich bringe _____ deine Zeitung.

i Warten Sie, ich bringe _____ Ihre Zeitung.

j Sie möchte das gelbe Band haben, und er gibt _____ _____ .

	Endlich Geld verdienen	Making money at last
🔊 Track 11	◆ Was willst du denn jetzt machen – studieren oder arbeiten?	◆ What do you want to do now – work or study?
◆ Maya ◎ Ali	◎ Am liebsten würde ich erst mal arbeiten. Ich möchte Geld verdienen.	◎ I would like best to work for the time being. I would like to make some money.
	◆ Das verstehe ich. Hast du schon einen Job im Auge?	◆ I understand that. Do you already have something in mind?
	◎ Ja, du kennst doch den Nabil, nicht?	◎ Yes, you know Nabil, don't you?
	◆ Den vom Fußballverein?	◆ The one from the football club?
	◎ Genau. Er arbeitet bei einem Paketdienst – als Zusteller.	◎ Exactly. He works for a parcel service – as a deliveryman.
	◆ Das ist harte Arbeit.	◆ That's hard work.
	◎ Ja, ich weiß. Aber er sagt, wenn man geschickt ist, verdient man ganz gut.	◎ Yes, I know. But he says if you're smart you earn good money.
	◆ Und wenn man nicht so geschickt ist oder wenn man eine schlechte Tour kriegt?	◆ And if you aren't that smart or if you get a bad tour?
	◎ Dann ist das Pech. Ich glaube, ich werde schon zurechtkommen. Der Nabil kommt ja auch zurecht.	◎ Then that's bad luck. I think I'll get by. After all, Nabil also gets by.
	◆ Musst du da nicht einen besonderen Führerschein haben?	◆ Don't you need to have a special driving licence for that?
	◎ Nein, der normale genügt.	◎ No, the normal one is enough.
	◆ Tatsächlich? Trotzdem, so einen großen Lieferwagen möchte ich nicht fahren.	◆ Is it? Anyway, I wouldn't like to drive such a big van.
	◎ Ach, da mache ich mir keine Sorgen. Man darf bloß keine Angst haben.	◎ Oh, that doesn't worry me. You just mustn't be afraid.
	◆ Und wie ist es mit der Bezahlung?	◆ And what is the pay like?
	◎ An die zweitausend Euro brutto.	◎ Nearly two thousand euros before tax.
	◆ Das klingt nicht schlecht. Wie viel ist das netto?	◆ That doesn't sound bad. How much is that after tax?
	◎ Ich glaube, so an die vierzehnhundert.	◎ I think nearly fourteen hundred.
	◆ Mhm. Die Abzüge sind verdammt hoch. Vielleicht solltest du auch noch heiraten. Da kannst du bei den Steuern und Versicherungen einiges sparen.	◆ Mhm. The deductions are damn high. Maybe you should get married, too. You can save a great deal on tax and insurance that way.

dürfen	(to) be allowed (to)
man darf keine Angst haben	you mustn't be afraid
fahren	(to) drive
er fährt einen Lieferwagen	he drives a van
genügen	(to) be enough
der normale Führerschein genügt	the normal driving licence is enough
kennen	(to) know
du kennst doch den Nabil	you know Nabil
klingen	(to) sound
das klingt nicht schlecht	that doesn't sound bad
können	can; (to) be allowed to
du kannst bei den Steuern sparen	you can save on tax(es)
kriegen	(to) get
wenn man eine schlechte Tour kriegt	if you get a bad route
mögen	(to) like (to)
ich möchte Geld verdienen	I would like to earn money
sollen	(to) be supposed to
du solltest heiraten	you should get married
sparen	(to) save
wir können eine Menge Geld sparen	we can save a lot of money
verdienen	(to) earn
sie verdient viel Geld	she makes / is making a lot of money
verstehen	(to) understand
das verstehe ich	I understand that
werden	(*auxiliary used to form the future tense*)
ich werde es versuchen müssen	I'll have to try
am liebsten würde ich arbeiten	what I'd like best would be to work
wollen	(to) want
was willst du machen?	what do you want to do?
zurechtkommen	(to) get by; (to) manage
ich werde zurechtkommen	I will get by; I will manage
(der) Nabil kommt ja auch zurecht	Nabil gets by, too

1 Modalverben und Hilfsverben Modal and auxiliary verbs (→ 3C2)

Der Text 4D enthält die folgenden Modalverb- und Hilfsverb-Formen:
Text 4D contains the following modal and auxiliary verb forms:

darf	möchte	solltest	werde
kannst	musst	willst	würde

Versuchen Sie sich zu erinnern, welches Hilfsverb oder Modalverb in welche Lücke gehört.
Try to recall which auxiliary or modal verb belongs in which gap.

a Was _____ du denn jetzt machen – studieren oder arbeiten?

b Am liebsten _____ ich erst mal arbeiten. Ich _____ Geld verdienen.

c Ich glaube, ich _____ schon zurechtkommen.

d _____ du nicht einen besonderen Führerschein haben?

e So einen großen Lieferwagen _____ ich nicht fahren.

f Ach, da mache ich mir keine Sorgen. Man _____ bloß keine Angst haben.

g Vielleicht _____ du heiraten. Da _____ du bei den Steuern einiges sparen.

2 Beachten Sie die Konjugation dieser besonderen Verben. Note the conjugation of these special verbs.

Infinitiv	dürfen	können	mögen	müssen	sollen	wollen	werden	werden
ich	darf	kann	möchte	muss	sollte	will	werde	würde
du	darfst	kannst	möchtest	musst	solltest	willst	wirst	würdest
er / sie / es	darf	kann	möchte	muss	sollte	will	wird	würde
wir	dürfen	können	möchten	müssen	sollten	wollen	werden	würden
ihr	dürft	könnt	möchtet	müsst	solltet	wollt	werdet	würdet
sie / Sie	dürfen	können	möchten	müssen	sollten	wollen	werden	würden

Setzen Sie das passende Modal- oder Hilfsverb in der richtigen Form ein. Supply the appropriate auxiliary in the correct form.

a Du _____ nicht so viel Schokolade essen. (must not)

b Du _____ nicht so viel Schokolade essen. (should not)

c Wir _____ hier viel Geld verdienen. (can)

d _____ du mir etwas mitbringen? (can)

e Warum _____ Sie bei uns arbeiten? (would you like)

f _____ wir schon gehen? (have to)

g Ich _____ mal kurz telefonieren. (have to)

h Wir _____ mit dem Fahrrad fahren. (should)

i Ihr _____ deutsch sprechen. (should)

j Ich _____ das Geld sparen. (would)

k Was _____ du denn jetzt machen? (do you want)

3 Beachten Sie die Veränderung der Wortstellung. Note the change in word order.

Ich möchte hier arbeiten. → *Hier möchte ich arbeiten.*

Stellen Sie den unterstrichenen Satzteil nach vorn und ändern Sie die Wortstellung entsprechend. Move the underlined word(s) to the front and change the word order.

a Ich würde <u>am liebsten</u> studieren. → *Am liebsten würde ich studieren.*

b Du musst <u>natürlich</u> Geld verdienen. → *Natürlich ...*

c Du wirst <u>sicher</u> zurechtkommen.

d Er muss <u>vielleicht</u> einen besonderen Führerschein haben.

e Ich kann <u>das</u> verstehen.

f Man kann <u>bei den Versicherungen</u> einiges sparen.

g Das wird <u>viel Geld</u> kosten.

h Sie können <u>beide Betten zusammen</u> für 150 Euro haben.

i Wir dürfen <u>das Brot für die Oma</u> nicht vergessen.

4 Ändern Sie die Sätze von *du* auf *Sie*. Change the sentences from *du* to *Sie*.

Was willst du jetzt machen? → *Was wollen Sie jetzt machen?*

a Würdest du gern studieren?

b Möchtest du Geld verdienen?

c Kannst du das verstehen?

d Wirst du denn zurechtkommen?

e Solltest du wirklich heiraten?

f Willst du den großen Lieferwagen fahren?

g Darfst du so einen großen Lieferwagen fahren?

h Musst du nicht einen besonderen Führerschein haben?

5 Schreiben Sie den Text ab und setzen Sie dabei die fehlenden Wörter und Endungen ein. Copy out the text, putting in the missing words and endings.

Ali kann noch nicht studie_____ . Er will erst mal arbei_____, weil er Geld verdie_____ muss. Wie sein Freund Nabil möch_____ er als Zusteller bei einem Paketdienst arbei_____ . Wenn man geschickt ist, verdie_____ man dort ganz gut, sag_____ er. Einen besonde_____ Führerschein braucht er für den Job nicht. Ich möchte so ein_____ großen Lieferwagen nicht fahren, aber Ali hat keine Angst, er mach_____ sich keine Sorgen.
Er wi_____ zweitausend Euro brutto verdienen. Das _____ so an die vierzehn- hundert Euro netto, _____ die Abzüge sind verdammt hoch. Vielleicht soll_____ Ali heiraten, dann kann er bei den Steuern und Versicherungen einiges _____ .

6 Vervollständigen Sie die unvollständigen Wörter. Complete the incomplete words.

a Ha_____ du schon ei_____ Job i_____ Auge?

b Du kenn_____ doch d_____ Nabil, nicht?

c Er arbeit_____ bei ei_____ Paketdienst.

d Mu_____ du ei_____ besond_____ Führer- schein haben?

e So ei_____ großen Lieferwagen möchte ich nicht fahr_____ .

f Wie ist es mit d_____ Bezahlung?

g Ich stehe an d_____ Kasse.

h Was werden mei_____ Einkäuf_____ kosten?

1 Pluralbildung mit Umlaut

Den Plural bildet man auf etwa zehn verschiedene Arten. Vier häufige finden Sie in 3C1.
Hier ist eine weitere, die Pluralbildung mit Umlaut: *a → ä, o → ö, u → ü.*
The plural is formed in about ten different ways. Four common ones are shown in 3C1.
Here is another one, involving the use of umlauts: *a → ä, o → ö, u → ü.*

ein schöner **Apfel**	viele schöne **Äpfel**
ein interessanter **Mann**	viele interessante **Männer**
ein billiger **Supermarkt**	viele billige **Supermärkte**
ein gelbes **Band**	viele gelbe **Bänder**
ein gutes **Fahrrad**	viele gute **Fahrräder**
eine große **Stadt**	viele große **Städte**
eine schwarze **Wand**	viele schwarze **Wände**
ein alter **Bahnhof**	viele alte **Bahnhöfe**
ein preiswerter **Stuhl**	viele preiswerte **Stühle**

2 Präposition + Akkusativ oder Dativ   (→ 2F2, 3F1, 5C1)

Auf manche Präpositionen kann entweder der Akkusativ oder der Dativ folgen.
Some prepositions can be followed by either the accusative or the dative case.

Sich **bewegen** zu einem Ort (Frage: wohin?) Motion: **Akkusativ:**

  Er geht in den Supermarkt / an die Kasse / ins (= in das) Hotel.

Sich **befinden** an einem Ort (Frage: wo?) Non-motion: **Dativ:**

  Er ist im (= in dem) Supermarkt / an der Kasse / im (= in dem) Hotel.

Anders ausgedrückt: In other words:
Präposition + Akkusativ = dynamisch (Vorgang) dynamic (motion)
Präposition + Dativ   = statisch (Zustand) static (non-motion)

Weitere Beispiele

Akkusativ (wohin? where to?)	Dativ (wo? where?)
Wir gehen **in die Stadt.**	Wir sind **in der Stadt.**
Sie stellt sich **in eine lange Schlange.**	Sie steht **in einer langen Schlange.**
Sie gehen **in ein Möbelhaus.**	Sie sind **in einem Möbelhaus.**
Der Film kommt **ins** (= in das) **Fernsehen.**	Der Film ist **im** (= in dem) **Fernsehen.**
Er hängt einige Bilder **an die Wand.**	Es hängen einige Bilder **an der Wand.**
Die Mörderin legt ein gelbes Band **neben die Tote.**	Die Polizei findet ein gelbes Band **neben der Toten.**
Ich lege das Geld **unter die Zeitungen.**	Ich finde das Geld **unter den Zeitungen.**
Die Frau stellt sich **vor mich.**	Die Frau steht **vor mir.**

🔊 Track 12

Wollen Sie in Deutschland arbeiten?

Sind Sie Auszubildende(r) oder möchten Sie eine Berufsausbildung machen?
Wollen Sie in Deutschland zur Schule gehen oder studieren?
In jedem Fall ist es sehr wichtig, dass Sie die deutsche Sprache lernen und sich mit der Lebensweise in Deutschland vertraut machen.

Was können Sie tun?

• Sie können mit einem Lehrbuch wie diesem lernen. Vergessen Sie nicht die CD!
Hören und sprechen Sie die Texte immer wieder, bis Sie sie fast auswendig können.
• Sie können einen Sprachkurs besuchen. • Schreiben Sie viel! Schreiben Sie Texte ab und machen Sie Übungen schriftlich. • Ganz wichtig: Suchen Sie Kontakt mit Deutschen: reden, spielen, kochen Sie mit Ihren deutschen Freunden.
• Benutzen Sie jede Gelegenheit, deutsch zu sprechen. Fürchten Sie sich nicht vor Fehlern. Sagen Sie „Bitte!", „Danke!" oder: „Entschuldigen Sie, das habe ich nicht verstanden."

Nicht zu vergessen: Schauen Sie Fernsehen und nutzen Sie das Internet, da kann man gut Deutsch lernen und Deutschland kennenlernen.

Viel Glück! Und: Willkommen in Deutschland und in der deutschen Sprache!

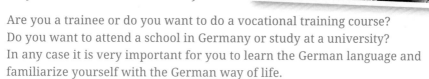

Do you want to work in Germany?

Are you a trainee or do you want to do a vocational training course?
Do you want to attend a school in Germany or study at a university?
In any case it is very important for you to learn the German language and familiarize yourself with the German way of life.

What can you do?
• You can study with a textbook like this one. Don't forget the CD! Listen to the texts and speak them again and again until you almost know them by heart. • You can take a language course. • You should do a lot of writing. Copy out the texts and do the exercises in writing. • Very important: Seek contact with Germans: talk, play, cook with your German friends. • Use every opportunity to speak German. Don't be afraid of making mistakes. Say "Please", "Thank you" or "I'm sorry I didn't understand that".

Last but not least: Watch television and make use of the internet, they're good for learning German and getting to know Germany.

Good luck! And: Welcome to Germany and to the German language.

Die 20 größten deutschen Städte

Hier ist eine Karte der Bundesrepublik Deutschland.

Die roten Punkte in der Karte bezeichnen die zwanzig größten Städte Deutschlands:

| Berlin | Hamburg | München | Köln | Frankfurt am Main | Stuttgart | Düsseldorf |

| Dortmund | Essen | Bremen | Leipzig | Dresden | Hannover | Nürnberg | Duisburg |

| Bochum | Wuppertal | Bielefeld | Bonn | Münster |

Schreiben Sie zu jedem roten Punkt den Namen der Stadt.

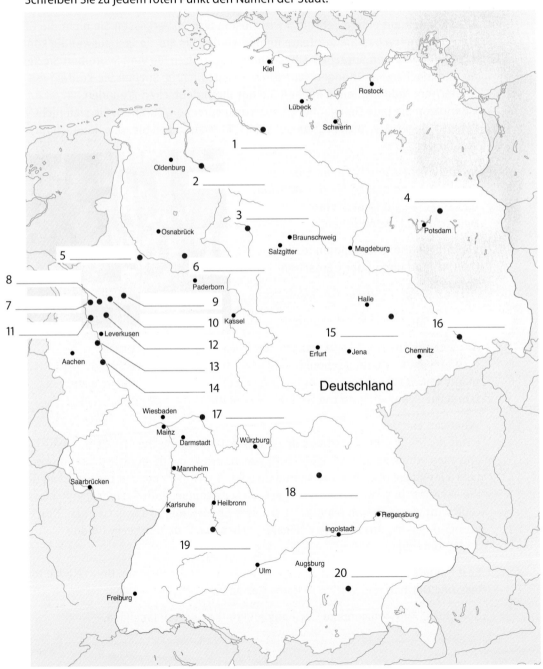

WAS WÜNSCHEN SIE?

5

→ **Texte und Themen** Der Pfandkredit: Wie man schnell und unkompliziert Geld bekommt • Beim Friseur: Einmal Haare schneiden – ohne Unterhaltung! • Der Friseur → **Verb** Trennbare Verben in Nebensatz und Hauptsatz • Verben mit Akkusativ- und Dativobjekt • Du-Form des Verbs • Imperativ in der Du-Form → **Nomen** Form des Akkusativobjekts • Singular und Plural • Form der Artikelwörter und Adjektive in Akkusativ und Dativ → **Syntax** Umkehrung der Reihenfolge Subjekt – Verb bei Frontstellung des Objekts • Relativsatz • Nebensätze mit *wie* • Nebensätze mit *wenn* → **Verschiedenes** Präposition + Dativ

Der Pfandkredit

The pawn loan

◀) Track 13

Im Leihhaus sind	In the pawnshop (there) are
zwei Schalter.	two counters.
Sie haben Wände aus dickem Glas.	They have walls (made) of thick glass.
Ich gehe zum linken Schalter.	I go to the left counter.
Die Frau hinter dem Glas sieht zu,	The woman behind the glass watches
während ich drei goldfarbene Gegenstände	while I unwrap three gold-coloured
auspacke und unter dem Glas	items and pass them through under
durchschiebe:	the glass:
eine zarte Halskette und zwei Ringe,	a delicate necklace and two rings,
der eine breit, der andere schmal.	one broad, the other slender.
„Was für einen Betrag wünschen Sie?",	"What amount would you like?"
fragt die Angestellte.	asks the assistant.
„Fünfzig Euro", sage ich.	"Fifty euros," I say.
„Kann ich Ihnen einen der beiden Ringe geben?"	"Can I give you one of the two rings?"
Die Frau bringt die Ringe zu einem Tisch.	The woman takes the rings to a table.
Sie betrachtet beide mit einer Lupe	She looks at both with a magnifying glass
und legt den schmalen Ring auf eine Waage.	and puts the slender ring on a scale.
Den breiten Ring gibt sie mir zurück.	The broad ring she returns to me.
„Dieser hier ist wertlos",	"This one here is worthless,"
sagt sie, „kein Gold, nur billiges Metall."	she says, "no gold, just cheap metal."
Dann hält sie den schmalen Ring hoch.	Then she holds up the slender ring.
„Vierzig Euro."	"Forty euros."
„Und die Goldkette?", frage ich.	"And the gold necklace?" I ask.
„Sie ist doch aus Gold?"	"It is gold, isn't it?"
Die Pfandleiherin prüft die Kette.	The pawnshop lady examines the necklace.
„Ja, sie ist aus Gold", sagt sie.	"Yes, it is gold," she says.
„Sie bekommen dafür hundertzwanzig Euro."	"You'll get one hundred and twenty euros for it."
Ich denke nach und sage dann:	I consider this and then say,
„Ich gebe Ihnen den Ring."	"I'll give you the ring."
Fünf Minuten später habe ich den Pfandschein	Five minutes later I have the pawn ticket
und vier Zehneuroscheine.	and four ten-euro notes.
Wenn ich den Kredit innerhalb von drei	If I repay the credit within three
Monaten zurückzahle,	months,
bekomme ich den Ring zurück.	I'll get the ring back.
Aber will ich das überhaupt?	But do I really want that?
Der Ring ist von meiner Exfreundin	The ring is from my ex-girlfriend
und meiner Frau ein Dorn im Auge.	and a thorn in my wife's flesh.

auspacken	(to) unpack; (to) unwrap
ich packe die Gegenstände aus	I unwrap the items
während ich die Gegenstände auspacke	while I unwrap the items
bringen	(to) take
sie bringt die Ringe zu einem Tisch	she takes the rings to a table
durchschieben	(to) push through
ich schiebe die Gegenstände durch	I push the items through
während ich die Gegenstände durchschiebe	while I push the items through
gehen	(to) go; (to) walk
ich gehe	I go; I walk
hochhalten	(to) hold up
sie hält den Ring hoch	she holds the ring up / holds up the ring
du musst den Ring hochhalten	you must hold the ring up
legen	(to) put
sie legt den Ring auf eine Waage	she puts the ring on a scale
nachdenken	(to) think; (to) consider
ich denke nach	I'm thinking
lass mich nachdenken	let me think
prüfen	(to) examine
sie prüft den Ring / die Kette	she examines the ring / the necklace
wünschen	(to) wish
was für einen Betrag wünschen Sie?	what amount do you wish (to have)?
zurückbekommen	(to) get back
wann bekomme ich den Ring zurück?	when will I get the ring back?
ich werde den Ring zurückbekommen	I'll get the ring back
zurückgeben	(to) return; (to) give back
sie gibt mir den Ring zurück	she returns the ring to me
wann kannst du den Ring zurückgeben?	when can you return the ring?
zurückzahlen	(to) repay; (to) pay back
ich zahle den Kredit zurück	I repay the credit; I pay the loan back
ich möchte den Kredit zurückzahlen	I want to repay the loan / credit
zusehen	(to) watch
sie sieht zu	she watches
sie wird zusehen	she'll watch; she's going to watch

1 Präposition + Dativ (→ 2F2, 3F1, 4G2)

Die Wörter *aus, hinter, mit, unter, von, zu* sind Präpositionen. Auf diese Präpositionen folgt hier jeweils der Dativ (Wemfall).

Versuchen Sie, die Folgewörter richtig zu vervollständigen. Try to fill the blanks correctly.

a Die Wände sind aus dick_____ Glas.

b Ich gehe zu d_____ linken Schalter.

c Hinter d_____ Glas sitzt eine Frau.

d Ich schiebe drei Gegenstände unter d_____ Glas durch.

e Die Frau bringt die Ringe zu ein_____ Tisch.

f Sie betrachtet beide mit ein_____ Lupe.

g Ich muss den Kredit innerhalb von ein_____ Monat zurückzahlen.

h Der Ring ist von mein_____ Exfreundin.

2 Die Form des Akkusativobjekts

Genus, Numerus und Kasus eines Nomens bestimmen die Form der Artikelwörter und Adjektive, die das Nomen begleiten. Gender, number and case of a noun determine the form of the words accompanying it.

Ergänzen Sie die fehlenden Endungen. Wenn Sie Fehler machen, wiederholen Sie die Übung ein- oder zweimal. Supply the missing endings. If you make mistakes, repeat the exercise once or twice.

a Die Frau bringt d_____ Ring zu einem Tisch.

b Die Frau bringt d_____ Kette zu einem Tisch.

c Die Frau bringt d_____ Bild zu einem Tisch.

d Ich möchte Ihnen ein_____ der beiden Ringe geben.

e Ich möchte Ihnen ein_____ der beiden Ketten geben.

f Ich möchte Ihnen ein_____ der beiden Bilder geben.

g Ich packe ein_____ goldfarben_____ Ring aus.

h Ich packe ein_____ goldfarben_____ Kette aus.

i Ich packe ein_____ knallrot_____ T-Shirt aus.

j Sie legt d_____ schmal_____ Ring auf eine Waage.

k Sie legt d_____ zart_____ Kette auf eine Waage.

l Sie legt d_____ hübsch_____ Stück auf eine Waage.

m Welch_____ Ort meinen Sie?

n Welch_____ Stadt meinen Sie?

o Welch_____ Haus meinen Sie?

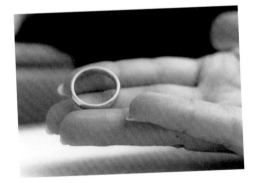

3 Bilden Sie den Singular oder den Plural. Form the singular or the plural.

> Die Wand ist schwarz → *Die Wände sind schwarz.*
> Diese Beträge sind zu hoch. → *Dieser Betrag ist zu hoch.*

a Dieser Gegenstand ist wertlos.

b Eine Minute kann sehr lang sein. → *Zwei ...*

c Dieser Ring ist nicht aus Gold.

d Ein Monat ist eine lange Zeit. → *Drei ...*
e Die Ketten sind sehr hübsch.
f Die Angestellten sprechen sehr gut Deutsch.
g Diese Lupen sind fantastisch.
h Auf den Tischen liegt Geld.

4 **Schreiben Sie den Text ab und ergänzen Sie dabei die fehlenden Buchstaben.**

> *Die Schalter i___ Leihhaus ha___ Wände a___ dick___ Glas. Ich schie___ zwei Ringe und ei___ zarte Halskette unt___ d___ Glas durch. Die Angestellte frag___ mi___, wie viel Geld ich ha___ möchte. Ich brau___ fünfzig Euro. Einer d___ beid___ Ringe ist wertlos, der and___ Ring ist vierzig Euro wert, die Kette ist hundertzwanzig Euro we___. Ich ge___ der Frau d___ Ring und bekomm___ vierzig Euro. We___ ich d___ Kredit inne___ von drei Monat___ zurückza___, bekomme ich d___ Ring zu___.*

5 **Trennbare Verben** Separable verbs (→ 1G2, 3G1, 4C4, 6C4, 7C1, 10C1)

Wir wissen bereits, dass man trennbare Verben bei einem Modal- oder Hilfsverb nicht trennt (→ 3G1, 4C4). Jetzt lernen wir, dass man sie in einem Nebensatz wie **a** und **g** ebenfalls nicht trennt. We already know that separable verbs connected to an auxiliary are not separated. Now we learn that separable verbs in a subordinate clause like a and g are also not separated.

Setzen Sie die korrekte Form des eingeklammerten Verbs ein. Put in the correct form of the verb in brackets.

a Während die Frau hinter dem Glas _____ , (zusehen)
b _____ ich drei goldfarbene Gegenstände _____ . (auspacken)
c Ich _____ sie unter dem Glas _____ . (durchschieben)
d Ein Ring ist wertlos, und sie _____ ihn mir _____ . (zurückgeben)
e Einen zweiten Ring _____ sie _____ . Er ist 40 Euro wert. (hochhalten)
f Ich _____ _____ und gebe dann diesen Ring als Pfand. (nachdenken)
g Wenn ich den Kredit innerhalb von drei Monaten _____ , (zurückzahlen)
h _____ ich den Ring _____ . (zurückbekommen)

6 **Aus Subjekt – Prädikat wird Prädikat – Subjekt** (→ 2C3, 2G3, 8F3, 8F4, 9G, 10F4, 11F5, 12F2)

Stellen Sie das Objekt nach vorn und kehren Sie die Reihenfolge von Subjekt und Prädikat um. Move the object to the front and reverse the order of subject and verb.

a Sie gibt mir den breiten Ring zurück. → *Den breiten Ring gibt sie mir zurück.*
b Ich brauche fünfzig Euro. → *Fünfzig Euro ...*
c Sie betrachtet beide Ringe mit einer Lupe. → *Beide ...*
d Sie legt den schmalen Ring auf eine Waage.
e Sie hält diesen Ring hoch.
f Sie bekommen dafür hundertzwanzig Euro.
g Ich zahle den Kredit innerhalb von drei Monaten zurück.
h Ich brauche das Geld jetzt.

Beim Friseur

Herr Grimm ist zum ersten Mal bei einem neuen Friseur.	Mr Grimm is with a new hairdresser for the first time.
„Was darf es denn sein?", fragt die junge Friseurin, die Herrn Grimm bedient.	"What can I do for you?" asks the young (female) hairdresser who is attending to Mr Grimm.
„Bitte waschen und schneiden", sagt Herr Grimm. „Nicht zu kurz und nicht zu lang. Ohne Unterhaltung!"	"Shampoo and cut, please," says Mr Grimm. "Not too short and not too long. Without conversation."
Herr Grimm legt seine Zeitung zur Seite. Er hat langes, volles Haar, das seine Ohren teilweise bedeckt. Die Friseurin wäscht ihm die Haare und beginnt mit dem Haarschnitt. Herr Grimm nimmt seine Zeitung und beginnt zu lesen:	Mr Grimm puts his newspaper aside. He has long, full hair which partly covers his ears. The hairdresser washes his hair and starts cutting his hair. Mr Grimm takes his newspaper and starts reading:
In Washington bricht ein Mann in ein Fast-Food-Restaurant ein und brät sich ein paar Burger. Geld stiehlt er nicht.	In Washington a man breaks into a fast-food restaurant and fries himself a couple of burgers. He doesn't steal any money.
Eine Japanerin irrt umher in Frankfurt an der Oder. Sie sucht eine Freundin, die in Frankfurt am Main wohnt.	A Japanese woman wanders about in Frankfurt on the Oder. She is looking for a friend who lives in Frankfurt on the Main.
In Rom kochen Polizisten Spaghetti für ein einsames altes Ehepaar …	In Rome, police officers cook spaghetti for a lonely old couple …
Noch viele Geschichten aus der großen weiten Welt liest Herr Grimm.	Mr Grimm reads many more stories from the big wide world.
Dann hört er die Stimme der Friseurin: „Schauen Sie mal, ist es so recht?"	Then he hears the hairdresser's voice, "Can you see if this is OK for you?"
Herr Grimm schaut in den Spiegel. Seine Haare sind so kurz, dass er sie kaum noch sieht. Dafür sieht er, wie groß seine Ohren sind. Was wird seine Frau sagen?	Mr Grimm looks in the mirror. His hair is so short that he can hardly see it any more. Instead, he sees how large his ears are. What's his wife going to say?

bedecken	(to) cover
seine Haare bedecken die Ohren	his hair covers his ears
bedienen	(to) attend to
die Friseurin, die ihn bedient	the hairdresser who is attending to him
beginnen	(to) start; (to) begin
er beginnt zu lesen	he starts reading
braten	(to) fry
er brät sich ein paar Burger	he fries himself a couple of burgers
einbrechen in	(to) break into
ein Mann bricht in ein Restaurant ein	a man breaks into a restaurant
legen	(to) put
er legt seine Zeitung zur Seite	he puts his (news)paper aside
lesen	(to) read
er liest die Zeitung	he reads the newspaper
nehmen	(to) take
er nimmt seine Zeitung	he takes his newspaper
schneiden	(to) cut
sie schneidet ihm die Haare	she cuts his hair
sehen	(to) see
er kann seine Haare kaum noch sehen	he can hardly see his hair any more
stehlen	(to) steal
er stiehlt kein Geld / Geld stiehlt er nicht	he doesn't steal any money
suchen	(to) look for
sie sucht eine Freundin	she is looking for a friend
umherirren	(to) wander about
sie irrt umher	she wanders about
während sie umherirrt	while she wanders about
waschen	(to) wash
sie wäscht ihm die Haare	she washes his hair
wohnen	(to) live
die Freundin wohnt in Frankfurt	the friend lives in Frankfurt

1 Beantworten Sie die Fragen wie im Beispiel. Answer the questions as in the example.

> Ist Herr Grimm im Leihhaus? (Friseur) → Nein, er ist beim Friseur.

a Ist die Friseurin alt? (jung)
b Hat Herr Grimm kurzes Haar? (lang)
c Liest Herr Grimm in einem Buch? (Zeitung)
d Ist die Japanerin in Frankfurt am Main? (Frankfurt an der Oder)
e Kochen die Polizisten Königsberger Klopse für das alte Ehepaar? (Spaghetti)
f Hat Herr Grimm kleine Ohren? (groß)
g Ist Herr Grimm glücklich über den Haarschnitt? (sehr unglücklich)
h Ist Herr Grimm ein freundlicher Mensch? (kein)

2 Der Relativsatz

> Die Japanerin sucht eine **Freundin,** _die in Frankfurt am Main wohnt_.

Der unterstrichene Satzteil ist ein Relativsatz. Er bezieht sich auf das fett gedruckte Wort (_Freundin_). The relative clause (underlined) gives us further information about the noun _Freundin._

Der Relativsatz _die in Frankfurt am Main wohnt_ gibt uns eine Information über das Wort _Freundin,_ er beschreibt die _Freundin_ näher.

Das schräg gedruckte Wort _die_ ist ein Relativpronomen. Ist das Bezugswort nicht feminin (_Freundin_), sondern maskulin (_Freund_) oder neutral (_Mädchen_), so gebraucht man das entsprechende Relativpronomen: The relative pronoun _die_ refers to a feminine noun, _der_ refers to a masculine noun, _das_ to a neuter:

> Die Japanerin sucht einen **Freund,** _der in Frankfurt am Main wohnt_.

> Die Japanerin sucht ein **Mädchen,** _das in Frankfurt am Main wohnt_.

Setzen Sie das passende Relativpronomen (_der, die_ oder _das_) ein.

a Dies ist die junge Friseurin, _____ Herrn Grimm immer bedient.
b Dies ist der junge Friseur, _____ Herrn Grimm immer bedient.
c Herr Grimm hat langes, volles Haar, _____ seine Ohren teilweise bedeckt.
d Im Leihhaus sind zwei Schalter, _____ Wände aus dickem Glas haben.
e Ich suche ein Bett, _____ breit, bequem und billig ist.
f Die Haare, _____ an dem Band hängen, sind von der Mörderin.
g Das Band, _____ neben dem Toten liegt, ist aus gelber Seide.

3 Integrieren Sie den zweiten Satz als Relativsatz in den ersten Satz.

> Mein Freund Sebastian macht alle Wege mit dem Fahrrad. Er besitzt kein Auto.
> → Mein Freund Sebastian, der kein Auto besitzt, macht alle Wege mit dem Fahrrad.

a Das Band ist ein Geschenk von Tante Liane. Es passt so schön zu meinem Haar.
b Meine Oma will natürlich keine Wurst. Sie lebt jetzt wieder vegetarisch.
c Seine Exfreundin ist nichts für schwache Nerven. Sie trägt meistens ein knallrotes T-Shirt.

   d Wir haben einige syrische Freunde. Sie sprechen sehr gut Deutsch.

   e Nabil ist ein freundlicher Mann. Er arbeitet bei einem Paketdienst.

   f Frau Halabi liebt diese Stadt. Sie lebt schon seit einiger Zeit in Glückstadt.

4 **Setzen Sie *zu, zum, zur* und die fehlenden Endungen ein.**

   a Er ist z____ ersten Mal hier.

   b Ich bin auf d____ Weg z____ Leihhaus.

   c Im Leihhaus gehe ich z____ link____ Schalter.

   d Herr Grimm legt seine Zeitung z____ Seite.

   e Kommen Sie doch am Sonntag z____ mir.

   f Das Band passt so schön z____ dei____ Haar.

   g Oft gehe ich z____ Fuß und manchmal jogge ich.

   h Am Sonntag gehe ich z____ mei____ Oma oder z____ meinem Freund.

   i Von mei____ Wohnung sind es 300 Meter z____ Bushaltestelle und 800 Meter z____ U-Bahnhof.

   j Z____ Supermarkt fahre ich mit dem Fahrrad.

   k Die Butter nimmt Oma meist z____ Kochen.

   l Das Mädchen geht mit einer Dose Cola z____ Kasse.

5 **Verben mit Akkusativ- und Dativobjekt** Verbs with both a direct and an indirect object

Die Friseurin wäscht <u>ihm</u>	<u>die Haare</u>.
Die Friseurin wäscht <u>Herrn Grimm</u>	<u>die Haare</u>.
Die Friseurin wäscht <u>dem Mann</u>	<u>die Haare</u>.

Einige Verben (hier: *waschen*) können außer einem <u>Akkusativobjekt</u> auch ein <u>Dativobjekt</u> haben. <u>Akkusativobjekt</u> = <u>direktes Objekt</u>; <u>Dativobjekt</u> = <u>indirektes Objekt</u>.

Auch die folgenden Sätze haben zwei Objekte. Vervollständigen Sie die Wörter und beachten Sie dabei das Genus (= Geschlecht, gender**) der Nomen.** (→ 2F1)

   a Die Friseurin wäscht Frau Grimm die Haare.

   b Die Friseurin wäscht i____ die Haare.

   c Die Friseurin wäscht de____ schön____ Frau die Haare.

   d Sie bringt mi____ ei____ Dose Cola.

   e Sie bringt mi____ ei____ Apfelsaft.

   f Sie bringt mi____ ei____ Glas Apfelsaft.

   g Warte, ich bringe di____ dein____ Zeitung.

   h Warten Sie, ich bringe Ih____ Ih____ Zeitung.

   i Kannst du de____ Oma ei____ Tafel Schokolade mitbringen?

   j Meine Oma kauft mi____ ein Auto.

   k Ich gebe Ih____ de____ Ring.

Form der Artikelwörter, Adjektive und Pronomen in Akkusativ und Dativ (→ 7G, 8C2, 15G)

Sehen Sie sich die Beispiele in den beiden Tabellen an. Achten Sie auf die unterstrichenen Endungen. Regeln geben wir Ihnen an dieser Stelle noch nicht. Sie sind kompliziert, und es ist nicht schlimm, wenn Sie manchmal falsche oder gar keine Endungen anhängen. Wenn Sie viele deutsche Texte lesen und sich mit Deutschsprachigen unterhalten, gewöhnen Sie sich allmählich an die Endungen.

Nur eine Hilfe schon jetzt: Warum heißt es *ich will das weiße Bett,* aber *ich will ein weißes Bett*? Hier gilt folgende Regel: Zeigt das Artikelwort die Deklination an (*das*), bleibt das Adjektiv ohne Deklinationsendung (*weiße*). Zeigt das Artikelwort die Deklination nicht an (*ein*), so erhält das Adjektiv die Deklinationsendung (*weißes*).

In den beiden Tabellen stehen alle Adjektive in Klammern.

1 Akkusativ (Frage: *wen oder was?*)

maskulin Singular	sie nimmt den (schmalen) Ring / sie nimmt ihn ich kenne diesen (jungen) Mann nicht
maskulin Plural	sie nimmt die (beiden) Ringe / sie nimmt sie ich kenne diese (jungen) Männer nicht
feminin Singular	sie prüft die (goldfarbene) Kette / sie prüft sie sie sucht ihre (syrische) Freundin / sie sucht sie
feminin Plural	er liest viele (interessante) Geschichten / er liest sie er liest die vielen (interessanten) Geschichten / er liest sie
neutral Singular	ich will kein (schwarzes) Bett / ich will kein(e)s ich will das (schwarze) Bett nicht / ich will es nicht
neutral Plural	wir brauchen zwei (große) Betten wir wollen die / diese zwei (großen) Betten
Akkusativ nach Präposition	er schaut in den (großen) Spiegel Spaghetti für ein (einsames) (altes) Ehepaar / für wen?

2 Dativ (hier stets nach Präpositionen) (Frage: *wem oder was?*)

maskulin Singular	zum / zu dem (linken) Schalter ich bin beim Friseur / bei dem / bei einem (neuen) Friseur
maskulin Plural	die Leute mit den / ihren (vollen) Einkaufswagen die Preise in den / unseren vielen (großen) Supermärkten
feminin Singular	mit der / einer / dieser / meiner (kleinen) Lupe ein Bild von meiner (hübschen) Exfreundin / von wem?
feminin Plural	die Bilder von meinen (hübschen) Exfreundinnen es sind keine Bilder an den (weißen) Wänden
neutral Singular	im (= in dem) / in einem Leihhaus / Möbelhaus / Zimmer in einem / unserem / diesem (kleinen), (schäbigen) Hotel
neutral Plural	für beide Betten / für die (beiden) (schwarzen) Betten für die / diese (beiden) (hochwertigen) Betten

Track 15

Der Friseur

Man geht zum Friseur, um sich die Haare waschen, schneiden und föhnen zu lassen. Nur noch wenige Männer lassen sich beim Friseur rasieren. Die meisten rasieren sich selbst – entweder trocken mit einem Elektrorasierer oder nass, zum Beispiel mit einem Rasiermesser oder Systemrasierer. Es gibt auch Elektrorasierer, mit denen man sich nicht nur trocken, sondern auch nass rasieren kann.

Der Friseur heißt in der Schweiz Coiffeur. In den Friseursalons arbeiten überwiegend Frauen, die man in Deutschland und Österreich als Friseurinnen, in der Schweiz als Coiffeusen bezeichnet.

Wenn einem das Geld für einen Friseurbesuch gerade fehlt, kann man es sich vielleicht in einem Leihhaus besorgen. Dort bekommt man sofort Bargeld, wenn man dem Verleiher einen Wertgegenstand als Pfand überlässt, zum Beispiel goldenen Schmuck oder eine wertvolle Uhr. In der Regel zahlt man das geliehene Geld innerhalb von drei Monaten zurück und bekommt dann sein Pfand wieder.

You go to the hairdresser to have your hair washed, cut and blow-dried. Very few men still go to a barber to get shaved. Most of them shave themselves – either dry with an electric shaver or wet, for example with a cut-throat razor or a multi-blade razor. There are also electric shavers that you can use for both dry and wet shaves.

In Switzerland the hairdresser is called *Coiffeur*. The people working in hairdressing salons are mostly women, who are referred to as *Friseurinnen* in Germany and Austria, and as *Coiffeusen* in Switzerland.

If you don't have the money needed for a visit to the hairdresser, you may be able to obtain it at a pawnshop. There you can get cash immediately if you leave an item of value with the lender as collateral, for example gold jewellery or a valuable watch. As a rule, you repay the money borrowed within three months and then get your pawn back.

Das *wenn*-Kreuzworträtsel

Beachten Sie:

1. Alle Sätze unter „Waagerecht" und „Senkrecht" sind *wenn*-Sätze.

2. Alle Sätze sind *du*-Sätze. Auch die Wörter *dir* und *dein* kommen vor.

3. Beachten Sie auch die -*st*-Endung nach der Du-Form des Verbs: *du bist / brauchst / darfst / hast / solltest / suchst / verstehst / willst.* Ausnahmen: *du musst / weißt.*

Waagerecht Across

2 Wenn du einsam bist, dann telefoniere mit _____ Freund oder einer Freundin.

5 Wenn dein Kühlschrank leer ist, _____ du einkaufen gehen.

7 Wenn du Polizist _____ willst, musst du gute Nerven haben.

9 Wenn dein Deutsch nicht gut ist, dann _____ viel mit Deutschen.

13 Wenn du nicht _____ Geld für den Friseur hast, dann hol es dir im Leihhaus.

15 Wenn du Angst _____ , ist das ganz normal.

16 Wenn du _____ Nerven hast, dann fahr nicht mit dem Auto.

17 Wenn du unglücklich _____ , dann iss Schokolade.

18 Wenn du gut Deutsch lernen willst, dann schau viel _____ .

19 Wenn du Steuern sparen willst, dann _____ du heiraten.

Senkrecht Down

1 Wenn du etwas Billiges essen _____ , dann nimm doch einen Burger.

3 Wenn du _____ nicht verstehst, dann guck es im Smartphone nach.

4 Wenn deine Haare zu lang _____ , dann geh zum Friseur.

6 Wenn du aus der Schweiz bist, _____ du nicht Fahrrad, sondern Velo.

8 Wenn du keinen Führerschein hast, _____ du nicht Auto fahren.

10 Wenn es nicht _____ , solltest du mit dem Fahrrad fahren.

11 Wenn du nicht weißt, ob deine Haare zu _____ sind, dann schau doch in den Spiegel.

12 Wenn du Auto fahren willst, dann _____ du einen Führerschein.

14 Wenn du einen Job suchst, dann _____ doch in die Zeitung.

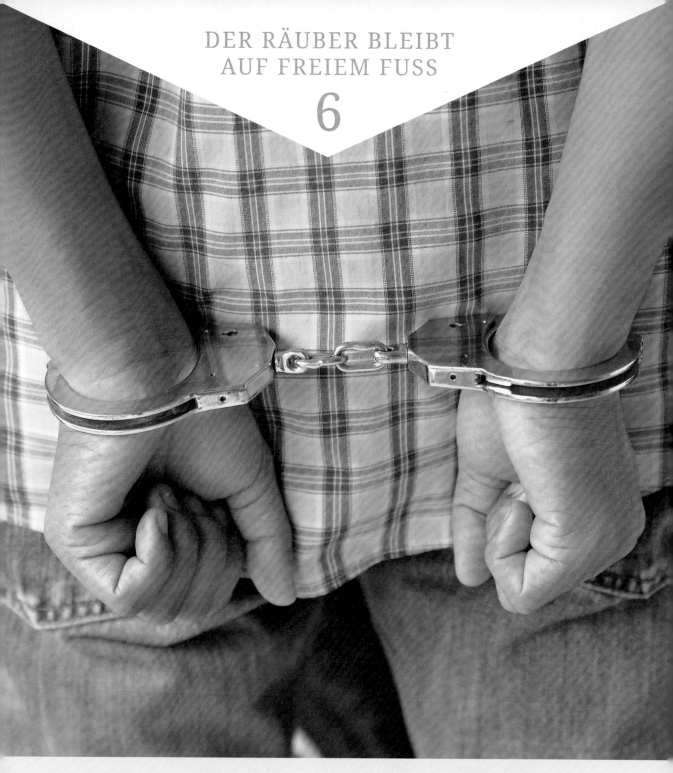

DER RÄUBER BLEIBT AUF FREIEM FUSS

6

→ **Texte und Themen** Ein Überfall: Die Kassiererin hat mir selbst davon erzählt · Polizei fasst mutmaßlichen Tankstellenräuber: Keine ausreichenden Haftgründe · Der besondere Schutz der Freiheit: Hürden für Untersuchungshaft → **Verb** Perfekt (mit *haben* und *sein*) · Partizip II · Trennbare Verben · Präteritum · Regelmäßige und unregelmäßige Verben · *Sein* und *haben* in Präsens und Präteritum · Stammformen → **Syntax** Satzklammer

Ein Überfall

Track 16

◆ Anja
○ Sven

◆ Hast du von dem Überfall
  auf die Tankstelle gehört?

○ Nein. Ein Überfall?
  Auf 'ne (= eine) Tankstelle hier?

◆ Ja, wir tanken da auch manchmal,
  hinten in der Seestraße.
  Pia Wagner ist dort Kassiererin,
  sie hat mir selbst davon erzählt.
  Ein Mann ist reingekommen
  und hat gleich gebrüllt:
  „Schnell, das Geld aus der Kasse!"
  Er hatte eine Pistole in der Hand
  und Pia sagt, sie hat so gezittert,
  dass sie die Kasse
  kaum aufbekommen hat.
  Und da war nicht viel Geld drin,
  nur ein paar hundert Euro.
  Die haben nie viel Geld in der Kasse.

○ Hat sie denn sein Gesicht gesehen?

◆ Nein, er hatte wohl eine Kapuze
  und eine Sonnenbrille auf.
  Aber Pia hat genau hingesehen und
  hat der Polizei eine
  super Beschreibung gegeben.

○ Cool!

◆ Ja, sie hat natürlich total Angst gehabt,
  aber sie hat trotzdem genau aufgepasst
  und auch den Notknopf gedrückt.
  Die Polizei war ganz schnell da,
  und mit Pias Beschreibung
  haben sie den Typ später
  am Bahnhof gefasst.
  Beim Verhör hat er
  auch alles zugegeben.
  Aber jetzt kommt das Beste:
  Danach haben sie ihn freigelassen.
  Bis zur Gerichtsverhandlung.
  „Keine ausreichenden Haftgründe",
  hat der Staatsanwalt gesagt.

A robbery

◆ Have you heard about the robbery
  at the petrol station?

○ No. A robbery?
  At a petrol station here?

◆ Yes, we also fill up there sometimes
  back there on Seestrasse.
  Pia Wagner is a cashier there,
  she told me about it herself.
  A man came in
  and immediately yelled:
  "Quick, the money from the till!"
  He had a gun in his hand
  and Pia said she trembled so much
  that she was barely able to open
  the till.
  And there wasn't much money in
  it, just a few hundred euros.
  They never have much money in the till.

○ Did she see his face?

◆ No. Apparently he was wearing a hood
  and sunglasses.
  But Pia looked closely and
  gave the police a
  great description.

○ Cool!

◆ Yes, she was totally afraid, of course,
  but she was still paying attention, and
  she also pressed the emergency button.
  The police were there really quickly
  and with Pia's description
  they caught the guy later
  at the station.
  During the questioning he admitted
  everything.
  But now comes the best part:
  After that they released him.
  Until the trial.
  "Insufficient grounds for detention,"
  the prosecutor said.

aufbekommen	(to) be able to open
sie hat die Kasse aufbekommen	she has been able to open the till
aufhaben	(to) have on; (to) wear
er hatte eine Kapuze auf	he had a hood on
aufpassen	(to) pay attention
sie hat genau aufgepasst	she (has) paid close attention
drücken	(to) press
sie hat den Knopf gedrückt	she (has) pressed the button
erzählen	(to) tell
sie erzählte mir davon	she told me about it
sie hat mir davon erzählt	she has told me about it
fassen	(to) catch
sie haben den Mann gefasst	they have caught the man
freilassen	(to) release
sie ließen ihn frei	they released him
sie haben ihn freigelassen	they have released him
geben	(to) give
sie hat ihm das Geld gegeben	she has given him the money
hinsehen	(to) look
sie hat genau hingesehen	she (has) looked closely
hören	(to) hear
hast du gehört?	have you heard?
(he)reinkommen	(to) come in
er ist (he)reingekommen	he has come in
sagen	(to) say
er sagte – er hat gesagt	he said – he has said
sehen	(to) see
sie sah es – sie hat es gesehen	she saw it – she has seen it
zugeben	(to) admit
er gab alles zu	he admitted everything
er hat alles zugegeben	he has admitted everything

1 **Das Perfekt** The present perfect tense

Mit dem Perfekt drückt man aus, dass etwas in der Vergangenheit geschah:
We use the present perfect tense to say that something took place in the past:

a   Sie hat gedrückt.
b   Sie hat den Notknopf gedrückt.
c   Hat sie den Notknopf gedrückt?
d   Bei dem Überfall hat sie den Notknopf gedrückt.
e   Warum hat sie den Notknopf gedrückt?
f   Wir wissen, dass sie den Notknopf gedrückt hat.
g   Wir wissen, warum sie den Notknopf gedrückt hat.

Die Sätze **a** bis **g** zeigen uns: Das Perfekt besteht hier (aber sonst nicht immer! → 6G2) aus einer Form von *haben* (*hat*) + Partizip II (*gedrückt*). The present perfect tense here consists of a form of *haben* + the past participle.
Wenn ein Objekt oder dergleichen da ist, steht es zwischen dem konjugierten Hilfsverb (oben: *hat*) und dem Partizip II (oben: *gedrückt*). Das Hilfsverb *hat* und das Partizip II *gedrückt* bilden hier eine Klammer, die Satzklammer (**b** – **e**). An object or other item is placed between the conjugated form of *haben* and the past participle (*hat den Notknopf gedrückt*).

In Nebensätzen steht das Objekt oder dergleichen **nicht zwischen** Hilfsverb und Partizip II, sondern **vor** diesen, und die Reihenfolge ist nun Partizip II – Hilfsverb (**f** – **g**). In subordinate clauses the object or other item precedes the present perfect construction, and the word order is now past participle + a form of *haben* (*den Notknopf gedrückt hat*).

Ist kein Objekt vorhanden, so stehen Hilfsverb und Partizip II natürlich zusammen, und zwar in der Reihenfolge wie in **a**. If there is no object or other item, the word order is as in a.

2 **Setzen Sie *habe, haben, habt, hast* oder *hat* ein.**

a   Wir _____ von dem Überfall gehört.
b   Meine Freunde _____ mir davon erzählt.
c   Warum _____ du so gezittert?
d   Die Kassiererin _____ die Kasse kaum aufbekommen.
e   Ich _____ sein Gesicht gesehen.
f   _____ Sie den Notknopf gedrückt?
g   Ihr _____ der Polizei eine gute Beschreibung gegeben.
h   Der Typ _____ alles zugegeben.
i   Der Staatsanwalt _____ ihn später freigelassen.

3 **Setzen Sie das Perfekt (Hilfsverb + Partizip II) ein.** Insert the present perfect tense (auxiliary verb + past participle).

a   Pia _hat_ mir selbst von dem Überfall _erzählt_ .
b   Sie _____ große Angst _____ .
c   Pia _____ so _____ , dass sie die Kasse kaum aufbekommen hat.

d Trotzdem _____ sie genau _____ .

e _____ Pia sein Gesicht _____ ?

f Sie _____ der Polizei eine genaue Beschreibung _____ .

g Die Polizei _____ den Mann später am Bahnhof _____ .

h Beim Verhör _____ er alles _____ .

i Was _____ der Staatsanwalt _____ ?

4 Trennbare Verben im Perfekt nicht getrennt (→ 1G2, 3G1, 4C4, 5C5, 7C1, 10C1):
Separable verbs are not separated when they are in the present perfect tense:

Präsens:	Sie bekommt die Kasse nicht auf.
Perfekt:	Sie hat die Kasse nicht aufbekommen.
Präsens:	Er gibt den Überfall zu.
Perfekt:	Er hat den Überfall zugegeben.

5 Setzen Sie die Sätze ins Perfekt. Change the sentences into the present perfect tense.

> Die Polizei fasst den Mann → Die Polizei hat den Mann gefasst.
> Warum passt du nicht auf? → Warum hast du nicht aufgepasst?

Die Übung ist schwierig. Nehmen Sie 6B zu Hilfe. Ärgern Sie sich nicht, wenn Sie Fehler machen!
Difficult exercise. Consult 6B. Don't be annoyed if you make mistakes.

a Ich sehe alles.   sehen – sah – gesehen

b Er erzählt mir oft davon.   erzählen – erzählte – erzählt

c Sie gibt uns eine genaue Beschreibung.   geben – gab – gegeben

d Hörst du die Stimme?   hören – hörte – gehört

e Was gibt sie dir?   geben – gab – gegeben

f Warum brüllt er so?   brüllen – brüllte – gebrüllt

g Der Mann gibt alles zu.   zugibt – zugab – zugegeben

h Warum lassen sie ihn frei?   freilassen – freiließ – freigelassen

6 Schreiben Sie den Text ab und ergänzen Sie dabei die fehlenden Buchstaben

> Die Kassiererin _____ mir von de_____ Überfall auf ih_____ Tankstelle
> erzählt. Ein Mann mit ei_____ Pistole ist reingeko_____ und hat gebr_____:
> „Schnell! Das Geld aus d_____ Kasse!" Die Kassiererin hat ih_____ das Geld
> gege_____ – ein paar hundert Euro. Der Mann ha_____ eine Sonnenbrille
> und ei_____ Kapuze auf. Die Kassiererin ha_____ genau aufgepasst und
> d_____ Polizei ei_____ gute Beschreibung gege_____ . Später hat d_____
> Polizei d_____ Mann a_____ Bahnhof gefa_____ .

◀ŀ) Track 17

Polizei fasst mutmaßlichen Tankstellenräuber

Die Polizei hat am späten Montagabend einen 23-jährigen Mann gefasst, der mutmaßlich eine Tankstelle im Stadtteil Oberfeld überfallen hat.

Der mit einer Kapuze und einer dunklen Sonnenbrille maskierte Täter betrat den Tankstellenshop gegen 20 Uhr. Mit vorgehaltener Pistole forderte er die Kassiererin auf, ihm das Geld aus der Kasse zu geben. Mit einer Beute von ungefähr 500 Euro floh er anschließend zu Fuß in Richtung Marienkirche.

Dank der Beschreibung des Täters durch die Tankstellenmitarbeiterin konnte die Polizei später einen Tatverdächtigen am Bahnhof Oberfeld festnehmen.

Der polizeibekannte Mann hat den Überfall inzwischen gestanden. Als Motiv gab er Geldmangel an. Bis zur Gerichtsverhandlung bleibt er auf freiem Fuß.

Police catch alleged petrol station robber

Late Monday evening the police arrested a 23-year-old man who allegedly robbed a petrol station in the Oberfeld district.
Masked with a hood and dark sunglasses, the robber entered the petrol station shop around 8 p.m. At gunpoint he demanded that the cashier give him the money from the till. With a loot of about 500 euros he then fled on foot in the direction of St Mary's Church.
Acting on the description of the robber given by the petrol station attendant, the police were later able to arrest a suspect at Oberfeld Rail Station.
The man, who is known to the police, has since admitted the robbery. He named lack of money as his motive. He will remain free until the trial.

angeben	(to) name
als Motiv gab er Geldmangel an	he named lack of money as a motive
als Motiv hat er Geldmangel angegeben	he has named lack of money as a motive
auffordern	(to) tell
er forderte sie auf, ihm das Geld zu geben	he told her to give him the money
er hat sie aufgefordert, das zu tun	he has told/asked her to do that
betreten	(to) enter
er betrat den Laden	he entered the shop
er hat den Laden betreten	he has entered the shop
fassen	(to) catch; (to) arrest
die Polizei fasste den Mann	the police caught the man
die Polizei hat den Mann gefasst	the police have caught/arrested the man
fliehen	(to) flee; (to) escape
er floh zu Fuß	he fled/escaped on foot
er ist zu Fuß geflohen	he has fled/escaped on foot
fordern	(to) demand
er forderte Geld von ihr	he demanded money from her
er hat Geld von ihr gefordert	he has demanded money from her
gestehen	(to) admit; (to) confess to
er gestand den Überfall	he admitted the robbery
er hat den Überfall gestanden	he has admitted the robbery
können	can; (to) be able to
die Polizei konnte den Mann festnehmen	the police were able to arrest the man
überfallen	(to) rob
der Mann überfiel eine Tankstelle	the man robbed a petrol station
der Mann hat eine Tankstelle überfallen	the man has robbed a petrol station

1 Das Präteritum

Aus 6C1 wissen wir, dass man mit dem **Perfekt** Handlungen in der Vergangenheit ausdrücken kann. Für den gleichen Zweck benutzt man das **Präteritum**. Both the present perfect tense and the past tense are used to express actions in the past.

Präteritum Past tense:	Er <u>betrat</u> den Tankstellenshop gegen 20 Uhr.
Perfekt Present perfect tense:	Er <u>hat</u> den Tankstellenshop gegen 20 Uhr <u>betreten</u>.

Das Präteritum benutzt man vor allem beim Berichten von Handlungen, die nacheinander abliefen, oder beim Erzählen einer Geschichte. The past tense is mainly used to describe actions which happen one after the other, or in telling a story.

Im Alltagsgespräch gebraucht man als Vergangenheitsform eher das Perfekt als das Präteritum. In everyday conversation the present perfect tense rather than the past tense is used to describe past actions.

Bildung des Präteritums (= Vergangenheitsform) Formation of past tense

Regelmäßige Verben: Verbstamm + *t* + Endung Regular verbs: verb stem + *t* + ending

Infinitiv (Stamm + *-en*)		erzählen	fassen	fordern	hören
ich / er / sie / es	-te	erzähl<u>te</u>	fass<u>te</u>	forder<u>te</u>	hör<u>te</u>
du	-test	erzähl<u>test</u>	fass<u>test</u>	forder<u>test</u>	hör<u>test</u>
wir / sie / Sie	-ten	erzähl<u>ten</u>	fass<u>ten</u>	forder<u>ten</u>	hör<u>ten</u>
ihr	-tet	erzähl<u>tet</u>	fass<u>tet</u>	forder<u>tet</u>	hör<u>tet</u>

Unregelmäßige Verben Irregular verbs
Änderung des Stammvokals + Endung (bei *ich/er/sie/es* ohne Endung):
Change of stem vowel + ending (but no ending in the *ich/er/sie/es* forms):

Infinitiv		betreten	fliehen	geben	überfallen
ich / er / sie / es	-	betrat	floh	gab	überfiel
du	-st	betrat<u>st</u>	floh<u>st</u>	gab<u>st</u>	überfiel<u>st</u>
wir / sie / Sie	-en	betrat<u>en</u>	floh<u>en</u>	gab<u>en</u>	überfiel<u>en</u>
ihr	-t	betrat<u>et</u>	floh<u>t</u>	gab<u>t</u>	überfiel<u>t</u>

2 Setzen Sie das Präteritum ein. Insert the past tense.

(R = regelmäßig regular, U = unregelmäßig irregular)

a Am Bahnhof _____ ich von dem Überfall. (hören R)

b Die beiden Männer _____ den Tankstellenshop gegen 20 Uhr. (betreten U)

c Der eine Räuber _____ : „Schnell, das Geld aus der Kasse!" (brüllen R)

d Pia _____ mir, wie sie _____ , als sie das Geld _____ .
   (erzählen R, zittern R, holen R)

e Die Kassiererin _____ der Polizei eine gute Beschreibung. (geben U)

f Zwei Polizisten _____ die Männer später am Bahnhof Oberfeld. (fassen R)

g Der Staatsanwalt _____ zwei Jahre Haft für den Tankstellenräuber. (fordern R)

3 Ersetzen Sie das Perfekt durch das Präteritum. (Die Formen finden Sie in 6E oder 6B.)
Replace the present perfect tense with the past tense. (For the forms see 6E or 6B.)

> Die Polizei hat den Mann am Montagabend gefasst.
> → *Die Polizei fasste den Mann am Montagabend.*

a Der junge Mann hat eine Tankstelle im Stadtteil Oberfeld überfallen.
b Er hat die Kassiererin aufgefordert, ihm das Geld zu geben.
c Der polizeibekannte Mann hat den Überfall gestanden.
d Beim Verhör hat er alles zugegeben.
e Als Motiv hat er Geldmangel angegeben.
f Der Staatsanwalt hat ihn freigelassen.
g „Keine ausreichenden Haftgründe", hat der Staatsanwalt gesagt.

4 Präsens und Präteritum von *sein* und *haben*

In dieser Lektion haben wir eine erste Bekanntschaft mit regelmäßigen und unregelmäßigen Verben gemacht. Zwei wichtige unregelmäßige Verben sind *sein* und *haben*, deren Formen im **Präsens** so lauten:
Present tense forms of two particularly important irregular verbs, *sein* and *haben*:

| (Infinitiv: *sein*) | ich **bin** | du **bist** | er / sie / es **ist** | wir / sie / Sie **sind** | ihr **seid** |
| (Infinitiv: *haben*) | ich **habe** | du **hast** | er / sie / es **hat** | wir / sie / Sie **haben** | ihr **habt** |

Hier sind die entsprechenden Formen im **Präteritum,** also die Vergangenheitsformen:
These are the past tense forms of *sein* and *haben*:

| (Infinitiv: *sein*) | ich **war** | du **warst** | er / sie / es **war** | wir / sie / Sie **waren** | ihr **wart** |
| (Infinitiv: *haben*) | ich **hatte** | du **hattest** | er / sie / es **hatte** | wir / sie / Sie **hatten** | ihr **hattet** |

Setzen Sie die Präsensformen ins Präteritum. Convert present tense to past tense.

a Ich bin Kassiererin an einer Tankstelle.
b Ich habe nicht viel Geld in der Kasse.
c Der Räuber hat eine Pistole in der Hand.
d Warum hast du Angst?
e Warum ist so wenig Geld in der Kasse?
f Wo habt ihr denn euer Geld?
g Wir haben nie viel Geld in der Kasse.
h Deine Beschreibung ist sehr gut.
i Wann bist du wieder zu Hause?
j Wann seid ihr wieder zu Hause?

5 Schreiben Sie den Text ab und ergänzen Sie dabei die fehlenden Buchstaben.

> Die Polizei ha____ am spä____ Montagabend ei____ Tankstellenräuber gefasst.
> D____ Mann hat ei____ Tankstelle i____ Stadtteil Oberfeld überf____. Er w____
> mit einer Kapuze und ei____ dunklen Sonnenbrille maskiert, als (= when) er gegen
> 20 Uhr d____ Tankstellenshop betr____. Mit vorgehalte____ Pistole forde____ er von
> d____ Kassiererin d____ Geld aus d____ Kasse. Mit ei____ Beute von nur
> 500 Euro fl____ er dann zu Fuß in Richtung Bahnhof Oberfeld, w____ die Polizei
> ih____ wenig später festn____. Er hat d____ Überfall gestan____ und bleib____
> bis z____ Gerichtsverhandlung auf frei____ Fuß.

1 Die Stammformen wichtiger Verben Principal parts of some important verbs

1. Aus den drei Stammformen eines Verbs kann man die Konjugationsformen aller Tempora bilden, also zum Beispiel Präsens, Präteritum und Perfekt. If you know the principal parts of a verb you are able to form the present, past and perfect tenses.

2. Die folgende Liste enthält die Stammformen wichtiger Verben, die wir bisher kennengelernt haben: 1. Infinitiv, 2. Präteritum, 3. Partizip II. Beispiel für die Verwendung der Stammformen: Infinitiv: *hören* – Präsens: *du hörst* – Präteritum: *du hörtest* – Perfekt: *du hast gehört*.

3. Unregelmäßige Verben gibt es nur etwa 200 (siehe die Auswahl auf den Seiten 282 – 286), aber man gebraucht sie besonders häufig. Typisch für unregelmäßige Verben ist der Wechsel des Vokals: *denken → dachte, fahren → fuhr, fliehen → floh.* A typical feature of irregular verbs is change of vowel: *denken → dachte, fahren → fuhr, fliehen → floh.*

Regelmäßige Verben Regular verbs			Unregelmäßige Verben Irregular verbs		
Infinitiv	Präteritum	Partizip II	Infinitiv	Präteritum	Partizip II
antworten	antwortete	geantwortet	bringen	brachte	gebracht
arbeiten	arbeitete	gearbeitet	denken	dachte	gedacht
brauchen	brauchte	gebraucht	essen	aß	gegessen
fassen	fasste	gefasst	fahren	fuhr	gefahren
fragen	fragte	gefragt	finden	fand	gefunden
fühlen	fühlte	gefühlt	fliehen	floh	geflohen
glauben	glaubte	geglaubt	geben	gab	gegeben
hören	hörte	gehört	gehen	ging	gegangen
joggen	joggte	gejoggt	helfen	half	geholfen
kämpfen	kämpfte	gekämpft	kennen	kannte	gekannt
kaufen	kaufte	gekauft	kommen	kam	gekommen
kochen	kochte	gekocht	laufen	lief	gelaufen
leben	lebte	gelebt	lesen	las	gelesen
legen	legte	gelegt	liegen	lag	gelegen
lieben	liebte	geliebt	nehmen	nahm	genommen
machen	machte	gemacht	schreiben	schrieb	geschrieben
meinen	meinte	gemeint	sehen	sah	gesehen
passen	passte	gepasst	sitzen	saß	gesessen
prüfen	prüfte	geprüft	sprechen	sprach	gesprochen
sagen	sagte	gesagt	stehen	stand	gestanden
suchen	suchte	gesucht	waschen	wusch	gewaschen
warten	wartete	gewartet	wissen	wusste	gewusst

2 Perfektbildung mit *sein* Present perfect tense formed with *sein*

Die meisten Verben bilden das Perfekt mit *haben*: Most perfect forms are formed with *haben*:

Die Polizei <u>hat</u> den Räuber <u>gefasst</u>.   The police have caught the robber.

Es gibt aber einige wichtige Verben, die das Perfekt mit *sein* bilden. In der obigen Liste sind das *fahren, fliehen, gehen, joggen, kommen, laufen* also Verben der Bewegung. Verbs of motion and some others use *sein* to form the present perfect tense. Beispiele:

Ein Mann <u>ist</u> <u>reingekommen</u>.   A man has come in.
Sie <u>ist</u> zum Supermarkt <u>gefahren</u>.   She has driven to the supermarket.

Der besondere Schutz der Freiheit

Die Mitarbeiter und Mitarbeiterinnen in Tankstellen haben Anweisung, bei einem Überfall das Geld aus der Kasse herauszugeben. In der Regel ist nicht viel Geld in der Kasse, denn ab einem bestimmten Betrag nimmt man Geld heraus und bringt es an einen sicheren Ort.

Die Tankstellenbesitzer sind gegen Überfälle versichert. Bei den meisten Überfällen auf Tankstellen erbeuten die Räuber nur ein paar hundert Euro. Das Risiko, gefasst zu werden, ist groß wegen verstärkter Sicherheitsmaßnahmen an den Tankstellen, häufigerer Streifen der Polizei und größerer Aufmerksamkeit des Tankstellenpersonals und der Bevölkerung. Auch die Videoüberwachung hilft der Polizei bei der Aufklärung von Raubüberfällen auf Tankstellen.

Wenn die Polizei einen Räuber gefasst hat, berichten die Zeitungen oft, dass man ihn bis zur Gerichtsverhandlung freigelassen hat wegen „nicht ausreichender Haftgründe". Viele Leute finden das verwunderlich, ja schockierend.

Aber: Die Freiheit eines Menschen ist in Deutschland besonders geschützt. Die Polizei kann nicht einfach eine Person in Untersuchungshaft nehmen. Nur ein Richter oder eine Richterin kann das anordnen, und er oder sie muss sorgfältig prüfen, ob „ausreichende Haftgründe" vorliegen. Die häufigsten Haftgründe sind Fluchtgefahr und Verdunkelungsgefahr. Mit anderen Worten: Besteht die Gefahr, dass der mutmaßliche Täter verschwindet oder dass er Beweismittel vernichtet und vielleicht Zeugen beeinflusst? Bestehen solche Gefahren bzw. Haftgründe nicht, dann wird man den Tatverdächtigen bis zur Gerichtsverhandlung freilassen.

The people working in petrol stations have instructions to hand over the money from the till during a robbery. As a rule, there is not much money in the till because beyond a specified amount money is taken out and brought to a secure place.

Petrol station owners are insured against robberies. In most petrol station robberies the robbers get away with only a few hundred euros. The risk of being caught is great thanks to enhanced security measures at petrol stations, more frequent police patrols and increased alertness on the part of petrol station staff and the general public. Video surveillance, too, helps the police in solving robberies at petrol stations.

When the police have caught a robber, the newspapers often report that he has been released due to "insufficient grounds for detention". Many people find that strange, even shocking.

But: A person's freedom enjoys special protection in Germany. The police cannot take someone into custody just like that. Only a judge can order that and he or she has to consider carefully whether there are "sufficient grounds for detention". The most frequent grounds for detention are the flight risk and the danger of suppression of evidence. In other words: Is there a danger that the suspect disappears or destroys evidence and possibly interferes with witnesses? If such risks or grounds for detention do not exist, the suspect will be released pending trial.

Das Perfekträtsel

Alle Lösungswörter im Kreuzworträtsel sind Partizipien aus der Liste in 6G1, also die *ge*-Formen der regelmäßigen und unregelmäßigen Verben dort.

The answers in the crossword are *ge*-participles from the two-column list in 6G1.

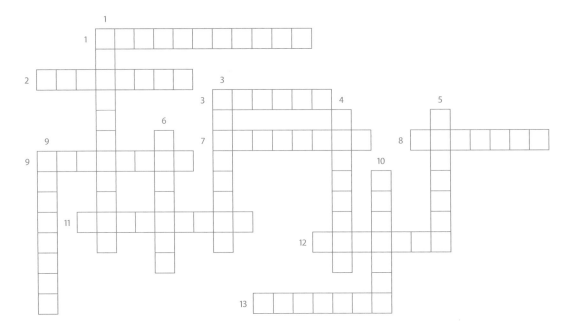

Waagerecht Across

1 Er hat ihr einen Liebesbrief _____ .

2 Weil es regnete, bin ich mit dem Auto zum Bahnhof _____ .

3 Sie hat zwei Jahre in Syrien _____ , aber jetzt ist sie wieder in Deutschland.

7 Ich habe zwanzig Minuten gewartet, dann bin ich _____ .

8 Der Täter war maskiert, und die Kassiererin hat nur wenig von seinem Gesicht _____ .

9 Ich habe lange gewartet, aber sie ist nicht _____ .

11 Ich habe mir die Haare _____ . Sie sind noch nass.

12 Die Polizei hat den Tankstellenräuber _____ .

13 Ich habe gar nicht _____ , dass du ein Auto hast.

Senkrecht Down

1 Ich habe sie gefragt, aber sie hat nicht _____ .

3 Was, du hast noch nie Königsberger Klopse _____ ?

4 Ein alter Mann hat auf dem Boden gelegen und niemand hat ihm _____ .

5 Du warst in München? Was hast du denn da _____ ?

6 In der Zeitung habe ich eine interessante kleine Geschichte _____ .

9 Die Straßenbahn fuhr nicht, deshalb bin ich _____ .

10 Wir waren im Möbelhaus und haben einen schönen Sessel _____ .

→ **Texte und Themen** Tim ist sein eigener Chef: Eine gute Geschäftsidee • Die Fahrt nach Hause: Sie trinken, wir fahren • Die Kneipe: Regionale Biere und kleine Gerichte → **Verb** Trennbare Verben im Präteritum und Perfekt • Verb + Akkusativobjekt → **Syntax** Relativsätze → **Verschiedenes** Personalpronomen in der Subjekt- und Objektform • Präposition + Artikelwort + Adjektiv im Dativ • Possessive Artikelwörter

Selbstständig

🔊 Track 19

◆ Nina
○ Tim

◆ Hallo, Tim! Mann, dich habe
ich ja seit Ewigkeiten nicht gesehen.
Was machst du denn jetzt?

○ Ich arbeite.

◆ Du hast einen guten Job gefunden?

○ Ne, ich habe ein Unternehmen gegründet.

◆ Du bist unter die Unternehmer
gegangen?
Wie hast du denn das gemacht?
Da braucht man doch viel Geld.
Hast du reich geheiratet?

○ Ich habe nur wenig Kapital gebraucht,
und das habe ich von meiner Oma
bekommen.

◆ Das musst du uns erzählen.
Jetzt bin ich richtig neugierig.

○ Meine Firma heißt YouDrinkWeDrive.
Wenn du Alkohol getrunken hast
und bist vernünftig,
dann fährst du dein Auto nicht
selbst nach Hause.
Du rufst uns an oder schickst uns
eine E-Mail,
und einige Zeit später
stehen wir vor dem Lokal –
oder wo du gerade bist –
und fahren dich in deinem eigenen
Auto nach Hause.
Du lässt dein Auto nicht stehen,
du riskierst deinen Führerschein nicht,
du bringst niemand in Gefahr,
und viel Geld kostet es auch nicht.

◆ Das ist ja wirklich eine klasse Idee!
Woher wissen denn die Leute,
dass es euch gibt?

○ Wir haben massenhaft
Flyer verteilt –
in Kneipen, Restaurants, Hotels,
Fahrschulen, sogar bei der Polizei.
Die finden unseren Service auch prima.
Unsere Fahrer sind eben
garantiert nüchtern!

Self-employed

◆ Hi Tim! Man, I haven't seen you
for ages.
What are you doing these days?

○ I'm working.

◆ You've found a good job?

○ Nope, I've started a business.

◆ You've joined the ranks of
entrepreneurs?
How did you do that?
Don't you need a lot of money to do that?
Have you married into money?

○ I needed only little capital,
and that I got from
my grandma.

◆ You have to tell us about that.
I'm really curious now.

○ My firm is called YouDrinkWeDrive.
If you've drunk alcohol
and you're reasonable,
then you don't drive your car
home yourself.
You call us or
send us an e-mail,
and some time later
we're standing outside the pub –
or where you happen to be –
and drive you home in your
own car.
You don't abandon your car,
you don't risk (losing) your licence,
you put no one at risk,
and it doesn't cost much money either.

◆ That's really a brilliant idea.
How do people know
that you exist?

○ We've handed out
loads of flyers –
in pubs, restaurants, hotels,
driving schools, even to the police.
They think our service is super too.
After all, our drivers are
guaranteed to be sober.

anrufen	(to) call
du rufst uns an	you call us
du riefst uns an	you called us
du hast uns angerufen	you have called us
bekommen	(to) get
ich habe es von meiner Oma bekommen	I('ve) got it from my grandma
ich bekam es von meiner Oma	I got it from my grandma
brauchen	(to) need
man braucht viel Geld	you need a lot of money
man brauchte viel Geld	you needed a lot of money
fahren	(to) drive
du fährst dein Auto	you drive your car
du fuhrst dein Auto	you drove your car
du hast dein Auto gefahren	you have driven your car
finden	(to) find
hast du einen Job gefunden?	have you found a job?
wer fand die Antwort?	who found the answer?
gehen	(to) go
du bist gegangen	you have gone
du gingst	you went
gründen	(to) start, (to) found
ich habe ein Unternehmen gegründet	I have started/founded a business
sie gründete das Unternehmen 1975	she founded the business in 1975
schicken	(to) send
du schickst uns eine E-Mail	you send us an e-mail
du schicktest uns eine E-Mail	you sent us an e-mail
du hast uns eine E-Mail geschickt	you have sent us an e-mail
trinken	(to) drink
du hast Alkohol getrunken	you have been drinking alcohol
er trank keinen Alkohol	he didn't drink alcohol

1 Trennbare Verben Separable verbs (→ 1G2, 3G1, 4C4, 5C5, 6C4, 10C1)

Benutzen Sie statt des Präteritums das Perfekt. Replace the past tense with the present perfect tense.

Beachten Sie, dass man im Perfekt die zwei Verbteile nicht trennt. Note: Separable verbs are not separated in the present perfect tense.

Hier sind die Stammformen der benutzten Verben (R = regelmäßig, U = unregelmäßig):
Here are the principal parts of the verbs used in this exercise (R = regular, U = irregular):

anrufen	rief an	angerufen (U)
aufbekommen	bekam auf	aufbekommen (U)
aufschreiben	schrieb auf	aufgeschrieben (U)
auspacken	packte aus	ausgepackt (R)
einladen	lud ein	eingeladen (U)
freilassen	ließ frei	freigelassen (U)
wohlfühlen	fühlte wohl	wohlgefühlt (R)
zurückgeben	gab zurück	zurückgegeben (U)

Ich schrieb alles auf. → Ich habe alles aufgeschrieben.

a Sie rief gestern an.
b Warum riefst du nicht an?
c Von wo rief der Tatverdächtige an?
d Warum ließ die Polizei ihn frei?
e Die Kassiererin bekam die Kasse nicht auf.
f Sie lud mich in ihr Haus ein.
g Ich packte das Paket nicht aus und gab es am folgenden Tag zurück.
h Wir fühlten uns dort immer wohl.

2 Die Geschichte von gutnachhause.de The story of gutnachhause.de

Setzen Sie das Verb in der passenden Form ein. Insert the verb in the appropriate form.

anrufen ¦ bekommen ¦ brauchen ¦ bringen ¦ fahren ¦ heißen ¦ gründen ¦ kommen
kosten ¦ lassen ¦ riskieren ¦ schicken ¦ trinken

a Tim hat ein Unternehmen _____ .
b Es _____ gutnachhause.de.
c Tim hat nur wenig Kapital _____, und das hat er von seiner Oma _____ .
d Wenn Leute Alkohol _____ haben, dann _____ sie ihr Auto nicht selbst nach Hause, denn sie können ja gutnachhause.de _____ oder der Firma eine E-Mail _____ , und dann _____ ein Fahrer und _____ sie in ihrem Auto nach Hause.
e Sie _____ ihr Auto nicht stehen, sie _____ ihren Führerschein nicht, sie _____ niemand in Gefahr, und viel Geld _____ es auch nicht.

3 Personalpronomen in der Akkusativ- und Dativform Personal pronouns in the accusative and dative forms (→ 4C5)

Setzen Sie das Personalpronomen im Akkusativ oder Dativ ein:

Insert the personal pronoun in the accusative or dative case:

| mich – mir | dich – dir | ihn – ihm | sie – ihr | es – ihm | uns | euch | sie – ihnen |
| Sie – Ihnen |

a Meine Haare sind noch nass. Ich habe sie _____ gerade gewaschen.

b Wir sind Freunde von Frau Hofmeister, und sie hat _____ von Ihrem schönen Haus erzählt.

c Ich stehe in der Schlange an der Kasse, hinter _____ eine kräftige Frau, die _____ ihren vollen Einkaufswagen in die Beine schiebt.

d Wenn du nicht genug Geld für den Friseur hast, dann hol es _____ im Leihhaus.

e Mensch, Tim, ich habe _____ ja seit Ewigkeiten nicht gesehen!

f Was sagt dein Bruder? Gefällt es _____ hier?

g Der Räuber lief zum Bahnhof, wo _____ die Polizei später festnahm.

h Sie heißt Nina. Er liebt _____ und hat _____ einen Liebesbrief geschrieben.

i Das Haus ist dahinten. Siehst du _____ ?

j Hallo, ihr beiden! Wir möchten _____ gern zu einer Syrischen Reispfanne einladen.

k Hallo, Frau Schmidt! Wir möchten _____ gern zu einer Syrischen Reispfanne einladen.

l Meine Freunde sind in Syrien. Ich möchte _____ etwas schicken.

4 Ersetzen Sie die unterstrichenen Wörter durch einen anderen Ausdruck.

a Wir haben uns seit Ewigkeiten nicht gesehen.

b Sie hat einen guten Job gefunden.

c Er hat ein Unternehmen gegründet.

d Er hat nicht viel Kapital gebraucht.

e Mein Auto steht vor der Kneipe Hauptstraße Ecke Bahnhofstraße.

f Das ist eine klasse Idee.

g Wir haben massenhaft Flyer verteilt.

5 Schreiben Sie den Text ab und ergänzen Sie dabei die fehlenden Buchstaben.

> Wir sind mit Freund____ zusammen in ei____ Kölner Kneipe.
> Es ist ei____ schön____ Abend mit nett____ Menschen, gut____ Unterhaltung und
> interessant____ Geschichten. Und Bier – ich weiß gar nicht, wie vie____ Gläser wir
> schon geleert hab____. Sicher zu viele – zu viele zu____ Autofahren.
> Aber unser Auto steh____ auf d____ Parkplatz neben d____ Kneipe, und morgen
> müssen wir zu____ Arbeit, und wir müssen die Kinder in d____ Schule bringen.
> Aber da liegt ei____ Flyer: „Sie ha____ Alkohol getr_____? Fahren Sie Ih____ Auto
> nicht selbst nach Hause – das mach____ wir!
> Ruf____ Sie 0177 777 6655 oder mailen Sie info@gutnachhause.de.
> Wir schick____ Ih____ ei____ Fahrer, der Sie und Ih____ Auto sicher nach Hause
> bringt."

Die Fahrt nach Hause

The drive home

◆ Fahrer
○ Dame

◆ Sind Sie Frau Hofmeister?

○ Ja. Und Sie wollen uns mit unserem
Auto nach Hause fahren. Das ist nett.
Warten Sie bitte einen Augenblick,
ich rufe gleich mal meinen Mann …
(*Ruft:*) Thomas – hier ist der junge Mann,
der uns nach Hause fahren wird. Von der
Firma mit dem englischen Namen …
Wie war der Name noch?

◆ YouDrinkWeDrive.

○ Ach ja! You … DriveWeDrink.
Der Wirt hat Sie uns empfohlen.
Aber warum eigentlich englisch?
Für Ihren nützlichen Service gibt es doch
sicher auch einen deutschen Namen?

◆ Nein, soviel ich weiß, gibt es dafür kein
deutsches Wort.
Und auf Englisch klingt es ja auch
irgendwie moderner …

○ Na, ist ja auch egal!
Hauptsache, Sie sind da
und wir fahren jetzt nach Hause.
Hier sind die Schlüssel, junger Mann …
(*Später im Auto:*)
Sagen Sie mal,
fahren Sie oft Gäste für Jupp,
den Wirt?

◆ Ja, ziemlich regelmäßig.
Kennen Sie den Jupp persönlich?

○ Ja. Das ist ja jetzt der junge Jupp.
Wir kannten noch den alten Jupp –
der ist ja nun schon lange tot.
Beim alten Jupp gab es den besten
halve Hahn in Köln,
und sein Kölsch war auch berühmt.
Und seine Mettbrötchen –
die hat das Lieschen
für jeden Gast frisch gemacht.
Nicht wahr, Thomas?
(*Herr Hofmeister schnarcht.*)

◆ Are you Mrs Hofmeister?

○ Yes. And you're going to drive
us home in our car. That's nice (of you).
Please wait a minute,
I'll just go and call my husband …
(*Calls:*) Thomas – here's the young man
who will drive us home. From the
company with the English name …
What was the name again?

◆ YouDrinkWeDrive.

○ Oh yes! You … DriveWeDrink.
The landlord recommended you to us.
But why English?
I'm sure there's also a German name
for your useful service?

◆ No, as far as I know, there's no
German word for it.
And in English it also sounds
more modern somehow …

○ Well, it doesn't really matter, does it.
The main thing is you're here
and we're going home now.
Here are the keys, young man …
(*Later in the car:*)
Tell me, do you
often drive customers for Jupp, the
pub's owner?

◆ Yes, fairly regularly.
Do you know Jupp personally?

○ Yes. Of course it's young Jupp now.
We used to know old Jupp as well –
he's long dead.
Old Jupp served the best
halve Hahn in Cologne,
and his Kölsch was famous too.
And his minced-pork rolls –
Lieschen prepared them fresh
for each customer.
Didn't she, Thomas?
(*Mr Hofmeister is snoring.*)

empfehlen	(to) recommend
er empfiehlt Sie	he recommends you
er empfahl Sie	he recommended you
er hat Sie uns empfohlen	he has recommended you to us
geben	(to) give
sie gibt ihm das Geld	she gives him the money
sie gab ihm das Geld	she gave him the money
sie hat ihm das Geld gegeben	she has given him the money
kennen	(to) know
kennen Sie ihn?	do you know him?
kannten Sie ihn?	did you know him?
haben Sie ihn gekannt?	have you known him?; did you know him?
machen	(to) make
sie macht sehr gute Mettbrötchen	she makes very good minced-pork rolls
sie machte sehr gute Mettbrötchen	she made very good minced-pork rolls
sie hat sehr gute Mettbrötchen gemacht	she has made very good minced-pork rolls
rufen	(to) call
ich rufe	I call; I am calling
ich rief	I called; I was calling
ich habe gerufen	I have called; I have been calling
schnarchen	(to) snore
er schnarcht	he snores; he is snoring
er schnarchte	he snored; he was snoring
er hat geschnarcht	he has snored; he has been snoring
warten	(to) wait
warten Sie bitte	please wait
Sie können / müssen warten	you can / must wait
Sie haben gewartet	you have waited; you have been waiting
wissen	(to) know
ihr wisst das	you know that
ihr wusstet das	you knew that
ihr habt das immer gewusst	you have always known that

1 Präposition + Artikelwort im Dativ + Adjektiv auf -en (→ 5G2, 7G, 8C2, 15G3)

Auf die folgenden Präpositionen folgt stets der Dativ: *aus, bei, mit, nach, seit, von.*
Nach der Präposition haben nur die Artikelwörter die zum Nomen passende Dativendung.
Ein auf sie folgendes Adjektiv hat immer die Endung *-en*:

The six prepositions above are always followed by the dative. After the preposition only the determiners have the dative ending corresponding to the noun. Any adjective that follows always has the ending *-en*:

die Firma	mit	dem / einem / diesem / ihrem	englischen	Namen
	Präp.	*Artikel(wort)*	*Adjektiv*	*Nomen*

Ergänzen Sie die fehlenden Endungen.

a Sie kommt **aus** ein_____ schön_____ Land.

b Sie kommt **aus** ein_____ schön_____ Stadt.

c Er arbeitet **bei** ein_____ groß_____ Paketdienst.

d Sie wohnt **bei** ihr_____ alt_____ Oma in Zürich.

e Wir fahren **mit** uns_____ eigen_____ Auto nach Hause.

f Was wollen Sie **mit** dies_____ klein_____ Schlüssel?

g **Nach** d_____ lang_____ Fahrt können wir bei Jupp etwas essen.

h Wir haben **seit** ein_____ voll_____ Monat nichts von ihm gehört.

i Der Film handelt **von** ein_____ gelb_____ Band.

2 Verb + Akkusativobjekt („wen oder was?") (→ 3F1)

Ergänzen Sie die fehlenden Endungen.

a Ich wollte mei_____ Führerschein nicht riskieren.

b Warten Sie bitte, ich rufe gleich mal mei_____ Mann.

c Er hat ei_____ gut_____ Job gefunden.

d Wir haben ei_____ gut_____ Film gesehen.

e Haben Sie noch d_____ alt_____ Jupp gekannt?

f Ich habe ei_____ klei_____ Unternehmen gegründet.

g Ich habe ei_____ klei_____ Firma gegründet.

h Ich habe ei_____ klei_____ Verein gegründet.

3 Relativsätze Relative clauses (→ 5F2-3)

Integrieren Sie den zweiten Satz als Relativsatz in den ersten Satz.

Integrate the second sentence into the first sentence as a relative clause.

> Hier ist der junge Mann. Er wird uns nach Hause fahren.
>
> → *Hier ist der junge Mann, der uns nach Hause fahren wird.*

a Die Polizei hat einen Mann gefasst. Er hat eine Tankstelle in Oberfeld überfallen.

b Tim hat das Kapital von seiner Oma bekommen. Er brauchte das Kapital.

c Ein Kunde riskiert seinen Führerschein nicht. Er nutzt unseren Service.

d Ein Kunde ruft uns an. Er hat Alkohol getrunken und braucht einen Fahrer.

e Die Firma hat einen englischen Namen. Der Wirt hat sie uns empfohlen.

f Der Mann kannte auch noch den alten Jupp. Er fuhr uns nach Hause.

g Das Lieschen war berühmt für seine Mettbrötchen. Es ist ja nun schon lange tot.

4 Die possessiven Artikelwörter Possessive determiners (→ 5G2, 7G, 8C2, 15G3)

In dieser Übung geht es neben den Verb-Endungen um die possessiven Artikelwörter:
Apart from verb endings the following exercise is about possessive determiners:

| mein | dein | sein | ihr | unser | euer | ihr / Ihr |

Sie stimmen in der Flexionsform mit dem nachfolgenden Nomen überein und haben die entsprechenden Endungen: Possessive determiners agree in case with the noun they precede:

Mein Schlüssel ist auf dem Tisch.	**Meine** Zeitung ist auf dem Tisch.
Ich suche **meinen** Schlüssel.	Ich suche **meine** Zeitung.
Was mache ich mit **meinem** Schlüssel?	Was mache ich mit **meiner** Zeitung?

Wandeln Sie die Sätze entsprechend dem Beispiel um.

> **Sie** wollen uns mit **Ihrem** Auto nach Hause fahren. (er)
> → *Er will uns mit seinem Auto nach Hause fahren.*

a **Er** legt **seine** Zeitung zur Seite. (ich)

b **Er** legt **seinen** Ring auf den Tisch. (ich)

c Wo habe **ich meine** Schlüssel? (du)

d **Du** solltest **deinen** Führerschein nicht riskieren. (er)

e **Ich** suche **mein** gelbes Haarband. (sie [= Anja])

f Das Geld habe **ich** von **meiner** Oma bekommen. (wir)

g Hast **du** meine Brille gesehen? (ihr)

h **Ich** fühle **mich** wohl in **meiner** neuen Wohnung. (sie [= unsere Freunde])

i Wenn **du** vernünftig bist, fährst **du dein** Auto nicht selbst nach Hause. (Sie)

5 Schreiben Sie den Text ab und ergänzen Sie dabei die fehlenden Buchstaben.

> Ich ha___ ja noch d___ alt___ Jupp geka___. Der al___ Jupp w___ in d___
> ganz___ Stadt beka___. Er ist ja nun sch___ so lange tot, und doch spre_____
> die Leu___ immer noch von ih___. In sei___ Kneipe ga___ es d___ best___ halve
> Hahn, und sei___ Kölsch und sei___ Mettbrötchen w_____ auch berü_____.
> Der al___ Jupp tr___ nicht viel, aber we___ er etwas tr___, w___ es immer Kölsch.

Die possessiven Artikelwörter Possessive determiners (→ 5G2, 7F4, 8C2, 15G3)

Die possessiven Artikelwörter sind besitzanzeigende, vor dem Nomen stehende Begleiter, die uns sagen, wem oder zu wem eine Sache oder Person gehört.

Ihre Form richtet sich nach dem Genus (= Geschlecht: maskulin usw.), Kasus (= Fall: Nominativ usw.) und Numerus (= Singular oder Plural) des Nomens.

The form of a possessive determiner is dependent on the gender, case and number of the noun it precedes.

Das possessive Artikelwort ersetzt den Artikel: The possessive determiner replaces the article:

<u>das</u> schöne Auto – <u>ein</u> schönes Auto – <u>mein</u> schönes Auto

Übersicht der Formen Overview of forms

Die Sets mit gleicher Farbe sind identisch. Sets in the same colour are identical.

	maskulin	feminin	neutral	Plural
Nominativ	mein, dein, sein / ihr, unser, euer, ihr / Ihr	meine, deine, seine / ihre, uns(e)re, eu(e)re, ihre / Ihre	mein, dein, sein / ihr, unser, euer, ihr / Ihr	meine, deine, seine / ihre, uns(e)re, eu(e)re, ihre / Ihre
Akkusativ	meinen, deinen, seinen / ihren, uns(e)ren, eu(e)ren, ihren / Ihren	meine, deine, seine / ihre, uns(e)re, eu(e)re, ihre / Ihre	mein, dein, sein / ihr, unser, euer, ihr / Ihr	meine, deine, seine / ihre, uns(e)re, eu(e)re, ihre / Ihre
Dativ	meinem, deinem, seinem / ihrem, uns(e)rem, eu(e)rem, ihrem / Ihrem	meiner, deiner, seiner / ihrer, uns(e)rer, eu(e)rer, ihrer / Ihrer	meinem, deinem, seinem / ihrem, uns(e)rem, eu(e)rem, ihrem / Ihrem	meinen, deinen, seinen / ihren, uns(e)ren, eu(e)ren, ihren / Ihren
Genitiv	meines, deines, seines / ihres, uns(e)res, eu(e)res, ihres / Ihres	meiner, deiner, seiner / ihrer, uns(e)rer, eu(e)rer, ihrer / Ihrer	meines, deines, seines / ihres, uns(e)res, eu(e)res, ihres / Ihres	meiner, deiner, seiner / ihrer, uns(e)rer, eu(e)rer, ihrer / Ihrer

Anwendungsbeispiele Illustrative examples

Nominativ Singular:	**Mein** Computer / **Meine** Wohnung / **Mein** Auto ist gut.
Nominativ Plural:	**Meine** Computer / Wohnungen / Autos sind gut.
Akkusativ Singular:	Ich brauche **meinen** Computer / **meine** Wohnung / **mein** Auto.
Akkusativ Plural:	Ich brauche **meine** Computer / Wohnungen / Autos.
Dativ Singular:	Ich spreche von **meinem** Computer / **meiner** Wohnung / **meinem** Auto.
Dativ Plural:	Ich spreche von **meinen** Computern / Wohnungen / Autos.
Genitiv Singular:	Ich komme wegen **meines** Computers / **meiner** Wohnung / **meines** Autos.
Genitiv Plural:	Ich komme wegen **meiner** Computer / Wohnungen / Autos.

(Den Genitiv üben wir in Lektion 8. The genitive is practised in Unit 8.)

◄)) Track 21

Die Kneipe

Die Zahl der Kneipen in Deutschland ist in den letzten Jahrzehnten zurückgegangen. Trotzdem treffen sich immer noch viele Deutsche in der Kneipe, um mit Freunden oder auch Fremden Bier zu trinken und sich zu unterhalten oder vielleicht ein Fußballspiel live im Fernsehen zu sehen. Eine besondere Rolle spielen in vielen Kneipen die Stammgäste. Sie sitzen am Stammtisch, kennen sich untereinander und werden vom Wirt besonders freundlich behandelt.

Man sagt, dass es in Deutschland fünf- bis sechstausend Biersorten gibt. Bei den Österreichern sind es etwa tausend, bei den Schweizern ungefähr fünfhundert. Jede Region, ja fast jede Stadt hat ihr besonderes Bier. So gibt es in Bayern das Weißbier, in Düsseldorf das Alt und in Köln das Kölsch.

Wer Bier trinkt, will oft auch etwas essen. Eine typische Kneipe bietet nur kleine Gerichte an, wie etwa eine Bockwurst mit Kartoffelsalat, Spiegeleier auf Bratkartoffeln, belegte Brötchen, Frikadellen oder Soleier. Regionale Spezialitäten sind etwa der bayerische Leberkäse, das Labskaus in Hamburg und der halve Hahn in Köln. Da führen die Bayern und die Kölner uns allerdings sprachlich an der Nase herum, denn im Leberkäse ist weder Leber noch Käse und der halve Hahn ist alles andere als ein Hahn.

The number of pubs has declined in Germany in the last few decades. All the same, many Germans still meet at the pub to drink beer with friends or even strangers and to talk or maybe watch a football match live on TV.

In many pubs a special role is played by regulars. They sit at a table exclusively reserved for them, know each other personally and are treated with particular consideration by the landlord.

It is said that there are five to six thousand varieties of beer in Germany. The Austrians have about a thousand, the Swiss about five hundred. Every region, indeed almost every city, has its own particular kind of beer. So Bavaria has Weißbier, Düsseldorf has Alt, and Cologne has Kölsch.

Someone drinking beer will often want something to eat as well. A typical pub offers only small dishes such as Bockwurst with potato salad, fried eggs on fried potatoes, filled bread rolls, meatballs or pickled hard-boiled eggs. Regional specialities include Bavarian Leberkäse, Labskaus in Hamburg, and halve Hahn in Cologne. With that, the Bavarians and Colognians are cheating us linguistically though, for there is neither liver nor cheese in Leberkäse and a halve Hahn is anything but half a chicken.

Alt(bier) a relatively dark, copper-coloured beer brewed in the Düsseldorf area • **Bockwurst** a sausage made from ground veal and pork and usually served with mustard • **halve Hahn** a rye roll with a thick slice of medium-matured Gouda cheese • **Jupp** a first name common in the Rhineland, short form of Josef • **Kölsch** a special kind of beer brewed in Cologne • **Labskaus** traditionally a sailors' dish consisting of a mash of salted beef, pickled beetroot, onions and potatoes and, if available, pickled herring and a fried egg on top • **Leberkäse** a kind of sausage consisting of corned beef, pork, bacon and onions, made by grinding the ingredients very finely and then baking the mixture as a loaf in a bread pan until it has a crunchy brown crust • **Weißbier** Bavarian wheat beer

Das Essen-und-Trinken-Rätsel The eat-and-drink crossword

In dem folgenden Kreuzworträtsel geht es hauptsächlich um Essen und Trinken. Einige neue Wörter sind dabei. Schaffen Sie es trotzdem? Zur Not nehmen Sie Ihr Smartphone oder ein Wörterbuch zu Hilfe. Viel Glück! You may encounter some new words on this page. Take them in your stride, you've mastered other difficulties. If necessary, consult your smartphone or dictionary.

Beachten Sie: Im Kreuzworträtsel schreiben wir *ä* als *ae*, *ö* als *oe* und *ü* als *ue*. Das *ß* ersetzen wir durch *ss*.

Waagerecht Across

3 Eine aus den Niederlanden stammende Käsesorte.
5 Beliebte Kölner Biersorte.
9 Jemand, der regelmäßig in dieselbe Kneipe geht.
10 Beliebte Düsseldorfer Biersorte.
11 Rheinische Kurzform des Namens Josef.
12 In der Pfanne gebratene Kartoffeln.
13 Vom Bäcker hergestelltes, rundes oder längliches Kleingebäck, das man in Deutschland gern zum Frühstück isst.
14 Gericht aus fein gehacktem Fleisch und anderen Zutaten, das gebacken und in Scheiben geschnitten serviert wird.
17 Manche Leute essen sie statt Butter.
18 Beliebte bayerische Biersorte.
19 Ein Mann, der eine Kneipe betreibt.

Senkrecht Down

1 Ein Lokal, wo man Bier trinken kann.
2 Früher ein Seemannsgericht, heute eine Hamburger Spezialität.
4 In Kochsalzlösung eingelegte, hart gekochte Eier.
6 Ein Tisch, der für Stammgäste reserviert ist.
7 Ein gebratenes Hackfleischbällchen, das man in Berlin Bulette nennt.
8 Was ist beim halve Hahn garantiert nicht dabei?
9 In der Pfanne gebratene Eier.
13 Man isst sie mit Senf und mit Kartoffelsalat oder einem Brötchen.
15 Deutschlands beliebtestes alkoholisches Getränk.
16 Was im Leberkäse mit Sicherheit nicht drin ist.

GLÜCK UND UNGLÜCK

8

→ **Texte und Themen** Unglückliche Liebe: Das Leben ist nicht fair • Die größte Perle der Welt: Sein Glück verkauft man nicht • Die böse Stiefmutter: Der Fall Schneewittchen → **Nomen** Genitiv • *Von* + Dativ • *Wegen* + Genitiv • Plural des Nomens → **Syntax** Wortstellung bei vorangestelltem Subjekt • Wortstellung bei nachgestelltem Subjekt → **Verschiedenes** Steigerung des Adjektivs: Komparativ

Unglückliche Liebe

◆ Max
○ Karim

Unhappy love

◆ Meine Freundin hat
einen reichen Mann geheiratet.

◆ My girlfriend has
married a rich man.

○ Wie meinst du das?
Sie ist doch *deine* Freundin?!

○ How do you mean that?
She's *your* girlfriend, isn't she?

◆ Sie *war* meine Freundin.
Jetzt ist sie die Frau
eines reichen Mannes.
Sie hat ihn wegen
seiner Millionen geheiratet.

◆ She *was* my girlfriend.
Now she's the wife
of a rich man.
She has married him
for his millions.

○ Hat sie ihn wirklich nur
wegen seines Geldes geheiratet?

○ Has she really married him only
for his money?

◆ Was soll denn diese Frage?
Willst du damit sagen, dass ich
vielleicht nicht attraktiv genug für sie war?

◆ What do you mean by this question?
Do you mean to say that I maybe wasn't
attractive enough for her?

○ Nein, das habe ich nicht gemeint!
Aber es kann doch sein, dass
er noch toller aussieht als du.
Du weißt doch –
die Stiefmutter im Märchen:
„Frau Königin, Ihr seid die Schönste
hier, aber Schneewittchen ist
noch tausendmal schöner als Ihr*."

○ No, I didn't mean that.
But it's possible, isn't it, that
he was even better-looking than you.
You know, of course –
the stepmother in the fairy tale:
"You, Queen, are the most beautiful
here, but Snow White is a thousand
times more beautiful than you."

◆ Also, komm mir jetzt bitte nicht mit
deinen blöden alten Märchen!
Ich habe hier und heute ein Problem.
Das Leben ist nicht fair!

◆ Now, please spare me with
your silly old fairy tales!
I have a problem here and now.
Life is not fair.

○ Du meinst, weil du keine Millionen hast?

○ You mean because you don't have millions?

◆ Ach Quatsch! Geld ist mir eigentlich
gleichgültig. Ich meine nur, man sollte
jemanden nicht deshalb heiraten,
weil er reich und attraktiv ist.

◆ Nonsense! I don't really care about
money. I just mean you shouldn't
marry someone
because they're rich and attractive.

○ Na, vielleicht hat er auch noch einen
guten Charakter, Humor, Bildung,
was weiß ich.
Kennst du ihn überhaupt?

○ Well, maybe he also has a good
character, a sense of humour, education
and whatnot.
Do you know him at all?

◆ Nein. Aber ich vermute mal, er hat
sie mit seinem Geld beeindruckt:
großes Auto, sicheres Auftreten,
alle tanzen nach seiner Pfeife.
Mit Geld bist du (= ist man) halt immer
attraktiv.

◆ No. But I guess he impressed her with
his money:
big car, self-assurance,
everybody dancing to his tune.
With money you're (= one is) simply
always attractive.

Ihr (statt *du* oder *Sie*): in früheren Zeiten Anrede an eine einzelne Person.

aussehen	(to) look
er sieht toll aus	he looks great
er sah toll aus	he looked great
er hat toll ausgesehen	he "has looked" / he looked great
beeindrucken	(to) impress
er beeindruckt sie	he impresses her
er beeindruckte sie	he impressed her
er hat sie beeindruckt	he has impressed her
heiraten	(to) marry
sie heiratet einen reichen Mann	she marries / is marrying a rich man
sie heiratete einen reichen Mann	she married a rich man
sie hat einen reichen Mann geheiratet	she has married a rich man
kennen	(to) know
kennst du ihn?	do you know him?
kanntest du ihn?	did you know him?
hast du ihn gekannt?	"have you known" / did you know him?
meinen	(to) mean
ich meine Sie	I mean you
das meinte ich nicht	I didn't mean that
das habe ich nicht gemeint	I "haven't meant" / I didn't mean that
tanzen	(to) dance
alle tanzen	everybody dances / is dancing
alle tanzten	everybody danced / was dancing
alle haben getanzt	everybody "has danced"; everybody danced
vermuten	(to) guess / suppose / believe
ich vermute	I guess
du vermutest	you guess
er / sie / ihr vermutet	he / she guesses / you guess
wir / sie / Sie vermuten	we / they / you guess
wissen	(to) know
ich / er weiß	I know / he knows
du weißt	you know
wir / sie wissen	we / they know

93

1 Der Genitiv (→ 8C4, 15F1, 15G4)

Ausführlich geübt haben wir bereits die drei Kasus Nominativ (*wer?*), Akkusativ (*wen?*) und Dativ (*wem?*). Der Nominativ bezeichnet das Subjekt; Akkusativ und Dativ sind die Formen des direkten und indirekten Objekts:

We have so far practised three cases: the nominative for the subject and doer of the action (*who?*); the accusative for the direct object and receiver or target of the action (*whom?*); and the dative for the indirect object, i.e. the person or thing to whom or which something is done (*to/for whom?*):

Subjekt		indirektes Objekt	direktes Objekt
Nominativ		Dativ	Akkusativ
<u>Die Oma</u>	kauft	<u>dem Kind</u>	<u>einen Computer.</u>
wer?		*wem?*	*wen* oder *was?*

Zu den drei genannten Fällen kommt jetzt noch der Genitiv. Der Genitiv drückt Besitz oder Zugehörigkeit aus (*wessen?*):

To these three cases we now add the genitive, which indicates possession or belonging (*whose?*):

(maskulin:	der Freund)	Da steht das Auto <u>meines (besten)* Freundes</u>.
(feminin:	die Freundin)	Da steht das Auto <u>meiner (jungen)* Freundin</u>.
(neutral:	das Mädchen)	Da steht das Auto <u>des (netten)* Mädchens</u>.
(Plural:	die Polizisten)	Da steht das Auto <u>der (freundlichen)* Polizisten</u>.
(Eigenname:	Marcel / Nina)	Da steht <u>Marcels</u> / <u>Ninas</u> Auto.

Wie der Akkusativ und Dativ steht der Genitiv auch nach bestimmten Präpositionen. Die wichtigsten sind *wegen* und *während*:

Like the accusative and the dative, the genitive is also used after certain prepositions, of which *wegen* (= because of) and *während* (= during) are the most important:

<u>Während der (ganzen)* Fahrt</u> sollte man nicht mit dem Fahrer sprechen.
<u>Während dieser (angenehmen)* Fahrt</u> regnete es nicht.
Sie hat ihn <u>wegen seines (vielen)* Geldes</u> geheiratet.
Er hat sie <u>wegen ihres (vielen)* Geldes</u> geheiratet.
Sie hat ihn <u>wegen seiner Millionen</u> geheiratet.

* Beachten Sie:
Die Genitivendung des Artikels bzw. Artikelworts (hier vor der Klammer) richtet sich nach dem Genus bzw. Numerus des Nomens:

The genitive ending of the article or other determiner (here before the brackets) corresponds to the gender and number of the noun it modifies:

maskulin: *-es*   feminin: *-er*   neutral: *-es*   Plural: *-er*

Ein auf den Artikel bzw. das Artikelwort folgendes Adjektiv endet immer auf *-en*:   (→ 7F1)
An adjective following the determiner always ends in *-en*:

wegen de<u>s</u> / seine<u>s</u> / ihre<u>s</u> viele<u>n</u> Gelde<u>s</u>

2 Die Konstruktion *von* + Dativ The *von* + dative construction (→ 5G2, 7G, 15G3)

In der Umgangssprache benutzt man statt des Genitivs oft eine Konstruktion mit *von* + Dativ:

In colloquial German the construction *von* + dative is often used instead of the genitive:

die Stiefmutter von Schneewittchen	→ Schneewittchens Stiefmutter
die Frau von einem reichen Mann	→ die Frau eines reichen Mannes
das Zimmer von diesem berühmten Gast	→ das Zimmer dieses berühmten Gastes

Machen Sie in den folgenden Sätzen aus der *von*-Konstruktion eine Genitivkonstruktion.

Change the *von* construction into a genitive construction.

a die Königin von einem großen Land

b die Märchen von den Brüdern Grimm

c der Humor von Angela Merkel

d das sichere Auftreten von Frau Hofmeister

e der Führerschein von meinem Mann

f die Mettbrötchen von Lieschen

g die Hauptstadt von Bayern

h der Fahrer von der Königin

3 Schreiben Sie die Sätze ab und ergänzen Sie dabei die fehlenden Buchstaben.

a Ich möchte ein_____ d_____ beid_____ Ringe haben.

b Ein_____ d_____ beid_____ Ringe ist wertlos – kein Gold, nur billig_____ Metall.

c D_____ Einkaufswagen d_____ Kunden sind voll.

d In d_____ Geldbörse d_____ alt_____ Mann_____ sind viele kleine Münzen.

e D_____ Zimmer dies_____ Hotel_____ sind klein und schäbig.

f D_____ Name d_____ Mädchen_____ bedeutet „die Glückliche".

g D_____ Charakter ein_____ Menschen ist wichtiger als sein Aussehen.

h Dank d_____ Beschreibung d_____ Täter_____ durch die Tankstellenangestellte
   konnte die Polizei später ein_____ Tatverdächtig_____ festnehmen.

4 *Wegen* + Genitiv (→ 8C1, 15F1, 15G4)

Nach *wegen* steht im geschriebenen Deutsch normalerweise der Genitiv:

Er hat sie <u>wegen ihres (goldenen) Humors</u> geheiratet.	(*maskulin*: der Humor)
Sie ist <u>wegen ihrer (großen) Bildung</u> berühmt.	(*feminin*: die Bildung)
Sie hat ihn <u>wegen seines (vielen) Geldes</u> geheiratet.	(*neutral*: das Geld)
Sie hat ihn <u>wegen seiner Millionen</u> geheiratet.	(*Plural*: die Millionen)

Ergänzen Sie die fehlenden Endungen.

a Wegen sein_____ berühmt_____ Namen_____ glaubt man ihm alles.

b Wir mögen ihn wegen sein_____ gut_____ Charakter_____ .

c Wegen dies_____ groß_____ Problem_____ sollten Sie zur Polizei gehen.

d Wegen sein_____ klein_____ Bruder_____ ist er nicht nach München gegangen.

e Wegen ihr_____ alt_____ Oma _____ ist sie nicht nach München gegangen.

f Wegen ihr_____ genau_____ Beschreibung_____ hat die Polizei den Räuber schnell gefasst.

g Sie haben ihn wegen nicht ausreichend_____ Haftgründe_____ freigelassen.

Die größte Perle der Welt

The biggest pearl in the world

🔊 Track 23

In einem fernen Land lebten zwei Brüder,
Ginto und Jomel, die
als Fischer ihren Lebensunterhalt verdienten.
Stets blieben sie so lange auf See,
bis der Wasserbehälter in ihrem kleinen Boot
mit Fischen gefüllt war.
Dies dauerte mit den Jahren immer länger,
denn sie fingen immer weniger Fische.

In a faraway country lived two brothers,
Ginto and Jomel, who
earned their living as fishermen.
They always stayed out at sea
until the water container in their little boat
was filled with fish.
Over the years, this took longer and
longer, for they caught less and less fish.

Eines Tages gerieten sie in einen Sturm.
In einer kleinen, weitab gelegenen Bucht
warteten sie, bis das Unwetter vorüber war.
Nun steckte der Anker fest,
und Ginto musste einige Meter tief tauchen.
Er fand den Anker –
und dicht daneben eine riesige Muschel.

One day they ran into a storm.
In a remote little bay
they waited until the storm was over.
Now the anchor was stuck
and Ginto had to dive several metres.
He found the anchor –
and, close to it, a gigantic clam.

Zusammen öffneten die Brüder die Muschel
und fanden darin eine Perle,
die so groß und schwer war,
dass sie sie nur mit größter Mühe ins Boot
und schließlich nach Hause in ihre Hütte
bringen konnten.

Together the brothers opened the clam
and in it found a pearl
which was so big and heavy
that they had the greatest difficulty
getting it into the boat and finally home
to their hut.

Für die Brüder war die Perle nun ihr
Glücksbringer, ihr Beschützer, ihr Ratgeber.
Sie sprachen mit ihr, streichelten sie,
dankten ihr dafür,
dass sie genug Fisch zum Leben fingen,
gesund blieben
und nicht Opfer einer Flut wurden.

For the brothers, the pearl was now their
lucky charm, their protector, their adviser.
They talked to it, stroked it,
thanked it
for their catching enough fish to live,
staying healthy
and not falling victim to a flood.

Im Laufe der Jahre wurde die Wunderperle
bekannt. Sie war die größte Perle der Welt
und viele Millionen Dollar wert.
Sollten sie sie nicht verkaufen?
Nein, sagten die Brüder.
Sein Glück verkauft man nicht!

Over the years, the miracle pearl became
famous. It was the biggest pearl in the
world and worth many millions of dollars.
Shouldn't they sell it?
No, said the brothers.
You don't sell your good luck!

bleiben	(to) stay
sie blieben dort	they stayed there
sie sind dort geblieben	they (have) stayed there
bringen	(to) bring
sie brachten es	they brought it
sie haben es gebracht	they (have) brought it
dauern	(to) take
es dauerte immer länger	it took longer and longer
es hat immer länger gedauert	it has taken / it took longer and longer
fangen	(to) catch
sie fingen immer weniger Fische	they caught less and less fish
sie haben immer weniger Fische gefangen	they (have) caught less and less fish
feststecken	(to) be stuck
der Anker steckte fest	the anchor was stuck
füllen	(to) fill
sie füllten den Behälter	they filled the container
sie haben den Behälter gefüllt	they (have) filled the container
geraten	(to) run
sie gerieten in einen Sturm	they ran into a storm
sie sind in einen Sturm geraten	they have run / they ran into a storm
öffnen	(to) open
sie öffneten die Muschel	they opened the clam
sie haben die Muschel geöffnet	they (have) opened the clam
tauchen	(to) dive
er tauchte 50 Meter tief	he dived 50 metres deep
er ist sehr tief getaucht	he (has) dived very deep
verkaufen	(to) sell
sie verkauften die Perle nicht	they didn't sell the pearl
sie haben die Perle nicht verkauft	they haven't sold the pearl
werden	(to) become
sie wurden Opfer der Flut	they became victims of the flood
sie sind Opfer der Flut geworden	they have become victims of the flood

1 **Die Steigerung des Adjektivs: Komparativ** Comparison of adjectives: the comparative

a	Der Charakter eines Menschen ist	**wichtiger als** sein Aussehen.
b	Vielleicht sieht er noch	**toller** aus **als** du.
c	Schneewittchen ist noch tausendmal	**schöner als** Ihr.
d	Auf Englisch klingt es ja auch irgendwie	**moderner**.

Mit den Steigerungsformen auf -er + als drücken wir aus, dass jemand oder etwas größer, kleiner, älter, jünger etc. ist als eine andere Person oder Sache (**a** – **c**). Oft wird die andere Person oder Sache nicht genannt (**d**).

We use the -er form of adjectives + als to say that someone or something is bigger, smaller, older, younger, etc. than another person or thing (a – c). The second person or thing is often not mentioned (d).

e	**Maskulin:**	Tisch	Wir sollten den / einen	**billigeren**	Tisch nehmen.
f	**Feminin:**	Lampe	Wir sollten die / eine	**billigere**	Lampe nehmen.
g	**Neutral:**	Bett	Wir sollten das	**billigere**	Bett nehmen.
h	**Neutral:**	Bett	Wir sollten ein	**billigeres**	Bett nehmen.

Steht die Steigerungsform vor einem Nomen (**e** – **h**), so richtet sich ihre Endung nach dem Nomen. The ending of a comparative preceding a noun (e – h) is determined by the noun.
Beachten Sie den Unterschied zwischen **g** und **h**. Note the difference between g and h.

Bei manchen Adjektiven wird die Steigerungsform mit Umlaut gebildet:

alt – **ä**lter, gesund – ges**ü**nder, groß – gr**ö**ßer, hart – h**ä**rter, jung – j**ü**nger, kurz – k**ü**rzer, lang – l**ä**nger, scharf – sch**ä**rfer, schwach – schw**ä**cher

Unregelmäßige Formen: Irregular forms:

gut – **besser**, hoch – **höher**, dunkel – **dunkler**, teuer – **teurer**

Setzen Sie die Steigerungsform auf -er ein. Beispiele:

> Marcel ist noch _besser_ als Tim. (gut)
>
> (*der Job*) Sie hat einen _besseren_ Job als ihr Mann. (gut)
>
> (*die Idee*) Sie hatte eine _bessere_ Idee als ich. (gut)
>
> (*das Hotel*) Ihr habt ein noch _besseres_ Hotel als wir. (gut)

a Die U-Bahn ist _____ als der Bus. (schnell)
b Der eine Ring ist viel _____ als der andere. (breit)
c Nichts ist mir _____ als Geld. (gleichgültig)
d Deine Frau ist viel _____ als du. (vernünftig)
e Dieses Märchen ist noch _____ als „Schneewittchen". (alt)
f Am Vormittag ist viel _____ Geld in der Kasse als am Abend. (viel)
g Unsere Kinder werden in einer _____ Welt leben. (gut)
h Einen _____ Freund findest du nicht. (gut)
i Ein _____ Essen kannst du deinem Kind nicht geben. (gesund)
j Wir wohnen jetzt in einem _____ Haus. (modern)

2 Setzen Sie die Adjektive im Komparativ an passender Stelle ein. (Alle Adjektive einsetzen! Jedes Adjektiv nur einmal!) Insert the comparatives of the following adjectives where they make sense. Use all the adjectives, and each adjective only once.

> billig ┊ freundlich ┊ frisch ┊ glücklich ┊ hoch ┊ hübsch ┊ interessant ┊ lang ┊
> preiswert ┊ schnell

Manche Leute denken, dass ihr Land besser als alle anderen ist:
a Die Menschen auf der Straße sind _____ .
b Die Mädchen sind _____ .
c Die Ehepaare sind_____ .
d Die öffentlichen Verkehrsmittel sind _____ .
e Die Restaurants sind _____ .
f Das Obst ist _____ .
g Die Zeitungen sind _____ .
h Die Autos sind _____ .
i Die Tage sind _____ .
j Die Berge (= mountains) sind _____ .

3 Ändern Sie die Wortstellung so, dass der underlined Satzteil vorn steht. Move the underlined element to the front, changing the word order accordingly.
(→ 2C3, 2G3, 5C6, 8F4, 9G, 11F5, 12F2)

a In einem fernen Land lebten zwei Brüder.
b Ihren Lebensunterhalt verdienten die beiden Männer als Fischer.
c Eines Tages gerieten sie in einen Sturm.
d In einer kleinen Bucht warteten sie, bis das Unwetter vorüber war.
e Dort fanden sie einige Meter tief eine riesige Muschel.
f In der Muschel fanden sie eine riesige Perle.
g Nur mit größter Mühe konnten sie die Perle nach Hause in ihre Hütte bringen.
h Im Laufe der Zeit wurde die Wunderperle bekannt.
i Viele Millionen Dollar war sie wert.
j Aber verkaufen wollten die Brüder sie nicht.
k „Sein Glück verkauft man nicht", sagten sie.

4 Ändern Sie die Wortstellung so, dass der underlined Satzteil vorn steht.
(→ 2C3, 2G3, 5C6, 8F3, 9G, 11F5, 12F2)

a Meine Freundin hat einen reichen Mann geheiratet.
b Sie hat ihn wegen seiner Millionen geheiratet.
c Das Leben ist also nicht fair.
d Was? Ich bin nicht attraktiv genug für sie?
e Er sieht vielleicht noch toller aus als du.
f Ihr seid hier die Schönste.
g Ich habe jetzt ein Problem.
h Geld ist mir eigentlich gleichgültig.
i Er hat sie mit seinem Geld beeindruckt.

Plural des Nomens Plural of nouns   (→ 3C1)

Für die Pluralbildung gibt es im Deutschen keine eindeutigen Regeln, aber es lassen sich einige „Tendenzen" erkennen: In German there are no clear-cut rules for forming the plural of nouns, but there are rules of thumb:

Viele maskuline und neutrale Nomen bilden den Plural mit -e:

> der **Preis** – die **Preise**, der **Ring** – die **Ringe**, der **Tisch** – die **Tische**
>
> das **Jahr** – die **Jahre**, das **Lokal** – die **Lokale**, das **Problem** – die **Probleme**

Viele maskuline Nomen bilden den Plural mit Umlaut (*ä, ö, ü*) + -e:

> der **Bahnhof** – die **Bahnhöfe**, der **Gast** – die **Gäste**, der **Knopf** – die **Knöpfe**,
> der **Sturm** – die **Stürme**, der **Überfall** – die **Überfälle**, der **Zug** – die **Züge**

Bei maskulinen Nomen auf -er sind Singular und Plural meistens identisch:

> der **Behälter** – die **Behälter**, der **Beschützer** – die **Beschützer**, der **Fahrer** – die **Fahrer**,
> der **Meter** – die **Meter**, der **Schlüssel** – die **Schlüssel**, der **Täter** – die **Täter**

Neutrale Nomen auf -er sind seltener, aber auch hier sind Singular und Plural identisch:

> das **Opfer** – die **Opfer**, das **Unwetter** – die **Unwetter**, das **Zimmer** – die **Zimmer**

Auch bei neutralen Nomen auf -chen ist der Plural identisch mit dem Singular:

> das **Brötchen** – die **Brötchen**, das **Mädchen** – die **Mädchen**, das **Märchen** – die **Märchen**

Die allermeisten femininen Nomen bilden den Plural mit -n oder -en:

> die **Frage** – die **Fragen**, die **Kirche** – die **Kirchen**, die **Sorge** – die **Sorgen**
>
> die **Bahn** – die **Bahnen**, die **Frau** – die **Frauen**, die **Wohnung** – die **Wohnungen**

Einige feminine Nomen haben im Plural Umlaut + -e:

> die **Hand** – die **Hände**, die **Stadt** – die **Städte**, die **Wand** – die **Wände**

Bei femininen Singularen auf -in lautet der Plural -innen:

> die **Freundin** – die **Freundinnen**, die **Königin** – die **Königinnen**

Beachten Sie auch: Note also:

> der **Bruder** – die **Brüder**, der **Mann** – die **Männer**, die **Mutter** – die **Mütter**

Viele Fremdwörter (besonders aus dem Englischen) bilden den Plural mit -s: Many foreign words (especially from English) add -s:

> das **Auto** – die **Autos**, die **E-Mail** – die **E-Mails**, das **Hotel** – die **Hotels**,
> der **Job** – die **Jobs**, das **Restaurant** – die **Restaurants**, das **T-Shirt** – die **T-Shirts**

◀) Track 24

Die böse Stiefmutter

In der Vergangenheit geschah es oft: Die Mutter starb, der Vater heiratete wieder, und damit hatten seine Kinder eine Stiefmutter. Heute gehen Ehen oder Beziehungen auseinander, und der Vater hat eine neue Partnerin oder Ehefrau, die nun bei den Kindern an die Stelle der Mutter tritt. Wir nennen diese „zweite Mutter" meistens nicht mehr „Stiefmutter", vielleicht weil in den Erzählungen aus der Vergangenheit nicht viel Gutes über Stiefmütter steht.

Eine Stiefmutter kann eine wunderbare Frau sein, die liebevoll ein Kind großzieht, das nicht ihr eigenes ist. In den deutschen Märchen hingegen ist die Stiefmutter keine gute, liebevolle Frau, sondern eine böse Person, die ihre Stiefkinder schlecht behandelt und vielleicht sogar hasst.

So auch die Stiefmutter in dem Märchen „Schneewittchen".

Schneewittchen ist eine Königstochter, deren Mutter – die Königin – kurz nach ihrer Geburt stirbt.

Die neue Frau des Königs – Schneewittchens Stiefmutter – ist schön, stolz und eitel. Keine Frau im Land darf schöner sein als sie. Sie hat einen Spiegel, der sprechen kann und ihr stets die Wahrheit sagt. Wenn sie in diesen Spiegel schaut, fragt sie ihn immer: „Spieglein, Spieglein an der Wand, wer ist die Schönste im ganzen Land?" Und der Spiegel antwortet: „Frau Königin, Ihr seid die Schönste im Land."

Aber dann wächst Schneewittchen heran und wird ein wunderschönes Mädchen. Nun hört die Königin von ihrem ehrlichen Spiegel: „Schneewittchen ist noch tausendmal schöner als Ihr." Die Stiefmutter wird gelb und grün vor Neid, und durch den Hass der bösen Frau gerät Schneewittchen in große Gefahr.

Am Ende jedoch wird – wie immer im Märchen – alles gut: Die schöne Prinzessin heiratet ihren Traumprinzen und die böse Stiefmutter bekommt ihre gerechte Strafe.

Viele deutsche Märchen – allerdings nicht „Schneewittchen" – enden mit dem Satz: „Und wenn sie nicht gestorben sind, dann leben sie noch heute."

---

die böse Stiefmutter the wicked stepmother • es geschah it happened • starb died • Vater father • Beziehung relationship • auseinandergehen (to) break up • Mutterstelle vertreten (to) take the mother's place • Erzählungen stories • wunderbar wonderful • liebevoll loving(ly) • großziehen (to) raise • böse Person evil person • hassen (to) hate • Königstochter king's daughter • deren whose • Geburt birth • stolz proud • eitel vain • Wahrheit truth • heranwachsen (to) grow up • ehrlich honest • Neid und Hass envy and hate • in große Gefahr geraten (to) get into great danger • jedoch however • Prinzessin princess • Traumprinz dream prince • gerechte Strafe just punishment • wenn sie nicht gestorben sind if they have not died • dann leben sie noch heute they are still alive today

Das Definitionsrätsel The definition crossword

Waagerecht Across

1 Eine Stadt am Main und eine Stadt an der Oder.
7 Firma.
8 Nicht mehr lebend, ohne Leben.
10 Ein Glas, in dem man sich selbst betrachten kann.
11 Eine Frau aus Japan.
13 Es hängt an der Wand und macht ticktack, und wenn's runterfällt, ist die Uhr kaputt.
15 Ein Mann, der dieselbe Mutter und denselben Vater hat wie du.
16 Die Mutter deiner Mutter oder deines Vaters.
17 Sehr, sehr groß.
19 Wo man in einem Supermarkt bezahlt.
20 Tausend mal tausend.
21 Es fährt auf dem Wasser und ist klein und offen.

Senkrecht Down

2 Gespräch.
3 Das Gegenteil von Nacht.
4 Ein Mann, der mit Fischfang seinen Lebensunterhalt verdient.
5 Ein alkoholisches Getränk.
6 Das Gegenteil (= opposite) von „mehr" (Geld, Wasser usw.).
9 Weltweit beliebte italienische Nudeln.
10 Unwetter.
12 Eine Arbeit, mit der man Geld verdient.
14 Ein Glas, durch das man Dinge größer sieht.
18 Er ist im Wein, im Bier, im Whisky usw.
19 Ein Lokal, wo man Alkohol trinkt.

→ **Texte und Themen** Die Maushand: Nach dem Arztbesuch • Eine Erfolgsgeschichte: Nesrin ist jetzt Deutschlehrerin • Wenn man krank wird: Das deutsche Gesundheitssystem → **Verb** Die Modalverben • *Sollte* • Präsens und Futur zum Ausdruck der Zukunft • Reflexive Verben • *Um* + *zu* + Infinitiv → **Nomen** Wortbildung: Komposita → **Syntax** *Dass*-Sätze • Ja-Nein-Fragesatz • W-Fragen • Wortstellung – Satzgliedstellung → **Verschiedenes** *Als* und *wie* • Reflexivpronomen

Die Maushand

◆ Sie
○ Er

◆ Na, bist du beim Arzt gewesen
mit deiner Hand?

○ Ja. Ohne die Hand konnte ich
ja nicht gehen. Und es war eine Ärztin.

◆ Okay, mein schlauer Liebling.
Könntest du mir jetzt sagen,
was die Ärztin gesagt hat?

○ Sie sagt, ich habe eine Maushand.

◆ Du hast eine was?

○ Eine Maushand. Die Computermaus!
Mit ihr macht die Hand tausend
winzige Bewegungen jeden Tag …

◆ Und die Muskeln sind ständig angespannt …

○ Nicht nur in der Hand, sondern
auch im Arm und in der Schulter.
Man ist ja ständig verkrampft.

◆ Dann kommen also die Schmerzen
in der Schulter und im Nacken,
die Kopfschmerzen und das alles
ebenfalls von der Maus?

○ Ja, aber auch vom Tippen
auf der Tastatur.

◆ Hm! Und was kann man dagegen tun?

○ Nicht mehr arbeiten.

◆ Das soll wohl ein Witz sein!

○ Na ja, die Hand und den Arm
ein paar Tage schonen, Physiotherapie
und vor allem eine besondere Maus
und Tastatur,
damit ich entspannter dasitze. –
Ach ja, und das hat die Ärztin
auch noch gesagt:
Im Haushalt darf ich in nächster Zeit
nicht arbeiten!

The mouse hand/mouse arm

◆ So, have you been to the doctor
with your hand? (*Arzt = male doctor*)

○ Yes. I couldn't go without the hand,
could I? And it was a female doctor.

◆ OK, my clever darling.
Could you tell me now
what the doctor said?

○ She said I had a mouse hand.

◆ You had a what?

○ A mouse hand. The computer mouse!
With it, the hand performs a thousand
tiny movements every day …

◆ And the muscles are always tense …

○ Not only in the hand but also
in the arm and shoulder.
You're strained all the time.

◆ So the pain
in the shoulder and in the neck,
the headaches and all that
comes from (using) the mouse as well?

○ Yes, but also from typing
on the keyboard.

◆ Hmm. And what can you do about it?

○ Stop working.

◆ You must be joking.

○ Well, yes, go easy on the hand and arm
for a couple of days, physiotherapy,
and above all a special kind of mouse
and keyboard,
so that I sit more relaxed. –
Oh yes, and the doctor
said this, too:
I'm not allowed to do housework
any time soon.

dürfen	(to) be allowed
ich darf nicht im Haushalt arbeiten	I am not allowed to work in the household
ich durfte nicht im Haushalt arbeiten	I was not allowed to work in the household
haben	(to) have
ich habe eine Maushand	I have a mouse hand/arm/elbow
was hast du?	what do you have?
was hat er/sie/es?	what does he/she/it have?
kommen	(to) come
die Schmerzen kommen vom Tippen	the pain comes from typing
können	can; (to) be able to
was kann man dagegen tun?	what can you do about it?
ich konnte nicht gehen	I could not go/was unable to go
könntest du mir das sagen?	could you tell me that?; would you be able to tell me that?
machen	(to) make; (to) perform
die Hand macht tausend Bewegungen	the hand makes/performs a thousand movements
sagen	(to) tell; (to) say
kannst du mir das sagen?	can you tell me that?
sie sagte mir das	she told me that
sie hat mir dies gesagt	she has told me this
was hat sie gesagt?	what has she said?; what did she say?
(etwas) **schonen**	(to) go easy on (something)
du solltest die Hand schonen	you should go easy on the hand
sein	(to) be
du bist verkrampft	you are strained
die Muskeln sind angespannt	the muscles are tense
ich war beim Arzt	I was at the doctor('s)
ich bin beim Arzt gewesen	I have been to the doctor
ich werde beim Arzt sein	I will be at the doctor('s)
sollen	(to) be supposed to
soll das ein Witz sein?	is that supposed to be a joke?

1 Die Modalverben (→ 3C2, 3F4, 3G1, 4F2, 11G2, 12F4)

Es gibt sechs Modalverben im Deutschen: *dürfen, können, mögen, müssen, sollen* und *wollen*.
(Zur Konjugation dieser Verben → 4F2.)
Modalverben gebraucht man meist nicht allein, sondern zusammen mit dem Infinitiv eines
Vollverbs, z. B. *gehen*. Das Modalverb verändert („modifiziert") die Bedeutung des Vollverbs.
Modal verbs are used in combination with the infinitive of a full verb. They modify the
meaning of the full verb.

(Ohne Modalverb:)	Ich gehe. Ich gehe nicht.
(Mit Modalverb:)	Ich darf / kann / möchte / muss / soll / will gehen.
	I am allowed to / can / would like to / have to / am supposed to / want to go.

Setzen Sie die richtige Präsensform des Modalverbs ein. (→ 4F2)

a   Mit der Hand _____ du zum Arzt gehen. (müssen)
b   Die Muskeln _____ nicht ständig angespannt sein. (sollen)
c   Es _____ sein, dass die Schmerzen von der Arbeit mit der Maus kommen. (können)
d   Hat die Ärztin wirklich gesagt, dass du nicht mehr arbeiten _____ ? (sollen)
e   Ich _____ die Hand und den Arm ein paar Tage schonen. (sollen)
f   Im Haushalt _____ Claudia in nächster Zeit nicht arbeiten. (dürfen)
g   _____ du nicht für ein paar Tage an die Ostsee fahren? (mögen)
h   _____ ihr nicht mal für ein paar Tage an die Ostsee fahren? (wollen)

2 *Sollte*

Mit *sollte* drückt man einen Rat, eine Empfehlung aus:
Sollte (= *should; ought to*) is used to express advice or a suggestion:

> Warum gehen Sie nicht zum Arzt? → Sie sollten zum Arzt gehen.
> Why don't you go to the doctor? → You should go to the doctor.

Ersetzen Sie den *warum*-Satz durch einen *sollte*-Satz.

a   Warum fahren Sie nicht mit dem Fahrrad?
b   Warum schonst du die Hand nicht ein paar Tage?
c   Warum gründen wir nicht ein Unternehmen?
d   Warum heiratet Paul nicht eine reiche Frau?
e   Warum wartet ihr nicht, bis das Unwetter vorüber ist?
f   Warum kaufst du dir nicht eine besondere Maus und Tastatur?
g   Warum lassen Sie Ihr Auto nicht stehen und fahren mit der U-Bahn?

3 Präsens und Futur zum Ausdruck der Zukunft (→ 4C3)

Wenn klar ist, dass wir die Zukunft meinen, können wir das Zukünftige mit dem Präsens
ausdrücken. In anderen Fällen benutzen wir besser die Konstruktion mit dem Hilfsverb *werden*.
We can use the present tense to refer to the future if the context makes the meaning clear.
Alternatively we can use *werden* + infinitive.

Verwandeln Sie die Präsens-Konstruktionen in *werden*-Konstruktionen.

a Was ich heute tue: → *Was ich heute tun werde:*

b Ich gehe zum Arzt. → *Ich werde zum Arzt gehen.*

c Ich schreibe ein paar E-Mails. → *Ich ...*

d Ich kaufe eine neue Tastatur.

e Ich hole Geld aus dem Automaten.

f Ich arbeite im Haushalt.

g Ich fahre die Oma zum Arzt.

h Ich koche Spaghetti für uns.

i Ich mache Hausaufgaben für den Deutschkurs.

4 *Dass*-Sätze (→ 10C2, 13F1)

Beachten Sie: *Dass*-Sätze sind Nebensätze. In Nebensätzen steht das <u>finite</u> (= konjugierte) <u>Verb</u> am Ende. Since *dass* sentences are subordinate clauses, the finite verb is at the end.

> Das Leben <u>ist</u> nicht fair. → Sie findet, dass …
> *Sie findet, dass das Leben nicht fair ist.*

Bilden Sie *dass*-Sätze wie im Beispiel.

a Der Mann <u>hatte</u> eine Pistole in der Hand. → *Die Kassiererin sagt, dass ...*

b Ich <u>habe</u> eine Maushand. → *Die Ärztin hat gesagt, dass ...*

c Die Schmerzen <u>kommen</u> von der Computerarbeit. → *Die Ärztin meint, dass ...*

d Meine Freundin <u>hat</u> einen reichen Mann geheiratet. → *Ich erzählte ihm, dass ...*

e Er <u>hat</u> sie mit seinem Geld beeindruckt. → *Ich vermute, dass ...*

f Sie <u>hat</u> einen guten Job gefunden. → *Ich glaube, dass ...*

g In Deutschland <u>gibt</u> es zwei Frankfurt. → *Die Lehrerin sagte, dass ...*

h Ich <u>will</u> meinen Führerschein nicht riskieren. → *Mein Freund sagt, dass ...*

i Geld <u>ist</u> mir gleichgültig. → *Sie sagt, dass ...*

j Er <u>sieht</u> noch toller <u>aus</u> als du. → *Es kann doch sein, dass ...*

5 Schreiben Sie den Text ab und ergänzen Sie die fehlenden Buchstaben.

> Ich b____ wegen d____ Schmerzen in mei____ Hand bei ein____ Fachärztin ge_____.
> Sie sagt, d____ Schmerzen komm____ von d____ Computerarbeit mit d____ Maus.
> Die Muskeln in Hand, Arm und Schulter si____ ständig ange_____, und d____ ist nicht gut. Ich brauch____ ei____ besonder____ Maus und Tastatur, da____ ich entspannter dasi_____. Und ich soll d____ Hand und d____ Arm ein paar Tag____ schon_____ und in nächst____ Zeit nicht i____ Haushalt arbeiten.

Eine Erfolgsgeschichte

◆ Jana
◎ Daniel

◆ Nesrin ist jetzt Deutschlehrerin,
nicht wahr?

◎ Ja, ganz erstaunlich,
wenn du bedenkst, dass sie erst
als junges Mädchen hierherkam.

◆ Schon in der Schule hat sie sich
wahnsinnig interessiert für alles
Deutsche, besonders die Sprache …

◎ Auch die Literatur!
Sie sprach von Nietzsche, da kannte
ich nur die Nietzschestraße.
Und jetzt unterrichtet sie Deutsch –
bis zum Abitur …

◆ … und achtet darauf, dass die Schüler
nach *wegen* immer schön den
Genitiv benutzen. Ich musste sie mal
anrufen, um ihr zu sagen, dass das
Training ausfällt.
Sie fragte: „Warum?" – Ich antwortete:
„Wegen dem fürchterlichen Wetter."
Daraufhin sie: „Du meinst:
Wegen des fürchterlichen Wetters!"

◎ Typisch Nesrin!

◆ Ja. Sie war schon immer
eine kleine Lehrerin.

◎ Ihre Mutter hatte es nicht leicht …

◆ Gar nicht! Flüchtling, ihr Mann
noch im Iran, hier in Deutschland
Flüchtlingslager, der Asylantrag
abgelehnt, jahrelanges Warten
auf die Gerichtsentscheidung …

◎ Schrecklich! Immer wieder:
„Abgelehnt!" – und die drohende
Abschiebung.

◆ Und dann endlich,
wir waren schon auf der Oberstufe,
die Genehmigung, hier zu bleiben.

◎ Und jetzt ist Deutschland
um eine gute Lehrerin reicher.
Ende gut, alles gut!

A success story

◆ Nesrin is a German teacher now,
right?

◎ Yes, quite surprisingly,
if you consider that she came here
only as a young girl.

◆ Even at school she was incredibly
interested in everything German,
especially the language …

◎ German literature as well.
She was talking about Nietzsche
when I only knew Nietzschestrasse.
And now she teaches German –
up to the Abitur …

◆ … and makes sure that the students
always use the genitive after
wegen. I once had to call her
to tell her that there was going to be
no training.
She asked, "Why?" – I answered,
"Wegen dem fürchterlichen Wetter."
To which she replied, "You mean,
Wegen des fürchterlichen Wetters!"

◎ Typically Nesrin!

◆ Yes. She has always been
a little teacher.

◎ Her mother didn't have it easy …

◆ Not easy at all! A refugee, her husband
still in Iran, here in Germany the
refugee camp, her asylum application
rejected, years of waiting
for the court's decision …

◎ Terrible! Again and again:
"Rejected!" – and the threat of
deportation.

◆ And then, finally,
we were in the upper grades by then,
the permission to stay here.

◎ And now Germany is richer
for having one more good teacher.
All's well that ends well.

ablehnen	(to) reject
sie lehnen viele Anträge ab	they reject many applications
sie werden den Antrag ablehnen	they will reject the application
sie haben den Antrag abgelehnt	they have rejected the application
anrufen	(to) call
ich rief sie an	I called her
ich musste sie anrufen	I had to call her
antworten	(to) answer
ich antwortete nicht	I didn't answer
bedenken	(to) consider
wenn du bedenkst, dass sie …	if you consider that she …
darauf achten, dass	(to) make sure that
sie achtet darauf, dass wir den Genitiv benutzen	she makes sure that we use the genitive
etwas **falsch schreiben**	(to) misspell something
du hast den Namen falsch geschrieben	you have misspelt the name
kennen	(to) know
ich kenne die Straße	I know the street
ich kannte die Straße	I knew the street
kommen	(to) come
sie kam nach Deutschland	she came to Germany
sie ist nach Deutschland gekommen	she has come to Germany
meinen	(to) mean
du meinst *wegen des Wetters*	you mean *wegen des Wetters*
du meintest den Genitiv	you meant the genitive
was hast du gemeint?	what did you mean?
sagen	(to) tell
ich sagte ihr das	I told her that
ich habe ihr das gesagt	I have told her that
sprechen	(to) talk
sie sprach von Nietzsche	she talked about Nietzsche
sie hat oft von ihm gesprochen	she has often talked about him

1 Setzen Sie *als* oder *wie* ein.

a Sie kam erst _____ junges Mädchen nach Deutschland.

b Du sprichst _____ eine Lehrerin.

c Er verdient seinen Lebensunterhalt _____ Fischer.

d Er möchte _____ sein Freund Nabil _____ Zusteller bei einem Paketdienst arbeiten.

e Er sieht aus _____ sein Bruder.

f Er sieht noch toller aus _____ sein Bruder.

g Der Räuber war maskiert, _____ er den Tankstellenshop betrat.

h Der Charakter eines Menschen ist wichtiger _____ sein Aussehen.

i Pia erzählte mir, _____ sie zitterte, _____ sie das Geld holte.

2 **Reflexive Verben** Reflexive verbs (→ 13C3, 15F4)

Akkusativ				Dativ			
ich	fühle	**mich**	wohl	ich	mache	**mir**	keine Sorgen
du	fühlst	**dich**	wohl	du	machst	**dir**	keine Sorgen
er	fühlt	**sich**	wohl	er	macht	**sich**	keine Sorgen
sie	fühlt	**sich**	wohl	sie	macht	**sich**	keine Sorgen
es	fühlt	**sich**	wohl	es	macht	**sich**	keine Sorgen
wir	fühlen	**uns**	wohl	wir	machen	**uns**	keine Sorgen
ihr	fühlt	**euch**	wohl	ihr	macht	**euch**	keine Sorgen
sie / Sie	fühlen	**sich**	wohl	sie / Sie	machen	**sich**	keine Sorgen

a Die fett gedruckten Wörter sind Reflexivpronomen.
   The words in bold are reflexive pronouns.

b Die Reflexivpronomen sind außer bei *sich* mit den Personalpronomen identisch.   (→ 4C5)
   Except for *sich*, the reflexive pronouns are identical with the personal pronouns.

c Das Reflexivpronomen bezieht sich auf das Subjekt zurück: *ich ... mich, du ... dich* usw.
   The reflexive pronoun refers back to the subject: *ich ... mich, du ... dich*, etc.

d Abhängig vom Verb steht das Reflexivpronomen im Akkusativ oder (seltener) Dativ.
   Die beiden Kasus unterscheiden sich aber nur bei *mich / mir* und *dich / dir*.

Reflexive verbs (= verbs used in combination with a reflexive pronoun) refer to actions that people do to themselves: *Ich wasche mich. = I wash myself.* Reflexive verbs usually take the accusative. When they take the dative, it is often in constructions with two objects: (One object:) *Ich wasche mich.* (Two objects:) *Ich wasche mir die Haare.*

Setzen Sie das Reflexivpronomen ein.

a Ich interessiere _____ für deutsche Literatur.

b Schon in der Schule hat sie _____ für Nietzsche interessiert.

c Wir holen _____ manchmal Geld im Leihhaus.

d Wenn du Geld brauchst, kannst du es _____ im Leihhaus holen.

e Ich stelle _____ in eine lange Schlange.

f Eine kräftige Frau stellt _____ vor mich.

g Warum drängeln Sie _____ vor?

h Ich habe _____ nicht vorgedrängelt!

i Hast du _____ gewaschen? Hast du _____ die Haare gewaschen?

3 *Um* + *zu* + **Infinitiv**

> Ich musste sie anrufen, <u>um</u> ihr <u>zu sagen</u>, dass das Training ausfällt.

Die Konstruktion *um* + *zu* + Infinitiv nennt den Zweck einer Handlung:
We use the construction *um* + *zu* + infinitive to name the purpose of an action:

> Ich rief sie an, <u>um</u> ihr das <u>zu sagen</u>. I called her (in order) to tell her that.

Bilden Sie Sätze mit der Konstruktion *um* + *zu* + Infinitiv.

> Sie ging nach München, weil sie dort studieren wollte.
> → *Sie ging nach München, um dort zu studieren.*

a Wir gehen in ein Möbelhaus, weil wir ein Bett kaufen wollen.
b Sie studiert, weil sie Deutschlehrerin werden möchte.
c Ich arbeite, weil ich Geld verdienen muss.
d Sie heiraten, weil sie Steuern sparen möchten.
e Ich kam nach Deutschland, weil ich in Frieden (= peace) leben wollte.
f Er fuhr nach Köln, weil er mal einen halve Hahn essen wollte.
g Der Mann brach in ein Fast-Food-Restaurant ein, weil er sich ein paar Burger braten wollte.
h Er geht in den großen Supermarkt, weil er gern Leute beobachtet.

4 **Stellen Sie Rückfragen mit *wer, wen* oder *wem*.**
Ask questions using *wer* (= who), *wen* (= whom) or *wem* (= whom).
(Dies ist eine schwierige Übung. This is a difficult exercise.)

> <u>Nesrin</u> ist jetzt Deutschlehrerin. → <u>Wer</u> ist jetzt Deutschlehrerin?
> Er interessiert sich für <u>Nesrin</u>. → *Für <u>wen</u> interessiert er sich?*
> Nesrin sprach von <u>Nietzsche</u>. → *Von <u>wem</u> sprach Nesrin?*

a <u>Meine Freundin</u> hat einen reichen Mann geheiratet.
b <u>Der junge Mann</u> soll Frau Hofmeister nach Hause fahren.
c <u>Frau Hofmeister</u> kannte noch den alten Jupp.
d Die Mettbrötchen hat <u>das Lieschen</u> für jeden Gast frisch gemacht.

e Frau Hofmeister kannte noch <u>den alten Jupp</u>.
f Die Polizei hat <u>den Tankstellenräuber</u> gefasst.
g Nina hat <u>Tim</u> seit Ewigkeiten nicht gesehen.
h Für <u>den Fischer</u> war die Perle sein Glücksbringer.

i Der Wirt hat ihn <u>Herrn Hofmeister</u> empfohlen.
j Pia hat <u>der Polizei</u> eine gute Beschreibung gegeben.
k Bei <u>Jupp</u> gab es den besten halve Hahn in Köln.
l Das Geld hat Tim von <u>seiner Oma</u> bekommen.

Wortstellung – Satzgliedstellung Word order (→ 2C3, 2G3, 5C6, 8F3, 8F4)

In Zukunft wollen wir statt **Wortstellung** den genaueren Begriff **Satzgliedstellung** benutzen. **Satzglieder** sind Bauteile des Satzes, die auch bei einer Veränderung des Satzbaus stets zusammenbleiben. **Satzglieder** können aus nur einem Wort bestehen.

From now on we will use the term Satzgliedstellung *instead of* Wortstellung. Satzglieder *are elements in the sentence that stay together even if the sentence is differently arranged.* Satzglieder *may consist of one word only.*

In dem folgenden Satz ist jedes Satzglied mit einer durchgehenden Linie unterstrichen.

Die Leute	haben	den Namen	immer	falsch	geschrieben.

Wir wissen bereits, dass man die Reihenfolge der Satzglieder (also die Satzgliedstellung) im Deutschen leicht verändern kann – leichter als im Englischen! Jetzt sagen wir genauer: Jedes Satzglied können wir an die erste Stelle setzen – ja, wir erkennen Satzglieder daran, dass wir sie an die erste Stelle setzen können:

Every Satzglied *(sentence element) can be in first position. In fact it is a defining feature of* Satzglieder *that they are capable of being placed at the beginning:*

Die Leute	haben	den Namen	immer	falsch	geschrieben.
Den Namen	haben	die Leute	immer	falsch	geschrieben.
Immer	haben	die Leute	den Namen	falsch	geschrieben.
Falsch	haben	die Leute	den Namen	immer	geschrieben.

Das Prädikat (*haben … geschrieben*) sieht man nicht als Satzglied an. Allerdings können wir den finiten (= konjugierten / flektierten) Teil des Prädikats (*haben*) ebenfalls an den Anfang stellen und erhalten dann einen Ja-Nein-Fragesatz:

Haben	die Leute	den Namen	immer	falsch	geschrieben?

Wir erkennen auch diese Regel: Das **finite Verb** steht normalerweise an **zweiter** Stelle; im Ja-Nein-**Fragesatz** allerdings steht es an **erster** Stelle.

The finite verb is normally in the second position; in yes-no questions it is in the first position.

Ein weiteres Beispiel. – Jedes der drei Satzglieder kann an erster Stelle stehen:

Die Polizei	hat	am Montagabend	einen Tankstellenräuber	gefasst.
Am Montagabend	hat	die Polizei	einen Tankstellenräuber	gefasst.
Einen Tankstellenräuber	hat	die Polizei	am Montagabend	gefasst.

Stellen wir das finite Verb an die erste Stelle, so erhalten wir einen Ja-Nein-Fragesatz:

Hat	die Polizei		am Montagabend	einen Tankstellenräuber	gefasst?

Wir können zu diesen Sätzen auch Fragesätze mit W-Fragewort bilden:

Wer	hat	den Namen	immer	falsch	geschrieben?
Was	haben	die Leute	immer	falsch	geschrieben?
Wer	hat	am Montagabend	einen Tankstellenräuber		gefasst?
Wann	hat	die Polizei	einen Tankstellenräuber		gefasst?
Wen	hat	die Polizei	am Montagabend		gefasst?

◀) Track 27

Wenn man krank wird

Wenn Sie krank sind, gehen Sie zu einem **Allgemeinarzt** oder zu einer **Allgemeinärztin**.

Wenn nötig, überweist Sie Ihre Ärztin / Ihr Arzt an einen **Facharzt** (zum Beispiel für Hals-Nasen-Ohren-Heilkunde).

Die **Kosten** für ärztliche Behandlung, einen Krankenhausaufenthalt oder Medikamente tragen in Deutschland bis auf kleine Ausnahmen die **Krankenkassen**. Es ist deshalb wichtig, dass Sie einer **gesetzlichen** oder **privaten** Krankenversicherung angehören. Mit einer gesetzlichen Krankenversicherung ist man in Deutschland sehr gut versorgt. Eine private Krankenversicherung bietet einige zusätzliche Vorteile, ist aber auch sehr teuer.

Für **Medikamente** erhalten Sie vom Arzt oder von der Ärztin ein **Rezept**, mit dem Sie in eine **Apotheke** gehen. Auch nachts ist immer eine Apotheke dienstbereit.

Außerhalb der Sprechstunden können Sie den **ärztlichen Notdienst** oder in besonders dringenden Fällen den **Rettungsdienst** anrufen. Unter der gebührenfreien **Notrufnummer 112** erreicht man in ganz Europa eine Leitstelle, die den Rettungsdienst, die Polizei oder die Feuerwehr alarmiert.

Ärzte und Apothekenpersonal unterliegen der **Schweigepflicht**. Ohne Ihre Zustimmung dürfen sie keine Informationen über Sie weitergeben – weder an die Polizei noch an Ihren Arbeitgeber noch an Ihre Familie.

When you are ill you go to a general practitioner. If necessary, your doctor will refer you to a specialist (for example in ear, nose and throat medicine).

In Germany, the costs of medical treatment, a hospital stay or medication are covered, with few exceptions, by health insurance. It is therefore important for you to be covered by public or private health insurance. Public health insurance is very good in Germany. Private health insurance offers some additional advantages but is very expensive.

For medication, the doctor will give you a prescription to take to a pharmacy. There are always pharmacies providing service even at night.

Outside surgery hours you can call the emergency medical service or, in particularly urgent cases, an ambulance. 112 is the Europe-wide emergency phone number you can call, free of charge, to reach emergency services (ambulance, fire and rescue, police).

Doctors and pharmacy staff are legally required to maintain medical confidentiality. They are not allowed to pass on information about you to anyone, including the police, your employer or your family.

Das Wortzusammensetzungskreuzworträtsel The crossword of compound words

Sie finden das Wort „Wortzusammensetzungskreuzworträtsel" eigenartig, komisch, ja schlicht eine Unverschämtheit? Sie haben recht! A 35-letter word – what a cheek! You're right.

Aber wenn Sie nach Deutschland kommen, werden Sie sich an lange Wörter gewöhnen müssen.

Wir Deutschen sind Weltmeister – im Fußball manchmal, im Zusammensetzen langer Wörter immer.

In Germany you'll have to get used to long words.
We Germans are champions – at football sometimes, at building long words always.

Waagerecht Across

1 Menschen, die Opfer einer Flut geworden sind, nennt man _____ .

5 Eine Maus, mit der man am Computer arbeitet, ist eine _____ .

8 Eine Margarine, in der nur halb so viel Fett wie in normaler Margarine ist, heißt _____ .

9 Eine Kette, die man als Schmuck um den Hals trägt, ist eine _____ .

10 Schmerzen, die man im Kopf hat, sind _____ .

11 Eine Schule, an der man Sprachen lernt, ist eine _____ .

13 Ein Antrag auf Asyl ist ein _____ .

14 Ein Geldschein im Wert von zehn Euro ist ein _____ .

15 Die Entscheidung eines Gerichts ist eine _____ .

Senkrecht Down

2 Eine Kassiererin in einer Tankstelle ist eine _____ .

3 Die Verhandlung eines Gerichts ist eine _____ .

4 Die Kasse im Supermarkt nennt man die _____ .

6 Eine Steuer, die man auf Versicherungen bezahlt, ist die _____ .

7 Wenn du wissen willst, wie das Wetter werden wird, liest du den _____ .

12 Eine Schule, in der man das Fahren lernt, ist eine _____ .

FREUDE AM REISEN,
ÄRGER AM TELEFON

10

→ **Texte und Themen** Besuch bei Goethe: Auf Kafkas Spuren – geplante Reise nach Weimar • Teurer Strom: Gespräch nach einem Werbeanruf • Goethe und Weimar • Kleines Goethe-Quiz → **Verb** Trennbare Verben • Präteritum von *müssen* • Präteritum – Perfekt • *Sollen* zum Ausdruck einer Lebensregel → **Syntax** *Dass*-Sätze • W-Fragen • Subjekt – Verb oder Verb – Subjekt? → **Verschiedenes** Füllwörter (Modalpartikeln) • Personalpronomen im Nominativ, Akkusativ und Dativ

Besuch bei Goethe

Visit to Goethe

◀) Track 28

◆ Tim
◉ Alina

◆ Hallo! Hier ist Tim.

◉ Hallo, Tim! Nett, dass du anrufst.
Wie geht es euch denn?

◆ Oh, gut. Und wie läuft's bei euch?
Alles in Ordnung?

◉ Ja, bestens. Alex holt gerade Pizza.

◆ Frische, oder gefrorene aus dem
Supermarkt?

◉ Frische natürlich. Wir haben hier einen
super Italiener gleich um die Ecke.
Die beste Pizza in Berlin
und auch tolle Pasta und Salate.

◆ Genau dazu wollten wir euch einladen.
Morgen Abend. Lea will ein neues
Spaghetti-Rezept ausprobieren.

◉ Ach, das ist aber schade!
Wir fahren nämlich morgen weg.

◆ Na, das ist doch schön. Wohin geht's denn?
Australien, Teneriffa oder doch nur die
Ostsee?

◉ Wir werden Goethe besuchen.

◆ Ah, ihr wollt nach Weimar fahren.

◉ Ja, morgen früh hin, übermorgen
Abend zurück.

◆ Und wo werdet ihr übernachten?
Bei Goethe?

◉ Nein, so gut kennen wir ihn nicht.
Wir werden in einem Hotel wohnen,
wo schon Franz Kafka gewohnt hat – 1912.

◆ Das ist ja interessant. War der auch wegen
Goethe in Weimar?

◉ Ja, wegen des Goethehauses.
Aber …

◆ Aber was?

◉ Im Goethehaus traf er
ein hübsches Mädchen …

◆ … und hatte nur noch Augen für sie?

◉ Ja. Aber ich glaube, Goethe hat das
verstanden.

Visit to Goethe

◆ Hello! This is Tim.

◉ Hi, Tim! Nice of you to call.
How are you (*plural!*)?

◆ Oh, fine. And how are things with you
(*plural!*)? Everything all right?

◉ Yes, just fine. Alex is out getting pizza.

◆ Fresh, or frozen from the supermarket?

◉ Fresh, of course. There's a super
Italian place just around the corner.
The best pizza in Berlin
and awesome pasta and salads as well.

◆ That's exactly what we wanted to invite
you to. Tomorrow night. Lea wants to try
a new spaghetti recipe.

◉ Oh, that's a pity.
Because we're going away tomorrow.

◆ Well, that's great, isn't it? Where are you
off to? Australia, Tenerife, or just the
Baltic Sea?

◉ We're going to visit Goethe.

◆ Ah, you're going to Weimar.

◉ Yes, leaving tomorrow morning, coming
back the evening after tomorrow.

◆ And where are you going to spend the
night? At Goethe's?

◉ No, we don't know him that well.
We'll be staying at a hotel
where Franz Kafka stayed – in 1912.

◆ That's interesting. Was he in Weimar
because of Goethe too?

◉ Yes, because of Goethe's house.
But …

◆ But what?

◉ In Goethe's house he met
a pretty girl …

◆ ... and then only had eyes for her?

◉ Yes. But I think Goethe understood that.

anrufen	(to) call
sie ruft ihn an	she calls him
dass sie ihn anruft	that she calls him
sie hat ihn angerufen	she has called him
sie muss ihn anrufen	she must call him
ausprobieren	(to) try (out)
sie probiert ein neues Rezept aus	she is trying a new recipe
weil sie ein neues Rezept ausprobiert	because she is trying a new recipe
sie wird ein neues Rezept ausprobieren	she is going to try a new recipe
ich habe das Rezept ausprobiert	I have tried the recipe
besuchen	(to) visit
wir besuchen Herrn Dr. Kafka	we (are going to) visit Dr Kafka
wir besuchten das Goethehaus	we visited Goethe's house
wir können das Goethehaus besuchen	we can visit Goethe's house
wir haben das Goethehaus besucht	we have visited Goethe's house
einladen	(to) invite
wir laden ihn ein	we are inviting him
wenn wir ihn einladen	if we invite him
wir können ihn einladen	we can invite him
wir haben ihn eingeladen	we have invited him
fahren	(to) go (by car, bus, taxi, etc.)
wir fahren nach Weimar	we are going to Weimar
wir wollen nach Weimar fahren	we want to go to Weimar
er ist nach Weimar gefahren	he has gone to Weimar
treffen	(to) meet
er traf ein hübsches Mädchen	he met a pretty girl
er möchte ein hübsches Mädchen treffen	he wants to meet a pretty girl
er hat ein hübsches Mädchen getroffen	he has met a pretty girl
verstehen	(to) understand
er versteht / verstand das	he understands / understood that
er hat das verstanden	he has understood / he understood that
wegfahren	(to) go away (by car, bike, bus, etc.)
er fährt morgen weg	he is going away tomorrow
sie werden morgen wegfahren	they'll be going away tomorrow
wenn du morgen wegfährst	if you are going away tomorrow
sie sind weggefahren	they have gone away

Goethes Wohnhaus in Weimar

1 Trennbare Verben (→ 1G2, 3G1, 4C4, 5C5, 6C4, 7C1)

Sie erinnern sich: Trennbare Verben trennt man **nicht** in folgenden Fällen:

Infinitiv nach Modalverb oder einer Form von *werden*:	Ich wollte sie <u>einladen</u>.
Partizip II nach einer Form von *haben* (Perfekt):	Ich habe sie <u>eingeladen</u>.

In der konjugierten Form dagegen trennt man das Verb: *Ich <u>lade</u> sie <u>ein</u>.*

Verändern Sie die Sätze wie im Beispiel. Change the sentences as in the example.

> Rufst du ihn nicht an? (hast) → *Hast du ihn nicht angerufen?*
> Rufst du ihn nicht an? (wirst) → *Wirst du ihn nicht anrufen?*

a Lea probiert das neue Spaghetti-Rezept aus. (will)
b Ich fahre morgen weg. (muss)
c Sie denkt nach. (hat)
d Ich zahle den Kredit doch zurück. (habe)
e Du bekommst das Geld nie zurück. (wirst)
f Schreiben Sie es nicht auf? (können)
g Bringst du mir eine Pizza mit? (kannst)
h Fühlt ihr euch dort wohl? (habt)
i Packst du deine Sachen aus? (hast)

2 Bilden Sie Sätze mit *Nett, dass …* – Statt *Nett, dass …* können Sie auch sagen:
Es ist nett, dass … oder *(Es ist) Schön, dass …* (→ 9C4)

> Du rufst an. → *Nett, dass du anrufst.*
> Du hast angerufen. → *Nett, dass du angerufen hast.*

a Sie bringen uns die Pizzen. → *Nett, dass Sie …*
b Sie haben uns die Pizzen gebracht.
c Ihr ladet uns ein.
d Ihr habt uns eingeladen.
e Ihr wollt uns einladen.
f Lea wird ihr neues Spaghetti-Rezept bei uns ausprobieren.
g Sie probiert ihr neues Spaghetti-Rezept bei uns aus.
h Sie hat ihr neues Spaghetti-Rezept bei uns ausprobiert.

3 Setzen Sie das Füllwort *denn* an passender Stelle ein. Insert *denn* where it fits. (→ 10G)

a Wie geht es euch?
b Was macht ihr?
c Habt ihr hier auch einen Italiener?
d Wohin fahrt ihr?
e Warum fahrt ihr nach Weimar?
f Werdet ihr auch das Goethehaus besuchen?
g Wo werdet ihr übernachten?
h War Kafka auch wegen Goethe in Weimar?

4 Schreiben Sie den Text ab und ergänzen Sie die fehlenden Buchstaben.

Es ist nett, dass du anruf_____ . Wie geh_____ es di_____ denn? Du ha_____ gerade
ei_____ Pizza gege_____ ? Wir ha_____ hier auch ei_____ sehr gut_____ Italiener.
Bei uns gib_____ es morgen Spaghetti. Lea prob_____ ei_____ neu_____ Rezept aus.
Ach, ihr werd_____ nicht hier sein? Das i_____ aber scha_____ ! Wo wohn_____ ihr
denn in Weimar? In ei_____ schö_____ alt_____ Hotel? Kafka ha_____ dort
gewoh_____ ? Das ist ja inter_____ . Und i_____ Goethehaus ha_____ er ei_____
hübsch_____ Mädchen getr_____ ? Na, na, na!

5 **Personalpronomen** Personal pronouns (→ 4C5)

ich – mich – mir	es – es – ihm
du – dich – dir	wir – uns – uns
er – ihn – ihm	ihr – euch – euch
sie – sie – ihr	sie / Sie – sie / Sie – ihnen / Ihnen

Setzen Sie das Personalpronomen ein, das die Person(en) in Klammern bezeichnet.
Insert the personal pronoun that stands for the person(s) in brackets.

Ich bin bei _ihr_ gewesen. (Jana)

a Wir möchten _____ einladen. (dich und Lea)
b Es ist nett, dass ihr _____ einladet. (mich und Alex)
c Wir können _____ für morgen einladen. (Marcel)
d Ich würde _____ gern einladen. (Alina)
e Wie geht es _____? (Sven)
f Wie geht es _____? (Alina)
g Wir werden _____ besuchen. (Herrn und Frau Grimm)
h Wir werden _____ etwas mitbringen. (Herrn und Frau Grimm)
i Wir werden auch _____ etwas mitbringen. (Nina)

6 **W-Fragen: Bilden Sie Fragesätze, die sich auf das <u>unterstrichene</u> Satzglied beziehen.**
Benutzen Sie diese W-Fragewörter: *wann, warum, was, wen, wer, wie, wo, wohin.*

Wir fahren <u>morgen</u> weg. → <u>Wann</u> fahren wir weg?

a Es geht ihr <u>gut</u>. → Wie ...?
b Alex holt gerade <u>Pizza</u>. → Was ...?
c Lea will <u>ein neues Rezept</u>
   ausprobieren.
d Sie fahren <u>nach Weimar</u>.
e Sie werden <u>Goethe</u> besuchen.

f Ihr kommt <u>übermorgen Abend</u> zurück.
g Sie werden <u>im Hotel Anna Amalia</u> übernachten.
h <u>Franz Kafka</u> hat in diesem Hotel gewohnt.
i Im Goethehaus traf er <u>ein hübsches Mädchen</u>.
j Sie können nicht kommen, <u>weil sie morgen
   wegfahren</u>.

◆ Mann
○ Freundin

Teurer Strom

◆ Mensch, bin ich ein Idiot!

○ Was hast du denn gemacht?

◆ Mich hat da vorhin so ein
Telefonverkäufer angerufen …

○ Ein Werbeanruf. Solche Gespräche
beende ich immer sofort.

◆ Ich auch. Aber dieser Mann
redete direkt von unserer
Stromrechnung: „Die ist viel zu hoch,
da muss man doch was machen!"
Ich holte unsere letzte Rechnung
und sagte ihm alles, was er wissen
wollte: wer unser bisheriger Anbieter war,
die Kundennummer, den Verbrauch
und so weiter.

○ So was soll man nie tun.

◆ Tue ich sonst auch nicht.
Aber der Mann war mir sympathisch,
ich wollte freundlich sein,
und ich dachte an unsere hohen
Stromrechnungen.

○ Und er hat dir ein Angebot gemacht,
da musstest du einfach Ja sagen.

◆ Genau. 480 Euro weniger im Jahr,
sagte er, und ich habe
einen Vertrag für drei Jahre
abgeschlossen. Telefonisch!

○ Auch ein telefonischer Vertrag
ist gültig.

◆ Weiß ich. Und das Schlimme ist,
wir zahlen jetzt mehr, nicht weniger.
Drei Jahre lang!
Ich könnte mich ohrfeigen!

○ Das brauchst du nicht.
Du kannst den Vertrag innerhalb
von zwei Wochen widerrufen.

◆ Echt? Dann werde ich das
sofort tun. Per Einschreiben!

○ Einschreiben mit Rückschein
ist noch besser. Dann weißt du,
wann der Brief angekommen ist und
wer ihn entgegengenommen hat.

Expensive electricity

◆ Man, what a fool I am!

○ What did you do?

◆ I had a call from one of those
telemarketers just now …

○ A marketing call. I always end these calls
at once.

◆ Me too. But this man immediately started
talking about our electricity bill:
"It's far too high,
you've got to do something about it!"
I went to get our latest bill
and told him everything he wanted to
know: who our present provider was,
our customer number, electricity use,
and so on.

○ That's something you should never do.

◆ I don't, normally.
But I liked the man,
I wanted to be friendly
and I thought of our high
electricity bills.

○ And he made you an offer
you just had to say yes to.

◆ Exactly. 480 euros less per year
he said and I made a
three-year contract.
By phone!

○ A contract made by phone
is just as valid.

◆ I know. And the bad thing is,
we're paying more now, not less.
For three years!
I could kick myself!

○ You don't have to.
You can cancel the contract
within two weeks.

◆ Really? Then I'll do that
right away. By registered mail!

○ Registered mail with return receipt
is even better. Then you know
when the letter arrived and
who took delivery of it.

ankommen	(to) arrive
wann kam der Brief an?	when did the letter arrive?
wann ist der Brief angekommen?	when did the letter arrive?
ist der Brief angekommen?	has the letter arrived?
wann wird der Brief ankommen?	when will the letter arrive?
denken	(to) think
du denkst an deine Kinder	you think of your children
du musst an deine Kinder denken	you must think of your children
hast du an deine Kinder gedacht?	have you thought of your children?
(etwas) **entgegennehmen**	(to) take delivery (of something)
wer nahm den Brief entgegen?	who took delivery of the letter?
wer hat den Brief entgegengenommen?	who took delivery of the letter?
machen	(to) do; (to) make
was hast du gemacht?	what did you do?; what have you done?
was wirst du jetzt machen?	what are you going to do now?
er hat dir ein Angebot gemacht	he has made you an offer
er wird dir ein Angebot machen	he will make you an offer
sagen	(to) say
du sagst Ja	you say yes
du sagtest Ja	you said yes
du musst Ja sagen	you must say yes
du hast Ja gesagt	you (have) said yes
wissen	(to) know
was weiß sie?	what does she know?
was wollte sie wissen?	what did she want to know?
was hat sie gewusst?	what did she know?
widerrufen	(to) cancel
du kannst den Vertrag widerrufen	you can cancel the contract
du könntest den Vertrag widerrufen	you could cancel the contract
er konnte den Vertrag widerrufen	he was able to cancel the contract

1 Präteritum von *müssen* Past tense of *müssen*

ich musste	wir mussten
du musstest	ihr musstet
er / sie / es / man musste	sie / Sie mussten

Setzen Sie die passende Präteritumsform von *müssen* ein.

Supply the appropriate past tense form of *müssen*.

a Wir _____ jetzt mehr zahlen als vorher.

b Warum _____ ihr denn einen telefonischen Vertrag abschließen?

c Ich _____ mit dem Mann reden, denn er hatte ein interessantes Angebot.

d Warum _____ du denn das tun?

e _____ Sie ihm wirklich Ihre Kundennummer geben?

f Herr Grimm _____ nicht lange warten.

g Er hat ihr ein Angebot gemacht, zu dem sie einfach Ja sagen _____ .

h Man _____ ja ein Idiot sein, um so etwas zu tun.

i Die Leute _____ jahrelang auf die Gerichtsentscheidung warten.

2 Präteritum – Perfekt

Sie wissen bereits, dass man etwas, das in der Vergangenheit geschah, oft nicht durch das Präteritum, sondern durch das Perfekt ausdrückt. (→ 6F1)

In den folgenden Sätzen üben wir die Bildung des Perfekts noch einmal.

(In den Sätzen mit * klingt das Perfekt natürlicher als das Präteritum.)

You already know that past actions are often expressed not by the past tense but by the present perfect tense. In the following sentences we practise forming the present perfect once again. (The * indicates cases where the present perfect sounds more natural than the past tense.)

Ersetzen Sie das Präteritum durch das Perfekt. Replace the past tense with the present perfect.

> *Was machten Sie denn da? → *Was haben Sie denn da gemacht?*

a Vorhin rief mich ein Telefonverkäufer an.

b Ich beendete das Gespräch leider nicht sofort.

c Was wollte er denn?

d Der Mann redete von unserer Stromrechnung.

e Ich holte dann gleich unsere letzte Rechnung.

f Er machte mir ein Angebot.

g Ich schloss einen Vertrag für drei Jahre ab.

h War das nicht ein großer Fehler?

i *Ja, ich machte einen großen Fehler.

Was hast du denn da gemacht?

3 *Sollen* **zum Ausdruck einer Lebensregel** *Sollen* used to express a rule of life

Mit *sollen* drückt man oft eine Lebensregel (= a rule of life, a principle) aus:

So (et)was <u>soll</u> man nie tun.	≈ Es ist ratsam (= advisable), dass man so etwas nie tut.
Man <u>soll</u> nie nie sagen.	≈ Es ist ratsam, dass man nie nie sagt.

Wandeln Sie die Konstruktion mit *Es ist ratsam, dass … * in eine Konstruktion mit *soll* um.
Change the *Es ist ratsam …* construction to one with *soll.*

a Es ist ratsam, dass man Werbeanrufe immer sofort beendet.
b Es ist ratsam, dass man einem Telefonverkäufer nie alles sagt, was er wissen will.
c Es ist ratsam, dass man nie einen telefonischen Vertrag abschließt.
d Es ist ratsam, dass man einen Vertrag per Einschreiben mit Rückschein widerruft.
e Es ist ratsam, dass man bei der Computerarbeit entspannt dasitzt.
f Es ist ratsam, dass man sein Glück nicht verkauft.
g Es ist ratsam, dass man nicht wegen des Geldes heiratet.

4 **Subjekt – Verb oder Verb – Subjekt?** (→ 2C3, 2G3, 8F3, 8F4, 9G, 11F5, 12F2)

Wie Sie bereits wissen, ist im Deutschen die Satzgliedstellung sehr variabel:
You already know that German word order is extremely variable:

a	<u>Wir</u> besuchen <u>natürlich</u> <u>das Goethehaus</u>.
b	<u>Wir</u> besuchen <u>das Goethehaus</u> <u>natürlich</u>.
c	<u>Natürlich</u> besuchen <u>wir</u> <u>das Goethehaus</u>.
d	<u>Das Goethehaus</u> besuchen <u>wir</u> <u>natürlich</u>.

Beachten Sie noch einmal Folgendes:
Wenn das (hier gestrichelt unterstrichene) Subjekt vorn steht (**a** und **b**), ist die Reihenfolge **Subjekt – konjugiertes Verb**: *wir besuchen.* With the subject in front position, the word order is subject – finite verb: *wir besuchen.*
Wenn ein anderes Satzglied als das Subjekt vorn steht (**c** und **d**), ist die Reihenfolge **konjugiertes Verb – Subjekt**: *besuchen wir.* With something other than the subject in front position, the word order is finite verb – subject: *besuchen wir.*

Stellen Sie das unterstrichene Satzglied nach vorn.

a Solche Gespräche beende <u>ich</u> immer sofort.
b So etwas soll <u>man</u> nie tun.
c Das werde <u>ich</u> sofort tun.
d Der Mann war nicht <u>sympathisch</u>.
e Auch ein telefonischer Vertrag ist <u>gültig</u>.
f Er hat mir <u>ein Angebot</u> gemacht.
g Er hat <u>mir</u> ein Angebot gemacht.
h Ich habe ihr gesagt, <u>dass das Training ausfallen wird</u>.
i Wir werden <u>in einem alten Hotel</u> wohnen.
j Wir werden in einem alten Hotel <u>wohnen</u>.

Füllwörter (Modalpartikeln) Modal particles

In unseren Texten sind Ihnen sicher Wörter aufgefallen, die man auch weglassen könnte, ohne dass die Aussage des Satzes weniger klar wird. In der englischen Übersetzung haben sie meist keine Entsprechung.

Diese „Füllwörter" kommen vor allem in der gesprochenen Sprache vor. Sie geben dem Satz einen gewissen Unterton, wie zum Beispiel Erstaunen, Verärgerung, Zweifel, Mitgefühl oder den Wunsch nach Zustimmung. Beispiele:

Modal particles reflect the speaker's attitude to what they are saying: surprise, annoyance, doubt, sympathy, etc. Some examples:

Sachlich: Factual: Das ist schade.
Emotional, mit Anteilnahme: Emotional, with sympathy: Ach, das ist **aber** schade!

Sachlich: Hat sie sein Gesicht nicht gesehen?
Überrascht: Surprised: Hat sie **denn** sein Gesicht nicht gesehen?

Sachlich: Was darf es sein?
Höflicher: More polite: Was darf es **denn** sein?

Sachlich: Was machst du jetzt?
Höfliches Interesse: Polite interest: Was machst du **denn** jetzt?

Sachlich: Ist die Kette aus Gold?
Das ist meine Erwartung: It's what I expect: Die Kette ist **doch** aus Gold?

Sachlich: Die Oma isst keine Schokolade.
Wir wissen das beide: We both know it: Die Oma isst **doch** keine Schokolade.

Sachlich: Mit Geld ist man immer attraktiv.
Es ist eine bekannte Tatsache: It's a known fact: Mit Geld ist man **halt** immer attraktiv.

Sachlich: Das ist interessant.
Das habe ich noch nicht gewusst: I didn't know that: Das ist **ja** interessant.

Sachlich: Die Butter nimmt sie meist zum Kochen.
Wir wissen es beide: We both know it: Die Butter nimmt sie **ja** meist zum Kochen.

Sachlich: Diese Betten sind schwarz.
Überraschung: Surprise: Diese Betten sind **ja** schwarz.

Sachlich: Man ist ständig verkrampft.
Kritische Feststellung: Critical statement: Man ist **ja** ständig verkrampft.

Sachlich: Ich vermute, er hat sie mit seinem Geld beeindruckt.
Meine bescheidene Meinung: I guess: Ich vermute **mal**, er hat sie mit seinem Geld beeindruckt.

Sachlich: Schauen Sie, ist es so recht?
Freundlich zum Kunden: Pleasantly, to a customer: Schauen Sie **mal**, ist es so recht?

Sachlich: Ich werde zurechtkommen.
Leider bin ich mir nicht sicher: I'm not sure: Ich werde **schon** zurechtkommen.

Sachlich: Kennst du ihn?
Mir kommen plötzlich Zweifel: Doubting: Kennst du ihn **überhaupt**?

Sachlich: Ist das alles?
Vermutung: Assumption: Das ist **dann wohl** alles?

◀) Track 30

Johann Wolfgang von Goethe

Goethe und Weimar

Jedes Jahr nehmen weltweit 250 000 Menschen an Deutschkursen des Goethe-Instituts teil.
Aber wer war Goethe?
Johann Wolfgang von Goethe wurde am 28. August 1749 in Frankfurt am Main geboren. Seine Eltern waren wohlhabende und angesehene Leute. Goethe studierte Jura und praktizierte kurze Zeit als Anwalt, war aber schon früh als Dichter erfolgreich.
Seine Begegnung und Freundschaft mit dem weimarischen Herzog Carl August führte dazu, dass sich Goethe 1775 in Weimar niederließ und dort bis zu seinem Lebensende blieb. Durch ihn wurde Weimar eines der geistigen Zentren Europas. Seinem Freund dem Herzog diente Goethe als Minister in vielen wichtigen Staatsämtern.
Goethe schuf einige der bedeutendsten Gedichte, Dramen und Romane der deutschsprachigen Literatur und gilt als der größte deutsche Dichter.
Er starb am 22. März 1832 in seinem Haus in Weimar.
Im Weimarer Goethehaus kann man sehen, wie der Dichter gelebt und gearbeitet hat. Besonders eindrucksvoll ist Goethes Arbeitszimmer und auch sein kleines, bescheidenes Schlafzimmer mit dem Sessel, in dem er starb.
Die Stadt Weimar und ihre Umgebung sind schön und erinnern vielerorts an Goethe und seine Zeitgenossen.

Goethe and Weimar

Each year, 250,000 people attend German language classes of the Goethe Institute worldwide.
But who was Goethe?
Johann Wolfgang von Goethe was born in Frankfurt am Main on 28 August 1749. His parents were prosperous and respected people. Goethe studied law and worked briefly as a lawyer but achieved early success as a poet.
His encounter and friendship with Weimar's ruler, Duke Carl August, led to Goethe settling down in Weimar in 1775 and staying there until the end of his life. It was through Goethe that Weimar became one of the intellectual centres of Europe. Goethe served his friend the Duke as a minister in many major offices of state.
He created some of the most important poems, plays and novels of German literature and is considered the greatest German poet.
Goethe died on 22 March 1832 in his house in Weimar.
The Goethe Residence in Weimar gives visitors a vivid impression of how the poet lived and worked. Particularly impressive is Goethe's study as is his modest little bedroom with the chair in which he died.
The city of Weimar and its surroundings are beautiful and in many places remind the visitor of Goethe and his contemporaries.

Das kleine Goethe-Quiz

Waagerecht Across

5 Einer von Goethes Vornamen.

6 Die Stadt, in der Goethe über 50 Jahre gelebt hat.

7 Ein bedeutender Schriftsteller, der 1912 das Weimarer Goethehaus besuchte.

8 Das Möbelstück, in dem Goethe starb.

9 Goethes Hauptberuf.

10 Das Zimmer im Goethehaus, das das Bild auf dieser Seite zeigt.

Senkrecht Down

1 Die Stadt, in der Goethe geboren wurde.

2 Bedeutende Werke Goethes, die nicht Gedichte oder Dramen sind.

3 Goethes Rang in der Regierung des Herzogs Carl August.

4 Ein Gefühl, das in vielen Werken Goethes das Thema ist.

KLARE UND UNKLARE VERHÄLTNISSE

11

→ **Texte und Themen** Der Einbürgerungstest: Sie testet ihn, und er weiß gut Bescheid • Sie werden erwartet: Eine ziemlich mysteriöse Geschichte • Das Grundgesetz der Bundesrepublik Deutschland • Deutschlandrätsel
→ **Verb** Aktiv und Passiv • *Von/vom* + „Täter" • Passiv im Präsens und Präteritum • Hauptverwendungen des Infinitivs
→ **Syntax** Umwandlung vom Aktiv ins Passiv • Umwandlung vom Passiv ins Aktiv • Ja-Nein-Fragen im Passiv • W-Fragen im Passiv • Satzgliedstellung → **Verschiedenes** *Zum* oder *zur*? *Vom* oder *von der*? • Endungen an Artikeln, Adjektiven und Relativpronomen

Der Einbürgerungstest

◆ Sie
◉ Er

◆ Was machst du gerade?

◉ Ich lese den Einbürgerungstest.

◆ Interessant, nicht? – Von wem werden
denn in Deutschland Gesetze gemacht?

◉ Ich brauche Antworten zur Auswahl.

◆ Okay, warte mal. Also: von der
Regierung, vom Parlament,
von den Gerichten oder …
etwa von der Polizei?

◉ Vom Parlament natürlich.

◆ Ja. Und was ist das Parlament?

◉ Der Bundestag … und der Bundesrat?

◆ Nein, nicht der Bundesrat. Unser
Parlament ist der Bundestag allein. –
Und von wem werden die Minister
der Bundesregierung ernannt?

◉ Vom … Bundestagspräsidenten?
Nein, warte – vom Bundespräsidenten!

◆ Na klar, das können wir doch immer
so schön sehen: Schloss Bellevue,
schwarze Anzüge, die Flaggen,
die Urkunde, der Händedruck,
alle lächeln.

◉ Ja, ein schöner Anblick.

◆ Und jetzt die nächste Antwort ganz
schnell: Wenn das Parlament eines
Bundeslandes gewählt wird,
wie nennt man das?

◉ Also … auf keinen Fall Bundestagswahl.
Es ist eine Wahl zum Landtag,
also eine Landtagswahl. Aber warte mal,
in Berlin gibt es gar keinen Landtag …

◆ Sondern …?

◉ … das Abgeordnetenhaus, natürlich,
und man spricht von der Wahl
zum Abgeordnetenhaus.

◆ Klasse! Eine letzte Frage:
Eine Partei, die eine satte Mehrheit hat,
will die Pressefreiheit abschaffen.
Kann sie das?

◉ Nein. Die Pressefreiheit ist ein
Grundrecht. Sie kann nicht
abgeschafft werden.

The citizenship test

◆ What are you doing?

◉ I'm reading the citizenship test.

◆ Interesting, isn't it? – So, who are laws
made by in Germany?

◉ I need answers to choose from.

◆ OK, hold on. Right: by the
government, by parliament,
by the courts, or …
perhaps by the police?

◉ By parliament, of course.

◆ Yes. And what is parliament?

◉ The Bundestag … and the Bundesrat?

◆ No, not the Bundesrat. Our
parliament is the Bundestag alone. –
And who are the ministers of the federal
government appointed by?

◉ By … the president of the Bundestag?
No, wait – by the federal president.

◆ Of course, and it's always
so nice to watch: Bellevue Palace,
black suits, the flags,
the document, the handshake,
everybody smiling.

◉ Yes, a pretty sight.

◆ And now the next answer very
quickly: When the parliament of a
Land / a federal state is elected,
what is that called?

◉ Well … certainly not Bundestag election.
It's an election for a Land parliament,
so it's a Landtag election. But wait,
there is no Landtag in Berlin …

◆ But …?

◉ … the Abgeordnetenhaus, of course,
and they call it the election
for the Abgeordnetenhaus.

◆ Excellent! One last question:
A party which has a comfortable majority
wants to abolish the freedom of the
press. Can it do that?

◉ No. The freedom of the press is a
basic right (in our constitution). It cannot
be abolished.

abschaffen	(to) abolish
wir werden diese Steuer abschaffen	we are going to abolish this tax
diese Steuer wird abgeschafft (werden)	this tax is going to be abolished
ein Grundrecht kann nicht abgeschafft werden	a basic right cannot be abolished
ernennen	(to) appoint
der Bundespräsident ernennt die Minister	the Bundespräsident appoints the ministers
die Minister werden vom Bundespräsidenten ernannt	the ministers are appointed by the Bundespräsident
lächeln	(to) smile
alle lächeln	everybody is smiling; everybody smiles
lesen	(to) read
50 000 Menschen lesen diese Zeitung	50,000 people read this newspaper
diese Zeitung wird von 50 000 Menschen gelesen	this newspaper is read by 50,000 people
nennen	(to) call
wie nennt man das?	what do you / does one call it?
wie wird das genannt?	what is it called?
wählen	(to) elect
das Volk wählt ein Parlament	the people elect a parliament
ein Parlament wird gewählt	a parliament is elected

Schloss Bellevue, der Amtssitz des deutschen Bundespräsidenten in Berlin

1 Aktiv und Passiv Active and passive voice

a	Das Parlament	beschließt	neue Gesetze.
b	Der Bundespräsident	ernennt	die Minister.
c	Das Volk	wählt	das Parlament.

Die Sätze **a** bis **c** haben alle den gleichen Satzbau: Subjekt – finites Verb – Objekt.
Das Subjekt ist tätig, ist aktiv, es *beschließt, ernennt, wählt* … Die Sätze **a** bis **c** stehen im **Aktiv**.
Sentences a to c are in the active voice, i.e. the subject does something to the object,
it performs the action.

d	Neue Gesetze	werden	beschlossen.
e	Die Minister	werden	ernannt.
f	Das Parlament	wird	gewählt.

Die Sätze **d** bis **f** drücken ungefähr das Gleiche aus wie **a** bis **c**, aber vorn steht nun als
Subjekt das Satzglied, das die Handlung „empfängt", an dem etwas geschieht, das passiv ist.
Die Sätze **d** bis **f** stehen im **Passiv**. Sentences d to f are in the passive voice, i.e. something is
done to the subject, the subject "receives" the action.
Zur Bildung des Passivs benutzen wir eine Form von *werden* und das Partizip II des Hauptverbs:
werden beschlossen, werden ernannt, wird gewählt. Das Partizip II ist die 3. Form des Verbs:
To construct the passive we use a form of *werden* + the past participle of the main verb.
The past participle is the third form of the verb:

> beschließen – beschloss – <u>beschlossen</u>
> ernennen – ernannte – <u>ernannt</u>
> wählen – wählte – <u>gewählt</u>

Bilden Sie die entsprechenden Passivsätze.

a Jemand liest den Einbürgerungstest. (lesen – las – gelesen)
b Ich hole die Rechnung. (holen – holte – geholt)
c Du besuchst Freunde. (besuchen – besuchte – besucht)
d Ginto findet eine riesige Muschel. (finden – fand – gefunden)
e Wir schaffen diese Steuer ab. (abschaffen – abschaffte – abgeschafft)
f Ali probiert ein neues Rezept aus. (ausprobieren – ausprobierte – ausprobiert)
g Die Polizei fasst den Täter am Bahnhof. (fassen – fasste – gefasst)
h Der junge Mann fährt uns nach Hause. (fahren – fuhr – gefahren)

2 Passivkonstruktion: Erwähnung des „Täters"

Der „Täter" kann im Passivsatz genannt werden. Er steht nach *von. Von dem* wird meistens zu *vom*
zusammengezogen. The "doer" can be named in the passive. It is usually preceded by *von*.
Von dem is usually contracted to *vom*.

> Eine junge Friseurin bedient Herrn Grimm.
> → Herr Grimm wird <u>von einer jungen Friseurin</u> bedient.
> → <u>Von einer jungen Friseurin</u> wird Herr Grimm bedient.

> Das Parlament beschließt die Gesetze.
> → Die Gesetze werden <u>vom Parlament</u> beschlossen.
> → <u>Vom Parlament</u> werden die Gesetze beschlossen.

3 **Bilden Sie das Passiv und nennen Sie die handelnde Person ("Täter").** Change the sentences to the passive, naming the "doer" of the action.

a Die Pfandleiherin prüft die Goldkette. (prüfen – prüfte – geprüft)

b Die Polizei beobachtet diese Leute. (beobachten – beobachtete – beobachtet)

c Ein Polizist findet das Handy. (finden – fand – gefunden)

d Alle Gäste essen gern Königsberger Klopse. (essen – aß - gegessen)

e Tanja bringt Tomaten mit. (mitbringen – mitbrachte – mitgebracht)

f Die Lehrerin schreibt die Namen alle auf. (aufschreiben – aufschrieb – aufgeschrieben)

g Ich zahle den Kredit zurück. (zurückzahlen – zurückzahlte – zurückgezahlt)

h Niemand kauft schwarze Betten. (kaufen – kaufte – gekauft)

4 **Bilden Sie Ja-Nein-Fragen im Passiv wie im Beispiel.** Form yes-no questions in the passive as in the example.

> Macht das Parlament die Gesetze? (machen – machte – gemacht)
> → *Werden die Gesetze vom Parlament gemacht?*

a Wählt das Volk das Parlament? (wählen – wählte – gewählt) → *Wird ...?*

b Ernennt der Bundespräsident die Minister? (ernennen – ernannte – ernannt)

c Besuchen viele Touristen das Goethehaus? (besuchen – besuchte – besucht)

d Verkauft die Stadt dieses Haus? (verkaufen – verkaufte – verkauft)

e Empfiehlt die Zeitung dieses Restaurant? (empfehlen – empfahl – empfohlen)

5 **Bilden Sie W-Fragen im Passiv wie im Beispiel.** Form w-questions in the passive as in the example.

> Wer macht die Gesetze? (machen – machte – gemacht)
> → *Von wem werden die Gesetze gemacht?*

a Wer wählt das Parlament? (wählen – wählte – gewählt) → *Von wem wird ...*

b Wer ernennt die Minister? (ernennen – ernannte – ernannt)

c Wer schafft die Pressefreiheit ab? (abschaffen – abschaffte – abgeschafft)

d Wer besucht das Goethehaus? (besuchen – besuchte – besucht)

e Wer verkauft dieses Haus? (verkaufen – verkaufte – verkauft)

f Wer empfiehlt dieses Restaurant? (empfehlen – empfahl – empfohlen)

Sie werden erwartet

You are being expected

🔊 Track 32

Der Zug kam zum Stehen. Die Tür wurde
geöffnet und unsere Koffer wurden
nach draußen gehoben. Wortlos wurde uns
beim Aussteigen geholfen.

The train came to a stop. The door was
opened and our suitcases were
lifted out. Silently we were helped
off the train.

Mit einer Karre wurde unser Gepäck
weggebracht.

Our luggage was taken away in a cart.

Wir waren allein mit einem alten, schwarz
gekleideten Mann, von dem wir einige Zeit
stumm betrachtet wurden.

We were alone with an old man, dressed
in black, by whom we were silently
watched for some time.

„Sie wissen, wer wir sind", sagte meine Frau.
„Ich weiß, wer Sie sind", antwortete der Mann.
„Sie werden erwartet."

"You know who we are," said my wife.
"I know who you are," the man answered.
"You are being expected."

Ohne uns weiter zu beachten,
ging er langsam die Stufen der
Bahnsteigtreppe hinunter.
Wir folgten ihm.

Without paying any further attention to us
he slowly walked down the stairs of the
station platform.
We followed him.

Allein auf dem kleinen Platz vor dem Bahnhof
stand eine dunkelgraue Limousine, deren
rechte hintere Tür von einem uniformierten
Chauffeur geöffnet wurde. Wir stiegen ein.

Alone in the little station square
stood a dark grey limousine whose
right rear door was opened by a
uniformed chauffeur. We got in.

Der schwarz gekleidete Mann nahm
neben dem Fahrer Platz. Sogleich setzte sich
das Fahrzeug in Bewegung.

The black-clad man seated himself
beside the driver. Immediately the car
started moving.

„Wohin werden wir gefahren?", fragte ich.
„Zur Villa Tenebra?"

"Where are we being driven?" I asked.
"To Villa Tenebra?"

„Die Villa Tenebra wurde im Krieg zerstört",
sagte der Mann.

"Villa Tenebra was destroyed
during the war," said the man.

„Für uns wurde ein Zimmer reserviert",
sagte meine Frau.
„Es ist ein Raum vorbereitet", sagte der Mann.

"A room was reserved for us,"
said my wife.
"A room has been prepared," said the man.

Das Haus, vor dem der Wagen hielt,
war dunkel und stand allein,
hoch über einer dunklen Wasserfläche.
Nur hinter einem Fenster brannte
ein trübes Licht.

The house in front of which the car
stopped was dark and stood alone,
high above a dark body of water.
Only behind one window
burnt a dull light.

„Was für ein Gewässer ist das?", fragte ich.
„Das Mittelmeer", sagte der Mann.

"What are those waters?" I asked.
"The Mediterranean Sea," said the man.

einsteigen	(to) get in
wir stiegen (ins Auto) ein	we got in(to the car)
erwarten	(to) expect
Sie werden erwartet	you are being expected
fahren	(to) drive
wohin werden wir gefahren?	where are we being driven (to)?
halten	(to) stop
der Wagen hielt	the car stopped
heben	(to) lift
die Koffer wurden nach draußen gehoben	the suitcases were lifted out
helfen	(to) help
jemand half uns	somebody helped us
uns wurde geholfen	we were helped
öffnen	(to) open
jemand öffnete die Tür	somebody opened the door
die Tür wurde geöffnet	the door was opened
reservieren	(to) reserve
sie reservierten ein Zimmer für uns	they reserved a room for us
für uns wurde ein Zimmer reserviert	a room was reserved for us
stehen	(to) stand
das Haus stand allein	the house stood alone
vorbereiten	(to) prepare
sie bereiteten einen Raum vor	they prepared a room
ein Raum wurde vorbereitet	a room was prepared
ein Raum ist vorbereitet worden	a room has been prepared
wegbringen	(to) take away
man brachte das Gepäck weg	they took the luggage away
das Gepäck wurde weggebracht	the luggage was taken away
zerstören	(to) destroy
sie zerstörten die Villa	they destroyed the villa
die Villa wurde zerstört	the villa was destroyed

1 Das Passiv in Präsens und Präteritum The passive voice in the present and past tenses

Präs.	ich **werde**	du **wirst**	er / sie / es **wird**	wir / sie / Sie **werden**	ihr **werdet**
Prät.	ich **wurde**	du **wurdest**	er / sie / es **wurde**	wir / sie / Sie **wurden**	ihr **wurdet**

Bilden Sie das Passiv (Präsens oder Präteritum). Lassen Sie den „Täter" weg.

> Jemand öffnet die Tür. → *Die Tür wird geöffnet.*
> Jemand öffnete die Tür. → *Die Tür wurde geöffnet.*

a Jemand hob die Koffer nach draußen. (heben – hob – gehoben)
b Man half uns beim Aussteigen. (helfen – half – geholfen)
c Wer brachte unser Gepäck weg? (wegbringen – wegbrachte – weggebracht)   (→ 11C5)
d Man erwartet Sie. (erwarten – erwartete – erwartet)
e Man erwartet dich.
f Man erwartet euch.
g Wohin fährt man mich? (fahren – fuhr – gefahren)
h Wohin fährt man ihn?

2 Umwandlung vom Passiv ins Aktiv Changing from the passive to the active voice

Wird der „Täter" im **Passiv** genannt, so steht er im Dativ nach *von*. (*Von dem* wird meistens zu *vom* zusammengezogen.) If the "doer" is named in the passive, it is in the dative preceded by *von*. (*Von dem* is usually contracted to *vom*.)
Im **Aktiv** steht der „Täter" als Subjekt im Nominativ. In the active, the "doer" is the nominative subject.

Passiv (*von* + Dativ):	Die Tür wurde <u>von einem schwarz gekleideten Mann</u> geöffnet.
Aktiv (Nominativ):	<u>Ein schwarz gekleideter Mann</u> öffnete die Tür.
Passiv (*von* + Dativ):	Das berühmte Haus wird <u>von der Stadt</u> verkauft.
Aktiv (Nominativ):	<u>Die Stadt</u> verkauft das berühmte Haus.

Setzen Sie ins Aktiv.

a Unser Gepäck wurde <u>von zwei kräftigen Männern</u> weggebracht.
b Wir wurden <u>von einem alten Mann</u> beobachtet.
c Die Flyer wurden <u>von einem jungen Mann mit Kapuze</u> verteilt.
d Die Rechnung wurde <u>von meiner Mutter</u> bezahlt.
e Wir werden <u>vom Chef</u> erwartet.
f Die Minister werden <u>vom Bundespräsidenten</u> ernannt.
g Das Parlament wird <u>vom Volk</u> gewählt.
h Das Goethehaus wird <u>von vielen Touristen</u> besucht.

3 *Zum* oder *zur*? *Vom* oder *von der*?

Zum (= *zu dem*) und *vom* (= *von dem*) stehen vor maskulinen und neutralen Nomen.
Zur (= *zu der*) und *von der* (hier gibt es keine verschmolzene Form) stehen vor femininen Nomen.
Zum (= *zu dem*) and *vom* (= *von dem*) precede masculine and neuter nouns. *Zur* (= *zu der*)
and *von der* (no contracted form) come before feminine nouns.

Setzen Sie *vom, von der, zum, zur* ein und ergänzen Sie die fehlenden Endbuchstaben.

a Von mein____ Wohnung sind es 300 Meter _____ Bushaltestelle und
800 Meter _____ U-Bahnhof.

b Ich war heute _____ erst____ Mal bei dies____ Friseur.

c Ein junges Mädchen geht mit ein____ Dose Cola _____ Kasse.

d Die Butter nimmt Oma meist _____ Kochen.

e Die Haare, die an de____ Band hängen, sind _____ Mörder oder _____ Mörderin.

f Jana geh____ heute nicht _____ Schule.

g Bis _____ Gerichtsverhandlung bleibt er auf frei____ Fuß.

h Die Schmerzen kommen _____ Arbeit am Computer.

4 **Endungen an Artikeln, Adjektiven und Relativpronomen**

a Mit ein____ Karre wurde unser Gepäck weggebracht.

b Wir waren allein mit ei____ alt____ Mann, von de____ wir stumm betrachtet wurden.

c Auf d____ klein____ Platz vor d____ Bahnhof stand eine dunkelgraue Limousine,
deren recht____ hinter____ Tür von ei____ uniformiert____ Chauffeur geöffnet wurde.

d Der schwarz gekleidete Mann nahm neben d____ Fahrer Platz.

e Das Haus, vor d____ der Wagen hielt, stand über ei____ dunkl____ Wasserfläche.

f Nur hinter ei____ Fenster brannte ein____ trüb____ Licht.

5 **Satzgliedstellung** Word order (→ 2C3, 2G3, 4F3, 5C6, 8F3, 8F4, 9G, 12F2)

Die folgenden Sätze haben gemeinsam, dass 1. das (<u>unterstrichene</u>) Subjekt nicht vorn steht,
dass 2. das vorn stehende (<u>gestrichelt unterstrichene</u>) Satzglied ein Adverbial ist und dass 3. das
finite (konjugierte) Verb an zweiter Stelle steht.

Stellen Sie das Subjekt an den Satzanfang. Move the subject to the beginning of
the sentence.

Sie werden feststellen, dass das finite Verb dann immer noch an zweiter Stelle steht und dass
Subjekt und Adverbial einfach ihre Stellung vertauscht haben. (→ 2C3)

a <u>Mit einer Karre</u> wurde <u>unser Gepäck</u> weggebracht.
→ *Unser Gepäck wurde mit einer Karre weggebracht.*

b <u>Von einem alten Mann</u> wurden <u>wir</u> stumm betrachtet.

c <u>Langsam</u> ging <u>er</u> die Stufen der Bahnsteigtreppe hinunter.

d <u>Auf dem Platz vor dem Bahnhof</u> stand <u>eine dunkelgraue Limousine</u>.

e <u>Sogleich</u> setzte sich <u>das Fahrzeug</u> in Bewegung.

f <u>Hinter einem Fenster</u> brannte <u>ein trübes Licht</u>.

Der Infinitiv The infinitive

1 Form

Der Infinitiv ist die Grundform („Wörterbuchform") des Verbs und wird aus dem Verbstamm + *-en* oder *-n* gebildet: The infinitive is formed by adding *-en* or *-n* to the verb stem:

brenn<u>en</u>, erwart<u>en</u>, fah<u>ren</u>, hal<u>ten</u>, heb<u>en</u>, hel<u>fen</u>, reservier<u>en</u>, ste<u>hen</u>, zerstör<u>en</u>; änder<u>n</u>, ärger<u>n</u>, erinner<u>n</u>, forder<u>n</u>, zitter<u>n</u>; drängel<u>n</u>, handel<u>n</u>, umwandel<u>n</u>, verzweifel<u>n</u>

2 Infinitiv ohne *zu* Infinitive without *zu*

Ohne *zu* steht der Infinitiv nach den Modalverben *dürfen, können, mögen, müssen, sollen, wollen* und nach dem Hilfsverb *werden,* zu dem auch die Form *würde* gehört:

a	Ohne Führerschein **darfst** du nicht Auto <u>fahren</u>.	e	Vielleicht **solltest** du <u>heiraten</u>.
b	**Kann** ich Ihnen <u>helfen</u>?	f	Ich **will** meinen Führerschein nicht <u>riskieren</u>.
c	Wir **möchten** Sie gern <u>einladen</u>.	g	Wo **werdet** ihr <u>übernachten</u>?
d	Sie **müssen** an Ihre Kinder <u>denken</u>.	h	Am liebsten **würde** ich <u>studieren</u>.

3 Infinitiv mit *zu* Infinitive with *zu*

Mit *zu* steht der Infinitiv nach bestimmten Verben:

a	Er **beginnt** <u>zu lesen</u>.	He starts reading/to read.
b	Wir **bitten** Sie, uns ein Angebot <u>zu machen</u>.	We ask you to make us an offer.
c	Das **brauchst** du nicht <u>zu wissen</u>.	You don't need to know that.
d	Er **forderte** sie **auf**, ihm das Geld <u>zu geben</u>.	He asked her to give him the money.
e	Ich **hoffe**, Sie morgen <u>zu sehen</u>.	I hope to see you tomorrow.
f	Die Rechnung **scheint** sehr hoch <u>zu sein</u>.	The bill seems to be very high.
g	Ich habe **vergessen**, die Ärztin <u>zu fragen</u>.	I forgot to ask the doctor.
h	Wir **versuchen**, ihn <u>zu erreichen</u>.	We are trying to reach him.

4 Infinitiv mit *zu* nach *um* und *ohne* Infinitive with *zu* after *um* and *ohne*

a	Ich komme, **um** euch <u>zu danken</u>.	I come to thank you.
b	**Ohne** uns <u>zu sehen</u>, ging er weg.	Without seeing us he walked away.

5 Infinitiv als Nomen Infinitive as a noun (→ 15F1)

Man kann den Infinitiv als Nomen gebrauchen. Er wird dann großgeschrieben, und es kann ihm ein Artikelwort, ein Adjektiv oder eine Präposition vorausgehen. Used as a noun the infinitive is capitalized and can be preceded by a determiner, an adjective or a preposition.

a	<u>Waschen</u> und <u>Schneiden</u> kostet 25 Euro.	A shampoo and cut costs 25 euros.
b	Das <u>Öffnen</u> der Türen dauerte lange.	Opening the doors took a long time.
c	Das lange <u>Warten</u> ist schrecklich.	The long waits are terrible.
d	Der Zug kam zum <u>Stehen</u>.	The train came to a stop.
e	Die Schmerzen kommen vom <u>Tippen</u>.	The pain comes from typing.

Das Grundgesetz – Deutschlands Verfassung

Das Grundgesetz der Bundesrepublik Deutschland trat 1949 in Kraft, vier Jahre nach dem Ende des Zweiten Weltkriegs.

Die Verfasser des Grundgesetzes ließen sich von den Erfahrungen leiten, die Deutschland nach dem Ersten Weltkrieg mit der Verfassung der Weimarer Republik (1919–1933) gemacht hatte. Die Weimarer Verfassung konnte nicht verhindern, dass die Nazis 1933 die Macht übernahmen, im Zweiten Weltkrieg weite Teile Europas verwüsteten und Millionen von Menschen ermordeten.

Das Grundgesetz von 1949 erklärt die Menschenwürde für unantastbar, definiert die Grundrechte, bestimmt die Verantwortlichkeit der Regierung gegenüber dem Parlament, garantiert den freiheitlichen Rechtsstaat mit seiner Gewaltenteilung, verpflichtet den Staat auf eine gerechte Sozialordnung, verhindert eine Zersplitterung des Parlaments durch zu viele Parteien, gibt dem Bundeskanzler eine starke Position und weist dem Bundespräsidenten vor allem repräsentative Aufgaben zu.

Der Reichstag in Berlin, Sitz des Deutschen Bundestages

The Basic Law – Germany's constitution

The Grundgesetz (Basic Law) of the Federal Republic of Germany came into force in 1949, four years after the end of the Second World War.

The authors of the Basic Law were guided by Germany's experience with the constitution of the Weimar Republic (1919–1933) after the First World War. The Weimar constitution had been unable to prevent the Nazis from coming to power in 1933, devastating large parts of Europe in the Second World War and murdering millions of people.

The Basic Law of 1949 declares human dignity to be inviolable, defines the basic rights, makes the government accountable to parliament, upholds liberty, the rule of law and the separation of powers, commits the state to a just social order, prevents a fragmentation of parliament into too many parties, gives a strong position to the chancellor and assigns mainly representative functions to the president.

Das Deutschlandrätsel

Kennen Sie die Antworten für das Kreuzworträtsel? Wahrscheinlich nicht, und das ist auch kein Problem. Lassen Sie sich von Ihrem Smartphone helfen oder schauen Sie auf Seite 210 nach. So werden Sie einige interessante Dinge über Deutschland erfahren.

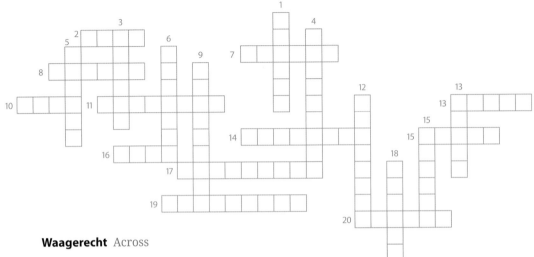

Waagerecht Across

2 Der Mann, der am längsten Bundeskanzler war.

7 Die erste Bundeskanzlerin der Bundesrepublik Deutschland.

8 Der Vater des deutschen Wirtschaftswunders.

10 Die Stadt, die von 1949 bis 1990 provisorische Bundeshauptstadt und bis 1999 Regierungssitz der Bundesrepublik Deutschland war.

11 Der Geburtsname des Dichters der deutschen Nationalhymne.

13 Deutscher Dichter, der 1856 in Paris starb.

14 Der erste Bundeskanzler der Bundesrepublik Deutschland.

15 Der Bundespräsident, der ein evangelischer Pfarrer war.

16 Deutscher Philosoph, der zu uns sagt: „Habe Mut, dich deines eigenen Verstandes zu bedienen."

17 Der Komponist, der die Europahymne komponierte.

19 Das Wort, mit dem die deutsche Nationalhymne endet.

20 Der Bundespräsident, der das Lied „Hoch auf dem gelben Wagen" sang.

Senkrecht Down

1 Die Stadt, die sowohl Hauptstadt der Bundesrepublik Deutschland als auch ein Bundesland ist.

3 Der Bundespräsident, der ein bedeutender Jurist war.

4 Der Bundespräsident, der sagte: „Es gibt schwierige Vaterländer. Eines von ihnen ist Deutschland. Aber es ist unser Vaterland."

5 Der Bundeskanzler, der 1970 am Ehrenmal im Warschauer Ghetto niederkniete.

6 Der Bundeskanzler, der sich nicht von Terroristen erpressen ließ.

9 Das Wort, mit dem die deutsche Nationalhymne beginnt.

12 Der Bundespräsident, der durch Deutschland wanderte und eine Sammlung „Deutsche Gedichte" herausgab.

13 Der erste Bundespräsident der Bundesrepublik Deutschland.

15 Der Mann, der in Weimar lebte und als größter deutscher Dichter gilt.

18 Der Mann, der durch seine Bibelübersetzung die deutsche Sprache prägte.

WAS PASST UND WAS NICHT PASST

12

→ **Texte und Themen** Du oder Sie – das ist die Frage • Mitgehört: Ein Handygespräch in der U-Bahn •
Die deutschsprachigen Länder → **Verb** Konjugation im Präsens: Du- und Sie-Anrede • Konditionalsätze •
Konjunktive *wäre, würde, hätte, könnte* • Imperativ bei der Du- und Sie-Anrede • Plusquamperfekt • Verschiedene
Vergangenheitsformen • Passivkonstruktion mit Modalverb → **Syntax** Satzgliedstellung → **Verschiedenes**
Possessive Artikelwörter • Kardinalzahlen • Ordinalzahlen • Gebrauch der Zahlen • Daten • Null / null

Du oder Sie?

"Du" or "Sie"?

◀)) Track 34

◆ Frau Wolf
○ Frau Holt
▲ Herr Jung
▢ Herr Braun

◆ Was würden Sie sagen, wenn die
Verkäuferin in einem Laden
Sie mit Du anredet?

○ Ich würde nichts sagen,
aber sympathisch wäre es mir nicht.

▲ Also, ich hätte nichts dagegen.
Unter jungen Leuten ist das Duzen
doch normal, in den sozialen
Medien sowieso.
Klingt irgendwie demokratischer,
oder?

◆ Das finde ich nicht.
Duzen Sie mal einen Polizisten
und sagen Sie hinterher, Sie
wollten damit Ihre demokratische
Gesinnung ausdrücken.
Das würde teuer werden.

▲ Was die Läden angeht:
Bei manchen Unternehmen
gehört es ja zum Geschäftsmodell,
dass die Kunden geduzt werden.

▢ Sie hoffen wohl, dass die Kunden
sich dadurch wohler fühlen
und mehr kaufen.

○ Was mich angeht, ich duze mich
nur mit Verwandten oder mit Leuten,
mit denen ich mich auf das
Du geeinigt habe.

◆ Da bin ich auch bei jungen Leuten
vorsichtig. Wenn ich nicht weiß,
ob sie über oder unter 16 sind,
sieze ich sie. –
Wie ist das eigentlich bei Ihnen, Herr Braun?
Man hört manchmal,
dass sich Lehrer von ihren Schülern
duzen lassen.

▢ Also, an unserer Schule ist das
nicht üblich. Wenn ich zu meinen
Schülerinnen und Schülern sagen
würde, sie können mich duzen,
dann wäre ich doch aufdringlich.
Vielleicht wollen manche es ja gar nicht.

◆ What would you say if the
assistant in a shop
addressed you as "du"?

○ I wouldn't say anything
but I wouldn't like it.

▲ Well, I wouldn't mind.
Among young people, using the "du"
form of address is normal, isn't it,
and in the social media it's a given.
Sounds more democratic somehow,
doesn't it?

◆ I don't agree.
Try addressing a police officer as "du"
and saying afterwards
that you wanted to express your
democratic attitude.
That would get expensive.

▲ As for the shops:
Some companies have made it
part of their business model
to be on "du" terms with their customers.

▢ I suppose they hope that it will make the
customers feel more comfortable
and buy more.

○ As far as I'm concerned, I only use "du"
with relatives or with people
with whom I have agreed to use
the "du" form of address.

◆ I'm careful about that with young
people too. If I don't know
whether they're over or under 16,
I address them as "Sie". –
What's your view on this, Herr Braun?
One sometimes hears
that teachers allow their students
to say "du" to them.

▢ Well, it isn't common at our school.
If I said to my students
they could say "du" to me,
I would be overfamiliar,
wouldn't I?
Maybe some of them do not want that.

anreden	(to) address
jemanden mit Du anreden	address someone as "du"
ausdrücken	(to) express
sie kann ihre Gefühle nicht ausdrücken	she can't express her feelings
nichts **dagegen haben**	(to) have nothing against (it)
ich hätte nichts dagegen	I would have nothing against it
duzen	(to) use the familiar "du" form of address
im Büro duzen wir uns alle	in the office we all say "du" to each other
sich einigen	(to) agree
wir haben uns darauf / darüber geeinigt	we have agreed on that
sich fühlen	(to) feel
ich fühle mich wohl hier	I feel comfortable / at ease / good here
hoffen	(to) hope
wir hoffen, dass die Kunden mehr kaufen	we hope that the customers will buy more
hören	(to) hear
man hört manchmal	one sometimes hears
lassen	(to) let; (to) allow to
Lehrer lassen sich von ihren Schülern duzen	teachers let their students say "du" to them
sagen	(to) say
was würden Sie sagen?	what would you say?
ich würde nichts sagen	I wouldn't say anything
siezen	(to) use the formal "Sie" form of address
die Lehrerin siezt ihre Schüler	the teacher addresses her students as "Sie"
wäre	would be
das wäre teuer / würde teuer sein	that would be expensive
wissen	(to) know
ich weiß nicht, ob sie über 16 ist	I don't know if she is over 16
würde	would
das würde teuer (werden)	that would become expensive

Siezt sie sie oder duzt sie sie?

1 **Ersetzen Sie die vertrauliche Anrede (*du, dich, dir, dein*) durch die förmliche Anrede (*Sie, Ihnen, Ihr, sich*).** Replace the informal with the formal form of address.

> Was machst du gerade? → *Was machen Sie gerade?*

a Nett, dass du anrufst.

b Wohin fährst du?

c Du weißt, wer ich bin.

d Du wirst erwartet.

e Was würdest du sagen, wenn die Verkäuferin dich mit Du anredet?

f Wie ist das eigentlich bei dir, Tobias?

g Wir fahren dich in deinem eigenen Auto nach Hause.

h Warum kaufst du dir nicht eine besondere Tastatur?

2 **Ersetzen Sie die förmliche Anrede durch die vertrauliche Anrede.**

> Das müssen Sie uns erzählen. → *Das musst du uns erzählen.*

a Machen Sie uns bitte ein paar Mettbrötchen?

b Sind Sie beim Arzt gewesen?

c Wie geht es Ihnen denn?

d Wir wollten Sie zu einer Syrischen Reispfanne einladen.

e Warten Sie bitte einen Augenblick.

f Sagen Sie mal, fahren Sie oft Gäste für den Wirt?

g Rufen Sie mich an oder schicken Sie mir eine E-Mail.

h Sie sollten Ihr Fahrrad hier nicht stehen lassen.

3 **Bilden Sie Konditionalsätze (Bedingungssätze) wie im Beispiel. Beachten Sie, wie sich die Satzgliedstellung ändert.** Form conditional sentences as in the example. Note the resulting changes in word order. (→ 12C4, 14C1)

> Du hast Alkohol getrunken. Du solltest dein Auto nicht selbst fahren.
> → *Wenn du Alkohol getrunken hast, (dann) solltest du dein Auto nicht selbst fahren.*

a Man ist geschickt. Man verdient ganz gut.

b Ich wäre Minister. Ich hätte einen Chauffeur.

c Sie reden einen Polizisten mit Du an. Das wird teuer.

d Die Verkäuferin duzt die Kunden. Sie kaufen mehr.

e Sie bleibt gesund. Sie wird nächstes Jahr hundert.

f Ein Land hat keine Pressefreiheit. Es ist keine Demokratie.

g Du heiratest eine reiche Frau. Du brauchst nicht zu arbeiten.

h Ich weiß nicht, ob der junge Mensch über oder unter 16 ist. Ich sieze ihn.

4 **Konditionalsätze (Bedingungssätze): *Wäre, würde, hätte, könnte*** (→ 12C3, 14C1)

Die folgenden Verbformen sind häufig gebrauchte **Konjunktive.** The following are frequently used subjunctives. (→ 13F3, 14G, 15C4)

Mit dem **Konjunktiv** drückt man aus, dass man das Gesagte als **nicht real** ansieht. Man **stellt** es **sich** nur **vor.** The subjunctive is used to express something unreal, something imagined.

ich / er / sie / es	wäre	würde	hätte	könnte
du	wärest	würdest	hättest	könntest
wir / sie / Sie	wären	würden	hätten	könnten
ihr	wäret	würdet	hättet	könntet

Setzen Sie aus der Tabelle die passende Konjunktivform ein. Insert the subjunctive that fits.

a Wenn ich keine Angst _____ , _____ ich nicht so vorsichtig.

b Wenn er Auto fahren _____ , _____ er leichter einen Job kriegen.

c Wenn die Villa Tenebra nicht zerstört _____ , _____ wir dort wohnen.

d Wenn wir heiraten _____ , _____ wir Steuern sparen.

e Wenn das Leben fair _____ , _____ viele Menschen nicht so arm.

f Was _____ wir tun, wenn kein Taxi da _____ ?

g Was _____ du tun, wenn du kein Geld _____ ?

5 Imperativ (Befehlsform) Imperative   (→ 5I)

Mit dem Imperativ drücken wir eine Aufforderung oder einen Befehl aus:

The imperative is used to express a request, command, order, etc.:

An <u>eine</u> Person, Anrede mit *du*, Bildung aus der Du-Form Präsens ohne -*st*:

<u>Sag</u> mir, was du willst! (= Tell me what you want!)

<u>Komm</u> mit! (= Come along!)

Gelegentlich wird zur leichteren Aussprache -*e* angehängt: (→ 15F2)

<u>Warte</u> mal! (= Wait!)

<u>Entschuldige</u> mich bitte einen Moment! (= Please excuse me for a moment.)

Sonderfall Hilfsverb *sein*: <u>Sei</u> vorsichtig! (= Be careful!)

An <u>mehrere</u> Personen, Anrede mit *ihr*, Bildung aus der Ihr-Form Präsens:

<u>Geht</u> mir aus dem Weg! (= Get out of my way!)

An <u>eine</u> Person oder <u>mehrere</u>, Anrede mit *Sie*, Bildung aus der Sie-Form Präsens:

<u>Warten Sie</u> bitte einen Augenblick! (= Please wait a moment!)

<u>Schauen Sie</u> mal, ist es so recht? (Look, is this OK for you?)

Sonderfall Hilfsverb *sein*: <u>Seien Sie</u> vorsichtig! (= Be careful!)

Benutzen Sie die Sie-Anrede statt der Du-Anrede. Use *Sie* instead of *du*.

a Duze ihn besser nicht!

b Esst mehr Obst!

c Fahr bitte zum Bahnhof!

d Öffnet alle Türen!

e Steigt endlich ein!

f Mach keinen Quatsch!

g Denk an unsere Stromrechnung!

h Sag doch einfach Ja!

Mitgehört

Overheard

🔊 Track 35

Sie saß mir in der U-Bahn gegenüber
und war ganz in ihr Handygespräch vertieft:

„… Ja, ich weiß nicht, Vanessa …
Ich hatte ihn über dieses Partnerportal
kennengelernt.
Vorgestern Abend haben wir uns zum ersten
Mal gesehen.
Vorher immer nur E-Mails, ziemlich steif,
alles mit ‚Sie'.

Und nun das erste Date:
Abendessen im Olympia,
das war sein Vorschlag.
Bist du da schon mal drin gewesen?

Nein? Na, ich auch nicht.
Ist auch nicht mein Fall.
Protzig und teuer,
und ziemlich ungemütlich.
Du wirst zum Tisch geführt,
dein Stuhl wird dir zurechtgerückt –
ich habe mich fast danebengesetzt.
Speisekarte, Weinkarte, Dessertkarte,
Eiskarte – ich habe immer gewählt,
was er gewählt hat.

Und dann kam ein Gang
nach dem andern, alles winzige Portionen,
und wenn du zu essen angefangen hast,
war es schon kalt.

Na ja, wenigstens das Dessert war gut –
es hatte so einen französischen Namen
und wurde angezündet.

Um es kurz zu machen –
wir haben eine ganze Flasche Wein getrunken,
und am Ende ist er fast eingeschlafen –
am Tisch! Er ist nämlich Arzt
und hatte den ganzen Tag gearbeitet.

Was ich gemacht habe?
Ich habe ihn in ein Taxi gesetzt,
und weg war er! –
Nee! Nochmal angerufen hat er nicht!"

Overheard

She was sitting opposite me on the
underground and was totally engrossed
in her mobile call:

"... Yeah, I don't know, Vanessa ...
I had met him on this dating site.

Two nights ago we saw each other for
the first time.
Before that, just e-mails, quite stiff,
always using 'Sie'.

And now the first date:
Dinner at the Olympia,
that was his suggestion.
Have you ever been in there?

No? Well, neither have I.
It's not my kind of place either.
Pretentious and pricey,
and pretty uninviting.
You're shown to your table,
your chair is adjusted for you –
I nearly missed it sitting down.
Menu, wine list, dessert menu,
ice cream menu – I always chose
what he chose.

And then one course after another
arrived, all of them tiny portions,
and when you started eating something
it was already cold.

Well, at least the dessert was good –
it had some French name
and was set on fire.

To cut a long story short –
we drank a whole bottle of wine,
and in the end he almost fell asleep –
at the table! You see he's a doctor
and had been working all day.

What did I do?
I put him in a taxi,
and off he went! –
Nope! He hasn't called again."

anfangen	(to) start
wir fingen an zu essen	we started eating
anrufen	(to) call; (to) phone
er hat nicht nochmal angerufen	he hasn't called again
er ruft nicht oft an	he doesn't call often
wenn er das nächste Mal anruft	when he calls next time
arbeiten	(to) work
er hatte den ganzen Tag gearbeitet	he had been working/had worked all day
einschlafen	(to) fall asleep
am Ende ist er fast eingeschlafen	in the end he almost fell asleep
ich schlief langsam ein	I was slowly falling asleep
führen	(to) show
sie führte uns zu unserem Tisch	she showed us to our table
wir wurden zu unserem Tisch geführt	we were shown to our table
kennenlernen	(to) meet; (to) get to know
ich lernte ihn über ein Partnerportal kennen	I met him on a dating site
rücken	(to) move
er rückte den Stuhl näher an den Tisch	he moved the chair closer to the table
er rückte mir den Stuhl zurecht	he adjusted the chair for me
sehen	(to) see
vorgestern sahen wir uns zum ersten Mal	two days ago we saw each other for the first time
(jemanden / etwas) **setzen**	(to) put (someone/something)
ich setzte ihn in ein Taxi	I put him in a taxi
ich setzte seinen Namen auf die Liste	I put his name on the list
sich setzen	(to) sit down
ich habe mich fast neben den Stuhl gesetzt	I nearly missed the chair sitting down
ich setzte mich auf den Stuhl	I sat down on the chair
sitzen	(to) sit
sie saß mir gegenüber	she was sitting opposite me
trinken	(to) drink
wir tranken eine Flasche Wein	we drank a bottle of wine

1 Das Plusquamperfekt The past perfect/pluperfect tense

Perfekt:	Ich <u>habe</u> ihn über ein Partnerportal <u>kennengelernt</u>.
Plusquamperfekt:	Ich <u>hatte</u> ihn über ein Partnerportal <u>kennengelernt</u>.
Perfekt:	Er <u>hat</u> den ganzen Tag <u>gearbeitet</u>.
Plusquamperfekt:	Er <u>hatte</u> den ganzen Tag <u>gearbeitet</u>.

Das **Perfekt** wird mit einer **Präsensform** von *haben* oder *sein* gebildet.   (→ 6C1)

Das **Plusquamperfekt** wird mit einer **Präteritumform** von *haben* oder *sein* gebildet.

Mit dem **Perfekt** drücken wir ein Geschehen aus, das – von der **Gegenwart** aus gesehen – in der **Vergangenheit** liegt.

Mit dem **Plusquamperfekt** drücken wir ein Geschehen aus, das – von der **Vergangenheit** aus gesehen – in der **Vergangenheit** liegt. Das Plusquamperfekt bezeichnet also die Vergangenheit vor der Vergangenheit, die Vorvergangenheit:

The past perfect (pluperfect) tense refers to the past before the past, i.e. the pre-past:

> Gestern <u>sah</u> (Vergangenheit) ich den Mann zum ersten Mal. Wir <u>hatten</u> uns über ein Partnerportal <u>kennengelernt</u> (Vorvergangenheit). Er <u>hatte</u> mir einige E-Mails <u>geschrieben</u> (Vorvergangenheit). Wir <u>gingen</u> (Vergangenheit) zum Abendessen ins Olympia. Am Ende <u>ist</u> er fast <u>eingeschlafen</u> (Vergangenheit). Na ja – er <u>hatte</u> den ganzen Tag <u>gearbeitet</u> (Vorvergangenheit) und wir <u>hatten</u> ja auch eine ganze Flasche Wein <u>getrunken</u> (Vorvergangenheit).

Setzen Sie in dem folgenden kleinen Text im ersten Teil die Vergangenheitsform (Präteritum) und im zweiten Teil die Vorvergangenheitsform (Plusquamperfekt) ein.

Vergangenheit (Präteritum): Past (past tense):

(halten, stehen)	Die Villa Tenebra, vor der unser Wagen _____ , war dunkel und _____ allein, hoch über einer dunklen Wasserfläche.
(brennen)	Nur hinter einem Fenster _____ ein trübes Licht.
(werden)	_____ wir nicht erwartet?

Vorvergangenheit (Plusquamperfekt): Pre-past (past perfect/pluperfect tense):

(reservieren)	Wir _____ von München aus ein Zimmer in der Villa Tenebra _____ .
(erwarten)	Am Bahnhof von Taormina _____ uns ein schwarz gekleideter Mann _____ .
(wegbringen)	Jemand _____ unser Gepäck mit einer Karre _____ .
(fahren)	Eine dunkelgraue Limousine _____ uns hierher, zur Villa Tenebra, _____ .

2 Possessive Artikelwörter usw. Possessive determiners etc.   (→ 5G2, 7F4, 7G, 8C2, 15G)

> <u>Sie</u> war ganz in ihr Handygespräch vertieft. (du)
> → Du warst ganz in dein Handygespräch vertieft.

Ändern Sie die Person entsprechend dem Beispiel. Change the person as in the example.

a <u>Sie</u> wollten damit ihre demokratische Gesinnung zum Ausdruck bringen. (ich)

b <u>Ich</u> will meinen Führerschein nicht riskieren. (meine Freunde)

c <u>Er</u> versucht, andere Leute mit seinem Geld zu beeindrucken. (du)

d <u>Wir</u> haben unser Geld durch harte Arbeit verdient. (ihr)

e <u>Man</u> sollte sein Glück nicht verkaufen. (wir)

f <u>Ich</u> habe einige Fragen wegen meiner Stromrechnung. (diese Dame)

g <u>Eine Frau</u> schob mir ihren vollen Einkaufswagen in die Beine. (ein Mann)

h Wenn <u>du</u> Alkohol getrunken hast, solltest <u>du</u> dein Auto nicht selbst nach Hause fahren. (man)

i <u>Jupp und sein Vater</u> waren berühmt für ihre Mettbrötchen. (das Lieschen)

3 Passivkonstruktion mit Modalverb Passive voice with modal auxiliary verbs   (→ 11C1-5)

Man	kann	die Pressefreiheit	nicht abschaffen.
Die Pressefreiheit	kann	nicht abgeschafft	werden.

Setzen Sie ins Passiv. Lassen Sie den „Täter" weg.

> Diese Perle dürfen wir nicht verkaufen. (verkaufen – verkaufte – verkauft)
>
> → *Diese Perle darf nicht verkauft werden.*

a Diese Fische dürfen wir nicht fangen. (fangen – fing – gefangen)

b Kunden muss man mit Sie anreden. (anreden – anredete – angeredet)

c Man muss alle Türen öffnen. (öffnen – öffnete – geöffnet)

d Das Gepäck soll man zur Villa Tenebra bringen. (bringen – brachte – gebracht)

e Diese Rechnung darfst du nicht bezahlen. (bezahlen – bezahlte – bezahlt)

f Diesen Vertrag können Sie widerrufen. (widerrufen – widerrief – widerrufen)

g Sie müssen den Arm ein paar Tage schonen. (schonen – schonte – geschont)

h Ihr müsst den Wasserbehälter füllen. (füllen – füllte – gefüllt)

4 Schreiben Sie den Text ab und setzen Sie dabei die fehlenden Endungen ein.

Ich habe ih___ über ei___ Partnerportal kennenge_____ . Gestern Abend ha___
wir uns z___ erst___ Mal gesehen.
Bi___ du schon mal i___ Restaurant Olympia gewesen? Du wirst z___ Tisch
ge_____ , dein Stuhl wird d___ zurechtgerückt – ich ha___ mi___ fast neben
d___ Stuhl ge_____ .
Und dann kam ei___ Gang nach d___ andern, alles winzige Portionen, und wenn
du z___ essen ange_____ ha___ , war es schon kalt. Nur d___ Dessert war gut.
Es ha___ ei___ französi_____ Namen und wu_____ angezündet.
Wir ha___ ei___ ganze Flasche Wein ge_____ , und a___ Ende ist er fast
a___ Tisch eingeschlafen.
Er ist nämlich Arzt und ha_____ d___ ganz___ Tag gearbeitet.
Ich ha___ ih___ in ei___ Taxi ge_____ , und weg war er!

1 Kardinalzahlen bis hundert Cardinal numbers up to 100

1	eins	11	elf	21	einundzwanzig	31	einunddreißig
2	zwei	12	zwölf	22	zweiundzwanzig	32	zweiunddreißig
3	drei	13	dreizehn	23	dreiundzwanzig	33	dreiunddreißig
4	vier	14	vierzehn	24	vierundzwanzig	40	vierzig
5	fünf	15	fünfzehn	25	fünfundzwanzig	50	fünfzig
6	sechs	16	sechzehn	26	sechsundzwanzig	60	sechzig
7	sieben	17	siebzehn	27	siebenundzwanzig	70	siebzig
8	acht	18	achtzehn	28	achtundzwanzig	80	achtzig
9	neun	19	neunzehn	29	neunundzwanzig	90	neunzig
10	zehn	20	zwanzig	30	dreißig	100	(ein)hundert

2 Kardinalzahlen über hundert Cardinal numbers above 100

101	(ein)hunderteins	190	(ein)hundertneunzig	1000	(ein)tausend
102	(ein)hundertzwei	200	zweihundert	2001	zweitausendeins
103	(ein)hundertdrei	300	dreihundert	3300	dreitausenddreihundert
104	(ein)hundertvier	400	vierhundert	4000	viertausend
105	(ein)hundertfünf	500	fünfhundert	5000	fünftausend

3 Ordinalzahlen Ordinal numbers

Die Ordinalzahlen *erste* (1.), *dritte* (3.) und *achte* (8.) sind unregelmäßig, bei *siebte / siebente* (7.) ist die kürzere Form heute häufiger.
Für die Zahlen bis *neunzehnte* (19.) hängt man *-te* an die Kardinalzahl; ab *zwanzigste* (20.) hängt man *-ste* an die Kardinalzahl:

der erste (1.) / zweite (2.) / dritte (3.) / vierte (4.) / fünfte (5.) / einundzwanzigste (21.) / dreißigste (30.) Psalm
die hundertachte (108.) / hundertsiebte / hundertsiebente (107.) Sure im Koran

4 Daten Dates

Heute ist der 7. 3. 2018. (Heute ist der siebte Dritte / der siebte März zweitausendachtzehn.)
Ich wurde am 30. Mai 1995 (am dreißigsten Mai neunzehnhundertfünfundneunzig) in München / in der syrischen Stadt Homs geboren.
Kafka wurde 1883 (achtzehnhundertdreiundachtzig) in Prag geboren und starb 1924 (neunzehnhundertvierundzwanzig) in Kierling bei Wien.
Wir sind / wohnen / leben seit dem 1. April (seit dem ersten April) hier in Stuttgart.

5 Null / null (0) Zero

Wasser gefriert bei null Grad (at zero degrees). Tobias hat null Fehler (zero mistakes).
Schalke verlor null zu eins (nil one). Drei minus drei ist (gleich) null (equals zero / nought).

◀) Track 36

Die deutschsprachigen Länder

Die deutschsprachigen Länder sind Deutschland, Österreich, die Schweiz und Liechtenstein.

Deutsch ist Amtssprache in Deutschland mit seiner Bevölkerung von über 82 (zweiundachtzig) Millionen Menschen. In Österreich mit fast neun Millionen Einwohnern ist das Deutsche ebenfalls Amtssprache. Die Schweiz hat über acht Millionen Einwohner, von denen allerdings nur etwa 65 (fünfundsechzig) Prozent deutschsprachig sind.

Liechtenstein liegt zwischen der Schweiz und Österreich. Seine 37 000 (siebenunddreißigtausend) Einwohner würden das Berliner Olympiastadion gerade zur Hälfte füllen.

Österreich mit seinen herrlichen Alpenlandschaften, Wäldern und Seen ist ein bevorzugtes Reiseziel der Deutschen. Die Musik der Wiener Klassik (Haydn, Mozart, Beethoven usw.) gehört zum kostbarsten Kulturbesitz der Menschheit und die Wiener Kaffeehäuser sind ein offizieller Teil des Kulturerbes der Welt.

Die Schweiz ist eine der ältesten und stabilsten Demokratien der Welt. Viele politische Fragen werden hier durch Volksabstimmungen entschieden. Die Städte und Landschaften sind attraktiv und gepflegt. Pünktlichkeit und Verlässlichkeit sind den Schweizern wichtig, nicht nur im menschlichen Umgang, sondern auch bei der Verwirklichung technischer Großprojekte wie dem 2016 (zweitausendsechzehn) eröffneten Gotthard-Basistunnel tief unter den Alpen. Er ist mit 57 (siebenundfünfzig) Kilometern der längste Eisenbahntunnel der Welt, und die Schweizer schafften es, bei diesem Superbauwerk den Zeit- und Kostenplan genau einzuhalten.

Amtssprache official language • Prozent per cent • zwischen between • würden das Berliner Olympiastadion gerade zur Hälfte füllen would fill just about half the Olympic Stadium of Berlin • herrlich magnificent • Alpenlandschaft alpine scenery • Wald forest • der See the lake • die See the sea • bevorzugtes Reiseziel preferred destination • kostbar(ste) (most) precious • Kulturbesitz cultural heritage • Kulturerbe cultural heritage • Wiener Kaffeehaus Viennese coffee house • stabil(ste) (most) stable • Demokratie democracy • politische Fragen political issues • Volksabstimmung referendum • entscheiden (to) decide • gepflegt well-kept • Pünktlichkeit punctuality • Verlässlichkeit reliability • menschlicher Umgang human relations • Verwirklichung realization • technische Großprojekte large engineering projects • die Alpen the Alps • der längste Tunnel the longest tunnel • Eisenbahntunnel railway tunnel • es schaffen, etwas zu tun (to) manage to do something • Bauwerk structure • den Plan einhalten (to) keep to the schedule • der Zeit- und Kostenplan the time and cost schedule

Das Städterätsel

Schreibweise im Kreuzworträtsel: ö = oe, ü = ue

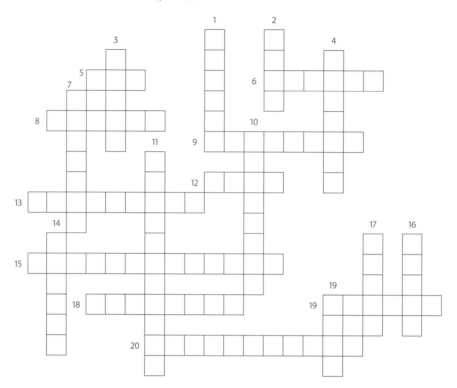

Waagerecht Across

5 Die Hauptstadt Italiens.
6 Die Hauptstadt der Türkei.
8 Die Hauptstadt Deutschlands.
9 Die Hauptstadt von Syrien.
12 Die Hauptstadt Österreichs.
13 Die Stadt, in der Goethe geboren wurde.
15 Wo ist der FC Schalke 04 zu Hause?
18 Die Stadt, wo der BVB zu Hause ist.
19 Die Hauptstadt von Libanon.
20 Die Stadt, wo das Alt(bier) herkommt.

Senkrecht Down

1 Die Hauptstadt des Irak.
2 Die Stadt, wo Franz Kafka geboren wurde.
3 Die Stadt hat einen großen Dom, den Rhein und den Karneval.
4 Die zweitgrößte Stadt Deutschlands.
7 Die Hauptstadt des Iran.
10 Die Stadt, wo der FC Bayern zu Hause ist.
11 Eine kleine Stadt nordwestlich von Hamburg, wo es gute Matjes gibt.
14 Die Stadt, in der Goethe starb.
16 Die Hauptstadt Afghanistans.
17 Die Hauptstadt von Frankreich.
19 Die Stadt, wo Regierung und Parlament der Schweiz ihren Sitz haben. (Offiziell hat die Schweiz keine Hauptstadt!)

DIE NATUR UND WIR

13

→ **Texte und Themen** Der alte Garten: Was wichtiger ist als Geld • Die größere Angst: Wie böse ist der Wolf? •
Die Deutschen und ihre Tiere: Hunde, Katzen und die Tiere, die sie essen → **Verb** Partizip I und II • Reflexive Verben •
Könnte • Übersicht: Konjugation des Verbs regelmäßig – unregelmäßig → **Nomen** Deklination der Artikelwörter,
Pronomen und Adjektive → **Syntax** *Dass*-Sätze → **Verschiedenes** Steigerung des Adjektivs: Superlativ •
W-Fragen • Adverbien, Konjunktionen, Präpositionen • Präposition + Akkusativ oder Dativ

Der alte Garten

The old garden

◆ Mensch, Anna,
du bist ja ganz aufgeregt!

◆ Gosh, Anna,
you're all excited.

○ Das kann man wohl sagen.
Stell dir vor, wir haben ein Haus gekauft!

○ You can say that again!
Imagine, we've bought a house!

◆ Katrin
○ Anna

◆ Toll! Herzlichen Glückwunsch!
Jetzt bin ich total neugierig.
Wo ist es denn?

◆ Amazing! Congratulations!
Now I'm really curious.
Whereabouts is it?

○ In der Waldstraße, im hinteren Teil,
wo die vielen Bäume sind.

○ On Waldstrasse, towards the back,
where you have lots of trees.

◆ Klasse! So was hast du dir doch
immer gewünscht.

◆ Wonderful! It's what you were
always wishing for, isn't it?

○ Genau, und Martin auch:
ein altes Haus mit einem alten Garten –
blühende Sträucher, raschelnde
Blätter, singende Vögel, huschende
Eichhörnchen und ein gelegentlich
vorbeikommender Fuchs.

○ Exactly, and Martin too:
an old house with an old garden –
flowering shrubs, rustling
leaves, birds singing, squirrels
scurrying and a fox occasionally
passing by.

◆ Was, das gibt es da alles?

◆ What, you have all of that there?

○ Ich stelle es mir so vor.
Auf jeden Fall ist es ein altes Haus
mit knarrenden Dielen,
abblätternden Farben und
undichten Fenstern. Im Garten steht
ein alter Nussbaum, und der ist der
Grund, warum wir das Haus
überhaupt kriegen.

○ It's the way I imagine it.
Anyway, it's an old house
with creaking floorboards,
flaking paint and
unsealed windows. There's an old walnut
tree growing in the garden, and that's the
reason why we're getting the house
at all.

◆ Wie meinst du das?

◆ What do you mean by that?

○ Na, das Grundstück gehört
einer alten Dame, sie ist so Ende 80.
Sie wird in eine kleine Wohnung
ziehen, und nun sorgt sie sich um
ihren Garten, den alten Nussbaum
und die Tiere, die dort leben.
Alle anderen Interessenten sagten:
Weg mit dem Baum, den Büschen usw.
Wir aber werden das alles bewahren,
und deshalb verkauft sie an uns –
zu einem Preis, den wir uns leisten können!

○ Well, the property belongs to an old
lady, she's in her late eighties.
She's going to move into a small flat
and now she's worried about her
garden, the old walnut tree
and the animals living there.
All the other potential buyers said:
let's get rid of the tree, the bushes, etc.
But we're going to preserve all that
and that's why she's selling to us –
at a price we can afford.

sich aufregen	(to) get excited/upset
warum regst du dich auf?	why are you getting excited/upset?
warum regen Sie sich auf?	why are you getting excited/upset?
ein aufregender Film	an exciting film
ein aufgeregter Mann	an excited man
bewahren	(to) preserve
wir werden den Baum bewahren	we're going to preserve the tree
blühen	(to) flower
der Strauch blüht	the shrub is in bloom
ein blühender Strauch	a flowering shrub
kaufen	(to) buy
wir haben ein Haus gekauft	we have bought a house
knarren	(to) creak
die Dielen knarren	the floorboards creak/are creaking
knarrende Dielen	creaking floorboards
leben	(to) live
dort leben viele Tiere	there are many animals living there
es leben dort viele Tiere	there are many animals living there
lebende Tiere	living/live animals
die dort lebenden Tiere	the animals living there
rascheln	(to) rustle
die Blätter rascheln im Wind	the leaves are rustling in the wind
im Wind raschelnde Blätter	leaves rustling in the wind
singen	(to) sing
die Vögel singen	the birds are singing
ein singender Vogel	a singing bird
verkaufen	(to) sell
sie hat das Grundstück an uns verkauft	she (has) sold the property to us
das verkaufte Grundstück	the sold property
das an uns verkaufte Grundstück	the property sold to us
vorbeikommen	(to) pass by
wenn ein Fuchs vorbeikommt	when a fox passes by/ comes around
ein vorbeikommender Fuchs	a fox passing by
sich (etwas) **wünschen**	(to) wish (for something)
das habe ich mir immer gewünscht	I always wished for this
hier ist das gewünschte Foto	here's the desired photo

1 Die Partizipien I und II The present and past participles (→ 6C1, 6C3, 6G1, 11C1)

Bisher haben wir nur das Partizip II behandelt. Das Partizip II (past participle) ist besonders wichtig, weil mit ihm die Perfekt- und Passivformen (→ 11C) gebildet werden:

Sie hat ihm einen Brief geschrieben.   She has written him a letter.
Der Brief wurde gestern geschrieben.   The letter was written yesterday.

Das Partizip I wird aus dem Infinitiv + -d gebildet. Es wird wie ein Adjektiv benutzt und auch so dekliniert: German present participles are used as adjectives, with adjective endings:

Das Bild zeigt eine schreibende Frau.   The picture shows a writing woman.
Das Bild zeigt einen schreibenden Mann.   The picture shows a writing man.
Das Bild zeigt ein schreibendes Kind.   The picture shows a writing child.

Um ein Gefühl für das Partizip I zu bekommen, machen wir die folgende Übung.

a Sträucher, die blühen, sind _blühende_ Sträucher.
b Blätter, die rascheln, sind _____ Blätter.
c Ein Vogel, der singt, ist ein _____ Vogel.
d Ein Fuchs, der vorbeikommt, ist ein _____ Fuchs.
e Dielen, die knarren, sind _____ Dielen.
f Farben, die abblättern, sind _____ Farben.
g Die Tiere, die im Garten leben, sind die im Garten _____ Tiere.
h Die Leute, die in der U-Bahn sitzen, sind die in der U-Bahn _____ Leute.

2 Die Steigerung des Adjektivs: Superlativ Comparison of adjectives: the superlative (→ 8F1)

Positiv	Komparativ	Superlativ
klein small	kleiner smaller	(der / die / das) kleinste smallest
schön beautiful	schöner more beautiful	(der / die / das) schönste most beautiful
wichtig important	wichtiger more important	(der / die / das) wichtigste most important

Mit dem Superlativ drücken wir aus, dass etwas am kleinsten, schönsten, wichtigsten usw. ist. Die Deklination ist die eines Adjektivs vor dem Nomen: (→ 7F1, 8C1, 8F1)
The ending of a superlative preceding a noun is determined by the noun:

Dies ist	der **kleinste** Garten	die **kleinste** Hütte	das **kleinste** Haus.
Wir haben	den **kleinsten** Garten	die **kleinste** Hütte	das **kleinste** Haus.
ein Foto	des **kleinsten** Gartens	der **kleinsten** Hütte	des **kleinsten** Hauses

Bei manchen Adjektiven wird der Superlativ mit Umlaut gebildet; manche Superlative werden durch ein zusätzliches -e- besser sprechbar gemacht: Some superlatives have an umlaut and often an -e- is added to make pronunciation easier:

alt – älteste, gesund – gesündeste, hart – härteste, kurz – kürzeste, hoch – höchste,
schwach – schwächste, scharf – schärfste, jung – jüngste, lang – längste

Unregelmäßige Superlative: Irregular superlatives:

gut – **beste**, groß – **größte**, nah – **nächste**, viel – **meiste**

Setzen Sie das passendste Adjektiv im Superlativ ein. (Jedes Adjektiv nur einmal!)

| alt | gesund | groß | hart | hoch | klein | kurz | lang | schön |

a Der 21. Dezember ist der _____ Tag des Jahres.

b Der Großglockner ist der _____ Berg (= mountain) Österreichs.

c Der gute, alte Apfel ist eines der _____ Dinge, die du essen kannst.

d Der Rhein ist der _____ Fluss Deutschlands.

e Frankreich ist das Land mit der _____ Fläche in der EU.

f Ich glaube, Polizist(inn)en und Bundeskanzler(innen) haben die _____ Jobs in Deutschland.

g Malta ist das _____ Land der EU.

h Paris ist eine der _____ Städte Europas.

i Worms ist eine der _____ Städte Deutschlands.

3 **Reflexive Verben** (→ 9F2, 15F4)

Setzen Sie das passende Reflexivpronomen ein.

| mich / mir | dich / dir | sich | uns | euch |

a Stell _____ vor, wir haben ein Haus gekauft.

b Ich stelle _____ ein solches Haus sehr schön vor.

c Stellen Sie _____ vor, Sie sind ein Eichhörnchen und es ist kein Baum mehr da.

d Ein altes Haus mit Garten habe ich _____ immer gewünscht.

e Ein altes Haus mit Garten hat Anna _____ immer gewünscht.

f Ein Haus mit Garten habt ihr _____ doch immer gewünscht?

g Warum duzt du _____ mit so vielen Leuten?

h Ich erinnere _____ nicht, dass wir_____ duzen.

i Man hört manchmal, dass Lehrer _____ von ihren Schülern duzen lassen.

j Ich sorge _____ um unseren Garten, den alten Nussbaum und die Tiere.

k Könnt ihr _____ denn ein Auto leisten?

l Das Fahrzeug setzte _____ in Bewegung.

4 **Vervollständigen Sie die unvollständigen Wörter.** Complete the incomplete words.

a Wir haben ei_____ Bett, ei_____ Tisch und ei_____ Lampe gekauft.

b Unser Haus ist in d_____ Waldstraße, i_____ hinter_____ Teil, wo d_____ viel_____ Bäume sind.

c Ich wohne gern, wo viel_____ Bäume sind.

d Ich habe m_____ immer einen Job mit Tieren gewünscht.

e Ich habe m_____ immer wohlgefühlt in d_____ Haus mit d_____ alt_____ Garten.

f Ei_____ alt_____ Garten mit blühend_____ Sträucher_____ ist wunderschön.

g I_____ Garten steht ei_____ alt_____ Nussbaum.

h I_____ Garten gibt es ei_____ alt_____ Nussbaum.

i Gehört das Grundstück ei_____ alt_____ Dame oder ei_____ alt_____ Herrn?

j Die alt_____ Dame wird i_____ ei_____ klein_____ Wohnung ziehen, sie wird i_____ ei_____ klein_____ Wohnung wohnen, ihr wird ei_____ klein_____ Wohnung gehören.

Die größere Angst

The greater fear

◆ Stefan
○ Claudia

◆ Ich frage mich, warum sich manche Leute darüber aufregen, dass es wieder Wölfe in Deutschland gibt.

○ Also, bei Schäfern könnte ich es ja verstehen, die haben ihre Tiere auf der Weide, und Wölfe fressen nun mal Schafe.

◆ Ja, aber es sind doch nicht viele Fälle, und die Schäfer werden ja entschädigt.

○ Trotzdem, wenn ein Schäfer zu seiner Herde kommt, und da liegen die Reste eines vom Wolf gefressenen Schafes – das muss erschreckend sein.

◆ Okay, aber die meisten Leute, die sich vor Wölfen fürchten, haben keine Schafe, haben noch nie einen Wolf gesehen und werden auch nie einen Wolf in der freien Natur sehen.

○ Und wenn sie je einem begegnen, wird er sie nicht angreifen, sondern sich so schnell wie möglich entfernen.

◆ Es hat ja über hundert Jahre keine Wölfe in Deutschland gegeben. Niemand kennt einen Fall, wo ein Wolf einen Menschen angegriffen hat. Ich glaube, diese Angst vor den Wölfen, dieser Hass auf sie, das kommt von den alten Märchen, in denen der Wolf als der größte aller Bösewichte beschrieben wird.

○ Mir hat meine Mutter diese Märchen auch vorgelesen, aber ich fürchte mich heute nicht vor Wölfen, sondern vor Rasern auf der Autobahn und Radfahrern auf dem Bürgersteig!

◆ I ask myself why some people are getting worked up about wolves being back in Germany.

○ Well, I could understand about shepherds (being worried), they have their animals on the pasture, and wolves eat sheep, after all.

◆ Yes, but there aren't many cases and the shepherds are compensated.

○ All the same, when a shepherd comes to his flock and finds the remains of a sheep eaten by a wolf – that must be horrifying.

◆ OK, but most of the people who are afraid of wolves have no sheep, have never seen a wolf and will never see a wolf in the wild.

○ And if they ever come across one it will not attack them but get away as quickly as possible.

◆ Of course, there haven't been any wolves in Germany for a hundred years. Nobody knows a case where a wolf attacked a person. I guess this fear of wolves, this hatred of them, it comes from the old fairy tales in which the wolf is described as the greatest of all villains.

○ My mother read these fairy tales to me, too, but today I'm not afraid of wolves but of speeders on the motorway and cyclists riding on the pavement.

angreifen	(to) attack
der Wolf wird Sie nicht angreifen	the wolf will not/won't attack you
Wölfe greifen keine Menschen an	wolves don't attack humans
sich (über etwas) aufregen	(to) get worked up (about something)
Leute, die sich über Wölfe aufregen	people getting worked up about wolves
(jemandem) begegnen	(to) come across/encounter (someone)
ich bin noch nie einem Wolf begegnet	I have never encountered a wolf
beschreiben	(to) describe
der Wolf wird als Bösewicht beschrieben	the wolf is described as a villain
sich entfernen	(to) go away
der Wolf wird sich entfernen	the wolf will go away
(jemanden) entschädigen	(to) compensate (someone)
we compensate the shepherds	wir entschädigen die Schäfer
die Schäfer werden entschädigt	the shepherds are compensated
erschrecken	(to) horrify
was ich sah, erschreckte mich	what I saw horrified me
sich fragen	(to) ask oneself
ich frage mich, warum …	I ask myself why …
fressen	(to) eat
Wölfe fressen Schafe	wolves eat sheep
ein vom Wolf gefressenes Schaf	a sheep eaten by a wolf
sich fürchten	(to) be afraid
warum fürchten sich die Menschen vor Wölfen?	why are people afraid of wolves?
liegen	(to) lie
auf dem Boden liegt ein totes Schaf	there's a dead sheep lying on the ground
verstehen	(to) understand
ich könnte es verstehen	I could understand it
(jemandem) vorlesen	(to) read to (someone)
meine Mutter hat mir Märchen vorgelesen	my mother read fairy tales to me

1 **Bilden Sie *dass*-Sätze wie im Beispiel.** Form *dass* clauses as in the example. (→ 9C4)

> Es gibt wieder ziemlich viele Wölfe in Deutschland. → Wir wissen, dass …
> → *Wir wissen, dass es wieder ziemlich viele Wölfe in Deutschland gibt.*

a Manche Leute regen sich über Radfahrer auf dem Bürgersteig auf.
   → Ich kann verstehen, dass …
b Schäfer mögen keine Wölfe. → Es ist normal, dass …
c Wölfe fressen Schafe. → Es ist bekannt, dass …
d Die Schäfer werden entschädigt. → Wir erwarten, dass …
e Wölfe greifen Menschen nicht an. → Es wird gesagt, dass …
f In Deutschland hat es über hundert Jahre keine Wölfe gegeben. → Wusstest du, dass …
g Die Angst vor den Wölfen kommt von den alten Märchen. → Mein Vater sagt, dass …
h Gelegentlich kommt ein Fuchs in unseren Garten. → Ist es nicht schön, dass …

2 **Bilden Sie Fragen, die sich auf die unterstrichenen Satzteile beziehen. Benutzen Sie diese Fragewörter:** *warum, was, wen, wer, wie lange, wo, woher, wovor.*

> Wir kriegen das Haus, <u>weil wir den Baum und die Sträucher bewahren werden</u>.
> → *Warum kriegen wir das Haus?*

a Manche Leute regen sich auf, <u>weil es wieder Wölfe gibt</u>.
b Die Schäfer haben ihre Tiere <u>auf der Weide</u>.
c Sie hat <u>den Bundespräsidenten</u> noch nie gesehen.
d Sie hat noch nie <u>einen Wolf</u> in der freien Natur gesehen.
e Sie hat noch nie einen Wolf <u>in der freien Natur</u> gesehen.
f Die Angst vor den Wölfen kommt <u>von den alten Märchen</u>. → Woher …
g Die meisten Leute fürchten sich <u>vor Wölfen</u>. → Wovor …
h <u>Über hundert Jahre</u> hat es in Deutschland keine Wölfe gegeben.
i <u>Der Anblick eines vom Wolf gefressenen Schafes</u> muss für den Schäfer erschreckend sein.
j <u>Mein Hund</u> ist von einem anderen Hund angegriffen worden.

3 ***Könnte*** (→ 3C2, 9C1)

Ich **könnte** es verstehen.	I could (= would be able to) understand it.
Ich **könnte** mich ohrfeigen.	I could slap myself. (I feel like slapping myself.)
Du **könntest** den Vertrag widerrufen.	You could withdraw from the contract.
Sie **könnte** uns helfen.	She could (= would be able to) help us.

Könnte ist ein Konjunktiv (→ 14G), der so etwas ausdrückt wie: *hätte die Möglichkeit, wäre imstande, es wäre möglich*. *Könnte* is a subjunctive.

Eine Frage mit *könnte* ist ein höflicher Ersatz für den Imperativ:
A *könnte* question is a polite imperative:

Warten Sie bitte hier!	*Höflicher:* More polite:	**Könnten** Sie bitte hier warten?
Bring mir bitte Tomaten mit!	*Höflicher:* More polite:	**Könntest** du mir bitte Tomaten mitbringen?

Setzen Sie eine dieser Formen von *können* ein:

| kann | könnt | konnte | konnten | könnte | könntest | könnten |

a Sie _____ mehr für uns tun, aber sie will nicht.

b Ein Fuchs _____ kein ganzes Schaf fressen, oder etwa doch?

c Die Versicherung _____ uns entschädigen, aber sie tut es nicht.

d Ich bin die Schönste. Es _____ nicht sein, dass Schneewittchen schöner ist als ich.

e Die Brüder _____ die riesige Perle für viel Geld verkaufen, aber sie tun es nicht.

f _____ du allein eine ganze Flasche Wein trinken? Ich nicht!

g Sie _____ nicht verstehen, dass er solche Angst vor Wölfen hatte.

h _____ der Bundestag die Pressefreiheit abschaffen? Nein, das wäre unmöglich.

i Wenn ich euch helfen _____ , würde ich es tun.

j Wenn ihr mir helfen _____ , tut es bitte.

4 **Präpositionen, Konjunktionen usw. Setzen Sie bitte die Wörter ein.**

| als | an | auf | darüber | dass | hinter | im | in | sondern | um |

| von | vor | warum | wo | zu |

a Manche Leute regen sich _____ auf, _____ es wieder Wölfe in Deutschland gibt.

b Die Schafe sind _____ der Weide und können _____ Wölfen gefressen werden.

c Niemand kennt einen Fall, _____ ein Wolf einen Menschen angegriffen hat.

d Der Hass _____ die Wölfe kommt _____ den alten Märchen, _____ denen der Wolf _____ der größte aller Bösewichte angesehen wird.

e Ich fürchte mich nicht _____ Wölfen, _____ _____ Rasern _____ der Autobahn.

f _____ Garten _____ unserem Haus steht ein alter Nussbaum, und der ist der Grund, _____ wir das Haus bekommen.

g Die alte Dame wird _____ eine kleine Wohnung ziehen, und sie sorgt sich _____ den alten Nussbaum.

h Sie verkauft das Grundstück _____ uns _____ einem Preis, den wir uns leisten können.

5 **Präposition + Akkusativ oder Dativ** (→ 2F2, 3F1, 4G2)

Je nach Bedeutung können die folgenden Präpositionen mit dem Akkusativ oder mit dem Dativ kombiniert werden. These prepositions take the accusative if motion is implied and the dative if not.

| an | auf | hinter | in | neben | über | unter | vor | zwischen |

Setzen Sie den Akkusativ oder den Dativ ein.

a Das Bild hängt bei uns an d____ Wand. Ich habe es selbst an d____ Wand gehängt.

b Sein Name ist nicht auf d____ Liste. Sie setzte seinen Namen nicht auf d____ Liste.

c Sie läuft hinter ei____ dicken Baum. Sie steht hinter ei____ dicken Baum.

d Der Rotwein gehört nicht in d____ Kühlschrank. Der Rotwein ist nicht i____ Kühlschrank.

e Er setzt sich neben d____ Fahrer. Er sitzt neben d____ Fahrer.

f Häng die Lampe doch über d____ Tisch! Die Lampe hängt jetzt über d____ Tisch.

g Sie legte das Geld unter d____ Schrank. Sie fand das Geld unter d____ Schrank.

h Der Mann stellte sich vor d____ Auto. Der Mann stand vor d____ Auto.

Konjugation des Verbs

Regelmäßig Regular				Unregelmäßig Irregular		
Infinitiv	sag-en		(to) say	seh-en		(to) see
Partizip I	sag-end		saying	seh-end		seeing
Partizip II	ge-sag-t		said	ge-seh-en		seen
Imperativ	sag(e)! / sagt! / sag-en Sie!		say!	sieh(e)! / seht! / seh-en Sie!		see!

Präsens Present tense

ich	sag-e	say	seh-e		see
du	sag-st	say	sieh-st		see
er / sie / es	sag-t	says	sieh-t		sees
wir	sag-en	say	seh-en		see
ihr	sag-t	say	seh-t		see
sie / Sie	sag-en	say	seh-en		see

Präteritum Past tense

ich	sag-te	said	sah		saw
du	sag-test	said	sah-st		saw
er / sie / es	sag-te	said	sah		saw
wir	sag-ten	said	sah-en		saw
ihr	sag-tet	said	sah-t		saw
sie / Sie	sag-ten	said	sah-en		saw

Perfekt Present perfect tense

ich	habe	ge-sag-t	have said	habe	ge-seh-en	have seen
du	hast	ge-sag-t	have said	hast	ge-seh-en	have seen
er / sie / es	hat	ge-sag-t	has said	hat	ge-seh-en	has seen
wir	haben	ge-sag-t	have said	haben	ge-seh-en	have seen
ihr	habt	ge-sag-t	have said	habt	ge-seh-en	have seen
sie / Sie	haben	ge-sag-t	have said	haben	ge-seh-en	have seen

Plusquamperfekt Past perfect (pluperfect) tense

ich	hatte	ge-sag-t	had said	hatte	ge-seh-en	had seen
du	hattest	ge-sag-t	had said	hattest	ge-seh-en	had seen
er / sie / es	hatte	ge-sag-t	had said	hatte	ge-seh-en	had seen
wir	hatten	ge-sag-t	had said	hatten	ge-seh-en	had seen
ihr	hattet	ge-sag-t	had said	hattet	ge-seh-en	had seen
sie / Sie	hatten	ge-sag-t	had said	hatten	ge-seh-en	had seen

Futur Future tense

ich	werde	sag-en	will say	werde	seh-en	will see
du	wirst	sag-en	will say	wirst	seh-en	will see
er / sie / es	wird	sag-en	will say	wird	seh-en	will see
wir	werden	sag-en	will say	werden	seh-en	will see
ihr	werdet	sag-en	will say	werdet	seh-en	will see
sie / Sie	werden	sag-en	will say	werden	seh-en	will see

🔊 Track 39

Die Deutschen und ihre Tiere

Goethe mochte keine Hunde und hatte dafür vor allem einen Grund:
Er konnte ihr Bellen nicht vertragen, es störte ihn beim Schlafen, beim
Arbeiten und beim Nachdenken.
Für die heutigen Deutschen hingegen sind Hunde und Katzen geliebte
Hausgenossen, deren Wohl ihnen wichtig ist. In den Supermärkten füllt
Hunde- und Katzenfutter viele Regale, und in den Tierarztpraxen und
Tierkliniken sitzen Menschen, die für die Gesundheit ihrer Tiere mitunter
mehr Geld ausgeben als für die Behandlung ihrer eigenen Krankheiten.

Allgemein hat der Tierschutz in Deutschland eine lange Tradition und viele
Unterstützer. Es gibt unzählige Organisationen, die sich für das Wohl und
die Rechte von Tieren einsetzen.
Der Fleischkonsum ist in Deutschland sehr hoch – etwa 60 Kilo pro Kopf und
Jahr. Das Fleisch soll billig sein, und das bedeutet Massentierhaltung und
Tierquälerei. Immer mehr Deutsche reduzieren deshalb ihren Fleischverbrauch
oder verzichten ganz
auf Fleisch.
Sie fordern eine
artgerechte
Tierhaltung, die auf
die natürlichen
Lebensbedürfnisse
der Tiere Rücksicht
nimmt.

Tier animal • G. mochte keine Hunde G. didn't like dogs • er konnte ihr Bellen nicht vertragen he couldn't
stand their barking • stören (to) disturb • schlafen (to) sleep • die heutigen Deutschen today's Germans •
hingegen however • Katze cat • Hausgenosse housemate • deren Wohl whose well-being • Tierarztpraxis
vet practice • Gesundheit health • Geld ausgeben (to) spend money • Behandlung ihrer Krankheiten
treatment of their illnesses • Tierschutz animal protection • Unterstützer supporter • unzählig countless •
Rechte rights • sich für Tierrechte einsetzen (to) champion animal rights • Fleischkonsum / -verbrauch meat
consumption • mehr als more than • Massentierhaltung factory farming • Tierquälerei animal abuse •
immer mehr Deutsche more and more Germans • reduzieren (to) reduce • ganz auf Fleisch verzichten
(to) avoid eating meat entirely • eine artgerechte Tierhaltung fordern (to) advocate welfare-oriented animal
husbandry • auf die natürlichen Lebensbedürfnisse der Tiere Rücksicht nehmen (to) meet the animals'
natural needs

Das Naturrätsel

Schreibweise im Kreuzworträtsel: ä = ae, ö = oe, ü = ue

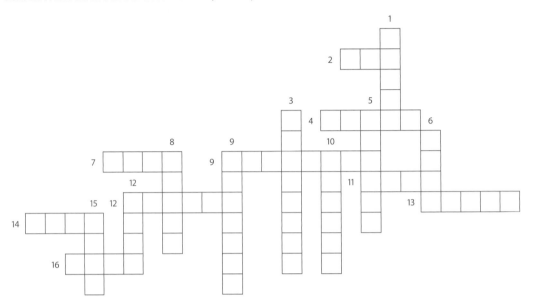

Waagerecht Across

2 Eine große Wasserfläche im Land.

4 Ein Tier, das Federn und Flügel hat, fliegt und singt.

7 Ein graues Raubtier, das ähnlich wie ein Schäferhund aussieht und manchmal Schafe frisst.

9 Eine Person, deren Beruf / Job es ist, auf Schafe aufzupassen.

11 Ein Lebewesen, das kein Mensch und keine Pflanze ist.

12 Was alle Pflanzen, Tiere und Menschen zum Leben brauchen.

13 Ein vierbeiniges Haustier, das miaut, sehr schnell ist und Mäuse (*Pl. von* Maus) fängt.

14 Eine große Pflanze mit einem Stamm, aus dem Äste mit Zweigen wachsen.

16 Ein vierbeiniges Haustier, das bellt (wau!).

Senkrecht Down

1 Eine Grasfläche, auf der Schafe, Kühe oder Pferde fressen.

3 Kleine, flache Teile eines Baumes, die im Sommer grün sind und im Herbst abfallen.

5 Ein Stück Land (oft bei einem Haus), auf dem Bäume, Sträucher, Blumen und / oder Gras wachsen.

6 Eine große, gartenartige Fläche mit Wegen.

8 Ein Tier, das im Wasser lebt.

9 Eine Pflanze ohne Stamm, mit vielen Ästen und im Sommer Blättern und Blüten. Sie heißt auch Busch.

10 Was die Tiere fressen.

12 Ein großes Stück Land, das dicht mit Bäumen bewachsen ist.

15 Ein kleines, graues Tier, das sehr schnell läuft und gern von Katzen gefangen wird.

DIE LIEBE
UND IHR ZUHAUSE

14

→ **Texte und Themen** Der achtzehnte April: Ein Jahrestag von einiger Bedeutung für Ahmet und Nadine •
Wohnungsprobleme: Die Jagd nach einer Wohnung • Wohnen in Deutschland: Landflucht und teures Wohnen
in der Stadt → **Verb** Irreale Konditionalsätze • Unterschied zwischen *worden* und *geworden* • Partizip II •
Konjunktiv → **Syntax** Konditionalsätze → **Verschiedenes** Deklination des attributiven Adjektivs (Superlativ) •
Adjektive auf *-bar*

Der achtzehnte April

Track 40

◆ Ahmet
○ Nadine

◆ Heute ist der achtzehnte April.

○ Ja, schön. Das heißt, es wird bald warm, wir werden Rad fahren und Sofia wird schwimmen lernen.

◆ Ist das alles, was dir beim achtzehnten April einfällt?

○ Hmm, du guckst mich so an, aber mir fällt nichts ein – außer, dass Tante Inge heute Geburtstag gehabt hätte.

◆ Ich hatte nicht an Tante Inge gedacht. Schließlich habe ich sie ja nie kennengelernt, wenn ich sie auch gern gekannt hätte.

○ Ach Schatz, du weißt doch, ich kann mir keine Daten merken. Was ist mit dem achtzehnten April? Könntest du mir nicht einen Tipp geben, wenn es dir doch so wichtig zu sein scheint? Unser Hochzeitstag ist es jedenfalls nicht!

◆ Gut. Also, wenn du am 18. April 2012 in Antalya nicht den Shuttlebus verpasst hättest, dann hättest du nicht an der Straße gestanden …

○ Ach ja natürlich, Schatz, und wenn der äußerst attraktive Herr Ahmet Özkan nicht da gewesen wäre und die Frau Nadine mitgenommen hätte …

◆ … und die reizende Frau Nadine ihn nicht zu einem Kaffee eingeladen hätte …,

○ … dann wären die beiden nie ein Paar geworden …

◆ … und die süße kleine Sofia wäre nie geboren worden.
(*Er überreicht seiner Frau einen Strauß roter Rosen.*)

The eighteenth of April

◆ Today is the eighteenth of April.

○ Yes, nice. It means it will soon be warm, we'll go cycling and Sofia will learn to swim.

◆ Is that all you can think of when it comes to the eighteenth of April?

○ Hm, the way you look at me – but there's nothing I can think of, except that Aunt Inge would have had her birthday today.

◆ I wasn't thinking of Aunt Inge. After all, I never got to know her, even though I would have liked to have known her.

○ Oh darling, you know that I can't remember dates, right? What is it about the eighteenth of April? Couldn't you give me a hint, given that it seems to be so important to you? In any case, it isn't our wedding anniversary!

◆ OK. So, if you hadn't missed the shuttle bus in Antalya on 18 April 2012, you wouldn't have been standing at the roadside …

○ Oh yes of course, darling, and if the extremely attractive Mr Ahmet Özkan hadn't been there and given a lift to Ms Nadine …

◆ … and the charming Ms Nadine hadn't invited him to coffee …,

○ … the two would never have become a couple …

◆ … and sweet little Sofia would never have been born.
(*He hands his wife a bouquet of red roses.*)

(jemanden) **angucken**	(to) look at (someone)
warum guckst du mich so an?	why are you looking at me like that?
einladen	(to) invite
wenn er sie nicht zu einem Kaffee eingeladen hätte	if he hadn't invited her to coffee
geboren werden	(to) be born
sie wurde in Stuttgart geboren	she was born in Stuttgart
sie wäre nie geboren worden	she would never have been born
kennenlernen	(to) meet; (to) get to know
ich habe sie nie kennengelernt	I never met her; I never got to know her
ich freue mich, Sie kennenzulernen	it's nice to meet you
lernen	(to) learn
sie wird Rad fahren lernen	she will learn how to ride a bike
sie hat schwimmen gelernt	she has learnt to swim
sich merken	(to) remember
ich kann mir keine Daten merken	I can't remember dates
(jemanden mit dem Auto) **mitnehmen**	(to) give a lift (to someone)
wenn er sie nicht mitgenommen hätte	if he hadn't given her a lift
sein	(to) be
er ist da gewesen	he was there; he has been there
wenn er nicht da gewesen wäre	if he hadn't been there
stehen	(to) stand
du hast an der Straße gestanden	you were standing at the roadside
du hättest (nicht) an der Straße gestanden	you would(n't) have been standing at the roadside
überreichen	(to) hand
er überreichte ihr einen Blumenstrauß	he handed her a bunch of flowers
verpassen	(to) miss
wenn du den Bus nicht verpasst hättest	if you hadn't missed the bus
werden	(to) become
aus den beiden wäre nie ein Paar geworden	the two would never have become a couple

1 Irreale Konditionalsätze (Bedingungssätze) (→ 12C3, 12C4)

In unserem Text (14A) werden Dinge angenommen, die nicht der Realität (Wirklichkeit) entsprechen. Zum Beispiel überlegt Ahmet, was passiert wäre, wenn Nadine **nicht** den Shuttlebus verpasst hätte (sie hat ihn aber verpasst!). Wenn sie nämlich den Bus **nicht** verpasst hätte, dann hätte sie **nicht** an der Straße gestanden (sie hat aber den Bus verpasst und hat deshalb an der Straße gestanden!). Und wenn sie **nicht** an der Straße gestanden hätte, dann hätte sie ihren jetzigen Ehemann Ahmet **nicht** kennengelernt …

In our text (14A) things are assumed which did not actually happen. For example, Ahmet thinks about what would have happened if Nadine had not missed the shuttle bus (but she did miss it!). The fact is that if she had not missed the bus she would not have been standing at the roadside (but she did miss the bus and was standing at the roadside!). And if she had not been standing at the roadside she would not have met her husband Ahmet …

Irreale Konditionalsätze: Setzen Sie *hätte(n)* oder *wäre(n)* ein.

a Wenn Nadine nicht den Bus verpasst _____ , (dann) _____ sie nicht an der Straße gestanden.

b Wenn Ahmet nicht so attraktiv gewesen _____ , (dann) _____ Nadine sich nicht so für ihn interessiert.

c Wenn sie ihn nicht zu einem Kaffee eingeladen _____ , (dann) _____ sie sich nicht näher kennengelernt.

d Wenn sie sich nicht näher kennengelernt _____ , (dann) _____ sie nie ein Paar geworden.

e Wenn sie nicht ein Paar geworden _____ , (dann) _____ die kleine Sofia nie geboren worden.

f Wenn der 18. April nicht ihr Kennenlerntag gewesen _____ , (dann) _____ Ahmet seiner Frau heute keine roten Rosen überreicht.

Hier sind die vorstehenden sechs Sätze noch einmal, aber mit veränderten Personen (*ich, du, wir*).
Here are the six sentences again, but with the third person (*Nadine, Ahmet, er, sie*) changed to the first and second persons (*ich, du, wir*).

Setzen Sie die passende Form von *hätte* oder *wäre* ein und ergänzen Sie das Partizip II ("3. Form des Verbs") am Satzende. Insert the appropriate forms of *hätte* or *wäre*. Also, insert the past participle forms at the end of the sentence.

a Wenn ich nicht den Bus verpasst _____ , (dann) _____ ich nicht an der Straße _____ .

b Wenn du nicht so attraktiv gewesen _____ , (dann) _____ ich mich nicht so für dich _____ .

c Wenn du mich nicht zu einem Kaffee eingeladen _____ , (dann) _____ wir uns nicht näher _____ .

d Wenn wir uns nicht näher kennengelernt _____ , (dann) _____ wir nie ein Paar _____ .

e Wenn wir nicht ein Paar geworden _____ , (dann) _____ die kleine Sofia nie _____ worden.

f Wenn der 18. April nicht unser Kennenlerntag gewesen _____ , (dann) _____ du mir heute keine roten Rosen _____ .

2 **Schreiben Sie den Text ab und vervollständigen Sie die Wörter.**

Auf d____ Weg durch d____ Wald begegnete ein____ klein____ Mädchen ein____ alt____ , grau____ Wolf.
D____ Mädchen hatte kein____ Angst vor d____ Wolf, sondern fragte ih____ nach d____ Weg zu sein____ Oma.
D____ Wolf beschrieb d____ klein____ Mädchen d____ Weg und lief dann selbst schnell zu d____ Haus, wo d____ alt____ Frau schnarch____ in ein____ schwarz____ Bett lag.
Als d____ klein____ Mädchen in d____ Zimmer ihr____ Oma kam, lagen dort d____ Oma und d____ Wolf Seite an Seite in d____ groß____ , schwarz____ Bett.
D____ klein____ Mädchen dachte: „Ach, d____ Opa ist also auch da. Ich freue mi____ , dass d____ beid____ wieder glücklich zusammen sind."
Über hundert Jahre lang hat es kein____ wild leb____ Wölfe in Deutschland gegeben.
D____ Angst vor d____ Wölf____ , d____ Hass auf d____ Wölf____ , das kommt von d____ alt____ Märchen, in de____ d____ Wolf als ein____ groß____ Bösewicht beschrieben wird.
Dies____ Märchen wurden mi____ von mein____ Mutter auch vorgelesen, aber ich fürchte mi____ trotzdem nicht vor d____ Wölf____ , d____ es in Deutschland inzwischen wieder gibt.

3 **Verwenden Sie das eingeklammerte Adjektiv im Superlativ mit der korrekten Deklinationsendung.** Provide the correctly declined superlative of the adjective in brackets.

a Eine Peruanerin ist zur _____ Frau der Welt gewählt worden. (schön)
b Malta ist das _____ Land der Europäischen Union. (klein)
c Ahmet ist einer der _____ Männer, die ich kenne. (attraktiv)
d „Bleiben" ist eines der _____ Wörter der deutschen Sprache. (wichtig)
e Nur mit _____ Mühe konnten die Fischer die Perle in ihr Boot bringen. (groß)
f In der Schweiz gibt es den _____ Eisenbahntunnel der Welt. (lang)
g Luigi's ist eines der _____ italienischen Restaurants der Stadt. (gut)
h Brokkoli soll eines der _____ Gemüse sein. (gesund)

Brokkoli soll ja so gesund sein.

Wohnungsprobleme

Housing problems

◀) Track 41

◆ Lisa
○ Felix

◆ Wir haben unsere Wohnung gekündigt.
Das hätten wir nie machen dürfen.

○ Ja, habt ihr denn nicht was Neues?

◆ Nein, eben nicht.
Wir hatten eine bezahlbare Wohnung
in Aussicht, die wäre etwas größer
gewesen und Emilia hätte
ein eigenes Zimmer gehabt.

○ Und was ist daraus geworden?

◆ Der Vermieter wollte auf einmal
zweihundert Euro mehr haben,
als er ursprünglich angegeben hatte.
Das hätten wir uns nicht leisten können.

○ Das ist ja eine Gemeinheit!

◆ Ist es auch! Aber die Wohnungen sind
so knapp, da bist du als
Wohnungssuchender immer in der
schwächeren Position.
Du fährst weite Wege zu einer
Besichtigung, und da hängt dann
ein Zettel an der Tür: „Wohnung
vergeben!" Oder dir wird eine
Idealwohnung angeboten, und wenn du
hinkommst, ist es eine Bruchbude
mit nassen Wänden, kaputten Fußböden
und einem vergammelten Badezimmer.

○ Ganz schön dreist!

◆ Ja, und noch schlimmer ist es,
wenn man über Dinge befragt wird,
die den Vermieter gar nichts angehen:
Sind Sie schwanger? Rauchen Sie?
Spielen Sie ein Instrument? Sind Sie
Mitglied eines Mietervereins? – Das bin
ich alles schon gefragt worden.

○ Das sind ganz schön persönliche
Fragen. Du hast doch das Recht, sie
nicht zu beantworten.

◆ Ja, und der Vermieter hat das Recht,
nicht an mich zu vermieten!

◆ We've given notice to leave our flat.
We should never have done that.

○ Well, don't you have someplace new?

◆ No, that's the point.
We had an affordable flat in our sights,
it would have been slightly larger
and Emilia would have had
a room of her own.

○ And what has happened to it?

◆ The landlord suddenly wanted two
hundred euros more than he had
originally asked.
We wouldn't have been able
to afford that.

○ That's an outrage.

◆ It is! But housing is so scarce
that if you're the one
that's flat-hunting
you're always in the weaker position.
You travel long distances for a
viewing, and then there's a note on the
door: "Flat has been rented!"
Or you're offered an
ideal flat, and when you
get there it's a dump
with wet walls, broken floors
and a rotting bathroom.

○ Some nerve!

◆ Yes, and it's even worse
when you're asked about things
that are none of the landlord's business:
Are you pregnant? Do you smoke?
Do you play an instrument? Are you
a member of a tenants association?
– I have been asked all these things.

○ These are pretty personal questions.
But you have a right
not to answer them, right?

◆ Yes. And the landlord has the right
not to rent to me.

anbieten	(to) offer
mir ist eine Wohnung angeboten worden	I have been offered a flat
beantworten	(to) answer
beantworten Sie bitte meine Frage	please answer my question
fahren	(to) travel
meistens fahre ich mit der U-Bahn	I usually travel by underground
man fährt weite Wege	you travel long distances
fragen	(to) ask
das bin ich alles schon gefragt worden	I have been asked all these things
hinkommen	(to) get there
wie sind Sie dort hingekommen?	how did you get there?
kündigen	(to) give notice (to leave)
wir haben unsere Wohnung gekündigt	we've given notice to leave our flat
der Vertrag wurde gekündigt	the contract was terminated/cancelled
rauchen	(to) smoke
rauchen Sie?	do you smoke?
Rauchen verboten	no smoking
spielen	(to) play
spielen Sie ein Instrument?	do you play an instrument?
ich spiele Fußball	I play football
machen / tun	(to) do
das hätten wir nie machen / tun dürfen	we should never have done that
das hättest du nicht tun müssen	you wouldn't have had to do that
vergeben (= vermieten)	(to) rent (out)
die Wohnung ist vergeben (= vermietet)	the flat has been rented
werden	(to) become; (to) be
was ist daraus geworden?	what has become of it?
er ist angegriffen worden	he has been attacked
sie wäre nie geboren worden	she would never have been born

1 **Test: Leseverständnis** Reading comprehension (only one answer is correct)

Mit diesen Aufgaben können Sie testen, ob Sie den Text 14D genau verstanden haben.

Kreuzen Sie die richtige Antwort an. Es ist immer nur eine Antwort richtig.

a Wer hat seine Wohnung gekündigt?
☐ Lisa allein.
☐ Lisa und Felix.
☐ Lisa und ihr Mann / Partner.
☐ Lisas Mann / Partner.

b Warum war es keine gute Idee, die alte Wohnung zu kündigen?
☐ Die alte Wohnung war eigentlich sehr gut.
☐ Die neue Wohnung ist nicht bezahlbar.
☐ Die neue Wohnung ist zu groß.
☐ Sie haben keine neue Wohnung in Aussicht.

c Sie hatten eine neue Wohnung in Aussicht, wollen die jetzt aber nicht nehmen,
☐ weil der Vermieter plötzlich eine höhere Miete haben will.
☐ weil Emilia kein eigenes Zimmer gehabt hätte.
☐ weil sie zu groß ist.
☐ weil sie zu klein ist.

d Als Wohnungssuchender ist man in der schwächeren Position,
☐ weil Bruchbuden als Idealwohnungen angeboten werden.
☐ weil die Wohnungen meistens vergeben sind, wenn man kommt.
☐ weil man zu weite Wege fahren muss.
☐ weil Wohnungen so knapp sind.

e Die Frau ärgert sich,
☐ weil die Vermieter gar nicht das Recht haben, ihr Fragen zu stellen.
☐ weil die Vermieter ihr so viele persönliche Fragen stellen.
☐ weil die Vermieter nicht an sie vermieten wollen, wenn sie schwanger ist.
☐ weil sie nicht Mitglied eines Mietervereins sein darf.

2 **Adjektive auf *-bar*** Adjectives in *-bar*

Durch Anhängen der Silbe *-bar* kann man aus Verben nützliche Adjektive bilden:
Adjectives in *-bar* formed from verbs express a possibility with a passive sense corresponding to English adjectives in *-able* or *-ible*.

Eine Wohnung, die man bezahlen kann / die sich bezahlen lässt, ist **bezahlbar**.

Setzen Sie Adjektive auf *-bar* ein (z. B. *bezahlbar*)

a Viele Muscheln kann man essen – sie sind _____ .
b Kann man einen Computer, der zwanzig Jahre alt ist, heute noch benutzen – ist er noch _____ ?
c Computer ohne Virenschutz lassen sich leicht aus dem Internet angreifen – sie sind extrem _____ .
d Verben, die sich in zwei Teile trennen lassen, sind _____ Verben.

e Diese Frage kann man nicht beantworten – sie ist nicht _____ .

f Die Wohnung ist so vergammelt, dass man sie nicht vermieten kann –
   sie ist nicht _____ .

g Einen Politiker, der die Pressefreiheit abschaffen will, werde ich nicht wählen –
   er ist für mich nicht _____ .

3 Der Unterschied zwischen *worden* und *geworden*

> Wenn Nadine den attraktiven Ahmet Özkan nicht zu einem Kaffee eingeladen hätte,
> dann wären die beiden nie ein Paar <u>geworden</u> und die kleine Sofia wäre nie geboren <u>worden</u>.
> If Nadine hadn't invited the attractive Ahmet Özkan to coffee, the two would never
> have <u>become</u> a couple and little Sofia would never have <u>been</u> born.

Geworden ist das Partizip II des **Vollverbs** *werden* und wird zur Bildung der Perfektformen von
werden benutzt: *Geworden* is the past participle of the full verb *werden*:

Nesrin ist Lehrerin **geworden**.	Nesrin has become a teacher.
Nesrin war Lehrerin **geworden**.	Nesrin had become a teacher.
Nesrin soll Lehrerin **geworden** sein.	Nesrin is supposed to have become a teacher.

Worden ist das Partizip II des **Hilfsverbs** *werden* und wird zur Bildung des Passivs benutzt:
Worden is the past participle of the auxiliary verb *werden* and is used to form the passive:

Nesrin ist gefragt **worden**.	Nesrin has been asked.
Nesrin war gefragt **worden**.	Nesrin had been asked.
Nesrin soll gefragt **worden** sein.	Nesrin is supposed to have been asked.

Setzen Sie *geworden* oder *worden* ein. Insert *geworden* or *worden*.

a Die Reise ist sehr gut vorbereitet _____ .

b Mein Hund ist von einem großen Hund angegriffen _____ .

c Was ist aus der Sache _____ ?

d Eine Peruanerin ist zur schönsten Frau der Welt gewählt _____ .

e Das bin ich alles schon mal gefragt _____ .

f Sie sind Opfer der Flut _____ .

g Uns ist eine Wohnung angeboten _____ .

h Mit diesem Mann wäre ich nicht glücklich _____ .

4 Setzen Sie das Partizip II (die „dritte Form") des im Infinitiv angegebenen Verbs ein.
Insert the past participle of the infinitive in brackets.

a Wir haben unsere Wohnung _____ . (kündigen)

b Das hättet ihr besser nicht _____ . (machen)

c Die andere Wohnung wäre etwas größer _____ . (sein)

d In dieser Wohnung hätte Emilia ein eigenes Zimmer _____ . (haben)

e Leider ist daraus nichts _____ . (werden)

f Der Vermieter wollte mehr Miete haben, als er vorher _____ hatte. (angeben)

g Gestern sind wir einen weiten Weg zu einer Besichtigung _____ . (fahren)

h Dort hing ein Zettel an der Tür: „Wohnung ist _____ ." (vergeben)

Der Konjunktiv The subjunctive (→ 12C4, 13F3, 15C1)

Julia hat ein Telefongespräch mit Lukas geführt. Sie erzählt ihrer Freundin Saskia, was in dem Gespräch gesagt wurde – in **indirekter** Rede. (Was Lukas und Julia wörtlich gesagt haben, also in **direkter** Rede, sehen Sie in Klammern.) Julia tells her friend Saskia in indirect speech what was said in Julia's phone conversation with Lukas.

(Lukas: „Ich bin ein Idiot!")

a   Julia: Lukas sagte, er <u>sei</u> ein Idiot.

(Julia: „Warum meinst du denn das?")

b   Julia: Ich habe ihn gefragt, warum er denn das <u>meine</u>.

(Lukas: „Ich habe telefonisch einen Stromvertrag abgeschlossen.")

c   Julia: Er sagte, er <u>habe</u> telefonisch einen Stromvertrag abgeschlossen.

(Julia: „So was macht man doch nicht telefonisch!")

d   Julia: Ich sagte, dass man so was doch nicht telefonisch <u>mache</u>.

(Lukas: „Auch ich schließe sonst niemals Verträge per Telefon ab.")

e   Julia: Lukas sagte, dass auch er sonst niemals Verträge per Telefon <u>abschließe</u>.

(Lukas: „Aber dieser Mann war mir sympathisch.")

f   Julia: Aber dieser Mann <u>sei</u> ihm sympathisch gewesen.

(Lukas: „Und sein Angebot klang so gut, da musste ich einfach Ja sagen.")

g   Julia: Und sein Angebot <u>habe</u> so gut geklungen, da <u>habe</u> er einfach Ja sagen müssen.

(Lukas: „Aber es war natürlich kein gutes Angebot.")

h   Julia: Aber es <u>sei</u> natürlich kein gutes Angebot gewesen.

(Julia: „Du kannst den Vertrag innerhalb von zwei Wochen widerrufen.")

i   Julia: Ich habe ihm gesagt, dass er den Vertrag innerhalb von zwei Wochen widerrufen <u>könne</u>.

(Lukas: „Ja, das werde ich sofort tun.")

j   Julia: Lukas sagte / hat gesagt, dass er das sofort tun <u>werde</u>.

In den Sätzen **a** bis **j** steht das unterstrichene Verb im **Konjunktiv**.
Durch den Gebrauch des **Konjunktivs** (Möglichkeitsform) macht Julia deutlich, dass sie lediglich berichtet, was Lukas gesagt hat, dass sie aber keine Garantie dafür übernimmt, dass das von Lukas Gesagte der Realität entspricht.
Der **Konjunktiv** ist zu unterscheiden vom **Indikativ**, der Wirklichkeitsform. Mit dem **Indikativ** drückt der Sprecher aus, dass er das Gesagte als wirklich, als real gegeben ansieht.
Beachten Sie die vom **Indikativ** abweichende Form des **Konjunktivs**:

Indikativ:	Er <u>ist</u> ein Idiot.	Konjunktiv:	(Er sagt,) er <u>sei</u> ein Idiot.
Indikativ:	er <u>meint</u>	Konjunktiv:	er <u>meine</u>
Indikativ:	er <u>hat</u>	Konjunktiv:	er <u>habe</u>
Indikativ:	man <u>macht</u>	Konjunktiv:	man <u>mache</u>
Indikativ:	er <u>kann</u>	Konjunktiv:	er <u>könne</u>
Indikativ:	er <u>wird</u>	Konjunktiv:	er <u>werde</u>

Note the difference between indicative (which states a fact) and subjunctive (which reports what someone else has said). One of the functions of the subjunctive is to mark a statement as coming from someone else and not necessarily being factual.

◀) Track 42

Wohnen in Deutschland

Wie in vielen anderen Ländern ziehen in Deutschland immer mehr Menschen vom Land in die Stadt. Der Wohnraum in den Städten wird dadurch knapper und die Mieten steigen. In den Dörfern und Kleinstädten hingegen stehen Häuser und Wohnungen leer und der Weg zum Supermarkt, zur Sparkasse und zum Arzt wird länger. Da vor allem junge Leute auf der Suche nach Jobs in die Städte ziehen, nimmt die Kinderzahl auf dem Land ständig ab, Schulen und Kitas werden geschlossen und es entstehen immer längere Fahrzeiten für die Kinder.
In den großen Städten steigen die Mieten ständig, und immer größer wird der Anteil des Einkommens, den die Stadtbewohner für das Wohnen aufbringen müssen – mancherorts bis zu 30 Prozent! In Städten wie München, Hamburg oder Köln können es sich Normalverdiener kaum noch leisten, in der Innenstadt zu wohnen. Zwar wird viel gebaut und die Politik versucht, den Mietanstieg zu bremsen, aber der Bedarf wächst schneller als das Angebot, nicht zuletzt durch die ständig wachsende Zahl der Singlehaushalte.

Glücklich ist, wer in eigenen vier Wänden wohnen kann. An die 30 Millionen Deutsche haben das Glück, in ihrem eigenen Haus zu leben, wobei Haus nicht gleich Haus zu sein scheint, denn in München bezahlt man für ein Einfamilienhaus über eine Million Euro, während ein solches Objekt in Frankfurt (Oder) für etwa 220 000 Euro zu haben ist.

---

die Mieten steigen rents are rising • Dorf – Dörfer village – villages • Kleinstadt = kleine Stadt mit weniger als 20 000 Einwohnern • Sparkasse bank • da = weil since; as; because • auf der Suche nach Jobs in search of work • Kita = Kindertagesstätte nursery school • schließen – schloss – geschlossen (to) close down • längere Fahrzeiten entstehen longer travel times result • ständig constantly • der Anteil des Einkommens the share of income • Geld für das Wohnen aufbringen (to) spend money on rent • Normalverdiener people earning average incomes • Innenstadt city centre • zwar wird viel gebaut even though there's lots of construction • die Politik versucht politicians are trying • den Mietanstieg zu bremsen to slow the rise in rents • der Bedarf wächst schneller als das Angebot demand is growing faster than supply • nicht zuletzt not least • Singlehaushalt = Einpersonenhaushalt • glücklich ist, wer lucky the person who • in eigenen vier Wänden in a home of their own • Haus ist nicht gleich Haus not all houses are the same • Einfamilienhaus single family home

Das Liebesrätsel

Hier sind – als kleine Hilfe – die Wörter für das Kreuzworträtsel:

als | Augen | bleibe | folgt | Geld | geliebt | Herz | Herzen | Liebe
lieben | liebt | Mai | muss | nicht | wen | weniger | Zeit

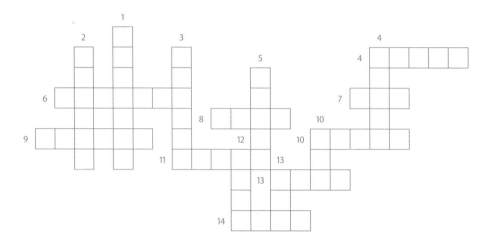

Waagerecht Across

4 Glücklich allein ist die Seele, die
   _____ . (Goethe)

6 Schach ist wie die Liebe – allein macht es
   _____ Spaß. (Zweig)

7 Es kommt nicht darauf an, wie lange man
   wartet, sondern auf _____ . (Wilder)

8 Die besten Dinge im Leben sind nicht die,
   die man für _____ bekommt.
   (Einstein)

9 Da fuhr' ich still im Wagen, du bist so weit
   von mir, wohin er mich mag tragen, ich
   _____ doch bei dir. (Eichendorff)

10 Man sieht nur mit dem Herzen gut, das
   Wesentliche ist für die _____
   unsichtbar. (Saint-Exupéry)

11 Zweifle an der Sonne Klarheit, zweifle an
   der Sterne Licht, zweifle, ob lügen kann die
   Wahrheit, nur an meiner Liebe _____ .
   (Shakespeare)

13 Wer Tränen ernten will, _____ Liebe
   säen. (Schiller)

14 O zarte Sehnsucht, süßes Hoffen, der ersten
   Liebe goldne _____ ! (Schiller)

Senkrecht Down

1 Das Schönste aber hier auf Erden ist lieben
   und _____ zu werden. (Busch)

2 Glück ist Liebe, nichts anderes.
   Wer _____ kann, ist glücklich. (Hesse)

3 Es muss von Herzen kommen, was auf
   _____ wirken soll. (Goethe)

4 Der Wunder größtes ist die _____ .
   (Hoffmann von Fallersleben)

5 Wie Schatten flieht die Lieb', indem man sie
   verfolgt. Sie folgt dem, der sie flieht, und
   flieht den, der ihr _____ .
   (Shakespeare)

10 Ein Tropfen Liebe ist mehr _____ ein
   Ozean Verstand. (Pascal)

12 Du bist wie eine Blume, so hold und schön
   und rein; ich schau dich an, und Wehmut
   schleicht mir ins _____ hinein.
   (Heine)

13 Im wunderschönen Monat _____ , als
   alle Knospen sprangen, da ist in meinem
   Herzen die Liebe aufgegangen. (Heine)

NUR KEINE ANGST!
15

→ **Texte und Themen** Das Bewerbungsgespräch: Wird Max den Job kriegen? • „Die schreckliche deutsche Sprache": Besser nicht an die Regeln denken – oder? • Mark Twain über Deutschland und das Deutsche: gut beobachtet und witzig beschrieben → **Verb** Indirekte Rede • Perfekt • Infinitiv statt Partizip II • Konjunktive • Infinitiv als Nomen • Präsens-Futur und *werden*-Futur • Reflexive Verben → **Verschiedenes** Du-Anrede und Sie-Anrede • Verschmelzung von Präposition und bestimmtem Artikel • Deklination des Adjektivs

Das Bewerbungsgespräch

The job interview

◀) Track 43

◆ Anne
○ Max

◆ Na, wie war's?
Wirst du den Job kriegen?

○ Kann ich nicht sagen. Die Personalerin
hat viele Fragen gestellt,
aber selbst wenig gesagt.

◆ Was hat sie denn so gefragt?

○ Na, zum Beispiel, ob ich visionär sei.

◆ Komische Frage.
Was hast du denn geantwortet?

○ Ich habe gesagt, dass ich mehr an
Lösungen interessiert sei, dass mich
das Lösen komplizierter Probleme
besonders reize.

◆ Gut, dass du nicht gesagt hast, du seist
visionär. Ein Systemadministrator
soll doch nicht visionär sein.

○ Genau! Ich hätte ja auch Helmut
Schmidt zitieren können: „Wer Visionen
hat, der sollte zum Arzt gehen."

◆ Das wäre wohl etwas frech gewesen.

○ Eben! – Sie hat mich übrigens auch
gefragt, was ich in den ersten zwei
Wochen tun würde,
wenn ich den Job bekäme.

◆ Und?

○ Ich habe geantwortet, dass ich mir
als Erstes ganz genau das IT-System
ansehen würde. Als Zweites würde
ich mit allen Teammitgliedern reden,
um festzustellen, wie sie das System
nutzen und was für
Verbesserungsvorschläge sie haben.

◆ Super! Ich glaube, du kriegst den Job.

○ Das wäre schön. Zum Schluss fragte
sie, was ich denken würde,
wenn ich eine Absage erhielte.

◆ Das war fies!

○ Ja! – Ich hätte an diese Möglichkeit
gar nicht gedacht, habe ich geantwortet.

◆ Well? How did it go?
Are you going to get the job?

○ I can't say. The HR woman
(= personnel manager) asked many
questions but said little herself.

◆ What kind of questions did she ask?

○ Well, if I was visionary, for example.

◆ Funny question.
What did you answer?

○ I said that I was more interested in
solutions, that solving complex
problems appealed to me
especially.

◆ Good that you didn't say you were
visionary. A system administrator
isn't supposed to be visionary.

○ Exactly! I could have quoted Helmut
Schmidt: "Anyone who has visions
should go see a doctor."

◆ That would have been a little cheeky.

○ Precisely! – Incidentally, she also
asked me what I would do during the
first two weeks
if I got the job.

◆ Well?

○ I answered that I would start off by
taking a very close look at the
IT system. Next, I would talk
with all the team members
to find out how they use the system
and what suggestions
for improvements they have.

◆ Fantastic! I think you'll get the job.

○ That would be great. In the end,
she asked what I would think
if I got a rejection.

◆ That was nasty.

○ Yes. – I answered that I hadn't thought
of that possibility at all.

sich (etwas) **ansehen**	(to) take a look (at something)
ich werde mir das System ansehen	I'm going to take a look at the system
ich würde mir das System ansehen	I would take a look at the system
bekommen	(to) get
was werden Sie tun, wenn Sie den Job bekommen?	what will you do if you get the job?
was würden Sie tun, wenn Sie den Job bekämen?	what would you do if you got the job?
denken (an)	(to) think (of)
ich sagte, dass ich an diese Möglichkeit nicht gedacht hätte	I said that I hadn't thought of that possibility
kriegen	(to) get
wirst du den Job kriegen?	are you going to get the job?
ich glaube, du kriegst den Job	I think you'll get the job
(jemanden) **reizen**	(to) appeal (to someone)
es reizt mich, komplexe Probleme zu lösen	I enjoy solving complex problems
das Lösen komplexer Probleme reizt mich	solving complex problems appeals to me
ich sagte, dass das Lösen komplexer Probleme mich besonders reize	I said that the solving of complex problems had special appeal for me
sein	(to) be
ich bin an Lösungen interessiert	I am interested in solutions
ich habe gesagt, dass ich an Lösungen interessiert sei	I said that I was interested in solutions
das wäre wohl etwas frech	that would be a little cheeky
das wäre wohl etwas frech gewesen	that would have been a little cheeky
(Fragen) **stellen**	(to) ask (questions)
sie hat viele Fragen gestellt	she asked many questions
zitieren	(to) quote
er zitierte Helmut Schmidt	he quoted Helmut Schmidt
ich hätte Helmut Schmidt zitiert	I would have quoted Helmut Schmidt
ich hätte Helmut Schmidt zitieren können	I could have quoted Helmut Schmidt

1   Indirekte Rede   Indirect speech   (→ 14G)

Max erzählt Anne, was die Personalerin alles gefragt hat und was er geantwortet hat.
Max tells Anne what the HR woman asked him and what he answered.

a „Sind Sie visionär?" → Sie hat mich gefragt, *ob ich visionär sei.*

b „Ich bin an Lösungen interessiert." → Ich habe gesagt, dass …

c „Das Lösen komplizierter Probleme reizt mich." → Ich habe gesagt, dass …

d „Was werden Sie in den ersten zwei Wochen tun?" → Sie wollte wissen, was …

e „Ich werde mir genau das IT-System ansehen." → Ich habe geantwortet, …

f „Ich werde mit jedem Teammitglied reden." → Ich habe gesagt, …

g „Was wissen Sie über unser Unternehmen?" → Sie wollte wissen, …

h „Wovor haben Sie die meiste Angst?" → Sie wollte wissen, …

i „Was ist Ihr größter Fehler?" → Sie hat mich gefragt, …

j „Wie sieht für Sie das ideale Unternehmen aus?" → Sie hat mich gefragt, …

2   Das Perfekt   Present perfect tense

Setzen Sie den <u>unterstrichenen</u> Satzteil ins Perfekt, sodass sich die Sätze auf die Vergangenheit beziehen. Make the sentences refer to the past by changing the <u>underlined</u> part into the present perfect tense.

a <u>Wirst</u> du den Job <u>kriegen</u>? → *Hast du den Job gekriegt?*

b <u>Werden</u> Sie den Job <u>bekommen</u>?

c Sie <u>wird</u> viele Fragen <u>stellen</u>. → *Sie hat viele Fragen gestellt.*

d Sie selbst <u>wird</u> wenig <u>sagen</u>.

e Was <u>wirst</u> du denn <u>antworten</u>?

f Ich <u>werde</u> mit jedem Teammitglied <u>sprechen</u>.

g Ich <u>werde</u> mit jedem Teammitglied <u>reden</u>.

h Wann <u>werden</u> sie nach Hause <u>kommen</u>?

3   Gebrauch des Infinitivs statt des Partizips II

a	Wir	hätten	das	nie	<u>gemacht</u>.		We would never have done that.
b	Ich	hätte	Goethe		<u>zitiert</u>.		I would have quoted Goethe.
c	Wir	hätten	das	nie	<u>machen</u>	<u>dürfen</u>.	We should never have done that.
d	Ich	hätte	Goethe		<u>zitieren</u>	<u>können</u>.	I could have quoted Goethe.

In den Sätzen **c** und **d** ist beim Modalverb der Gebrauch des Infinitivs zu beachten: *dürfen* (statt *gedurft*), *können* (statt *gekonnt*). Dieser Sprachgebrauch findet sich auch bei den anderen Modalverben:

Note the use of the infinitive of the modal auxiliary in c and d: *dürfen* (rather than *gedurft*), *können* (rather than *gekonnt*). This usage also applies to the other modal auxiliaries:

Er hätte das tun <u>müssen</u>.	He would have had to do that.
Ich hätte ihn sprechen <u>wollen</u>.	I would have wanted to talk with him.
Das hätte ich nicht machen <u>sollen</u>.	I should not have done that.

Ersetzen Sie das Partizip II durch die Kombination Vollverb + Modalverb.

Use the construction full verb + modal verb to replace the past participle.

a Ich hätte diese Rechnung nicht bezahlt. (dürfen)

→ *Ich hätte diese Rechnung nicht bezahlen dürfen.*

b Das hättest du nicht gesagt. (dürfen)

c Sie hätte den Job gekriegt. (können)

d Wir hätten noch viele Fragen gestellt. (wollen)

e Die Frau hätte das gewusst. (müssen)

f Wir hätten auch mit Geld geholfen. (sollen)

4 Konjunktive (→ 12C4, 13F3, 14G)

Setzen Sie in jedem Satz nur <u>ein</u> Wort ein. Only one word to be inserted in each sentence.

a Was würden Sie sagen, wenn Sie den Job nicht bekommen _____ ?

b Was würdest du sagen, wenn du den Job nicht kriegen _____ ?

c Was würde sie tun, wenn sie den Job nicht _____ ? (bekommen)

d Was würden Sie denken, wenn Sie eine Absage _____ ? (erhalten)

e Wenn diese Probleme weniger kompliziert _____ , würden sie mich nicht reizen.

f Er sagte, dass diese Aufgabe ihn besonders _____ . (reizen)

g Er sagte, dass ein Projekt wie dieses ihn besonders reizen _____ .

h Wenn es möglich wäre, _____ sie auch gern in Frankreich leben.

i Bei einer Monatsmiete von über tausend Euro _____ die Wohnung für uns zu teuer gewesen.

j Am besten _____ es, wenn Sie sich als Erstes das IT-System ansehen würden.

k Sie sagte mir, dass sie keine Verbesserungsvorschläge _____ . (haben)

l Ich sagte, ich _____ an die Möglichkeit einer Absage gar nicht gedacht.

◀ Track 44

◆ Schüler
(male
student)

◉ Lehrerin
(female
teacher)

„Die schreckliche deutsche Sprache"
(Mark Twain, 1880)

◆ Deutsch ist so schwer,
ich glaube, ich lerne es nie.

◉ Natürlich lernen Sie es. In einem Jahr
werden Sie so viel Deutsch können,
dass Sie überall gut zurechtkommen.

◆ Sie meinen, ich werde auch immer
die richtigen Endungen anhängen?

◉ Ja, das ist Übungssache – wie fast
alles beim Sprachenlernen.

◆ Übungssache? Ich soll also nicht an
die Regeln denken?
Welches Genus, welcher Numerus,
welche Person, welcher Kasus,
mit oder ohne Artikelwort
und so weiter und so fort?
Man sagt „das große Haus",
aber „ein große<u>s</u> Haus",
„der große Garten",
aber „ein große<u>r</u> Garten",
„in ein<u>er</u> großen Wohnung",
aber „in ein<u>em</u> großen Haus".
Vie<u>le</u> verschieden<u>e</u> Endungen!
Die viel<u>en</u> verschieden<u>en</u> Endungen!
Wie soll ich da beim Sprechen immer
gleich die Regel anwenden?

◉ Gar nicht!
Hören, sprechen und lesen Sie
einfach so viel Deutsch,
wie Sie können.
Hören Sie viel Radio,
sehen Sie viel fern –
nur deutschsprachige Programme!

◆ Das Schreiben ist nicht so wichtig?

◉ Doch! Schreiben Sie kleine Passagen
ab – aus Zeitungen, Romanen
und so weiter. Machen Sie sich
überall Notizen, alles auf Deutsch!
Und denken Sie beim Sprechen
nicht an die Deklination. „Ich muss
noch bei die Oma hin", sagt der
Berliner und wird auch verstanden.

"The awful German language"
(Mark Twain, 1880)

◆ German is so difficult,
I think I'll never learn it.

◉ Of course you'll learn it. In a year
you'll know so much German
that you'll get along well everywhere.

◆ You mean I'll always
add the right endings?

◉ Yes, it's a matter of practice – like almost
everything about learning a language.

◆ Practice? So I'm not supposed
to think of the rules?
What gender, what number,
what person, what case,
with or without determiner,
and so on and so forth?
You say "das groß<u>e</u> Haus"
but "ein groß<u>es</u> Haus",
"der große Garten"
but "ein groß<u>er</u> Garten",
"in ein<u>er</u> großen Wohnung"
but "in ein<u>em</u> großen Haus".
Many different endings!
The many different endings!
How am I always to apply the rule
while speaking?

◉ Not at all!
Simply listen to, speak and read
as much German
as you can.
Listen to the radio a lot,
watch a lot of television –
only German-language programmes!

◆ Writing is not so important?

◉ Oh yes, it is! Copy out small passages –
from newspapers, novels
and so on. Take notes
everywhere, everything in German.
And don't think about declension
while speaking. "I have to go see
grandma yet," says the Berliner
and gets understood too.

abschreiben	(to) copy out
schreib diese Passage bitte ab	copy out this passage, please
ich will diese Passage abschreiben	I want to copy out this passage
anhängen	(to) attach
eine Endung ans Verb (an)hängen	attach an ending to a verb
ich werde die Datei an die E-Mail anhängen	I'll attach the file to the e-mail
anwenden	(to) apply
man kann diese Regel anwenden	you can apply this rule
sie wendete / wandte die Regel an	she applied the rule
die Regel wird angewendet / angewandt	the rule is applied
fernsehen	(to) watch TV / television
sie sieht viel fern	she watches TV / television a lot
sie hat viel ferngesehen / sah viel fern	she watched TV / television a lot
hören / zuhören	(to) listen
er hört viel Radio	he listens to the radio a lot
er hört ihr zu	he listens / is listening to her
du musst ihr zuhören	you must listen to her
du hast nicht zugehört	you didn't listen / weren't listening
können	(to) be able to speak; (to) know
können Sie Deutsch? / kannst du Deutsch?	do / can you speak German?; do you know (any) German?
lesen	(to) read
ich lese, so viel ich kann	I read as much as I can
sie las viel	she read a lot
sie hat viel gelesen	she has read a lot
sprechen	(to) speak / talk
mit deutschen Muttersprachlern sprechen	speak / talk with native German speakers
zurechtkommen	(to) get along
wir kommen gut zurecht	we get along well
wir werden gut zurechtkommen	we'll get along well
wir sind gut zurechtgekommen	we got along well

1 **Infinitiv als Nomen** Infinitive as a noun (→ 11G5)

Hier sind neun Sätze mit dem Infinitiv als Nomen.
Manchmal sind die Verben mit einem Nomen verbunden (**Deutsch**lernen, **Radio**hören, **Rad**fahren), manchmal geht ihnen der bestimmte Artikel (stets neutrales Genus!) vorweg, manchmal folgt ihnen ein Genitiv (das Hören **deutscher** Texte), und immer wird der als Nomen gebrauchte Infinitiv **groß**geschrieben.

In dieser Übung testen wir nicht den Infinitiv, sondern die Wörter und Formen in seiner Nachbarschaft.

a   Radio, Fernsehen und Internet machen _____ Deutschlernen leichter.
b   Fast alles b_____ Sprachenlernen ist Übungssache.
c   Häufig_____ Radiohören ist gut für das Sprachenlernen.
d   Die Lehrerin empfiehlt das Lesen, Sprechen und Hören deutsch_____ Texte.
e   Auch das Abschreiben von deutsch_____ Texten ist nützlich.
f   Das Lösen kompliziert_____ Probleme reizt mich besonders.
g   Ich kann beim schnell_____ Sprechen nicht an die Regeln denken.
h   _____ Rauchen ist ohne Zweifel ungesund.
i   Besonders gut war ich i_____ Schwimmen und i_____ Radfahren.

2 **Benutzen Sie die Du-Anrede statt der Sie-Anrede.** Use du instead of Sie. (→ 12C5)

> Beachten Sie das -e am Ende des Du-Imperativs:
> 1. Es **darf nicht** stehen bei Verben mit Vokalwechsel: **Sieh** mal her! **Sprich** lauter!
> 2. Es **muss** stehen bei Verben, deren Stamm auf -ig endet: **Vervollständige** den Text!
> Note: Verbs that change their vowel (e.g. lesen – lies) never have the -e ending while verbs with roots ending in -ig (e.g. vervollständigen – vervollständige) always have the -e ending.

a   Denken Sie nicht an die Regeln!
b   Schreiben Sie kleine Texte ab!
c   Machen Sie sich überall Notizen!
d   Sprechen Sie deutsch, so viel Sie können!
e   Lesen Sie bitte diesen Brief!
f   Sehen Sie sich mal ganz genau das IT-System an!
g   Geben Sie mir Ihren Schlüssel!
h   Entschuldigen Sie bitte!

3 **Präsens-Futur und werden-Futur** (→ 9C3)

In dem Satz Ich glaube, ich lerne es nie benutzen wir das Präsens zum Ausdruck der Zukunft. Der Satz ist kurz und der Zukunftsbezug ist klar erkennbar. Will ich den Zukunftsbezug noch deutlicher machen bzw. besonders betonen, so kann ich auch das werden-Futur benutzen: Ich glaube, ich werde es nie lernen.
In German a sentence such as Ich hole sie von der Bahn ab can refer either to the present or to the future. If reference to the future is intended, we can make it clear by using the werden future: Ich werde sie von der Bahn abholen (I'm going to meet her at the station).

Wandeln Sie nun die folgenden Sätze um vom Präsens-Futur auf das werden-Futur.

a   In einem Jahr kannst du genug Deutsch, um überall zurechtzukommen.
b   Heute Abend sehen wir fern.

c Kriegst du den Job?

d Ich glaube, ich kündige den Vertrag.

e In unserer neuen Wohnung hat Emilia ein eigenes Zimmer.

f Im nächsten Jahr lerne ich schwimmen.

g Für den Weg vom Bahnhof zum Hotel brauchen wir doch kein Taxi.

h Ich glaube, ich lade Frau Özkan mal zum Kaffee ein.

4 Reflexive Verben (→ 9F2, 13C3)

Setzen Sie das Reflexivpronomen oder das passende Verb ein.

a Du solltest _____ ein paar Notizen machen.

b Wollt ihr _____ nach hinten setzen?

c Ich muss _____ einen besseren Job suchen.

d Wir sorgen _____ um unseren Garten.

e Für Wölfe interessiere ich _____ sehr.

f Vor Wölfen _____ ich mich sehr.

g Er _____ sich über Leute, die auf dem Bürgersteig Rad fahren.

h Sie _____ sich darüber auf, dass es wieder Wölfe in Deutschland gibt.

i Sie hat sich immer ein Haus mit Garten _____ .

5 Verschmelzung von Präposition und bestimmtem Artikel

Setzen Sie die passende Präposition-Artikel-Kombination ein.

| am | beim | im | ins | vom | zum | zur |

a Mit diesen Schmerzen sollten Sie _____ Arzt gehen.

b Ich bin gestern _____ Arzt gewesen.

c _____ Ende ist er fast _____ Tisch eingeschlafen.

d Die Minister werden _____ Bundespräsidenten ernannt.

e Wann ist die nächste Wahl _____ Abgeordnetenhaus?

f Was gibt es denn _____ Fernsehen?

g Sie wurde 2008 _____ ersten Mal _____ Parlament gewählt.

h Sie haben vier Antworten _____ Auswahl.

6 Schreiben Sie den Text ab und ergänzen Sie dabei die fehlenden Buchstaben.

Deutsch ist gar nicht so schwer. Man denk_____, man lern_____ es nie, aber nach ei_____ Jahr merk_____ man, da_____ man überall ganz gut mit sei_____ Deutsch zurechtko_____. Man versteh_____ die Leute und wird von ih_____ verst_____. Manchmal benutz_____ man sogar die richt_____ Endungen – und wenn nicht, dann ist d_____ auch nicht schlimm. Auf jed_____ Fall sollte man bei_____ Reden nicht ständig an die Regel_____ denk_____. Die richt_____ Endungen lern_____ man durch Üben. Man sollt_____ überall sei_____ Deutsch üben – durch Zuhören, Sprechen, Lesen und Schreiben. Übung mach_____ d_____ Meister!

Deklination des Adjektivs   (→ 5G, 7F1)

1   Nominativ

1a	der **große** Garten macht viel Arbeit	maskulin Singular
1b	ein **großer** Garten macht viel Arbeit	maskulin Singular
1c	die **große** Wohnung macht viel Arbeit	feminin Singular
1d	eine **große** Wohnung macht viel Arbeit	feminin Singular
1e	das **große** Haus macht viel Arbeit	neutral Singular
1f	ein **großes** Haus macht viel Arbeit	neutral Singular
1g	die **großen** Gärten / Wohnungen / Häuser machen viel Arbeit	m., f., n. Plural
1h	**große** Gärten / Wohnungen / Häuser machen viel Arbeit	m., f., n. Plural

2   Akkusativ

2a	wir wollen den **großen** Garten	maskulin Singular
2b	wir wollen einen **großen** Garten	maskulin Singular
2c	wir wollen die **große** Wohnung	feminin Singular
2d	wir wollen eine **große** Wohnung	feminin Singular
2e	wir wollen das **große** Haus	neutral Singular
2f	wir wollen ein **großes** Haus	neutral Singular
2g	wir wollen die **großen** Gärten / Wohnungen / Häuser	m., f., n. Plural
2h	wir wollen **große** Gärten / Wohnungen / Häuser	m., f., n. Plural

3   Dativ

3a	wir waren in dem **großen** Garten	maskulin Singular
3b	wir waren in einem **großen** Garten	maskulin Singular
3c	wir waren in der **großen** Wohnung	feminin Singular
3d	wir waren in einer **großen** Wohnung	feminin Singular
3e	wir waren in dem **großen** Haus	neutral Singular
3f	wir waren in einem **großen** Haus	neutral Singular
3g	wir waren in den **großen** Gärten / Wohnungen / Häusern	m., f., n. Plural
3h	wir waren in **großen** Gärten / Wohnungen / Häusern	m., f., n. Plural

4   Genitiv   (→ 8C1, 8C4)

4a	der Anblick des **großen** Gartens	maskulin Singular
4b	der Anblick eines **großen** Gartens	maskulin Singular
4c	der Anblick der **großen** Wohnung	feminin Singular
4d	der Anblick einer **großen** Wohnung	feminin Singular
4e	der Anblick des **großen** Hauses	neutral Singular
4f	der Anblick eines **großen** Hauses	neutral Singular
4g	der Anblick der **großen** Gärten / Wohnungen / Häuser	m., f., n. Plural
4h	der Anblick **großer** Gärten / Wohnungen / Häuser	m., f., n. Plural

Bei *dieser* ergeben sich die gleichen Endungen wie beim **bestimmten** Artikel:
dieser große Garten, in *dieser* großen Wohnung, *dieses* großen Hauses usw.
Die **possessiven Artikelwörter** und *kein* folgen dem Muster des **unbestimmten** Artikels:
unser großes Haus, *ihren* großen Garten, in *keinem* großen Haus usw.

◀)) Track 45

Ein Amerikaner in Deutschland

Mark Twain (1835–1910) war ein amerikanischer Schriftsteller, Journalist und Humorist, der durch seine Romane über die Abenteuer von Tom Sawyer und Huckleberry Finn weltbekannt wurde.

Er reiste viel und lebte monatelang in Deutschland, so etwa in Heidelberg und Berlin. Heidelberg und der Neckar begeistern ihn mit ihrer Schönheit, und Berlin ist für ihn – damals 1891-92 – die neueste Stadt, die er je gesehen hat. Nirgendwo hat er so breite und gerade Straßen gefunden, und nachts bieten sie mit ihrer verschwenderischen Beleuchtung einen herrlichen Anblick. Nach Twains Eindruck ist Berlin die am meisten und am besten regierte Stadt der Welt. Die Polizisten sind ruhig und höflich, aber hartnäckig, und käme es zu einem Erdbeben, so würde die Polizei dafür sorgen, dass es so geregelt abläuft wie eine Betstunde. Über die deutsche Sprache hat Mark Twain viel Witziges gesagt. Er meint, man könne nur Deutsch lernen, wenn man tot ist, weil man dann genug Zeit habe. Die Grammatikregeln hätten zu viele Ausnahmen, die Sätze seien zu lang, die Verben kämen zu spät oder umklammerten in zwei Hälften endlose Wortschlangen.

Das Wörtchen *sie* könne *you, she, they, it, her* oder *them* bedeuten, das Adjektiv werde bis zur Unkenntlichkeit dekliniert und das Geschlecht der Nomen sei absolut unvorhersehbar: *der Käse, die Tür* und *das Mädchen.*

„Wie beglückt ich bin, wenn ich ein deutsches Wort höre, das ich verstehe", sagt Mark Twain, aber glauben Sie ihm nicht! Mark Twain hatte Freude an der deutschen Sprache und hat erfolgreich Deutsch gelernt. Das werden auch Sie, liebe Leserinnen und Leser.

---

die Abenteuer the adventures • weltbekannt world-famous • reisen (to) travel • so etwa for example • begeistern (to) excite • Schönheit beauty • damals at that time • nirgendwo nowhere • eine gerade Straße a straight road • einen herrlichen Anblick bieten (to) provide a splendid sight • mit ihrer verschwenderischen Beleuchtung with their lavish lighting • Eindruck impression • regieren (to) govern • ruhig calm • hartnäckig persistent • käme es zu einem Erdbeben if there was an earthquake • die Polizei würde dafür sorgen, dass … the police would see to it that … • geregelt ablaufen (to) take place in an orderly way • Betstunde prayer meeting • viel Witziges a lot of witty/funny things • tot dead • umklammern (to) encircle • Hälfte – Hälften half – halves • Wörtchen little word • bis zur Unkenntlichkeit beyond recognition • Geschlecht gender • unvorhersehbar unpredictable • beglückt delighted (*Twain schrieb* charmed) • Freude haben an (to) take delight in • erfolgreich successful(ly) • liebe Leserinnen und Leser dear readers • einen Erfolg erreichen (to) achieve a success

Das Grammatikrätsel

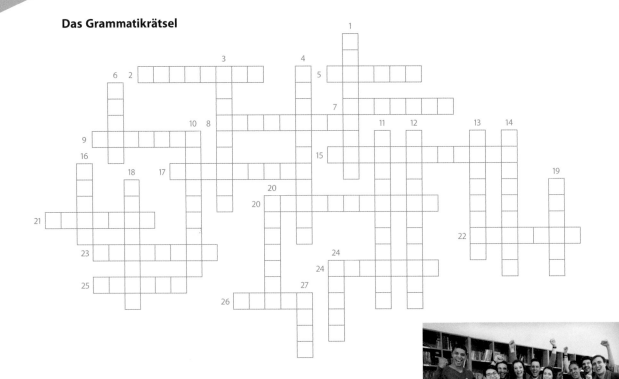

Waagerecht Across

2 Ein deklinierbares Wort, das ein Nomen vertritt und auch Fürwort genannt wird.

5 Mehrzahl.

7 Satzglied, nach dem man mit *wer oder was?* fragt.

8 Der Kasus / Fall, nach dem man mit *wen oder was?* fragt.

9 Weiblich.

15 Ein nicht flektierbares Wort wie *auf, über, unter, in* oder *durch*.

17 Die Befehlsform, Aufforderungsform des Verbs.

20 Die Vergangenheitsform des Verbs.

21 Sächlich.

22 Spezieller Begleiter des Nomens, der unter anderem das Geschlecht angibt.

23 Männlich.

24 Der Kasus / Fall, nach dem man mit *wessen?* fragt.

25 Die Lehre vom Satzbau.

26 Der Kasus / Fall, nach dem man mit *wem?* fragt.

Senkrecht Down

1 Ein Wort wie *sein* oder *haben*.

3 Ein Wort wie *können* oder *müssen*.

4 Ein Nebensatz, der ein Nomen näher bestimmt.

6 Man nennt es auch Hauptwort oder Substantiv.

10 Der Kasus / Fall, nach dem man mit *wer oder was?* fragt.

11 Die Beugung des Nomens.

12 Die Beugung des Verbs.

13 Einzahl.

14 Die Grundform des Verbs.

16 Die Zukunftsform des Verbs.

18 Die Gegenwartsform des Verbs.

19 Satzglied, nach dem man mit *wen oder was?* oder *wem oder was?* fragt.

20 Mit *haben* oder *sein* und dem Partizip II gebildete Zeitform des Verbs.

24 Das grammatische Geschlecht.

27 Wortart, die im Prädikat steht.

ANHANG

SCHLÜSSEL ZU DEN ÜBUNGEN

Lektion 1

1 C2

a <u>Der</u> Name Michelle klingt französisch.
b Michelle ist <u>ein</u> französischer Vorname.
c Sie hat <u>einen</u> französischen Vornamen.
d Du hast <u>einen</u> französischen Vornamen.
e Glückstadt ist genau <u>die</u> richtige Stadt für mich.
f Glückstadt ist genau <u>der</u> richtige Ort für mich.

1 C3

a Michelle klingt <u>französisch</u>.
b Michelle ist ein <u>französischer</u> Name.
c Saida ist ein <u>arabischer</u> Name.
d Michelles Bruder hat einen <u>französischen</u> Namen.
e Der <u>arabische</u> Name Saida ist schön.
f Die Namen Michelle und Saida <u>sind</u> schön.
g Saida kommt aus <u>Syrien</u>.
h Saida <u>bedeutet</u> „die Glückliche".
i <u>Bist</u> du glücklich, Saida?
j Er <u>heißt</u> Marcel.
k Viele Jungen <u>heißen</u> Marcel.

1 C5

a Ich <u>heiße</u> Saida.
b Ich <u>komme</u> aus Syrien.
c Saida <u>ist</u> ein arabischer Name.
d Er <u>bedeutet</u> „die Glückliche".
e Der Name ist <u>schön</u> / <u>häufig</u>.
f Ich <u>bin</u> glücklich, aber ich <u>bin</u> nicht verliebt.
g Ich <u>habe</u> keinen Freund.

1 C6

a <u>die</u> Stadt
b <u>der</u> Name
c <u>die</u> Französin
d <u>der</u> Bruder
e <u>die</u> Namen
f <u>die</u> Jungen

1 C7

a Sie heißt <u>nicht</u> Saida.
b Der Name Michelle ist <u>nicht</u> arabisch.

c Es ist <u>kein</u> arabischer Name.
d Ich komme <u>nicht</u> aus Syrien.
e Saida ist <u>keine</u> / <u>nicht</u> Deutsche.
f Dies ist <u>nicht</u> der richtige Ort für mich.
g Saida ist <u>nicht</u> verliebt.
h Sie hat <u>keinen</u> Freund.
i Marcel ist <u>nicht</u> in Glückstadt.

1 C8

a Wie heißen Sie? – <u>Ich heiße …</u>
b Ist das ein arabischer Name? – <u>Ja(, das ist ein arabischer Name). / Nein(, das ist kein arabischer Name).</u>
c Ist es ein häufiger Name? – <u>Ja, es ist ein häufiger Name. / Ja, der Name ist häufig. / Nein, es ist kein häufiger Name. / Nein, der Name ist nicht häufig. / Ja. / Nein.</u>
d Woher kommen Sie? – <u>Ich komme aus Syrien / Afghanistan / Afrika / (dem) Iran / (dem) Irak / der Türkei …</u>
e Sind Sie in Deutschland? – <u>Ja, ich bin in Deutschland. / Nein, ich bin nicht in Deutschland.</u>
f Sind Sie glücklich hier? – <u>Ja, ich bin glücklich hier. / Nein, ich bin nicht glücklich hier. / Ja, ich bin hier glücklich. / Nein, ich bin hier nicht glücklich.</u>
g Sind Sie verliebt? – <u>Ja, ich bin verliebt. / Nein, ich bin nicht verliebt.</u>
h Haben Sie einen Bruder? – <u>Ja, ich habe einen Bruder. / Nein, ich habe keinen Bruder.</u>

1 C9

Sie heißt Saida
Saida kommt aus Syrien. Der <u>Name</u> Saida <u>bedeutet</u> „die <u>Glückliche</u>". Saida <u>ist</u> glücklich, <u>aber</u> sie <u>ist</u> nicht <u>verliebt</u>. Sie <u>hat</u> keinen <u>Freund</u>. Saida <u>ist</u> in <u>Glückstadt</u>, das <u>ist</u> eine <u>Stadt</u> in <u>Deutschland</u>. Michelle <u>und</u> Marcel <u>sind</u> auch <u>in</u> Glückstadt. <u>Die(se)</u> Stadt <u>ist</u> schön. Sie ist genau <u>der</u> <u>richtige</u> Ort für Saida.

1 F1

a	der Appetit	→ er	i	der Lehrer	→ er
b	die Bedeutung	→ sie	j	der Mensch	→ er
c	der Bruder	→ er	k	der Name	→ er
d	die Einladung	→ sie	l	die Pfanne	→ sie
e	die Französin	→ sie	m	der Sonntag	→ er
f	der Freund	→ er	n	die Stadt	→ sie
g	die Freundin	→ sie	o	die Wohnung	→ sie
h	der Klops	→ er	p	die Zeit	→ sie

1 F2

a Ich habe einen guten Lehrer.
b Er ist ein guter Lehrer.
c Ich habe eine nette Freundin.
d Ich habe einen netten Freund.
e Glückstadt ist eine schöne Stadt.
f Ich bekomme eine große Wohnung.
g Haben Sie eine eigene Wohnung?

1 F3

a Wie heißt du?
b Wie heißen Sie?
c Viele Jungen heißen Marcel.
d Ich bin glücklich.
e Wir sind glücklich.
f Der Name klingt arabisch.
g Die Namen klingen arabisch.
h Woher kommst du?
i Woher kommt er?
j Woher kommen Sie?
k Er hat eine eigene Wohnung.
l Haben Sie eine eigene Wohnung?
m Hast du eine eigene Wohnung?
n Hat sie eine eigene Wohnung?
o Königsberger Klopse mache ich gern.

1 F5

Zarah in Glückstadt
Ich lebe schon seit einiger Zeit in Glückstadt.
Die Stadt ist schön, die Menschen sind
freundlich, und ich fühle mich sehr wohl hier.
Ich habe eine hübsche kleine Wohnung.
Meine Freundin Amena kommt aus Syrien,
aber ich habe auch einige deutsche Freunde.

Ich spreche viel deutsch, auch mit meinen
nichtdeutschen Freunden. Ich koche gern
Königsberger Klopse oder Syrische Reispfanne.
Jetzt habe ich großen Appetit auf einen
Glückstädter Matjeshering.

1 F6

a Ist Marcel glücklich? – Nein, er ist nicht
  glücklich.
b Kommst du aus Glückstadt? – Nein, ich
  komme (/ du kommst) nicht aus Glückstadt.
c Bist du verliebt? – Nein, ich bin (/ du bist)
  nicht verliebt.
d Ist der Name Wendelin häufig? – Nein, der
  Name Wendelin ist nicht häufig.
e Heißt du Marcel? – Nein, ich heiße (/ du
  heißt) nicht Marcel.

1 F7

a Hat sie Appetit? – Nein, sie hat keinen
  Appetit.
b Hat Saida einen Freund? – Nein, sie hat
  keinen Freund.
c Haben Sie eine eigene Wohnung? – Nein, ich
  habe (/ Sie haben) keine eigene Wohnung.
d Hast du einen guten Lehrer? – Nein, ich habe
  (/ du hast) keinen guten Lehrer.

1 I

Der Name Saida klingt arabisch.
Die Hauptstadt Deutschlands ist Berlin.
Die Hauptstadt von Bayern ist München.
Ein arabisches Wort für Altstadt ist Medina.
Frau Halabi hat eine eigene Wohnung.
Glückstadt liegt in Schleswig-Holstein.
Hamburg ist ein Bundesland.
Ich fühle mich wohl.
Ich mache die Reispfanne mit viel Kurkuma.
Kommen Sie doch am Sonntag.
Meine Freunde lieben meine Königsberger
Klopse.
Michelle ist ein französischer Vorname.
Sie sprechen sehr gut Deutsch.
Vielen Dank für die Einladung!
Wir haben einige deutsche Freunde.

Lektion 2

2 C1

a Was gibt es <u>im</u> Fernsehen?
b Er ist <u>in</u> einem Zimmer <u>in</u> einem kleinen Hotel.
c Am Ende reitet der Held <u>in</u> den Sonnenuntergang.
d Sie lebt <u>in</u> Glückstadt, das ist eine Stadt <u>in</u> Schleswig-Holstein.
e Glückstadt liegt <u>im</u> Bundesland Schleswig-Holstein.
f Ist sie noch <u>im</u> Hotel?
g Die Glückstädter Matjeswochen finden <u>im</u> Juni statt.
h Was gibt es <u>im</u> Ersten Programm?

2 C2

a <u>Der</u> gute Held kämpft gegen <u>den</u> bösen Helden.
b Am Ende siegt <u>der</u> gute Held und reitet in <u>den</u> Sonnenuntergang.
c Das Fernsehprogramm liegt unter <u>den</u> Zeitungen.
d Heute ist Montag, <u>der</u> vierte Mai.
e <u>Der</u> Tote liegt in einem schäbigen kleinen Hotelzimmer.
f Neben <u>dem</u> Toten liegt ein gelbes Band.
g <u>Der</u> Bundestag ist in Berlin.
h Was bedeutet <u>der</u> Name Saida?
i Glückstadt ist genau <u>der</u> richtige Ort für Saida.

2 C3

a Am Ende reitet der gute Held in den Sonnenuntergang.
b Im MDR gibt es einen Krimi.
c Für mich klingt das interessant.
d In einem schäbigen Hotelzimmer findet die Polizei einen Toten.
e Meistens spricht Frau Halabi deutsch.
f Am Sonntag machen wir eine große Syrische Reispfanne.
g Am Montag gibt es einen Western.

2 C4

a Hier fühle ich mich wohl.
b Verliebt bin ich nicht.
c Ein schöner Name ist das.
d Schön sind beide Namen.
e Deine Syrische Reispfanne liebe ich.
f Königsberger Klopse kocht sie gern.
g Neben dem Toten liegt ein gelbes Band.

2 C5

a Marcel ist <u>ein</u> französischer Vorname.
b Mein Bruder hat <u>einen</u> französischen Vornamen.
c Ich habe großen Appetit auf <u>einen</u> Matjeshering.
d Liebling, entschuldige mich bitte für <u>einen</u> Moment.
e Im Ersten Programm gibt es <u>einen</u> Krimi.
f Der Film handelt von <u>einem</u> gelben Band.
g In <u>einem</u> schäbigen kleinen Hotelzimmer liegt <u>ein</u> Toter.
h Glückstadt ist <u>eine</u> kleine Stadt in Schleswig-Holstein.
i Glückstadt hat <u>eine</u> alte Kirche und <u>einen</u> Hafen.

2 C6

a <u>Im</u> Ersten Programm gibt es einen Krimi.
b Der Film handelt <u>von</u> einem gelben Band.
c <u>Neben</u> dem Toten liegt ein gelbes Band.
d Das gelbe Band passt so schön <u>zu</u> deinem Haar.
e Das Haarband ist <u>aus</u> gelber Seide.
f Ich habe großen Appetit <u>auf</u> einen Matjeshering.
g Ich lebe schon <u>seit</u> einiger Zeit in Glückstadt.
h Kommen Sie doch <u>am</u> Sonntag zu mir.
i Der gute Held kämpft <u>gegen</u> den bösen Helden.

2 F1

a <u>das</u> Auto	<u>der</u> Bahnhof	<u>der</u> Bus
b <u>der</u> Computer	<u>das</u> Ende	<u>das</u> Fahrrad

c die Fahrt   das Fernsehen   der Fernseher
d der Freund   das Geschenk   die Haltestelle
e das Hotel   die Jahreskarte   der Krimi
f die Polizei   das Programm   der Punkt
g der Sessel   die Stadt   der Stau
h der Supermarkt   das Taxi   die U-Bahn
i die Wohnung   die Zeitung   das Zimmer

2 F2

a Ich fahre nie mit dem Taxi.
b Ich fahre immer mit der U-Bahn.
c Ich fahre nicht gern mit dem Bus.
d Ich kann fast jeden Punkt in der Stadt gut erreichen.
e Vielen Dank für die Einladung!
f Vielen Dank für das Geschenk!
g Vielen Dank für den Krimi.
h Der gute Held kämpft gegen den bösen Helden.
i Von der Wohnung sind es 300 Meter zur Bushaltestelle.
j Meine Freundin Amena kommt aus der Stadt Aleppo in Syrien.

2 F3

a Am Ende siegt immer der gute Held.
b Im Fitnessstudio ist ein Laufband.
c Im Juni finden die Glückstädter Matjeswochen statt.
d Zum Supermarkt fahre ich mit dem Fahrrad.
e Er sitzt entweder am Computer oder im Sessel vor dem Fernseher.
f Glückstadt liegt an der Elbe im Bundesland Schleswig-Holstein.
g Kommen Sie doch am Sonntag zu mir.
h Mit dem Auto steht man oft im Stau.
i Von meiner Wohnung sind es 800 Meter zum U-Bahnhof.
j Was gibt es im Fernsehen?

2 F4

a Ich habe eine Jahreskarte.
b Ich fahre nie mit dem Taxi. / Nie fahre ich mit dem Taxi.

c Ich fahre mit dem Fahrrad zum Supermarkt. / Mit dem Fahrrad fahre ich zum Supermarkt.
d Ich wiege siebzig Kilo.
e Ich mache Königsberger Klopse gern. / Königsberger Klopse mache ich gern.
f Ein gelbes Band liegt neben dem Toten.
g Die Menschen sind hier freundlich. / Hier sind die Menschen freundlich.
h Sie hat eine eigene Wohnung.

2 F5

In Berlin brauche ich kein Auto, denn es gibt die U-Bahn, die S-Bahn, den Bus und die Straßenbahn. Ich habe eine Jahreskarte für die öffentlichen Verkehrsmittel und ich habe mein gutes altes Fahrrad. Mit dem Taxi fahre ich nie. Von meiner Wohnung sind es 300 Meter zur Bushaltestelle und 800 Meter zum U-Bahnhof. Die 1100 Meter zum Supermarkt fahre ich mit dem Fahrrad. Ich kann fast jeden Punkt in der Stadt gut erreichen.

2 F6

a Ja, ich habe ein Auto. / Nein, ich habe kein Auto.
b Ja, ich habe eine Jahreskarte für die öffentlichen Verkehrsmittel. / Nein, ich habe keine Jahreskarte für die öffentlichen Verkehrsmittel.
c Ja, ich habe ein Fahrrad. / Nein, ich habe kein Fahrrad.
d Ja, in meiner Stadt gibt es eine U-Bahn. / Nein, in meiner Stadt gibt es keine U-Bahn.
e Ja, ich fahre gern mit dem Fahrrad. / Nein, ich fahre nicht gern mit dem Fahrrad.
f Ja, das Radfahren ist immer angenehm. / Nein, das Radfahren ist nicht immer angenehm.
g Ja, ich jogge manchmal. / Nein, ich jogge nicht / nie.
h Ja, ich gehe in ein Fitnessstudio. / Nein, ich gehe in kein Fitnessstudio. / Nein, ich gehe nicht in ein Fitnessstudio.

2 I

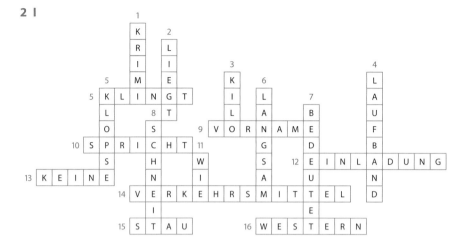

Lektion 3

3 C1

a Kannst du mir bitte drei <u>Bananen</u> mitbringen?

b Michelle isst gern <u>Orangen</u>.

c Sebastian macht viele <u>Fahrten</u> mit dem Auto.

d Er macht jede <u>Fahrt</u> mit dem Auto.

e Das Hotel hat siebzig <u>Zimmer</u>.

f Ich habe einige <u>Freunde / Freundinnen</u> in Glückstadt.

g Viele Mensch<u>en</u> haben keine <u>Wohnung</u>.

h Marcel isst immer zwei <u>Brötchen</u>.

i Es gibt nicht genug <u>Deutschlehrer / Deutschlehrerinnen</u>.

3 C2

a Ich muss <u>mal kurz</u> telefonieren.

b Du kannst <u>mir etwas</u> mitbringen.

c Du kannst <u>ein Stück Schokolade</u> essen.

d Wir können <u>die U-Bahn</u> nehmen.

e Du musst <u>eine Jahreskarte</u> haben.

f Ich muss <u>Getränke für die Oma</u> kaufen.

g Ich kann <u>fast jeden Ort mit den öffentlichen Verkehrsmitteln</u> erreichen.

h Der gute Held muss <u>am Ende</u> siegen.

i Ich muss <u>kein Auto</u> haben.

j Wir können <u>im Programm</u> nachgucken.

3 C3

a Ich <u>habe</u> ein altes Fahrrad.

b Du <u>hast</u> doch ein Haarband aus gelber Seide.

c Mein Bruder <u>hat</u> einen französischen Vornamen.

d <u>Hat</u> der Name Saida eine Bedeutung?

e Sie <u>hat</u> einen französischen Freund.

f Ihr <u>habt</u> eine schöne Wohnung.

g Wir <u>haben</u> einige syrische Freunde.

h Die Müllers <u>haben</u> zwei Autos.

3 F1

a Ich fahre oft mit <u>dem</u> Fahrrad oder mit <u>der</u> U-Bahn.

b Ich suche ein Geschenk für <u>meinen</u> Lehrer.

c Sie hat <u>keinen</u> Tisch, <u>keinen</u> Stuhl und <u>keine</u> Lampe.

d Ich will <u>kein schwarzes</u> Bett und <u>keinen schwarzen</u> Schrank.

e <u>Der</u> Held kämpft gegen <u>einen bösen</u> Menschen.

f <u>Meine</u> Oma isst <u>keine</u> Wurst und <u>keinen</u> Käse.

g Sie kommt aus <u>einer</u> Stadt mit <u>einem schönen</u> Namen.

h <u>Der</u> Film handelt von <u>einer</u> Frau mit <u>einem gelben</u> Haarband.

3 F2

a <u>Zwei Betten</u> brauchen wir.

b <u>Ein schwarzes Bett</u> will niemand.

c <u>99,90 Euro</u> kostet ein Bett.

d <u>Für beide Betten zusammen</u> bezahlen wir 150 Euro.

e <u>Brötchen</u> braucht sie auch.

f <u>Käse</u> möchte sie sicher auch.

g <u>Den Direktsaft</u> nimmt sie gern.

h <u>Mit dem Taxi</u> fahre ich nie.

3 F3

a Wir haben <u>keine Schränke</u> und <u>keine Stühle</u>.

b In dem Zimmer <u>sind</u> <u>keine Betten</u>.

c <u>Das Zimmer</u> <u>hat</u> <u>keine Lampe</u> und <u>keine Gardine</u>.

d Es <u>sind</u> <u>keine Teppiche</u> auf dem Fußboden.

e <u>Diese Betten</u> <u>sind</u> sehr preiswert.

f Ich gehe zu <u>meinem Freund</u>.

3 F4

a Im Fitnessstudio <u>kann</u> man auf dem Laufband laufen.

b <u>Kannst</u> du für mich einkaufen gehen?

c <u>Können</u> Sie mir bitte helfen?

d Wir <u>können/müssen</u> kein schwarzes Bett nehmen.

e Der Kühlschrank ist leer. Ihr <u>müsst/könnt</u> was zu essen mitbringen.

f Ich weiß nicht, was ich will. Ich <u>muss</u> nachdenken.

g Du <u>kannst/musst</u> die Brötchen doch einfrieren.

h <u>Kann/Muss</u> man denn Brötchen einfrieren?

3 I

Unterschiede zwischen den beiden Bildern
Differences between the two pictures

Auf dem zweiten Bild sehe ich folgende Unterschiede gegenüber dem ersten:

Auf dem Bett an der linken Wand sind/liegen zwei (statt drei) Kissen und außerdem eine Katze.

Die Stehlampe hinter dem Bett ist grün, nicht gelb.

Die Lampe an der Decke/Deckenlampe ist ebenfalls grün statt gelb.

Das rechte der beiden Bilder an der hinteren Wand zeigt kein Pferd, sondern eine Kuh.

Auf dem Tisch steht eine Vase mit Blumen/mit einem Blumenstrauß.

Der rechte Teppich hat ein anderes Muster als der Teppich im ersten Bild.

An der Wand neben der Tür hängt ein Bild (von einem Jungen). Im ersten Bild ist die Wand leer.

Die Tür im zweiten Bild ist ein wenig geöffnet. Im ersten Bild ist sie geschlossen.

Lektion 4

4 C1

Ich stehe in <u>einer</u> langen Schlange an
<u>der</u> Supermarktkasse.
Vor <u>mir</u> stehen mehrere Leute mit
<u>vollen</u> Einkaufswagen.
Ein alter Mann holt viele kleine Münzen aus
<u>seiner</u> Geldbörse.
Eine Frau hat große Mengen von H-Milch in
<u>ihrem</u> Wagen.
Ein dicker Mann trägt ein rotes T-Shirt mit
<u>dem</u> Satz: „Ich bin nichts für <u>schwache</u> Nerven."
Eine kräftige Dame schiebt mir <u>ihren</u> vollen
Wagen in <u>die</u> Beine.

4 C2

a Ich <u>möchte</u> passend bezahlen.
b Du <u>möchtest</u> passend bezahlen.
c Der Mann <u>möchte</u> passend bezahlen.
d Die Frau <u>möchte</u> passend bezahlen.
e Das Mädchen <u>möchte</u> passend bezahlen.
f Wir <u>möchten</u> passend bezahlen.
g Ihr <u>möchtet</u> passend bezahlen.
h Die Leute <u>möchten</u> passend bezahlen.

4 C3

a Ich <u>werde</u> die Preise <u>addieren</u>.
b Wir <u>werden</u> nur hundert Euro <u>bezahlen</u>.
c Sie <u>wird</u> ihn <u>beobachten</u>.
d Er <u>wird</u> dem alten Mann <u>helfen</u>.
e Die Polizei <u>wird</u> den Mörder <u>finden</u>.
f Du <u>wirst</u> eine eigene Wohnung <u>haben</u>.
g Am Sonntag <u>werden</u> sie syrisch <u>kochen</u>.
h <u>Werden</u> Sie ein Taxi <u>brauchen</u>?
i <u>Wird</u> es ihm hier <u>gefallen</u>?

4 C4

a Hier <u>werde</u> ich mich <u>wohlfühlen</u>.
b Ich <u>werde</u> heute nicht <u>einkaufen</u>.
c Wir <u>werden</u> zwei oder drei Freunde
  <u>einladen</u>.
d Ich <u>werde</u> etwas Obst <u>mitbringen</u>.

e Sie <u>wird</u> im Auto <u>nachgucken</u>.
f Ich <u>werde</u> das Auto auf dem Parkplatz
  <u>abstellen</u>.

4 C5

a Ich fühle <u>mich</u> wohl hier.
b Ich liebe <u>dich</u>, Johanna!
c Ich mag <u>ihn</u>, denn er ist ein guter Mensch.
d Ich stehe an der Kasse. Vor <u>mir</u> sind mehrere
  Leute mit vollen Einkaufswagen.
e Ist das Bier für mich? – Nein, <u>es</u> ist für Oma.
f Suchen Sie etwas – kann ich <u>Ihnen</u> helfen?
g Was sagt er über München, gefällt es <u>ihm</u>
  da?
h Warte, ich bringe <u>dir</u> deine Zeitung.
i Warten Sie, ich bringe <u>Ihnen</u> Ihre Zeitung.
j Sie möchte das gelbe Band haben, und er
  gibt <u>es ihr</u>.

4 F1

a Was <u>willst</u> du denn jetzt machen – studieren
  oder arbeiten?
b Am liebsten <u>würde</u> ich erst mal arbeiten.
  Ich <u>möchte</u> Geld verdienen.
c Ich glaube, ich <u>werde</u> schon
  zurechtkommen.
d <u>Musst</u> du nicht einen besonderen
  Führerschein haben?
e So einen großen Lieferwagen <u>möchte</u> ich
  nicht fahren.
f Ach, da mache ich mir keine Sorgen.
  Man <u>darf</u> bloß keine Angst haben.
g Vielleicht <u>solltest</u> du heiraten. Da <u>kannst</u>
  du bei den Steuern einiges sparen.

4 F2

a Du <u>darfst</u> nicht so viel Schokolade essen.
b Du <u>solltest</u> nicht so viel Schokolade essen.
c Wir <u>können</u> hier viel Geld verdienen.
d <u>Kannst</u> du mir etwas mitbringen?
e Warum <u>möchten</u> Sie bei uns arbeiten?
f <u>Müssen</u> wir schon gehen?

g Ich <u>muss</u> mal kurz telefonieren.

h Wir <u>sollten</u> mit dem Fahrrad fahren.

i Ihr <u>solltet</u> deutsch sprechen.

j Ich <u>würde</u> das Geld sparen.

k Was <u>willst</u> du denn jetzt machen?

4 F3

a <u>Am liebsten würde ich</u> studieren.

b <u>Natürlich musst du</u> Geld verdienen.

c <u>Sicher wirst du</u> zurechtkommen.

d <u>Vielleicht muss er</u> einen besonderen Führerschein haben.

e <u>Das kann ich</u> verstehen.

f Bei den Versicherungen <u>kann man</u> einiges sparen.

g <u>Viel Geld wird das</u> kosten.

h Beide Betten zusammen <u>können Sie</u> für 150 Euro haben.

i <u>Das Brot für die Oma dürfen wir</u> nicht vergessen.

4 F4

a <u>Würden Sie</u> gern studieren?

b <u>Möchten Sie</u> Geld verdienen?

c <u>Können Sie</u> das verstehen?

d <u>Werden Sie</u> denn zurechtkommen?

e <u>Sollten Sie</u> wirklich heiraten?

f <u>Wollen Sie</u> den großen Lieferwagen fahren?

g <u>Dürfen Sie</u> so einen großen Lieferwagen fahren?

h <u>Müssen Sie</u> nicht einen besonderen Führerschein haben?

4 F5

Ali kann noch nicht <u>studieren</u>. Er will erst mal <u>arbeiten</u>, weil er Geld <u>verdienen</u> muss.
Wie sein Freund Nabil <u>möchte</u> er als Zusteller bei einem Paketdienst <u>arbeiten</u>.

Wenn man geschickt ist, <u>verdient</u> man dort ganz gut, <u>sagt</u> er. Einen <u>besonderen</u> Führerschein braucht er für den Job nicht.
Ich möchte so <u>einen</u> großen Lieferwagen nicht fahren, aber Ali hat keine Angst, er <u>macht</u> sich keine Sorgen.
Er <u>wird</u> zweitausend Euro brutto verdienen.
Das <u>sind</u> so an die vierzehnhundert Euro netto, <u>denn</u> die Abzüge sind verdammt hoch.
Vielleicht <u>sollte</u> Ali heiraten, dann kann er bei den Steuern und Versicherungen einiges <u>sparen</u>.

4 F6

a <u>Hast</u> du schon <u>einen</u> Job im Auge?

b Du <u>kennst</u> doch <u>den</u> Nabil, nicht?

c Er <u>arbeitet</u> bei <u>einem</u> Paketdienst.

d <u>Musst</u> du <u>einen</u> <u>besonderen</u> Führerschein haben?

e So <u>einen</u> großen Lieferwagen möchte ich nicht <u>fahren</u>.

f Wie ist es mit <u>der</u> Bezahlung?

g Ich stehe an <u>der</u> Kasse.

h Was werden <u>meine</u> <u>Einkäufe</u> kosten?

4 I

1 Hamburg	8 Essen	15 Leipzig
2 Bremen	9 Dortmund	16 Dresden
3 Hannover	10 Bochum	17 Frankfurt
4 Berlin	11 Düsseldorf	am Main
5 Münster	12 Wuppertal	18 Nürnberg
6 Bielefeld	13 Köln	19 Stuttgart
7 Duisburg	14 Bonn	20 München

Lektion 5

5 C1

a Die Wände sind aus <u>dickem</u> Glas.

b Ich gehe zu <u>dem</u> linken Schalter.

c Hinter <u>dem</u> Glas sitzt eine Frau.

d Ich schiebe drei Gegenstände unter <u>dem</u> Glas durch.

e Die Frau bringt die Ringe zu <u>einem</u> Tisch.

f Sie betrachtet beide mit <u>einer</u> Lupe.

g Ich muss den Kredit innerhalb von <u>einem</u> Monat zurückzahlen.

h Der Ring ist von <u>meiner</u> Exfreundin.

5 C2

a Die Frau bringt <u>den</u> Ring zu einem Tisch.

b Die Frau bringt <u>die</u> Kette zu einem Tisch.

c Die Frau bringt <u>das</u> Bild zu einem Tisch.

d Ich möchte Ihnen <u>einen</u> der beiden Ringe geben.

e Ich möchte Ihnen <u>eine</u> der beiden Ketten geben.

f Ich möchte Ihnen <u>ein(e)s</u> der beiden Bilder geben.

g Ich packe <u>einen</u> goldfarbenen Ring aus.

h Ich packe <u>eine</u> goldfarbene Kette aus.

i Ich packe <u>ein</u> knallrotes T-Shirt aus.

j Sie legt <u>den schmalen</u> Ring auf eine Waage.

k Sie legt <u>die zarte</u> Kette auf eine Waage.

l Sie legt <u>das hübsche</u> Stück auf eine Waage.

m <u>Welchen</u> Ort meinen Sie?

n <u>Welche</u> Stadt meinen Sie?

o <u>Welches</u> Haus meinen Sie?

5 C3

a <u>Diese Gegenstände sind</u> wertlos.

b <u>Zwei Minuten können</u> sehr lang sein.

c <u>Diese Ringe sind</u> nicht aus Gold.

d <u>Drei Monate sind</u> eine lange Zeit.

e <u>Die Kette ist</u> sehr hübsch.

f <u>Die / Der Angestellte spricht</u> sehr gut Deutsch.

g <u>Diese Lupe ist</u> fantastisch.

h Auf <u>dem Tisch</u> liegt Geld.

5 C4

Die Schalter <u>im Leihhaus</u> <u>haben</u> Wände <u>aus dickem</u> Glas. Ich <u>schiebe</u> zwei Ringe und <u>eine</u> zarte Halskette <u>unter dem</u> Glas durch. Die Angestellte <u>fragt mich</u>, wie viel Geld ich <u>haben</u> möchte. Ich <u>brauche</u> fünfzig Euro. Einer <u>der beiden</u> Ringe ist wertlos, der <u>andere</u> Ring ist vierzig Euro wert, die Kette ist hundertzwanzig Euro <u>wert</u>. Ich <u>gebe</u> der Frau den Ring und <u>bekomme</u> vierzig Euro.

<u>Wenn</u> ich <u>den</u> Kredit <u>innerhalb</u> von drei <u>Monaten</u> <u>zurückzahle</u>, bekomme ich <u>den</u> Ring <u>zurück</u>.

5 C5

a Während die Frau hinter dem Glas <u>zusieht</u>,

b <u>packe</u> ich drei goldfarbene Gegenstände <u>aus</u>.

c Ich <u>schiebe</u> sie unter dem Glas <u>durch</u>.

d Ein Ring ist wertlos, und sie <u>gibt</u> ihn mir <u>zurück</u>.

e Einen zweiten Ring <u>hält</u> sie <u>hoch</u>. Er ist 40 Euro wert.

f Ich <u>denke nach</u> und gebe dann diesen Ring als Pfand.

g Wenn ich den Kredit innerhalb von drei Monaten <u>zurückzahle</u>,

h <u>bekomme</u> ich den Ring <u>zurück</u>.

5 C6

a <u>Den breiten Ring gibt sie</u> mir zurück.

b <u>Fünfzig Euro brauche ich</u>.

c <u>Beide Ringe betrachtet sie</u> mit einer Lupe.

d <u>Den schmalen Ring legt sie</u> auf eine Waage.

e <u>Diesen Ring hält sie</u> hoch.

f <u>Hundertzwanzig Euro bekommen Sie</u> dafür.

g <u>Den Kredit zahle ich</u> innerhalb von drei Monaten zurück.

h <u>Das Geld brauche ich</u> jetzt.

5 F1

a Nein, sie ist jung.

b Nein, er hat langes Haar.

c Nein, er liest in einer Zeitung.

d Nein, sie ist in Frankfurt an der Oder.

e Nein, sie kochen Spaghetti für das alte Ehepaar.

f Nein, er hat große Ohren.

g Nein, er ist sehr unglücklich über den Haarschnitt.

h Nein, er ist kein freundlicher Mensch.

5 F2

a Dies ist die junge **Friseurin**, <u>die</u> Herrn Grimm immer bedient.

b Dies ist der junge **Friseur**, <u>der</u> Herrn Grimm immer bedient.

c Herr Grimm hat langes, volles **Haar**, <u>das</u> seine Ohren teilweise bedeckt.

d Im Leihhaus sind zwei **Schalter**, <u>die</u> Wände aus dickem Glas haben.

e Ich suche ein **Bett**, <u>das</u> breit, bequem und billig ist.

f Die **Haare**, <u>die</u> an dem Band hängen, sind von der Mörderin.

g Das **Band**, <u>das</u> neben dem Toten liegt, ist aus gelber Seide.

5 F3

a Das Band, <u>das so schön zu meinem Haar passt,</u> ist ein Geschenk von Tante Liane.

b Meine Oma, <u>die jetzt wieder vegetarisch lebt,</u> will natürlich keine Wurst.

c Seine Exfreundin<u>, die meistens ein knallrotes T-Shirt trägt,</u> ist nichts für schwache Nerven.

d Wir haben einige syrische Freunde, <u>die sehr gut Deutsch sprechen.</u>

e Nabil ist ein freundlicher Mann, <u>der bei einem Paketdienst arbeitet.</u>

f Frau Halabi<u>, die schon seit einiger Zeit in Glückstadt lebt,</u> liebt diese Stadt.

5 F4

a Er ist <u>zum</u> ersten Mal hier.

b Ich bin auf <u>dem</u> Weg <u>zum</u> Leihhaus.

c Im Leihhaus gehe ich <u>zum linken</u> Schalter.

d Herr Grimm legt seine Zeitung <u>zur</u> Seite.

e Kommen Sie doch am Sonntag <u>zu</u> mir.

f Das Band passt so schön <u>zu deinem</u> Haar.

g Oft gehe ich <u>zu</u> Fuß und manchmal jogge ich.

h Am Sonntag gehe ich <u>zu meiner</u> Oma oder <u>zu</u> meinem Freund.

i Von <u>meiner</u> Wohnung sind es 300 Meter <u>zur</u> Bushaltestelle und 800 Meter <u>zum</u> U-Bahnhof.

j <u>Zum</u> Supermarkt fahre ich mit dem Fahrrad.

k Die Butter nimmt Oma meist <u>zum</u> Kochen.

l Das Mädchen geht mit einer Dose Cola <u>zur</u> Kasse.

5 F5

a Die Friseurin wäscht <u>Frau Grimm die Haare</u>.

b Die Friseurin wäscht <u>ihr</u> die Haare.

c Die Friseurin wäscht <u>der schönen Frau die Haare</u>.

d Sie bringt <u>mir</u> eine Dose Cola.

e Sie bringt <u>mir einen</u> Apfelsaft.

f Sie bringt <u>mir</u> ein Glas Apfelsaft.

g Warte, ich bringe <u>dir deine</u> Zeitung.

h Warten Sie, ich bringe <u>Ihnen Ihre</u> Zeitung.

i Kannst du <u>der Oma</u> eine Tafel Schokolade mitbringen?

j Meine Oma kauft <u>mir</u> ein Auto.

k Ich gebe <u>Ihnen den</u> Ring.

5 I

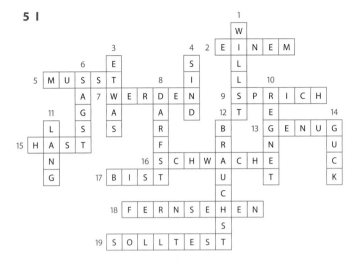

Lektion 6

6 C2

a Wir <u>haben</u> von dem Überfall gehört.

b Meine Freunde <u>haben</u> mir davon erzählt.

c Warum <u>hast</u> du so gezittert?

d Die Kassiererin <u>hat</u> die Kasse kaum aufbekommen.

e Ich <u>habe</u> sein Gesicht gesehen.

f <u>Haben</u> Sie den Notknopf gedrückt?

g Ihr <u>habt</u> der Polizei eine gute Beschreibung gegeben.

h Der Typ <u>hat</u> alles zugegeben.

i Der Staatsanwalt <u>hat</u> ihn später freigelassen.

6 C3

a Pia <u>hat</u> mir selbst von dem Überfall <u>erzählt</u>.

b Sie <u>hat</u> große Angst <u>gehabt</u>.

c Pia <u>hat</u> so <u>gezittert</u>, dass sie die Kasse kaum aufbekommen hat.

d Trotzdem <u>hat</u> sie genau <u>hingesehen</u>.

e <u>Hat</u> Pia sein Gesicht <u>gesehen</u>?

f Sie <u>hat</u> der Polizei eine genaue Beschreibung <u>gegeben</u>.

g Die Polizei <u>hat</u> den Mann später am Bahnhof <u>gefasst</u>.

h Beim Verhör <u>hat</u> er alles <u>zugegeben</u>.

i Was <u>hat</u> der Staatsanwalt <u>gesagt</u>?

6 C5

a Ich <u>habe</u> alles <u>gesehen</u>.

b Er <u>hat</u> mir oft davon <u>erzählt</u>.

c Sie <u>hat</u> uns eine genaue Beschreibung <u>gegeben</u>.

d <u>Hast</u> du die Stimme <u>gehört</u>?

e Was <u>hat</u> sie dir <u>gegeben</u>?

f Warum <u>hat</u> er so <u>gebrüllt</u>?

g Der Mann <u>hat</u> alles <u>zugegeben</u>.

h Warum <u>haben</u> sie ihn <u>freigelassen</u>?

6 C6

Die Kassiererin <u>hat</u> mir von <u>dem</u> Überfall auf <u>ihre</u> Tankstelle erzählt. Ein Mann mit <u>einer</u> Pistole ist <u>reingekommen</u> und hat <u>gebrüllt</u>: „Schnell! Das Geld aus <u>der</u> Kasse!" Die Kassiererin hat <u>ihm</u> das Geld <u>gegeben</u> – ein paar hundert Euro. Der Mann <u>hatte</u> eine Sonnenbrille und <u>eine</u> Kapuze auf. Die Kassiererin <u>hat</u> genau aufgepasst und <u>der</u> Polizei <u>eine</u> gute Beschreibung <u>gegeben</u>. Später hat <u>die</u> Polizei <u>den</u> Mann <u>am</u> Bahnhof <u>gefasst</u>.

6 F2

a Am Bahnhof <u>hörte</u> ich von dem Überfall.
b Die beiden Männer <u>betraten</u> den Tankstellenshop gegen 20 Uhr.
c Der eine Räuber <u>brüllte</u>: „Schnell, das Geld aus der Kasse!"
d Pia <u>erzählte</u> mir, wie sie <u>zitterte</u>, als sie das Geld <u>holte</u>.
e Die Kassiererin <u>gab</u> der Polizei eine gute Beschreibung.
f Zwei Polizisten <u>fassten</u> die Männer später am Bahnhof Oberfeld.
g Der Staatsanwalt <u>forderte</u> zwei Jahre Haft für den Tankstellenräuber.

6 F3

a Der junge Mann <u>überfiel</u> eine Tankstelle im Stadtteil Oberfeld.
b Er <u>forderte</u> die Kassiererin <u>auf</u>, ihm das Geld zu geben.
c Der polizeibekannte Mann <u>gestand</u> den Überfall.
d Beim Verhör <u>gab</u> er alles <u>zu</u>.
e Als Motiv <u>gab</u> er Geldmangel <u>an</u>.
f Der Staatsanwalt <u>ließ</u> ihn <u>frei</u>.
g „Keine ausreichenden Haftgründe", <u>sagte</u> der Staatsanwalt.

6 F4

a Ich <u>war</u> Kassiererin an einer Tankstelle.
b Ich <u>hatte</u> nicht viel Geld in der Kasse.
c Der Räuber <u>hatte</u> eine Pistole in der Hand.
d Warum <u>hattest</u> du Angst?
e Warum <u>war</u> so wenig Geld in der Kasse?
f Wo <u>hattet</u> ihr denn euer Geld?
g Wir <u>hatten</u> nie viel Geld in der Kasse.
h Deine Beschreibung <u>war</u> sehr gut.
i Wann <u>warst</u> du wieder zu Hause?
j Wann <u>wart</u> ihr wieder zu Hause?

6 F5

Die Polizei <u>hat</u> am <u>späten</u> Montagabend <u>einen</u> Tankstellenräuber gefasst. <u>Der</u> Mann hat <u>eine</u> Tankstelle <u>im</u> Stadtteil Oberfeld <u>überfallen</u>. Er <u>war</u> mit einer Kapuze und <u>einer</u> dunklen Sonnenbrille maskiert, als er gegen 20 Uhr <u>den</u> Tankstellenshop <u>betrat</u>. Mit <u>vorgehaltener</u> Pistole <u>forderte</u> er von <u>der</u> Kassiererin <u>das</u> Geld aus <u>der</u> Kasse. Mit <u>einer</u> Beute von nur 500 Euro <u>floh</u> er dann zu Fuß in Richtung Bahnhof Oberfeld, <u>wo</u> die Polizei <u>ihn</u> wenig später <u>fest-nahm</u>. Er hat <u>den</u> Überfall <u>gestanden</u> und <u>bleibt</u> bis <u>zur</u> Gerichtsverhandlung auf <u>freiem</u> Fuß.

6 I

Lektion 7

7 C1

a Sie <u>hat</u> gestern <u>angerufen</u>.

b Warum <u>hast</u> du nicht <u>angerufen</u>?

c Von wo <u>hat</u> der Tatverdächtige <u>angerufen</u>?

d Warum <u>hat</u> die Polizei ihn <u>freigelassen</u>?

e Die Kassiererin <u>hat</u> die Kasse nicht <u>aufbekommen</u>.

f Sie <u>hat</u> mich in ihr Haus <u>eingeladen</u>.

g Ich <u>habe</u> das Paket nicht <u>ausgepackt</u> und <u>habe</u> es am folgenden Tag <u>zurückgegeben</u>.

h Wir <u>haben</u> uns dort immer <u>wohlgefühlt</u>.

7 C2

a Tim hat ein Unternehmen <u>gegründet</u>.

b Es <u>heißt</u> gutnachhause.de.

c Tim hat nur wenig Kapital <u>gebraucht</u>, und das hat er von seiner Oma <u>bekommen</u>.

d Wenn Leute Alkohol <u>getrunken</u> haben, dann <u>fahren</u> sie ihr Auto nicht selbst nach Hause, denn sie können ja gutnachhause.de <u>anrufen</u> oder der Firma eine E-Mail <u>schicken</u>, und dann <u>kommt</u> ein Fahrer und <u>fährt</u> sie in ihrem Auto nach Hause.

e Sie <u>lassen</u> ihr Auto nicht stehen, sie <u>riskieren</u> ihren Führerschein nicht, sie <u>bringen</u> niemand in Gefahr, und viel Geld <u>kostet</u> es auch nicht.

7 C3

a Meine Haare sind noch nass. Ich habe sie <u>mir</u> gerade gewaschen.

b Wir sind Freunde von Frau Hofmeister, und sie hat <u>uns</u> von Ihrem schönen Haus erzählt.

c Ich stehe in der Schlange an der Kasse, hinter <u>mir</u> eine kräftige Frau, die <u>mir</u> ihren vollen Einkaufswagen in die Beine schiebt.

d Wenn du nicht genug Geld für den Friseur hast, dann hol es <u>dir</u> im Leihhaus.

e Mensch, Tim, ich habe <u>dich</u> ja seit Ewigkeiten nicht gesehen!

f Was sagt dein Bruder? Gefällt es <u>ihm</u> hier?

g Der Räuber lief zum Bahnhof, wo <u>ihn</u> die Polizei später festnahm.

h Sie heißt Nina. Er liebt <u>sie</u> und hat <u>ihr</u> einen Liebesbrief geschrieben.

i Das Haus ist dahinten. Siehst du <u>es</u>?

j Hallo, ihr beiden! Wir möchten <u>euch</u> gern zu einer Syrischen Reispfanne einladen.

k Hallo, Frau Schmidt! Wir möchten <u>Sie</u> gern zu einer Syrischen Reispfanne einladen.

l Meine Freunde sind in Syrien. Ich möchte <u>ihnen</u> etwas schicken.

7 C4

a Wir haben uns <u>lange</u> nicht gesehen.

b Sie hat <u>eine gute Arbeit</u> gefunden.

c Er hat <u>eine Firma</u> gegründet.

d Er hat nicht viel <u>Geld</u> gebraucht.

e Mein Auto steht vor <u>dem Lokal</u> Hauptstraße Ecke Bahnhofstraße.

f Das ist eine <u>super</u> Idee.

g Wir haben <u>sehr viele</u> Flyer verteilt.

7 C5

Wir sind mit <u>Freunden</u> zusammen in <u>einer</u> Kölner Kneipe.

Es ist <u>ein</u> <u>schöner</u> Abend mit <u>netten</u> Menschen, <u>guter</u> Unterhaltung und <u>interessanten</u> Geschichten. Und Bier – ich weiß gar nicht, wie <u>viele</u> Gläser wir schon geleert <u>haben</u>. Sicher zu viele – zu viele <u>zum</u> Autofahren.

Aber unser Auto <u>steht</u> auf <u>dem</u> Parkplatz neben <u>der</u> Kneipe, und morgen müssen wir <u>zur</u> Arbeit, und wir müssen die Kinder in <u>die</u> Schule bringen.

Aber da liegt <u>ein</u> Flyer: „Sie <u>haben</u> Alkohol <u>getrunken</u>? Fahren Sie <u>Ihr</u> Auto nicht selbst nach Hause – das <u>machen</u> wir!

<u>Rufen</u> Sie 0177 777 6655 oder mailen Sie info@gutnachhause.de.

Wir <u>schicken</u> <u>Ihnen</u> <u>einen</u> Fahrer, der Sie und <u>Ihr</u> Auto sicher nach Hause bringt."

7 F1

a Sie kommt **aus** <u>einem</u> <u>schönen</u> Land.

b Sie kommt **aus** <u>einer</u> <u>schönen</u> Stadt.

c Er arbeitet **bei** <u>einem großen</u> Paketdienst.

d Sie wohnt **bei** <u>ihrer alten</u> Oma in Zürich.

e Wir fahren **mit** <u>unser(e)m eigenen</u> Auto nach Hause.

f Was wollen Sie **mit** <u>diesem kleinen</u> Schlüssel?

g **Nach** <u>der langen</u> Fahrt können wir bei Jupp etwas essen.

h Wir haben **seit** <u>einem vollen</u> Monat nichts von ihm gehört.

i Der Film handelt **von** <u>einem gelben</u> Band.

7 F2

a Ich wollte <u>meinen</u> Führerschein nicht riskieren.

b Warten Sie bitte, ich rufe gleich mal <u>meinen</u> Mann.

c Er hat <u>einen guten</u> Job gefunden.

d Wir haben <u>einen guten</u> Film gesehen.

e Haben Sie noch <u>den alten</u> Jupp gekannt?

f Ich habe <u>ein kleines</u> Unternehmen gegründet.

g Ich habe <u>eine kleine</u> Firma gegründet.

h Ich habe <u>einen kleinen</u> Verein gegründet.

7 F3

a Die Polizei hat einen Mann gefasst<u>, der eine Tankstelle in Oberfeld überfallen hat.</u>

b Tim hat das Kapital<u>, das er brauchte,</u> von seiner Oma bekommen.

c Ein Kunde<u>, der unseren Service nutzt,</u> riskiert seinen Führerschein nicht.

d Ein Kunde<u>, der Alkohol getrunken hat und einen Fahrer braucht,</u> ruft uns an.

e Die Firma<u>, die der Wirt uns empfohlen hat,</u> hat einen englischen Namen.

f Der Mann<u>, der uns nach Hause fuhr,</u> kannte auch noch den alten Jupp.

g Das Lieschen<u>, das ja nun schon lange tot ist,</u> war berühmt für seine Mettbrötchen.

7 F4

a <u>Ich lege meine</u> Zeitung zur Seite.

b <u>Ich lege meinen</u> Ring auf den Tisch.

c Wo <u>hast du deine</u> Schlüssel?

d <u>Er sollte seinen</u> Führerschein nicht riskieren.

e <u>Sie sucht ihr</u> gelbes Haarband.

f Das Geld <u>haben wir</u> von <u>unserer</u> Oma bekommen.

g <u>Habt ihr</u> meine Brille gesehen?

h <u>Sie fühlen sich</u> wohl in <u>ihrer</u> neuen Wohnung.

i Wenn <u>Sie</u> vernünftig <u>sind, fahren Sie Ihr</u> Auto nicht selbst nach Hause.

7 F5

Ich <u>habe</u> ja noch <u>den alten</u> Jupp <u>gekannt</u>. Der <u>alte</u> Jupp <u>war</u> in <u>der ganzen</u> Stadt <u>bekannt</u>. Er ist ja nun <u>schon</u> so lange tot, und doch <u>sprechen</u> die <u>Leute</u> immer noch von <u>ihm</u>. In <u>seiner</u> Kneipe <u>gab</u> es <u>den besten</u> halve Hahn, und <u>sein</u> Kölsch und <u>seine</u> Mettbrötchen <u>waren</u> auch <u>berühmt</u>. Der <u>alte</u> Jupp <u>trank</u> nicht viel, aber <u>wenn</u> er etwas <u>trank, war</u> es immer Kölsch.

7 I

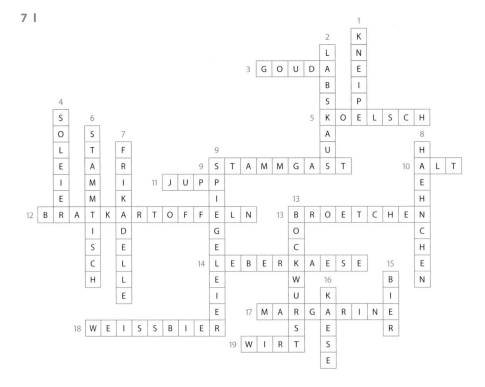

Lektion 8

8 C2

a die Königin <u>eines großen Landes</u>

b die Märchen <u>der Brüder</u> Grimm

c <u>Angela Merkels</u> Humor / der Humor <u>Angela Merkels</u>

d <u>Frau Hofmeisters sicheres</u> Auftreten

e der Führerschein <u>meines Mannes</u>

f <u>Lieschens</u> Mettbrötchen

g <u>Bayerns</u> Hauptstadt / die Hauptstadt <u>Bayerns</u>

h der Fahrer <u>der Königin</u>

8 C3

a Ich möchte <u>einen der beiden</u> Ringe haben.

b <u>Einer der beiden</u> Ringe ist wertlos – kein Gold, nur <u>billiges</u> Metall.

c <u>Die</u> Einkaufswagen <u>der</u> Kunden sind voll.

d In <u>der</u> Geldbörse <u>des alten Mannes</u> sind viele kleine Münzen.

e <u>Die</u> Zimmer <u>dieses</u> Hotels sind klein und schäbig.

f <u>Der</u> Name <u>des Mädchens</u> bedeutet „die Glückliche".

g <u>Der</u> Charakter <u>eines</u> Menschen ist wichtiger als sein Aussehen.

h Dank <u>der</u> Beschreibung <u>des Täters</u> durch die Tankstellenangestellte konnte die Polizei später <u>einen Tatverdächtigen</u> festnehmen.

8 C4

a Wegen <u>seines berühmten Namens</u> glaubt man ihm alles.

b Wir mögen ihn wegen <u>seines guten Charakters</u>.

c Wegen <u>dieses großen Problems</u> sollten Sie zur Polizei gehen.

d Wegen <u>seines kleinen Bruders</u> ist er nicht nach München gegangen.

e Wegen <u>ihrer alten Oma</u> ist sie nicht nach München gegangen.

f Wegen <u>ihrer genauen</u> Beschreibung hat die Polizei den Räuber schnell gefasst.

g Sie haben ihn wegen nicht <u>ausreichender Haftgründe</u> freigelassen.

8 F1

a Die U-Bahn ist <u>schneller</u> als der Bus.

b Der eine Ring ist viel <u>breiter</u> als der andere.

c Nichts ist mir <u>gleichgültiger</u> als Geld.

d Deine Frau ist viel <u>vernünftiger</u> als du.

e Dieses Märchen ist noch <u>älter</u> als „Schneewittchen".

f Am Vormittag ist viel <u>mehr</u> Geld in der Kasse als am Abend.

g Unsere Kinder werden in einer <u>besseren</u> Welt leben.

h Einen <u>besseren</u> Freund findest du nicht.

i Ein <u>gesünderes</u> Essen kannst du deinem Kind nicht geben.

j Wir wohnen jetzt in einem <u>moderneren</u> Haus.

8 F2

Manche Leute denken, dass ihr Land besser als alle anderen ist:

a Die Menschen auf der Straße sind <u>freundlicher</u>.

b Die Mädchen sind <u>hübscher</u>.

c Die Ehepaare sind <u>glücklicher</u>.

d Die öffentlichen Verkehrsmittel sind <u>billiger</u>.

e Die Restaurants sind <u>preiswerter</u>.

f Das Obst ist <u>frischer</u>.

g Die Zeitungen sind <u>interessanter</u>.

h Die Autos sind <u>schneller</u>.

i Die Tage sind <u>länger</u>.

j Die Berge sind <u>höher</u>.

8 F3

a <u>Zwei Brüder lebten</u> in einem fernen Land.

b <u>Die beiden Männer verdienten</u> ihren Lebensunterhalt als Fischer.

c <u>Sie gerieten</u> eines Tages in einen Sturm.

d <u>Sie warteten</u> in einer kleinen Bucht, bis das Unwetter vorüber war.

e <u>Sie fanden</u> dort einige Meter tief eine riesige Muschel.

f <u>Sie fanden</u> in der Muschel eine riesige Perle.

g <u>Sie konnten</u> die Perle nur mit größter Mühe nach Hause in ihre Hütte bringen.

h <u>Die Wunderperle wurde</u> im Laufe der Zeit bekannt.

i <u>Sie war</u> viele Millionen Dollar wert.

j <u>Die Brüder wollten</u> sie aber nicht verkaufen.

k „<u>Man</u> verkauft sein Glück nicht", sagten sie.

8 F4

a <u>Einen reichen Mann hat</u> meine Freundin geheiratet.

b <u>Wegen seiner Millionen hat</u> sie ihn geheiratet.

c <u>Also ist</u> das Leben nicht fair.

d Was? <u>Nicht attraktiv genug bin</u> ich für sie?

e <u>Vielleicht sieht</u> er noch toller aus als du.

f <u>Hier seid</u> ihr die Schönste.

g <u>Jetzt habe</u> ich ein Problem.

h <u>Eigentlich ist</u> Geld mir / <u>ist</u> mir Geld gleichgültig.

i <u>Mit seinem Geld hat</u> er sie beeindruckt.

8 I

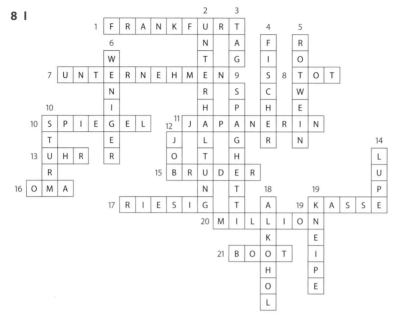

Lektion 9

9 C1

a Mit der Hand <u>musst</u> du zum Arzt gehen.

b Die Muskeln <u>sollen</u> nicht ständig angespannt sein.

c Es <u>kann</u> sein, dass die Schmerzen von der Arbeit mit der Maus kommen.

d Hat die Ärztin wirklich gesagt, dass du nicht mehr arbeiten <u>sollst</u>?

e Ich <u>soll</u> die Hand und den Arm ein paar Tage schonen.

f Im Haushalt <u>darf</u> Claudia in nächster Zeit nicht arbeiten.

g <u>Möchtest</u> du nicht für ein paar Tage an die Ostsee fahren?

h <u>Wollt</u> ihr nicht mal für ein paar Tage an die Ostsee fahren?

9 C2

a Sie <u>sollten</u> mit dem Fahrrad <u>fahren</u>.

b Du <u>solltest</u> die Hand ein paar Tage <u>schonen</u>.

c Wir <u>sollten</u> ein Unternehmen <u>gründen</u>.

d Paul <u>sollte</u> eine reiche Frau <u>heiraten</u>.

e Ihr <u>solltet</u> <u>warten</u>, bis das Unwetter vorüber ist.

f Du <u>solltest</u> dir eine besondere Maus und Tastatur <u>kaufen</u>.

g Sie <u>sollten</u> Ihr Auto <u>stehen lassen</u> und mit der U-Bahn <u>fahren</u>.

9 C3

a Was ich heute <u>tun werde</u>:

b Ich <u>werde</u> zum Arzt <u>gehen</u>.

c Ich <u>werde</u> ein paar E-Mails <u>schreiben</u>.

d Ich <u>werde</u> eine neue Tastatur <u>kaufen</u>.

e Ich <u>werde</u> Geld aus dem Automaten <u>holen</u>.

f Ich <u>werde</u> im Haushalt <u>arbeiten</u>.

g Ich <u>werde</u> die Oma zum Arzt <u>fahren</u>.

h Ich <u>werde</u> Spaghetti für uns <u>kochen</u>.

i Ich <u>werde</u> Hausaufgaben für den Deutschkurs <u>machen</u>.

9 C4

a Die Kassiererin sagt, dass der Mann eine Pistole in der Hand <u>hatte</u>.

b Die Ärztin hat gesagt, dass ich eine Maushand <u>habe</u>.

c Die Ärztin meint, dass die Schmerzen von der Computerarbeit <u>kommen</u>.

d Ich erzählte ihm, dass meine Freundin einen reichen Mann geheiratet <u>hat</u>.

e Ich vermute, dass er sie mit seinem Geld beeindruckt <u>hat</u>.

f Ich glaube, dass sie einen guten Job gefunden <u>hat</u>.

g Die Lehrerin sagte, dass es in Deutschland zwei Frankfurt <u>gibt</u>.

h Mein Freund sagt, dass er seinen Führerschein nicht riskieren <u>will</u>.

i Sie sagt, dass Geld ihr gleichgültig <u>ist.</u>

j Es kann doch sein, dass er noch toller <u>aussieht</u> als du / noch toller als du <u>aussieht</u>.

9 C5

Ich <u>bin</u> wegen <u>der</u> Schmerzen in <u>meiner</u> Hand bei <u>einer</u> Fachärztin <u>gewesen</u>.
Sie sagt, <u>die</u> Schmerzen <u>kommen</u> von <u>der</u> Computerarbeit mit <u>der</u> Maus.
Die Muskeln in Hand, Arm und Schulter <u>sind</u> ständig <u>angespannt</u>, und <u>das</u> ist nicht gut. Ich <u>brauche</u> eine <u>besondere</u> Maus und Tastatur, <u>damit</u> ich entspannter <u>dasitze</u>. Und ich soll <u>die</u> Hand und <u>den</u> Arm ein paar <u>Tage</u> <u>schonen</u> und in <u>nächster</u> Zeit nicht <u>im</u> Haushalt arbeiten.

9 F1

a Sie kam erst <u>als</u> junges Mädchen nach Deutschland.

b Du sprichst <u>wie</u> eine Lehrerin.

c Er verdient seinen Lebensunterhalt <u>als</u> Fischer.

d Er möchte <u>wie</u> sein Freund Nabil <u>als</u> Zusteller bei einem Paketdienst arbeiten.

e Er sieht aus <u>wie</u> sein Bruder.

f Er sieht noch toller aus <u>als</u> sein Bruder.

g Der Räuber war maskiert, <u>als</u> er den Tankstellenshop betrat.

h Der Charakter eines Menschen ist wichtiger <u>als</u> sein Aussehen.

i Pia erzählte mir, <u>wie</u> sie zitterte, <u>als</u> sie das Geld holte.

9 F2

a Ich interessiere <u>mich</u> für deutsche Literatur.

b Schon in der Schule hat sie <u>sich</u> für Nietzsche interessiert.

c Wir holen <u>uns</u> manchmal Geld im Leihhaus.

d Wenn du Geld brauchst, kannst du es <u>dir</u> im Leihhaus holen.

e Ich stelle <u>mich</u> in eine lange Schlange.

f Eine kräftige Frau stellt <u>sich</u> vor mich.

g Warum drängeln Sie <u>sich</u> vor?

h Ich habe <u>mich</u> nicht vorgedrängelt!

i Hast du <u>dich</u> gewaschen? Hast du <u>dir</u> die Haare gewaschen?

9 F3

a Wir gehen in ein Möbelhaus, <u>um ein Bett zu kaufen</u>.

b Sie studiert, <u>um Deutschlehrerin zu werden</u>.

c Ich arbeite, <u>um Geld zu verdienen</u>.

d Sie heiraten, <u>um Steuern zu sparen</u>.

e Ich kam nach Deutschland, <u>um in Frieden zu leben</u>.

f Er fuhr nach Köln, <u>um mal einen halve Hahn zu essen</u>.

g Der Mann brach in ein Fast-Food-Restaurant ein, <u>um sich ein paar Burger zu braten</u>.

h Er geht in den großen Supermarkt, <u>um Leute zu beobachten</u>.

9 F4

a <u>Wer</u> hat einen reichen Mann geheiratet?

b <u>Wer</u> soll Frau Hofmeister nach Hause fahren?

c <u>Wer</u> kannte noch den alten Jupp?

d <u>Wer</u> hat die Mettbrötchen für jeden Gast frisch gemacht?

e <u>Wen</u> kannte Frau Hofmeister noch?

f <u>Wen</u> hat die Polizei gefasst?

g <u>Wen</u> hat Nina seit Ewigkeiten nicht gesehen?

h Für <u>wen</u> war die Perle sein Glücksbringer?

i <u>Wem</u> hat ihn der Wirt empfohlen? / <u>Wem</u> hat der Wirt ihn empfohlen?

j <u>Wem</u> hat Pia eine gute Beschreibung gegeben?

k Bei <u>wem</u> gab es den besten halve Hahn in Köln?

l Von <u>wem</u> hat Tim das Geld bekommen?

9 I

Kreuzworträtsel (Wortzusammensetzungen):

Waagerecht:
1. FLUTOPFER
6. COMPUTERMAUS
8. HALBFETTMARGARINE
9. HALSKETTE
10. KOPFSCHMERZEN
11. SPRACHENSCHULE
13. ASYLANTRAG
14. ZEHNEUROSCHEIN
15. GERICHTSENTSCHEIDUNG

Senkrecht:
3. GERICHTSVERHANDLUNG
7. WETTERBERICHT

Das Fugen-s

The linking -s- in compound nouns

Bei der Zusammensetzung von zwei Wörtern fügt man oft ein -s- ein:

So nennt man zum Beispiel einen Wagen, mit dem man im Supermarkt seine Einkäufe zur Kasse fährt, einen **Einkaufswagen**, eine Person oder Sache, die einem Glück bringen soll, ist ein **Glücksbringer** und das Geld, das man zum Leben braucht, ist der **Lebensunterhalt**.

Die Geschichte eines Erfolgs ist eine **Erfolgsgeschichte**, die Entscheidung eines Gerichts ist eine **Gerichtsentscheidung** und ein Fahrzeug wie ein Auto, ein Bus oder ein Eisenbahnzug ist ein **Verkehrsmittel**.

Erstaunlicherweise erscheint dieses „Fugen-s" auch an Stellen, wo normalerweise gar kein -s stehen kann, nämlich an femininen Wörtern:

So ist ein Mensch, der eine Wohnung sucht, ein **Wohnungssuchender**, die schnelle wirtschaftliche Entwicklung der Bundesrepublik Deutschland ab 1948 nennt man das **Wirtschaftswunder**, und jemanden, der aus wirtschaftlicher Not seine Heimat verlässt, nennen manche einen **Wirtschaftsflüchtling**. Jemand, der Zeitungen verkauft, ist ein **Zeitungsverkäufer**, ein Brief, mit dem man seine Liebe ausdrückt, ist ein **Liebesbrief**, ein Test, den man macht, um Bürger eines Landes werden zu können, ist ein **Einbürgerungstest**, eine Regierung, die im Parlament keine Mehrheit hat, ist eine **Minderheitsregierung**, und die Steuer, die man auf einen **Versicherungsvertrag** zahlt, ist die **Versicherungssteuer**.

Na ja, und ein Kreuzworträtsel, das aus Wortzusammensetzungen besteht, kann man als **Wortzusammensetzungskreuzworträtsel** bezeichnen.

Lektion 10

10 C1

a Lea <u>will</u> das neue Spaghetti-Rezept <u>ausprobieren</u>.

b Ich <u>muss</u> morgen <u>wegfahren</u>.

c Sie <u>hat</u> <u>nachgedacht</u>.

d Ich <u>habe</u> den Kredit doch <u>zurückgezahlt</u>.

e Du <u>wirst</u> das Geld nie <u>zurückbekommen</u>.

f <u>Können</u> Sie es nicht <u>aufschreiben</u>?

g <u>Kannst</u> du mir eine Pizza <u>mitbringen</u>?

h <u>Habt</u> ihr euch dort <u>wohlgefühlt</u>?

i <u>Hast</u> du deine Sachen <u>ausgepackt</u>?

10 C2

a Nett, dass Sie / sie uns die Pizzen bringen.

b Es ist schön, dass Sie / sie uns die Pizzen gebracht haben.

c Es ist nett, dass ihr uns einladet.

d Schön, dass ihr uns eingeladen habt.

e Es ist nett, dass ihr uns einladen wollt.

f Es ist schön, dass Lea ihr neues Spaghetti-Rezept bei uns ausprobieren wird.

g Es ist schön, dass sie ihr neues Spaghetti-Rezept bei uns ausprobiert.

h Schön, dass sie ihr neues Spaghetti-Rezept bei uns ausprobiert hat.

10 C3

a Wie (*betont:*) geht es euch <u>denn</u>? / Wie geht es <u>denn</u> (*betont:*) euch?

b Was (*betont:*) macht ihr <u>denn</u>? / Was macht <u>denn</u> (*betont:*) ihr?

c Habt ihr hier <u>denn</u> (*betont:*) auch einen Italiener? / Habt ihr <u>denn</u> hier (*betont:*) auch einen Italiener? / Habt <u>denn</u> (*betont:*) ihr hier auch einen Italiener?

d Wohin (*betont:*) fahrt ihr <u>denn</u>? / Wohin fahrt (*betont:*) ihr <u>denn</u>?

e Warum fahrt ihr <u>denn</u> nach (*betont:*) Weimar? / Warum fahrt <u>denn</u> (*betont:*) ihr nach Weimar?

f Werdet ihr <u>denn</u> auch das (*betont:*) Goethehaus besuchen? / Werdet <u>denn</u> ihr (*betont:*) auch das Goethehaus besuchen?

g Wo werdet ihr <u>denn</u> (*betont:*) übernachten? / Wo werdet <u>denn</u> (*betont:*) ihr übernachten?

h War Kafka <u>denn</u> auch wegen (*betont:*) Goethe in Weimar? / War <u>denn</u> Kafka (*betont:*) auch wegen Goethe in Weimar?

10 C4

Es ist nett, dass du <u>anrufst</u>. Wie <u>geht</u> es <u>dir</u> denn? Du <u>hast</u> gerade <u>eine</u> Pizza <u>gegessen</u>? Wir <u>haben</u> hier auch <u>einen</u> sehr <u>guten</u> Italiener. Bei uns <u>gibt</u> es morgen Spaghetti. Lea <u>probiert</u> <u>ein neues</u> Rezept aus. Ach, ihr <u>werdet</u> nicht hier sein? Das <u>ist</u> aber <u>schade</u>! Wo <u>wohnt</u> ihr denn in Weimar? In <u>einem schönen alten</u> Hotel? Kafka <u>hat</u> dort <u>gewohnt</u>? Das ist ja <u>interessant</u>. Und <u>im</u> Goethehaus <u>hat</u> er <u>ein hübsches</u> Mädchen <u>getroffen</u>? Na, na, na!

10 C5

a Wir möchten <u>euch</u> einladen.

b Es ist nett, dass ihr <u>uns</u> einladet.

c Wir können <u>ihn</u> für morgen einladen.

d Ich würde <u>sie</u> gern einladen.

e Wie geht es <u>ihm</u>?

f Wie geht es <u>ihr</u>?

g Wir werden <u>sie</u> besuchen.

h Wir werden <u>ihnen</u> etwas mitbringen.

i Wir werden auch <u>ihr</u> etwas mitbringen.

10 C6

a <u>Wie</u> geht es ihr?

b <u>Was</u> holt Alex gerade?

c <u>Was</u> will Lea ausprobieren?

d <u>Wohin</u> fahren sie?

e <u>Wen</u> werden sie besuchen?

f <u>Wann</u> kommt ihr zurück?

g <u>Wo</u> werden sie übernachten?

h <u>Wer</u> hat in diesem Hotel gewohnt?

i <u>Wen</u> traf er im Goethehaus?

j <u>Warum</u> können sie nicht kommen?

10 F1

a Wir <u>mussten</u> jetzt mehr zahlen als vorher.

b Warum <u>musstet</u> ihr denn einen telefonischen Vertrag abschließen?

c Ich <u>musste</u> mit dem Mann reden, denn er hatte ein interessantes Angebot.

d Warum <u>musstest</u> du denn das tun?

e <u>Mussten</u> Sie ihm wirklich Ihre Kunden-nummer geben?

f Herr Grimm <u>musste</u> nicht lange warten.

g Er hat ihr ein Angebot gemacht, zu dem sie einfach Ja sagen <u>musste</u>.

h Man <u>musste</u> ja ein Idiot sein, um so etwas zu tun.

i Die Leute <u>mussten</u> jahrelang auf die Gerichtsentscheidung warten.

10 F2

a Vorhin <u>hat</u> mich ein Telefonverkäufer <u>angerufen</u>.

b Ich <u>habe</u> das Gespräch leider nicht sofort <u>beendet</u>.

c Was <u>hat</u> er denn <u>gewollt</u>?

d Der Mann <u>hat</u> von unserer Stromrechnung <u>geredet</u>.

e Ich <u>habe</u> dann gleich unsere letzte Rechnung <u>geholt</u>.

f Er <u>hat</u> mir ein Angebot <u>gemacht</u>.

g Ich <u>habe</u> einen Vertrag für drei Jahre <u>abgeschlossen</u>.

h <u>Ist</u> das nicht ein großer Fehler <u>gewesen</u>?

i Ja, ich <u>habe</u> einen großen Fehler <u>gemacht</u>.

10 F3

a Man <u>soll</u> Werbeanrufe immer sofort <u>beenden</u>.

b Man <u>soll</u> einem Telefonverkäufer nie alles <u>sagen</u>, was er wissen will.

c Man <u>soll</u> nie einen telefonischen Vertrag <u>abschließen</u>.

d Man <u>soll</u> einen Vertrag per Einschreiben mit Rückschein <u>widerrufen</u>.

e Man <u>soll</u> bei der Computerarbeit entspannt <u>dasitzen</u>.

f Man <u>soll</u> sein Glück nicht <u>verkaufen</u>.

g Man <u>soll</u> nicht wegen des Geldes <u>heiraten</u>.

10 F4

a <u>Ich</u> <u>beende</u> solche Gespräche immer sofort.

b <u>Man</u> <u>soll</u> so etwas nie tun.

c <u>Ich</u> <u>werde</u> das sofort tun.

d Sympathisch <u>war</u> <u>der Mann</u> nicht.

e Gültig <u>ist</u> auch <u>ein telefonischer Vertrag</u>.

f Ein Angebot <u>hat</u> <u>er</u> mir gemacht.

g Mir <u>hat</u> <u>er</u> ein Angebot gemacht.

h Dass das Training ausfallen wird, <u>habe</u> <u>ich</u> ihr gesagt.

i In einem alten Hotel <u>werden</u> <u>wir</u> wohnen.

j Wohnen <u>werden</u> <u>wir</u> in einem alten Hotel.

10 I

Lektion 11

11 C1

a Der Einbürgerungstest <u>wird</u> <u>gelesen</u>.
b Die Rechnung <u>wird</u> <u>geholt</u>.
c Freunde <u>werden</u> <u>besucht</u>.
d Eine riesige Muschel <u>wird</u> <u>gefunden</u>.
e Diese Steuer <u>wird</u> <u>abgeschafft</u>.
f Ein neues Rezept <u>wird</u> <u>ausprobiert</u>.
g Der Täter <u>wird</u> am Bahnhof <u>gefasst</u>.
h Wir <u>werden</u> nach Hause <u>gefahren</u>.

11 C3

a Die Goldkette <u>wird</u> von der Pfandleiherin <u>geprüft</u>.
b Diese Leute <u>werden</u> von der Polizei <u>beobachtet</u>.
c Das Handy <u>wird</u> von einem Polizisten <u>gefunden</u>.
d Königsberger Klopse <u>werden</u> von allen Gästen gern <u>gegessen</u>.
e Tomaten <u>werden</u> von Tanja <u>mitgebracht</u>.
f Die Namen <u>werden</u> von der Lehrerin alle <u>aufgeschrieben</u> / <u>werden</u> alle von der Lehrerin <u>aufgeschrieben</u>.
g Der Kredit <u>wird</u> von mir <u>zurückgezahlt</u>.
h Schwarze Betten <u>werden</u> von niemand(em) <u>gekauft</u>.

11 C4

a <u>Wird</u> das Parlament vom Volk <u>gewählt</u>?
b <u>Werden</u> die Minister vom Bundespräsidenten <u>ernannt</u>?
c <u>Wird</u> das Goethehaus von vielen Touristen <u>besucht</u>?
d <u>Wird</u> dieses Haus von der Stadt <u>verkauft</u>?
e <u>Wird</u> dieses Restaurant von der Zeitung <u>empfohlen</u>?

11 C5

a Von wem <u>wird</u> das Parlament <u>gewählt</u>?
b Von wem <u>werden</u> die Minister <u>ernannt</u>?
c Von wem <u>wird</u> die Pressefreiheit <u>abgeschafft</u>?
d Von wem <u>wird</u> das Goethehaus <u>besucht</u>?
e Von wem <u>wird</u> dieses Haus <u>verkauft</u>?
f Von wem <u>wird</u> dieses Restaurant <u>empfohlen</u>?

11 F1

a Die Koffer <u>wurden</u> nach draußen <u>gehoben</u>.
b Uns <u>wurde</u> beim Aussteigen <u>geholfen</u>. / Beim Aussteigen <u>wurde</u> uns <u>geholfen</u>.
c Von wem <u>wurde</u> unser Gepäck <u>weggebracht</u>?
d Sie <u>werden</u> <u>erwartet</u>.
e Du <u>wirst</u> <u>erwartet</u>.
f Ihr <u>werdet</u> <u>erwartet</u>.
g Wohin <u>werde</u> ich <u>gefahren</u>?
h Wohin <u>wird</u> er <u>gefahren</u>?

11 F2

a Zwei kräftige Männer <u>brachten</u> unser Gepäck <u>weg</u>. / Unser Gepäck <u>brachten</u> zwei kräftige Männer <u>weg</u>.
b Ein alter Mann <u>beobachtete</u> uns.
c Ein junger Mann mit Kapuze <u>verteilte</u> die Flyer. / Die Flyer <u>verteilte</u> ein junger Mann mit Kapuze.
d Meine Mutter <u>bezahlte</u> die Rechnung. / Die Rechnung <u>bezahlte</u> meine Mutter.
e Der Chef <u>erwartet</u> uns. / Uns <u>erwartet</u> der Chef.
f Der Bundespräsident <u>ernennt</u> die Minister. / Die Minister <u>ernennt</u> der Bundespräsident.
g Das Volk <u>wählt</u> das Parlament.
h Viele Touristen <u>besuchen</u> das Goethehaus. / Das Goethehaus <u>besuchen</u> viele Touristen.

11 F3

a Von <u>meiner</u> Wohnung sind es 300 Meter <u>zur</u> Bushaltestelle und 800 Meter <u>zum</u> U-Bahnhof.
b Ich war heute <u>zum</u> <u>ersten</u> Mal bei <u>diesem</u> Friseur.

c Ein junges Mädchen geht mit <u>einer</u> Dose Cola <u>zur</u> Kasse.

d Die Butter nimmt Oma meist <u>zum</u> Kochen.

e Die Haare, die an <u>dem</u> Band hängen, sind <u>vom</u> Mörder oder <u>von der</u> Mörderin.

f Jana <u>geht</u> heute nicht <u>zur</u> Schule.

g Bis <u>zur</u> Gerichtsverhandlung bleibt er auf <u>freiem</u> Fuß.

h Die Schmerzen kommen <u>von der</u> Arbeit am Computer.

11 F4

a Mit <u>einer</u> Karre wurde unser Gepäck weggebracht.

b Wir waren allein mit <u>einem</u> <u>alten</u> Mann, von <u>dem</u> wir stumm betrachtet wurden.

c Auf <u>dem</u> <u>kleinen</u> Platz vor <u>dem</u> Bahnhof stand eine dunkelgraue Limousine, deren <u>rechte</u> <u>hintere</u> Tür von <u>einem</u> uniformierten Chauffeur geöffnet wurde.

d Der schwarz gekleidete Mann nahm neben <u>dem</u> Fahrer Platz.

e Das Haus, vor <u>dem</u> der Wagen hielt, stand über <u>einer</u> <u>dunklen</u> Wasserfläche.

f Nur hinter <u>einem</u> Fenster brannte <u>ein</u> <u>trübes</u> Licht.

11 F5

a <u>Unser Gepäck</u> wurde <u>mit einer Karre</u> weggebracht.

b <u>Wir</u> wurden <u>von einem alten Mann</u> stumm betrachtet.

c <u>Er</u> ging <u>langsam</u> die Stufen der Bahnsteigtreppe hinunter.

d <u>Eine dunkelgraue Limousine</u> stand <u>auf dem Platz vor dem Bahnhof</u>.

e <u>Das Fahrzeug</u> setzte sich <u>sogleich</u> in Bewegung.

f <u>Ein trübes Licht</u> brannte <u>hinter einem Fenster</u>.

11 I

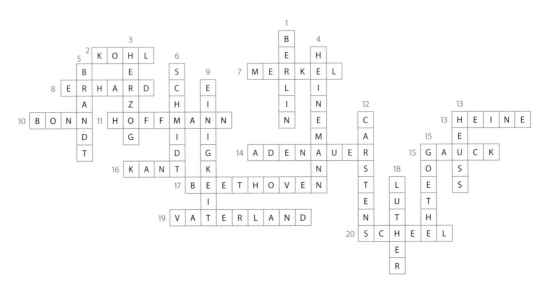

Lektion 12

12 C1

a Nett, dass <u>Sie anrufen</u>.

b Wohin <u>fahren Sie</u>?

c <u>Sie wissen</u>, wer ich bin.

d <u>Sie werden</u> erwartet.

e Was <u>würden Sie</u> sagen, wenn die Verkäuferin <u>Sie</u> mit Du anredet?

f Wie ist das eigentlich bei <u>Ihnen</u>, Tobias?

g Wir fahren <u>Sie</u> in <u>Ihrem</u> eigenen Auto nach Hause.

h Warum <u>kaufen Sie sich</u> nicht eine besondere Tastatur?

12C2

a <u>Machst du</u> uns bitte ein paar Mettbrötchen?

b <u>Bist du</u> beim Arzt gewesen?

c Wie geht es <u>dir</u> denn?

d Wir wollten <u>dich</u> zu einer Syrischen Reispfanne einladen.

e <u>Warte</u> bitte einen Augenblick.

f <u>Sag(e)</u> mal, <u>fährst du</u> oft Gäste für den Wirt?

g <u>Ruf(e)</u> mich an oder <u>schick(e)</u> mir eine E-Mail.

h <u>Du solltest dein</u> Fahrrad hier nicht stehen lassen.

12 C3

a Wenn man geschickt ist, (dann) <u>verdient man</u> ganz gut.

b Wenn ich Minister wäre, (dann) <u>hätte ich</u> einen Chauffeur.

c Wenn Sie einen Polizisten mit Du anreden, (dann) <u>wird das</u> teuer.

d Wenn die Verkäuferin die Kunden duzt, (dann) <u>kaufen sie</u> mehr.

e Wenn sie gesund bleibt, (dann) <u>wird sie</u> nächstes Jahr hundert.

f Wenn ein Land keine Pressefreiheit hat, (dann) <u>ist es</u> ist keine Demokratie.

g Wenn du eine reiche Frau heiratest, (dann) <u>brauchst du</u> nicht zu arbeiten.

h Wenn ich nicht weiß, ob der junge Mensch über oder unter 16 ist, (dann) <u>sieze ich</u> ihn.

12 C4

a Wenn ich keine Angst <u>hätte</u>, <u>wäre</u> ich nicht so vorsichtig.

b Wenn er Auto fahren <u>könnte</u>, <u>würde</u> er leichter einen Job kriegen.

c Wenn die Villa Tenebra nicht zerstört <u>wäre</u>, <u>könnten / würden</u> wir dort wohnen.

d Wenn wir heiraten <u>würden</u>, <u>könnten / würden</u> wir Steuern sparen.

e Wenn das Leben fair <u>wäre</u>, <u>wären</u> viele Menschen nicht so arm.

f Was <u>würden</u> wir tun, wenn kein Taxi da <u>wäre</u>?

g Was <u>würdest</u> du tun, wenn du kein Geld <u>hättest</u>?

12 C5

a <u>Duzen Sie</u> ihn besser nicht!

b <u>Essen Sie</u> mehr Obst!

c <u>Fahren Sie</u> bitte zum Bahnhof!

d <u>Öffnen Sie</u> alle Türen!

e <u>Steigen Sie</u> endlich ein!

f <u>Machen Sie</u> keinen Quatsch!

g <u>Denken Sie</u> an unsere Stromrechnung!

h <u>Sagen Sie</u> doch einfach Ja!

12 F1

Die Villa Tenebra, vor der unser Wagen <u>hielt</u>, war dunkel und <u>stand</u> allein, hoch über einer dunklen Wasserfläche.

Nur hinter einem Fenster <u>brannte</u> ein trübes Licht.

<u>Wurden</u> wir nicht erwartet?

Wir <u>hatten</u> von München aus ein Zimmer in der Villa Tenebra <u>reserviert</u>.

Am Bahnhof von Taormina <u>hatte</u> uns ein schwarz gekleideter Mann <u>erwartet</u>.

Jemand <u>hatte</u> unser Gepäck mit einer Karre <u>weggebracht</u>.

Eine dunkelgraue Limousine <u>hatte</u> uns hierher, zur Villa Tenebra, <u>gefahren</u>.

12 F2

a <u>Ich</u> <u>wollte</u> damit <u>meine</u> demokratische Ge-sinnung zum Ausdruck bringen.

b <u>Meine Freunde</u> <u>wollen</u> <u>ihren</u> Führerschein nicht riskieren.

c <u>Du</u> <u>versuchst</u>, andere Leute mit <u>deinem</u> Geld zu beeindrucken.

d <u>Ihr</u> <u>habt</u> <u>euer</u> Geld durch harte Arbeit verdient.

e <u>Wir</u> <u>sollten</u> <u>unser</u> Glück nicht verkaufen.

f <u>Diese Dame</u> <u>hat</u> einige Fragen wegen <u>ihrer</u> Stromrechnung.

g <u>Ein Mann</u> schob mir <u>seinen</u> vollen Einkaufswagen in die Beine.

h Wenn <u>man</u> Alkohol getrunken <u>hat</u>, <u>sollte</u> <u>man</u> <u>sein</u> Auto nicht selbst nach Hause fahren.

i <u>Das Lieschen</u> <u>war</u> berühmt für <u>seine</u> Mettbrötchen.

12 F3

a Diese Fische <u>dürfen</u> nicht <u>gefangen</u> <u>werden</u>.

b Kunden <u>müssen</u> mit Sie <u>angeredet</u> <u>werden</u>.

c Alle Türen <u>müssen</u> <u>geöffnet</u> <u>werden</u>.

d Das Gepäck <u>soll</u> zur Villa Tenebra <u>gebracht</u> <u>werden</u>.

e Diese Rechnung <u>darf</u> nicht <u>bezahlt</u> <u>werden</u>.

f Dieser Vertrag <u>kann</u> <u>widerrufen</u> <u>werden</u>.

g Der Arm <u>muss</u> ein paar Tage <u>geschont</u> <u>werden</u>.

h Der Wasserbehälter <u>muss</u> <u>gefüllt</u> <u>werden</u>.

12 F4

Ich habe <u>ihn</u> über <u>ein</u> Partnerportal <u>kennen-gelernt</u>. Gestern Abend <u>haben</u> wir uns <u>zum ersten</u> Mal gesehen.

<u>Bist</u> du schon mal <u>im</u> Restaurant Olympia gewesen? Du wirst <u>zum</u> Tisch <u>geführt</u>, dein Stuhl wird <u>dir</u> zurechtgerückt – ich habe <u>mich</u> fast neben <u>den</u> Stuhl <u>gesetzt</u>.

Und dann kam <u>ein</u> Gang nach <u>dem</u> andern, alles winzige Portionen, und wenn du <u>zu</u> essen <u>angefangen</u> hast, war es schon kalt. Nur <u>das</u> Dessert war gut. Es <u>hatte</u> <u>einen</u> <u>französischen</u> Namen und <u>wurde</u> angezündet.

Wir <u>haben</u> <u>eine</u> ganze Flasche Wein <u>getrunken</u>, und <u>am</u> Ende ist er fast <u>am</u> Tisch eingeschlafen. Er ist nämlich Arzt und <u>hatte</u> <u>den</u> <u>ganzen</u> Tag gearbeitet.

Ich <u>habe</u> <u>ihn</u> in <u>ein</u> Taxi <u>gesetzt</u>, und weg war er!

12 I

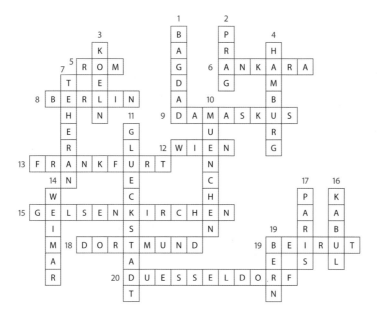

Lektion 13

13 C1

a Sträucher, die blühen, sind <u>blühende</u> Sträucher.

b Blätter, die rascheln, sind <u>raschelnde</u> Blätter.

c Ein Vogel, der singt, ist ein <u>singender</u> Vogel.

d Ein Fuchs, der vorbeikommt, ist ein <u>vorbeikommender</u> Fuchs.

e Dielen, die knarren, sind <u>knarrende</u> Dielen.

f Farben, die abblättern, sind <u>abblätternde</u> Farben.

g Die Tiere, die im Garten leben, sind die im Garten <u>lebenden</u> Tiere.

h Die Leute, die in der U-Bahn sitzen, sind die in der U-Bahn <u>sitzenden</u> Leute.

13 C2

a Der 21. Dezember ist der <u>kürzeste</u> Tag des Jahres.

b Der Großglockner ist der <u>höchste</u> Berg Österreichs.

c Der gute, alte Apfel ist eines der <u>gesündesten / gesundesten</u> Dinge, die du essen kannst.

d Der Rhein ist der <u>längste</u> Fluss Deutschlands.

e Frankreich ist das Land mit der <u>größten</u> Fläche in der EU.

f Ich glaube, Polizist(inn)en und Bundes-kanzler(innen) haben die <u>härtesten</u> Jobs in Deutschland.

g Malta ist das <u>kleinste</u> Land der EU.

h Paris ist eine der <u>schönsten</u> Städte Europas.

i Worms ist eine der <u>ältesten</u> Städte Deutschlands.

13 C3

a Stell <u>dir</u> vor, wir haben ein Haus gekauft.

b Ich stelle <u>mir</u> ein solches Haus sehr schön vor.

c Stellen Sie <u>sich</u> vor, Sie sind ein Eichhörnchen und es ist kein Baum mehr da.

d Ein altes Haus mit Garten habe ich <u>mir</u> immer gewünscht.

e Ein altes Haus mit Garten hat Anna <u>sich</u> immer gewünscht.

f Ein Haus mit Garten habt ihr <u>euch</u> doch immer gewünscht?

g Warum duzt du <u>dich</u> mit so vielen Leuten?

h Ich erinnere <u>mich</u> nicht, dass wir <u>uns</u> duzen.

i Man hört manchmal, dass Lehrer <u>sich</u> von ihren Schülern duzen lassen.

j Ich sorge <u>mich</u> um unseren Garten, den alten Nussbaum und die Tiere.

k Könnt ihr <u>euch</u> denn ein Auto leisten?

l Das Fahrzeug setzte <u>sich</u> in Bewegung.

13 C4

a Wir haben <u>ein</u> Bett, <u>einen</u> Tisch und <u>eine</u> Lampe gekauft.

b Unser Haus ist in <u>der</u> Waldstraße, <u>im</u> <u>hinteren</u> Teil, wo <u>die</u> <u>vielen</u> Bäume sind.

c Ich wohne gern, wo <u>viele</u> Bäume sind.

d Ich habe <u>mir</u> immer einen Job mit Tieren gewünscht.

e Ich habe <u>mich</u> immer wohlgefühlt in <u>dem</u> Haus mit <u>dem</u> <u>alten</u> Garten.

f <u>Ein</u> <u>alter</u> Garten mit <u>blühenden</u> <u>Sträuchern</u> ist wunderschön.

g <u>Im</u> Garten steht <u>ein</u> <u>alter</u> Nussbaum.

h <u>Im</u> Garten gibt es <u>einen</u> <u>alten</u> Nussbaum.

i Gehört das Grundstück <u>einer</u> <u>alten</u> Dame oder <u>einem</u> <u>alten</u> Herrn?

j Die <u>alte</u> Dame wird <u>in</u> <u>eine</u> <u>kleine</u> Wohnung ziehen, sie wird <u>in</u> <u>einer</u> <u>kleinen</u> Wohnung wohnen, ihr wird <u>eine</u> <u>kleine</u> Wohnung gehören.

13 F1

a Ich kann verstehen, <u>dass</u> sich manche Leute über Radfahrer auf dem Bürgersteig <u>aufregen</u>.

b Es ist normal, <u>dass</u> Schäfer keine Wölfe <u>mögen</u>.

c Es ist bekannt, <u>dass</u> Wölfe Schafe <u>fressen</u>.

d Wir erwarten, <u>dass</u> die Schäfer entschädigt <u>werden</u>.

e Es wird gesagt, <u>dass</u> Wölfe Menschen nicht <u>angreifen</u>.

f Wusstest du, <u>dass</u> es in Deutschland über hundert Jahre keine Wölfe gegeben <u>hat</u>?

g Mein Vater sagt, <u>dass</u> die Angst vor den Wölfen von den alten Märchen <u>kommt</u>.

h Ist es nicht schön, <u>dass</u> gelegentlich ein Fuchs in unseren Garten <u>kommt</u>?

13 F2

a <u>Warum</u> regen sich manche Leute auf?

b <u>Wo</u> haben die Schäfer ihre Tiere?

c <u>Wen</u> hat sie noch nie gesehen?

d <u>Was</u> hat sie noch nie in der freien Natur gesehen?

e <u>Wo</u> hat sie noch nie einen Wolf gesehen?

f <u>Woher</u> kommt die Angst vor den Wölfen?

g <u>Wovor</u> fürchten sich die meisten Leute?

h <u>Wie lange</u> hat es in Deutschland keine Wölfe gegeben?

i <u>Was</u> muss für den Schäfer erschreckend sein?

j <u>Wer</u> ist von einem (anderen) Hund angegriffen worden?

13 F3

a Sie <u>könnte</u> mehr für uns tun, aber sie will nicht.

b Ein Fuchs <u>kann</u> kein ganzes Schaf fressen, oder etwa doch?

c Die Versicherung <u>könnte</u> uns entschädigen, aber sie tut es nicht.

d Ich bin die Schönste. Es <u>kann</u> nicht sein, dass Schneewittchen schöner ist als ich.

e Die Brüder <u>könnten</u> die riesige Perle für viel Geld verkaufen, aber sie tun es nicht.

f <u>Könntest</u> du allein eine ganze Flasche Wein trinken? Ich nicht!

g Sie <u>konnten / können</u> nicht verstehen, dass er solche Angst vor Wölfen hatte.

h <u>Könnte</u> der Bundestag die Pressefreiheit abschaffen? Nein, das wäre unmöglich.

i Wenn ich euch helfen <u>könnte</u>, würde ich es tun.

j Wenn ihr mir helfen <u>könnt</u>, tut es bitte.

13 F4

a Manche Leute regen sich <u>darüber</u> auf, <u>dass</u> es wieder Wölfe in Deutschland gibt.

b Die Schafe sind <u>auf</u> der Weide und können <u>von</u> Wölfen gefressen werden.

c Niemand kennt einen Fall, <u>wo</u> ein Wolf einen Menschen angegriffen hat.

d Der Hass <u>auf</u> die Wölfe kommt <u>von</u> den alten Märchen, <u>in</u> denen der Wolf <u>als</u> der größte aller Bösewichte angesehen wird.

e Ich fürchte mich nicht <u>vor</u> Wölfen, <u>sondern</u> <u>vor</u> Rasern <u>auf</u> der Autobahn.

f <u>Im</u> Garten <u>vor / hinter</u> unserem Haus steht ein alter Nussbaum, und der ist der Grund, <u>warum</u> wir das Haus bekommen.

g Die alte Dame wird <u>in</u> eine kleine Wohnung ziehen, und sie sorgt sich <u>um</u> den alten Nussbaum.

h Sie verkauft das Grundstück <u>an</u> uns <u>zu</u> einem Preis, den wir uns leisten können.

13 F5

a Das Bild hängt bei uns an <u>der</u> Wand. Ich habe es selbst an <u>die</u> Wand gehängt.

b Sein Name ist nicht auf <u>der</u> Liste. Sie setzte seinen Namen nicht auf <u>die</u> Liste.

c Sie läuft hinter <u>einen</u> dicken Baum. Sie steht hinter <u>einem</u> dicken Baum.

d Der Rotwein gehört nicht in <u>den</u> Kühlschrank. Der Rotwein ist nicht <u>im</u> Kühlschrank.

e Er setzt sich neben <u>den</u> Fahrer. Er sitzt neben <u>dem</u> Fahrer.

f Häng die Lampe doch über <u>den</u> Tisch! Die Lampe hängt jetzt über <u>dem</u> Tisch.

g Sie legte das Geld unter <u>den</u> Schrank. Sie fand das Geld unter <u>dem</u> Schrank.

h Der Mann stellte sich vor <u>das</u> Auto. Der Mann stand vor <u>dem</u> Auto.

13 I

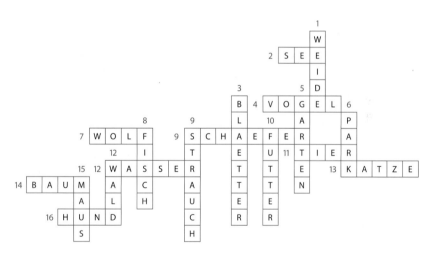

215

Lektion 14

14 C1

a Wenn Nadine nicht den Bus verpasst <u>hätte</u>, (dann) <u>hätte</u> sie nicht an der Straße gestanden.

b Wenn Ahmet nicht so attraktiv gewesen <u>wäre</u>, (dann) <u>hätte</u> Nadine sich nicht so für ihn interessiert.

c Wenn sie ihn nicht zu einem Kaffee eingeladen <u>hätte</u>, (dann) <u>hätten</u> sie sich nicht näher kennengelernt.

d Wenn sie sich nicht näher kennengelernt <u>hätten</u>, (dann) <u>wären</u> sie nie ein Paar geworden.

e Wenn sie nicht ein Paar geworden <u>wären</u>, (dann) <u>wäre</u> die kleine Sofia nie geboren worden.

f Wenn der 18. April nicht ihr Kennenlerntag gewesen <u>wäre</u>, (dann) <u>hätte</u> Ahmet seiner Frau heute keine roten Rosen überreicht.

a Wenn ich nicht den Bus verpasst <u>hätte</u>, (dann) <u>hätte</u> ich nicht an der Straße <u>gestanden</u>.

b Wenn du nicht so attraktiv gewesen <u>wär(e)st</u>, (dann) <u>hätte</u> ich mich nicht so für dich <u>interessiert</u>.

c Wenn du mich nicht zu einem Kaffee eingeladen <u>hättest</u>, (dann) <u>hätten</u> wir uns nicht näher <u>kennengelernt</u>.

d Wenn wir uns nicht näher kennengelernt <u>hätten</u>, (dann) <u>wären</u> wir nie ein Paar <u>geworden</u>.

e Wenn wir nicht ein Paar geworden <u>wären</u>, (dann) <u>wäre</u> die kleine Sofia nie <u>geboren</u> worden.

f Wenn der 18. April nicht unser Kennenlerntag gewesen <u>wäre</u>, (dann) <u>hättest</u> du mir heute keine roten Rosen <u>überreicht</u>.

14 C2

Auf <u>dem</u> Weg durch <u>den</u> Wald begegnete <u>ein</u> <u>kleines</u> Mädchen <u>einem</u> <u>alten</u>, grauen Wolf / begegnete <u>einem</u> <u>kleinen</u> Mädchen <u>ein</u> <u>alter</u>, grauer Wolf.

<u>Das</u> Mädchen hatte <u>keine</u> Angst vor <u>dem</u> Wolf, sondern fragte <u>ihn</u> nach <u>dem</u> Weg zu <u>seiner</u> Oma.

<u>Der</u> Wolf beschrieb <u>dem</u> <u>kleinen</u> Mädchen <u>den</u> Weg und lief dann selbst schnell zu <u>dem</u> Haus, wo <u>die</u> alte Frau <u>schnarchend</u> in <u>einem</u> <u>schwarzen</u> Bett lag.

Als <u>das</u> <u>kleine</u> Mädchen in <u>das</u> Zimmer <u>ihrer</u> Oma kam, lagen dort <u>die</u> Oma und <u>der</u> Wolf Seite an Seite in <u>dem</u> <u>großen</u>, schwarzen Bett.

<u>Das</u> <u>kleine</u> Mädchen dachte: „Ach, <u>der</u> Opa ist also auch da. Ich freue <u>mich</u>, dass <u>die</u> <u>beiden</u> wieder glücklich zusammen sind."

Über hundert Jahre lang hat es <u>keine</u> wild <u>lebenden</u> Wölfe in Deutschland gegeben.

<u>Die</u> Angst vor <u>den</u> Wölfen, <u>der</u> Hass auf <u>die</u> Wölfe, das kommt von <u>den</u> <u>alten</u> Märchen, in <u>denen</u> <u>der</u> Wolf als <u>ein</u> <u>großer</u> Bösewicht beschrieben wird.

<u>Diese</u> Märchen wurden <u>mir</u> von <u>meiner</u> Mutter auch vorgelesen, aber ich fürchte <u>mich</u> trotzdem nicht vor <u>den</u> Wölfen, <u>die</u> es in Deutschland inzwischen wieder gibt.

14 C3

a Eine Peruanerin ist zur <u>schönsten</u> Frau der Welt gewählt worden.

b Malta ist das <u>kleinste</u> Land der Europäischen Union.

c Ahmet ist einer der <u>attraktivsten</u> Männer, die ich kenne.

d „Bleiben" ist eines der <u>wichtigsten</u> Wörter der deutschen Sprache.

e Nur mit <u>größter</u> Mühe konnten die Fischer die Perle in ihr Boot bringen.

f In der Schweiz gibt es den <u>längsten</u> Eisenbahntunnel der Welt.

g Luigi's ist eines der <u>besten</u> italienischen Restaurants der Stadt.

h Brokkoli soll eines der <u>gesündesten</u> / <u>gesundesten</u> Gemüse sein.

14 F1

a Wer hat seine Wohnung gekündigt?
☐ Lisa allein.
☐ Lisa und Felix.
☒ Lisa und ihr Mann / Partner.
☐ Lisas Mann / Partner.

b Warum war es keine gute Idee, die alte Wohnung zu kündigen?
☐ Die alte Wohnung war eigentlich sehr gut.
☒ Die neue Wohnung ist nicht bezahlbar.
☐ Die neue Wohnung ist zu groß.
☐ Sie haben keine neue Wohnung in Aussicht.

c Sie hatten eine neue Wohnung in Aussicht, wollen die jetzt aber nicht nehmen,
☒ weil der Vermieter plötzlich eine höhere Miete haben will.
☐ weil Emilia kein eigenes Zimmer gehabt hätte.
☐ weil sie zu groß ist.
☐ weil sie zu klein ist.

d Als Wohnungssuchender ist man in der schwächeren Position,
☐ weil Bruchbuden als Idealwohnungen angeboten werden.
☐ weil die Wohnungen meistens vergeben sind, wenn man kommt.
☐ weil man zu weite Wege fahren muss.
☒ weil Wohnungen so knapp sind.

e Die Frau ärgert sich,
☐ weil die Vermieter gar nicht das Recht haben, ihr Fragen zu stellen.
☒ weil die Vermieter ihr so viele persönliche Fragen stellen.
☐ weil die Vermieter nicht an sie vermieten wollen, wenn sie schwanger ist.
☐ weil sie nicht Mitglied eines Mietervereins sein darf.

14 F2

a Viele Muscheln kann man essen – sie sind <u>essbar</u>.

b Kann man einen Computer, der zwanzig Jahre alt ist, heute noch benutzen – ist er noch <u>benutzbar</u>?

c Computer ohne Virenschutz lassen sich leicht aus dem Internet angreifen – sie sind extrem <u>angreifbar</u>.

d Verben, die sich in zwei Teile trennen lassen, sind <u>trennbare</u> Verben.

e Diese Frage kann man nicht beantworten – sie ist nicht <u>beantwortbar</u>.

f Die Wohnung ist so vergammelt, dass man sie nicht vermieten kann – sie ist nicht <u>vermietbar</u>.

g Einen Politiker, der die Pressefreiheit abschaffen will, werde ich nicht wählen – er ist für mich nicht <u>wählbar</u>.

14 F3

a Die Reise ist sehr gut vorbereitet <u>worden</u>.

b Mein Hund ist von einem großen Hund angegriffen <u>worden</u>.

c Was ist aus der Sache <u>geworden</u>?

d Eine Peruanerin ist zur schönsten Frau der Welt gewählt <u>worden</u>.

e Das bin ich alles schon mal gefragt <u>worden</u>.

f Sie sind Opfer der Flut <u>geworden</u>.

g Uns ist eine Wohnung angeboten <u>worden</u>.

h Mit diesem Mann wäre ich nicht glücklich <u>geworden</u>.

14 F4

a Wir haben unsere Wohnung <u>gekündigt</u>.

b Das hättet ihr besser nicht <u>gemacht</u>.

c Die andere Wohnung wäre etwas größer <u>gewesen</u>.

d In dieser Wohnung hätte Emilia ein eigenes Zimmer <u>gehabt</u>.

e Leider ist daraus nichts <u>geworden</u>.

f Der Vermieter wollte mehr Miete haben, als er vorher <u>angegeben</u> hatte.

g Gestern sind wir einen weiten Weg zu einer Besichtigung <u>gefahren</u>.

h Dort hing ein Zettel an der Tür: „Wohnung ist <u>vergeben</u>".

14 I

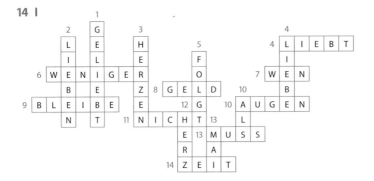

15 C1

Zum Konjunktiv in der indirekten Rede
Note on the subjunctive in indirect speech

Im formellen Schriftdeutsch gebraucht man in der indirekten Rede noch häufig den Konjunktiv: In formal written German the subjunctive is still current in indirect speech:

> Der Minister sagte, es <u>werde</u> bald mehr bezahlbare Wohnungen geben.
> Der Minister sagte, dass es bald genug bezahlbare Wohnungen geben <u>werde</u>.

In der informellen gesprochenen Alltags-sprache dagegen benutzt man in der Regel den Indikativ: In colloquial speech, however, the indicative is the most frequent choice:

> Die Frau auf dem Amt hat gesagt, es <u>wird</u> bald mehr bezahlbare Wohnungen geben.
> Die Frau hat mir gesagt, dass es bald mehr bezahlbare Wohnungen geben <u>wird</u>.

Entsprechend wird im nachstehenden Schlüssel jeweils mehr als eine Form geboten: Accordingly, the key below provides more than one answer in each case:
1. eine Form des Konjunktivs I, a form of subjunctive I,
2. eine Form des Konjunktivs II, der manchmal anstelle des Konjunktivs I verwendet wird, a form of subjunctive II which is sometimes used instead of subjunctive I,

3. eine Form des Indikativs. a form of the indicative.

Die eingeklammerten Formen des Konjunktivs I sind identisch mit dem Indikativ und werden deshalb oft durch den Konjunktiv II ersetzt. The forms of subjunctive I in brackets are identical with the indicative and are therefore often replaced with subjunctive II.

Lernenden wird empfohlen, zunächst stets die 3. Form (Indikativ) zu benutzen. Diese Form ist vertraut, und sie entspricht dem mündlichen Sprachgebrauch der meisten deutschen Muttersprachler. Learners are advised to use the third form (indicative) exclusively at this stage since it is familiar and most current in today's usage.

a „<u>Sind</u> Sie visionär?" → Sie hat mich gefragt, ob ich visionär <u>sei / wäre / bin</u>.

b „Ich <u>bin</u> an Lösungen interessiert."
→ Ich habe gesagt, dass ich an Lösungen interessiert <u>sei / wäre / bin</u>.

c „Das Lösen komplizierter Probleme <u>reizt</u> mich." → Ich habe gesagt, dass mich das Lösen komplizierter Probleme <u>reize / reizen würde / reizt</u>.

d „Was <u>werden</u> Sie in den ersten zwei Wochen tun?" → Sie wollte wissen, was ich in den ersten zwei Wochen tun <u>(werde) / würde / werde</u>.

e „Ich <u>werde</u> mir genau das IT-System ansehen." → Ich habe geantwortet, dass ich mir genau das IT-System ansehen <u>(werde) / würde / werde</u>.

f „Ich <u>werde</u> mit jedem Teammitglied reden."
→ Ich habe gesagt, dass ich mit jedem Teammitglied reden <u>(werde) / würde / werde</u>.

g „Was <u>wissen</u> Sie über unser Unternehmen?"
→ Sie wollte wissen, was ich über ihr
Unternehmen <u>wisse / wüsste / weiß</u>.

h „Wovor <u>haben</u> Sie die meiste Angst?"
→ Sie wollte wissen, wovor ich die meiste
Angst <u>(habe) / hätte / habe</u>.

i „Was <u>ist</u> Ihr größter Fehler?" → Sie hat mich
gefragt, was mein größter Fehler
<u>sei / wäre / ist</u>.

j „Wie <u>sieht</u> für Sie das ideale Unternehmen
<u>aus</u>? → Sie hat mich gefragt, wie für mich
das ideale Unternehmen <u>aussehe /
aussähe / aussieht</u>.

15 C2

a <u>Hast</u> du den Job <u>gekriegt</u>?
b <u>Haben</u> Sie den Job <u>bekommen</u>?
c Sie <u>hat</u> viele Fragen <u>gestellt</u>.
d Sie selbst <u>hat</u> wenig <u>gesagt</u>.
e Was <u>hast</u> du denn <u>geantwortet</u>?
f Ich <u>habe</u> mit jedem Teammitglied
<u>gesprochen</u>.
g Ich <u>habe</u> mit jedem Teammitglied <u>geredet</u>.
h Wann <u>sind</u> sie nach Hause <u>gekommen</u>?

15 C3

a Ich hätte diese Rechnung nicht <u>bezahlen
dürfen</u>.
b Das hättest du nicht <u>sagen dürfen</u>.
c Sie hätte den Job <u>kriegen können</u>.
d Wir hätten noch viele Fragen <u>stellen wollen</u>.
e Die Frau hätte das <u>wissen müssen</u>.
f Wir hätten auch mit Geld <u>helfen sollen</u>.

15 C4

Beachten Sie: Die Konjunktive von *bekommen*,
erhalten und *reizen* sind in 15A.
a Was würden Sie sagen, wenn Sie den Job
nicht bekommen <u>würden</u>?
b Was würdest du sagen, wenn du den Job
nicht kriegen <u>würdest</u>?

c Was würde sie tun, wenn sie den Job nicht
<u>bekäme</u>?
d Was würden Sie denken, wenn Sie eine
Absage <u>erhielten</u>?
e Wenn diese Probleme weniger kompliziert
<u>wären</u>, würden sie mich nicht reizen.
f Er sagte, dass diese Aufgabe ihn besonders
<u>reize</u>.
g Er sagte, dass ein Projekt wie dieses ihn
besonders reizen <u>würde</u>.
h Wenn es möglich wäre, <u>würde</u> sie auch gern
in Frankreich leben.
i Bei einer Monatsmiete von über tausend
Euro <u>wäre</u> die Wohnung für uns zu teuer
gewesen.
j Am besten <u>wäre</u> es, wenn Sie sich als Erstes
das IT-System ansehen würden.
k Sie sagte mir, dass sie keine Verbesserungsvorschläge <u>habe / hätte</u>.
l Ich sagte, ich <u>hätte</u> [weil *habe* auch Indikativ
sein könnte!] an die Möglichkeit einer
Absage gar nicht gedacht.

15 F1

a Radio, Fernsehen und Internet machen <u>das</u>
Deutschlernen leichter.
b Fast alles <u>beim</u> Sprachenlernen ist Übungssache.
c <u>Häufiges</u> Radiohören ist gut für das Sprachenlernen.
d Die Lehrerin empfiehlt das Lesen, Sprechen
und Hören <u>deutscher</u> Texte.
e Auch das Abschreiben von <u>deutschen</u>
Texten ist nützlich.
f Das Lösen <u>komplizierter</u> Probleme reizt
mich besonders.
g Ich kann beim <u>schnellen</u> Sprechen nicht an
die Regeln denken.
h <u>Das</u> Rauchen ist ohne Zweifel ungesund.
i Besonders gut war ich <u>im</u> Schwimmen und
<u>im</u> Radfahren.

15 F2

a <u>Denk(e)</u> nicht an die Regeln!
b <u>Schreib(e)</u> kleine Texte ab.

c Mach(e) dir überall Notizen.
d Sprich deutsch, so viel du kannst.
e Lies bitte diesen Brief!
f Sieh dir mal ganz genau das IT-System an.
g Gib mir deinen Schlüssel!
h Entschuldige bitte!

15 F3

a In einem Jahr wirst du genug Deutsch können, um überall zurechtzukommen.
b Heute Abend werden wir fernsehen.
c Wirst du den Job kriegen?
d Ich glaube, ich werde den Vertrag kündigen.
e In unserer neuen Wohnung wird Emilia ein eigenes Zimmer haben.
f Im nächsten Jahr werde ich schwimmen lernen.
g Für den Weg vom Bahnhof zum Hotel werden wir doch kein Taxi brauchen.
h Ich glaube, ich werde Frau Özkan mal zum Kaffee einladen.

15 F4

a Du solltest dir ein paar Notizen machen.
b Wollt ihr euch nach hinten setzen?
c Ich muss mir einen besseren Job suchen.
d Wir sorgen uns um unseren Garten.
e Für Wölfe interessiere ich mich sehr.
f Vor Wölfen fürchte ich mich sehr.
g Er ärgert sich über Leute, die auf dem Bürgersteig Rad fahren.
h Sie regt sich darüber auf, dass es wieder Wölfe in Deutschland gibt.
i Sie hat sich immer ein Haus mit Garten gewünscht.

15 F5

a Mit diesen Schmerzen sollten Sie zum Arzt gehen.
b Ich bin gestern beim Arzt gewesen.
c Am Ende ist er fast am Tisch eingeschlafen.
d Die Minister werden vom Bundespräsidenten ernannt.
e Wann ist die nächste Wahl zum Abgeordnetenhaus?
f Was gibt es denn im Fernsehen?
g Sie wurde 2008 zum ersten Mal ins Parlament gewählt.
h Sie haben vier Antworten zur Auswahl.

15 F6

Deutsch ist gar nicht so schwer. Man denkt, man lernt es nie, aber nach einem Jahr merkt man, dass man überall ganz gut mit seinem Deutsch zurechtkommt. Man versteht die Leute und wird von ihnen verstanden. Manchmal benutzt man sogar die richtigen Endungen – und wenn nicht, dann ist das auch nicht schlimm. Auf jeden Fall sollte man beim Reden nicht ständig an die Regeln denken. Die richtigen Endungen lernt man durch Üben. Man sollte überall sein Deutsch üben – durch Zuhören, Sprechen, Lesen und Schreiben. Übung macht den Meister!

15 I

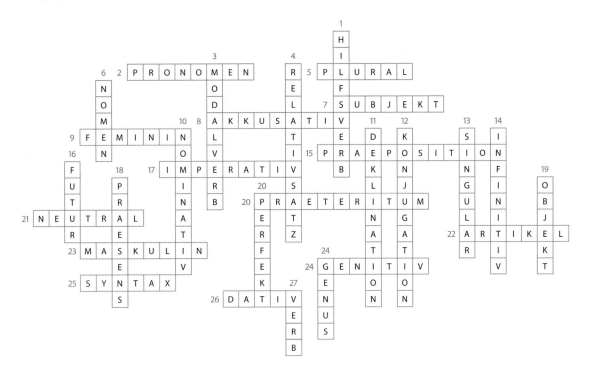

VERZEICHNIS DER GRAMMATISCHEN FACHAUSDRÜCKE

Das folgende alphabetische Verzeichnis umfasst die grammatischen Fachausdrücke, die in diesem Lehrbuch benutzt werden.
Die unterstrichenen Wörter oder Sätze sind Beispiele für die sprachliche Erscheinung, die der jeweilige Fachausdruck beschreibt.

Adjektiv (das)	adjective Ein flektierbares Wort, das eine Eigenschaft des Nomens nennt. (Attributiv:) *Dies ist ein schöner Ring.* (Prädikativ:) *Dieser Ring ist schön.* (Adverbial:) *Diese Frau singt schön.*
Adverb (das)	adverb Ein in der Regel nicht flektierbares Wort, das angibt, wie, wann, wo usw. etwas geschieht: *Sie kommt oft/manchmal/nie/heute/zu spät.*
Adverbial (das)	adverbial Eine Wortgruppe, die – wie ein Adverb – die Umstände angibt, unter denen etwas geschieht: *Sie kommt aus Syrien/am Sonntag/ wenn sie Zeit hat.*
Akkusativ (der)	accusative case Der das direkte Objekt / Akkusativobjekt bezeichnende Wenfall: *Ich möchte den/einen/diesen/deinen schwarzen Tisch. Er kämpft für den Frieden.*
Aktiv (das)	active voice → Passiv
Artikel (der)	article Die wichtigste Art von Artikelwort. (Bestimmter Artikel:) *der Mann, die Frau, das Kind;* (unbestimmter Artikel:) *ein Mann, eine Frau, ein Kind.*
Artikelwort (das)	determiner Ein enger Begleiter des Nomens, der entsprechend dem Nomen dekliniert wird und kein Adjektiv ist: *der/dieser gute Freund, ein/mein guter Freund, einige/viele gute Freunde.*
attributiv	attributive(ly) → Adjektiv
Aussagesatz (der)	statement, declarative sentence Ein Satz, der nicht die Form eines Fragesatzes oder Aufforderungssatzes hat: *Claudia verkauft ihr Auto. Sie will ihr Auto verkaufen.* (Keine Aussagesätze sind: *Warum verkauft sie das Auto nicht? Verkauf doch dein Auto!*)
Dativ (der)	dative case Der das indirekte Objekt / Dativobjekt bezeichnende Wemfall: *Kannst du mir/der Oma etwas mitbringen? Ich möchte an dem/diesem/einem/eurem großen Tisch sitzen.*
Deklination (die)	declension Die Beugung des Nomens und der vor ihm stehenden Artikelwörter und Adjektive: *Der freundliche Mann lächelte. Ich sah den freundlichen Mann lächeln. Mir gefiel das Lächeln des freundlichen Mannes.*
deklinieren	to decline → Deklination
direktes Objekt (das)	direct object → Objekt
Endung (die)	ending Der Wortteil, der z.B. beim Nomen die Deklinationsform (*Auges, Augen*), beim Verb die Konjugationsform (*kaufst, kauften*) und beim Adjektiv die Steigerungsform (*flacher, flachste*) angibt. – In den Übungen dieses Buches auch in dem Sinn gebraucht: die am Ende des Wortes fehlenden Buchstaben, die eingesetzt werden sollen.

feminin	feminine → Genus
finit	finite Eine finite Verbform ist nach Person (*ich, du, er* usw.), Numerus (Singular oder Plural), Modus (Indikativ, Konjunktiv oder Imperativ) und Tempus (Präsens, Präteritum usw.) bestimmt, sie ist konjugiert. Finit: *Sie verstehen mich nicht.* Infinit: *Sie können mich nicht verstehen. Sie haben mich nicht verstanden.* → infinit
flektierbar	capable of being inflected (= declined or conjugated) Ein Wort, das flektierbar ist, kann man flektieren, also deklinieren oder konjugieren, d. h. seine Form verändern: *Baum – Baumes, gehen – ging, schnell – schneller* usw. Nicht flektierbare Wörter dagegen haben eine nicht veränderbare Form: *und, bis, morgen, doch* usw.
flektieren	to inflect Ein Wort flektieren, heißt seine Form verändern, es deklinieren oder konjugieren, etwa durch Anhängen einer Endung oder Veränderung des Wortstammes: *Weg – Weges – Wege – Wegen, kalt – kalte – kaltes – kälter – kältesten, arbeiten – arbeitet – arbeitete, fahren – fahrt – fährt.*
Fragesatz (der)	question, interrogative sentence Es gibt zwei Arten von direkten Fragen: 1. Entscheidungsfragen (Ja-Nein-Fragen): *Gehst du zum Markt?* 2. Ergänzungsfragen (W-Fragen): *Wohin gehst du?*
Füllwort (das)	(modal) particle Mit „Füllwörtern" sind in diesem Buch Modalpartikeln gemeint. Dies sind kleine, im Deutschen aber häufige und wichtige Wörter, die man auch weglassen könnte, ohne dass die wesentliche Aussage des Satzes beeinträchtigt wird. In der englischen Übersetzung haben sie meist keine Entsprechung. Diese „Füllwörter" kommen vor allem in der gesprochenen Sprache vor. Sie geben dem Satz einen gewissen Unterton, wie zum Beispiel Ungewissheit (1), Überzeugtheit (2), Überraschung (3), Zweifel (4, 5): 1. *Sie ist doch hier?* 2. *Sie ist doch hier!* 3. *Sie ist ja hier!* 4. *Ist sie denn hier?* 5. *Ist sie überhaupt hier?* → Modalpartikel
Futur (das)	future tense Eine mit dem Hilfsverb *werden* und dem Infinitiv gebildete Zeitform, mit der man ausdrückt, dass etwas in Zukunft geschehen wird: *Ich werde dir helfen.*
Genitiv (der)	genitive case Der hauptsächlich Besitz oder Zugehörigkeit bezeichnende Wesfall: *meines Vaters Haus, das Haus meines Vaters.*
Genus (das)	gender Das grammatische Geschlecht: maskulin (männlich): *der Mann*, feminin (weiblich): *die Frau*, neutral (sächlich): *das Mädchen*. Das Wort *Mädchen* illustriert den Unterschied zwischen biologischem und grammatischem Geschlecht: biologisch weiblich, grammatisch sächlich.
Grammatik (die)	grammar Das System von Regeln, nach denen die Wörter einer Sprache gebraucht und aus ihnen Sätze gebildet werden: *Die deutsche Grammatik ist ziemlich kompliziert.* – Ein Buch, das diese Regeln beschreibt: *Das muss ich mal in meiner Grammatik nachschlagen.*

Hauptsatz (der)	main clause Ein Hauptsatz ist ein Teilsatz, der keinem anderen Teilsatz untergeordnet ist. Der Satz *Ich freue mich, weil heute meine Freundin kommt* besteht aus zwei Teilsätzen, von denen der zweite dem ersten untergeordnet ist. *Weil heute meine Freundin kommt* ist ein untergeordneter Satz, ein Nebensatz, und ein Nebensatz kann nicht allein stehen. Der erste Teilsatz (*Ich freue mich*) hingegen ist keinem anderen Teilsatz untergeordnet, er kann allein stehen, er ist der Hauptsatz. → Nebensatz
Hilfsverb (das)	auxiliary (verb) Ein Verb (*haben*, *sein* oder *werden*), mit dessen Hilfe eine zusammengesetzte Zeit oder das Passiv gebildet wird. (Perfekt:) *Sie hat das nicht verstanden. Sie ist nicht gekommen.* (Plusquamperfekt:) *Sie hatte das nicht verstanden. Sie war nicht gekommen.* (Passiv:) *Das Haus wird verkauft. Der Täter wurde nicht gefasst.* → Modalverb, Vollverb
Imperativ (der)	imperative Die Aufforderungsform des Verbs: *Warte! Wartet bitte hier, ja? Warten Sie bitte einen Augenblick. – Komm mal her! Kommt bitte alle nach draußen. Kommen Sie bitte nüchtern.*
Indikativ (der)	indicative Anders als der Konjunktiv ist der Indikativ die Normalform des Verbs, mit der man reale, tatsächliche Sachverhalte, Handlungen oder Begebenheiten ausdrückt. Indikativ: *Ich weiß, dass er krank ist.* Konjunktiv: *Er sagt, dass er krank sei.* Indikativ: *Wenn sie kommt, werde ich es ihr sagen.* Konjunktiv: *Wenn sie käme, würde ich es ihr sagen.* Indikativ: *Es ist immer schön, wenn Sie kommen.* Konjunktiv: *Es wäre schön, wenn Sie kommen könnten/würden.* → Konjunktiv
indirekte Rede (die)	indirect speech Wenn man etwas Gesagtes berichten will, hat man dafür zwei Möglichkeiten: 1. direkte Rede, d. h. wörtliche Wiedergabe des Gesagten: *„Ich wohne in Glückstadt",* 2. indirekte Rede, d. h. Einbettung des Gesagten in einen vom Berichtenden formulierten Satz: *Sie sagte, dass sie in Glückstadt wohnt/wohne. Sie sagte, sie wohnt/wohne in Glückstadt.*
indirektes Objekt (das)	indirect object → Objekt
infinit	non-finite Eine nicht finite Verbform, d. h. eine Verbform, die nicht eine von einem Subjekt geforderte Flexionsform hat, also nicht nach Person, Zahl, Zeitform usw. bestimmt ist. Finit: *ihr arbeitet* (2. Person Plural Präsens Indikativ). Infinit: *arbeiten* (Infinitiv), *arbeitend* (Partizip I), *gearbeitet* (Partizip II). → finit
Infinitiv (der)	infinitive Die unkonjugierte Grundform des Verbs, wie sie zum Beispiel auch im Wörterbuch erscheint. Der Infinitiv hat die Endung -*en*, gelegentlich -*n*. Man gebraucht ihn vor allem in Verbindung mit Modalverben und mit dem Hilfsverb *werden*: *Sie darf/kann/möchte/muss/soll/will/wird uns helfen.*
Kardinalzahl (die)	cardinal number Beispiel für eine Kardinalzahl: *Sie ist in Klasse 4 (vier). –* Beispiel für eine Ordinalzahl: *Sie ist in der 4. (vierten) Klasse.*

Kasus (der)	case Einer der vier Fälle, nach denen Nomen dekliniert werden: Nominativ (1. Fall): *der Mensch*, Genitiv (2. Fall): *des Menschen*, Dativ (3. Fall): *dem Menschen*, Akkusativ (4. Fall): *den Menschen*.
Komparativ (der)	comparative Die erste Steigerungsstufe (bzw. Höherstufe oder Mehrstufe) der Adjektive und einiger Adverbien: Positiv (Grundstufe): *flach, gut*; Komparativ (erste Steigerungsstufe): *flacher, besser*; Superlativ (zweite Steigerungsstufe): *flachste, beste*. → Superlativ, Steigerung
Kompositum (das)	compound word Ein Kompositum (Plural: Komposita) ist eine Zusammensetzung aus zwei oder mehr Wörtern – eine Möglichkeit der Wortbildung, von der das Deutsche besonders gern Gebrauch macht. Besonders lange Komposita in diesem Buch: *Wortzusammensetzungskreuzworträtsel, Verbesserungsvorschlag, Gerichtsentscheidung* – aber diese Wortzusammensetzungen sind relativ kurz verglichen mit einem wirklichen Monstrum: *Elektrizitätswirtschaftsorganisationsgesetz*.
Konditionalsatz (der)	conditional sentence Konditionalsätze sind Bedingungssätze. Sie bestehen typischerweise aus zwei Teilen: 1. dem mit *wenn* eingeleiteten Nebensatz, der die Bedingung angibt, und 2. dem Hauptsatz, der die Folge der erfüllten Bedingung nennt. Beispiele: *Wenn kein Taxi da ist, laufen wir. Wenn kein Taxi da wäre, würden wir laufen. Wenn kein Taxi da gewesen wäre, wären wir gelaufen.*
Konjugation (die)	conjugation Beugung des Verbs: *ich gehe, du gehst, er / sie / es geht* usw.
konjugieren	to conjugate → Konjugation
Konjunktion (die)	conjunction Ein unflektierbares Wort, das Wörter, Wortgruppen und Sätze verbindet: *Singular und Plural, Einzelne Wörter und ganze Sätze, Hören Sie die deutschen Wörter und sprechen Sie sie nach.* Häufig gebrauchte deutsche Konjunktionen sind: *aber, als, damit, dass, denn, doch, ob, oder, seit, und, weil, wenn.*
Konjunktiv (der)	subjunctive Mit dem Konjunktiv drückt man aus, dass man berichtet, was man von anderen gehört hat (indirekte Rede). Das Berichtete kann richtig oder falsch sein: *Er sagt(e), er habe kein Geld.* Durch den Konjunktiv drückt man auch eine Möglichkeit aus. Ob aus der Möglichkeit Realität wird, sagt man nicht: *Ich könnte mich ohrfeigen. Sie könnte uns helfen.* (= *Sie hätte die Möglichkeit, uns zu helfen.*) In Konditionalsätzen (Bedingungssätzen) verwendet man den Konjunktiv, wenn man ausdrücken möchte, dass man etwas als zwar nicht real gegeben, aber doch als möglich ansieht: *Was würdest du tun, wenn du kein Geld hättest? Wenn das Leben fair wäre, wären viele Menschen nicht so arm.* → Indikativ
maskulin	masculine → Genus

Modalpartikel
(die)

(modal) particle Kurzes, nicht flektierbares Füllwort, mit dem der Sprecher seine Einstellung zum Gesagten andeutet: (Bedauern:) *Das ist aber schade!* (Überraschung:) *Hat sie denn nicht bezahlt?* (Verständnis erwartend:) *Das konnte ich doch nicht wissen!* (Ich weiß, dass du es auch weißt:) *Du weißt ja, wie er ist.* (Die Modalpartikel heißt in diesem Buch auch → Füllwort.)

Modalverb
(das)

modal (auxiliary) verb Die sechs Modalverben *dürfen, können, mögen, müssen, sollen* und *wollen* sind eine Art Hilfsverben, die normalerweise mit dem Infinitiv eines Vollverbs verbunden werden und dessen Bedeutung modifizieren. (Ohne Modalverb:) *Ich habe ein Fahrrad.* (Mit Modalverb:) *Ich möchte ein Fahrrad haben.* → Hilfsverb, Vollverb

Nebensatz
(der)

subordinate clause Ein Nebensatz ist ein untergeordneter Teilsatz in einem Satzgefüge. Beispiel: *Ich singe, weil ich glücklich bin.* Hier ist der Teilsatz nach dem Komma der Nebensatz. *Weil ich glücklich bin* kann nicht allein stehen, der Teilsatz ergibt für sich keinen Sinn. Typisch für Nebensätze: Das finite Verb (*bin*) steht am Ende. Dagegen steht in einem Satz, der nicht Nebensatz ist, das Verb weiter vorn: *Ich bin glücklich.* → Hauptsatz

neutral

neuter → Genus

Nomen
(das)

noun Ein deklinierbares Wort (auch Substantiv genannt), dem meistens ein Artikelwort vorausgeht und das großgeschrieben wird: *Die / Diese / Unsere Stadt wird von vielen / allen / den meisten Touristen besucht.*

Nominativ
(der)

nominative case Der das Subjekt eines Verbs bezeichnende Werfall: *Die / Diese rote Rose ist von ihm. Die / Diese roten Rosen sind von ihm.*

Numerus
(der)

number Die grammatische Unterscheidung zwischen Singular und Plural: *Apfel und Äpfel unterscheiden sich im Numerus. Apfel ist Singular, und Äpfel ist Plural.*

Objekt
(das)

object Ergänzung des Verbs. (Akkusativobjekt:) *Ich brauche das Geld jetzt.* (Dativobjekt:) *Er hilft dem alten Mann. Die Oma kauft dem Kind* (indirektes Objekt) *einen Computer* (direktes Objekt).

Ordinalzahl
(die)

ordinal number Beispiel für eine Ordinalzahl: *Sie ist in der 4. (vierten) Klasse.* – Beispiel für eine Kardinalzahl: *Sie ist in Klasse 4 (vier).*

Partikel(n)
(die)

particle(s) Nicht flektierbare, im Deutschen sehr gebräuchliche Füllwörter, die als Modalpartikeln der Aussage einen gewissen Unterton geben: *Das ist aber schade! Wollt ihr denn nicht kommen? Das ist doch Quatsch!* Auch die Vorsilben der trennbaren Verben nennt man Partikeln: *Ich muss morgen wegfahren. Ich fahre morgen weg.*

Partizip
(das)

participle Es gibt zwei Partizipien; beide sind – wie der Infinitiv – infinite Verbformen, werden also nicht konjugiert. Das Partizip I (present participle) wird durch Anhängen von *-d* an den Infinitiv gebildet (*schreiben + -d = schreibend* = writing) und wird wie ein Adjektiv gebraucht, also auch entsprechend dem Nomen dekliniert: *ein schreibender Mann, eine schreibende Frau, ein schreibendes Kind.*

Das Partizip II (past participle) ist die dritte Stammform des Verbs (*schreiben – schrieb – geschrieben*) und wird vor allem zur Bildung des Perfekts (*Ich habe ihm einen Brief geschrieben.*), des Plusquamperfekts (*Ich hatte ihm einen Brief geschrieben.*) und des Passivs verwendet (*Wann wurde dieser Brief geschrieben?*)

Passiv (das)	passive (voice) Aktiv und Passiv betrachten das gleiche Geschehen aus entgegengesetzten Perspektiven: (Aktiv:) *Die Polizei fasst den Räuber.* (Passiv:) *Der Räuber wird von der Polizei gefasst.* Das Passiv wird hier also mit einer Form des Hilfsverbs *werden* und dem Partizip II gebildet. – Der Handelnde wird im Passiv oft weggelassen: *Der Räuber wurde gefasst.* (In diesem Buch noch nicht behandelt ist das mit dem Hilfsverb *sein* gebildete „Zustandspassiv": *Der Räuber ist gefasst.*)
Perfekt (das)	present perfect tense Eine mit dem Hilfsverb *haben* oder *sein* und dem Partizip II gebildete zusammengesetzte Zeitform des Verbs, durch die vergangene Handlungen oder Zustände ausgedrückt werden: *Sie hat uns gesehen. Sie sind nach Rom gefahren.*
Personalpronomen (das)	personal pronoun Die Personalpronomen stehen für genannte Personen, Sachen usw.: (Nominativ:) *Ich heiße Robert. Die Leute nennen* (Akkusativ:) *mich Bob. Du kannst Bob zu* (Dativ:) *mir sagen.* Entsprechend: *du, dich, dir; er, ihn, ihm; sie, sie, ihr; es, es, ihm; wir, uns, uns; ihr, euch, euch; sie, sie, ihnen; Sie, Sie, Ihnen.*
Plural (der)	plural Mehr als eine Person oder Sache: *Die Bilder sind schön.* → Singular, Numerus
Plusquamperfekt (das)	pluperfect/past perfect tense Eine mit dem Präteritum von *haben* oder *sein* und dem Partizip II gebildete zusammengesetzte Zeitform des Verbs, die ein Geschehen ausdrückt, das vor der Vergangenheit stattfand: *Sie erzählte ihm, dass es gerade geregnet hatte. Sie erzählte ihm, dass sie gerade erst angekommen war.*
possessives Artikelwort (das)	possessive determiner Ein vor dem Nomen stehendes Fürwort, das Besitz oder Zugehörigkeit ausdrückt: *mein / dein / sein / ihr / Ihr / unser / euer Auto.*
Prädikat (das)	predicate Für die meisten Deutsch-Grammatiker ist das Prädikat identisch mit dem ein- oder mehrteiligen Verb (anders als im Englischen, wo das Objekt als Teil des Prädikats angesehen wird): *Frau Malik liest. Frau Malik liest ein Märchen. Frau Malik liest ihren Kindern ein Märchen vor. Frau Malik will ihren Kindern ein Märchen vorlesen. Frau Malik hat ihren Kindern ein Märchen vorgelesen.*
Präposition (die)	preposition Überwiegend sehr kurze, nicht flektierte Wörter, die vor einem Nomen oder Pronomen stehen und dessen Rolle (Ort, Richtung, Zeit usw.) im (= in dem) Satz bestimmen. Abhängig von der Präposition muss das (Pro-)Nomen in einem bestimmten Kasus stehen: (Genitiv:) *Wegen des schlechten Wetters kamen sie nicht.* (Dativ:) *Bei schlechtem Wetter kommen sie nicht.* (Akkusativ:) *Gegen das schlechte Wetter kann man nichts machen.* (Alle unterstrichenen Wörter in diesem Abschnitt sind Präpositionen.)

Präsens (das)	present tense Die Zeitform des Verbs, mit der man ein augenblickliches Geschehen, eine allgemeingültige Tatsache oder eine zukünftige Handlung ausdrückt: *Es regnet gerade. Es regnet oft hier. Sie kommt morgen.*
Präteritum (das)	past tense Das Präteritum ist die eigentliche Vergangenheitsform des Verbs, die aber in der Alltagssprache oft durch das Perfekt ersetzt wird: *Was verdiente ein Lehrer damals? – Was hat ein Lehrer damals verdient? Er kam nicht. – Er ist nicht gekommen.* In schriftlichen Textsorten wie Romanen, Erzählungen und Presseberichten ist das Präteritum immer noch die übliche Zeitform: *Anschließend floh der Räuber in Richtung Bahnhof.*
Pronomen (das)	pronoun Ein kurzes Wort, das für ein aus dem Kontext bekanntes Nomen (z. B. *Hunde*) oder eine Nominalgruppe (z. B. *unsere Hunde, die ja vom Wolf abstammen*) steht: *(Unsere) Hunde(, die ja vom Wolf abstammen,) sind Allesfresser, aber am liebsten fressen sie Fleisch. Trotzdem sollten wir ihnen gelegentlich Gemüse zu fressen geben.*
reflexives Verb (das)	reflexive verb Ein Verb, das in Verbindung mit einem Reflexivpronomen benutzt wird, sodass es sich auf das Subjekt zurückbezieht: *Ich interessiere mich für ein Praktikum. Hast du dich gewaschen? Hast du dir die Haare gewaschen?*
Reflexivpronomen (das)	reflexive pronoun → reflexives Verb
regelmäßiges Verb (das)	regular verb Bei den regelmäßigen Verben bleibt der Stammvokal in allen Formen gleich: *machen – machte – gemacht, legen – legte – gelegt, lieben – liebte – geliebt, holen – holte – geholt, gucken – guckte – geguckt.* Das Präteritum wird mit -t- zwischen dem Stamm und den Endungen gebildet: *ich machte, du legtest, sie liebte, wir holten, sie guckten.* Das Partizip II hat die Vorsilbe *ge-* und die Endung *-t*: *gemacht, gelegt, geliebt, geholt, geguckt.* → unregelmäßiges Verb
Relativpronomen (das)	relative pronoun Relativpronomen heißen die Fürwörter, die einen Relativsatz (s. u.) einleiten, vor allem *der, die, das* und ihre Deklinationsformen: *der Mann, der das getan hat; der Mann, dessen Identität wir nicht kennen; ein Mann, dem ich nur Gutes wünsche; der Mann, den ich meine; die Frau, die das getan hat; die Frau, deren Identität wir nicht kennen; eine Frau, der ich nur Gutes wünsche; die Frau, die ich meine* usw.
Relativsatz (der)	relative clause Ein Nebensatz, der mithilfe eines Relativpronomens an ein Nomen angeschlossen ist und dieses näher beschreibt: *Auch Leute, die in Glückstadt wohnen, sind nicht immer glücklich. Ein Hygrometer ist ein Instrument, mit dem / mit welchem man die Luftfeuchtigkeit messen kann.*
Satz (der)	sentence Eine Äußerung, die mit einem Großbuchstaben beginnt, mit einem Satzschlusszeichen endet und nicht so unvollständig ist, dass man sie nicht versteht: *Geh! Geh du voran! Du gehst voran. Lasst die vorangehen, die Bescheid wissen. Alles im Leben hat seinen Preis; auch die Dinge, von denen man sich einbildet, man kriege sie geschenkt.* (Fontane).

Satzglied
(das)

sentence element Satzglieder sind mehrwortige oder einwortige Bauteile des Satzes, die auch bei einer Veränderung des Satzbaus stets zusammenbleiben. Satzglieder erkennt man unter anderem daran, dass sie „erststellenfähig" sind, also im Satz die erste Stelle einnehmen können:

Die Leute	*haben*	*den Namen*	*immer*	*falsch*	*geschrieben.*
Den Namen	*haben*	*die Leute*	*immer*	*falsch*	*geschrieben.*
Immer	*haben*	*die Leute*	*den Namen*	*falsch*	*geschrieben.*
Falsch	*haben*	*die Leute*	*den Namen*	*immer*	*geschrieben.*

(Das Prädikat – hier *haben … geschrieben* – gilt nicht als Satzglied.)

Satzgliedstellung
(die)

word order, order of sentence elements Es empfiehlt sich, statt der Bezeichnung Wortstellung den Begriff Satzgliedstellung zu benutzen, da Satzglieder häufig nicht Einzelwörter, sondern Wortgruppen sind.
→ Satzglied

Satzklammer
(die)

bracket construction Eine für das Deutsche typische Satzkonstruktion, bei der die beiden Teile des Prädikats eine Klammer bilden: die linke Satzklammer ist das finite Verb (*hat*, *wird*, *lade*); die rechte Satzklammer ist ein Partizip II (*zugegeben*), ein Infinitiv (*wohnen*) oder die Partikel eines trennbaren Verbs (*ein*): *Er hat den Überfall auf die Tankstelle in der Seestraße bei der Gerichtsverhandlung zugegeben. Sie wird in einem kleinen Hotel in der Kölner Innenstadt wohnen. Ich lade euch für Sonntag zu einer Syrischen Reispfanne ein.*

Singular
(der)

singular Nur eine einzige Person oder Sache: *Das/Dieses Bild ist schön.*
→ Plural, Numerus

Stamm
(der)

root, stem Der zentrale Teil eines Wortes ohne Vorsilbe(n) und Endung(en).

Stammform
(die)

principal part Die Stammformen sind die drei Formen eines Verbs, aus denen man bei den meisten Verben alle anderen Formen ableiten kann. Bei *merken – merkte – gemerkt* (regelmäßig) und *denken – dachte – gedacht* (unregelmäßig) trifft dies zu, aber z. B. bei *nehmen – nahm – genommen* nicht, denn die Form *du nimmst* ist aus den Stammformen nicht erschließbar.

Steigerung
(die)

comparison Die Bildung von Vergleichsformen bei Adjektiven und manchen Adverbien. Man unterscheidet drei Stufen: 1. Positiv (Grundstufe, z. B. *schön*), 2. Komparativ (Höherstufe, z. B. *schöner*), 3. Superlativ (Höchststufe, z. B. *schönste*). → Komparativ, Superlativ

Subjekt
(das)

subject Das Satzglied im Nominativ (Frage: wer?), auf das sich das Prädikat bezieht: *Wir können uns kein neues Auto leisten. Ein neues Auto können sich Leute wie wir nicht leisten. Wer sich kein neues Auto leisten kann, kauft ein gebrauchtes.*

Substantiv
(das)

noun → Nomen

Superlativ (der)	superlative Die zweite Steigerungsstufe (bzw. Höchststufe oder Meiststufe) der Adjektive und einiger Adverbien: Positiv (Grundstufe): *flach, gut*; Komparativ (erste Steigerungsstufe): *flacher, besser*; Superlativ (zweite Steigerungsstufe): *flachste, beste*. → Komparativ, Steigerung
Syntax (die)	syntax Das System der Regeln, nach denen man aus Wörtern Sätze bilden kann; die Lehre vom Satzbau, der Struktur von Sätzen.
Tempus (das)	tense Mit dem Begriff Tempus bezeichnet man die grammatische Zeitform, also Präsens, Präteritum, Perfekt, Plusquamperfekt und Futur. Beim Futur wird eigentlich zwischen Futur I (z. B. *wir werden essen*) und Futur II (z. B. *wir werden gegessen haben*) unterschieden, aber das seltener gebrauchte Futur II ist nicht Gegenstand dieses Lehrbuches. Wichtig zu wissen ist, dass die grammatischen Zeitformen (Tempora) nicht immer den Zeitstufen des realen Lebens entsprechen. So kann sich z. B. das Präsens außer auf die Gegenwart auch auf Zukunft oder Vergangenheit beziehen.
trennbares Verb (das)	separable verb Ein Verb (wie *einladen*), das eine Partikel (*ein-*) enthält, die in manchen Fällen abgetrennt und ans Ende des Satzes gestellt wird: *Sie lädt / lud uns alle ein. Sie hat / hatte uns alle eingeladen. Sie wird / will / möchte uns alle einladen.*
Umlaut (der)	umlaut Umlaute sind die Laute, die man mit zwei Punkten schreibt: *ä, ö* und *ü*.
unregelmäßiges Verb (das)	irregular verb Die allermeisten deutschen Verben sind regelmäßig. Unregelmäßige Verben gibt es nur etwa 200, aber man gebraucht sie besonders häufig. Typisch für unregelmäßige Verben ist der Wechsel des Vokals: *denken → dachte, fahren → fuhr, fliehen → floh.* → regelmäßiges Verb
Verb (das)	verb Ein konjugierbares Wort, mit dem das Prädikat des Satzes gebildet wird: *Ich komme aus Syrien. Der mit einer Kapuze und einer dunklen Sonnenbrille maskierte Täter betrat den Tankstellenshop gegen 20 Uhr. Sie hat so gezittert, dass sie die Kasse kaum aufbekommen hat. Ich packte das Paket nicht aus und gab es am folgenden Tag zurück.* – Beispiel für ein regelmäßiges Verb: *sagen – sagte – gesagt*. Beispiel für ein unregelmäßiges Verb: *gehen – ging – gegangen*.
Verberstsatz (der)	verb first sentence In Verberstsätzen steht das finite Verb an erster Stelle. Dies ist vor allem der Fall bei Entscheidungsfragen (*Bringt ihr was zu essen mit?*) und Imperativsätzen (*Bringt doch bitte was zu essen mit.*) → Verbzweitsatz, Verbletztsatz
Verb(al)klammer (die)	verbal bracket → Satzklammer

Verbletztsatz (der)	verb last sentence In Verbletztsätzen steht das finite Verb am Satzende. Diese Stellung findet sich vor allem in Nebensätzen mit Einleitewort: *Als ich zu Hause <u>ankam</u>, fing es an zu regnen. Es war ein Glück, dass es da erst zu regnen <u>anfing</u>. In meinem Urlaub gab es kaum einen Tag, an dem es nicht <u>regnete</u>.* → Verbzweitsatz, Verberstsatz
Verbstamm (der)	verb stem → Stamm
Verbzweitsatz (der)	verb second sentence In Verbzweitsätzen steht das finite Verb an zweiter Stelle. Dies ist – außer bei Entscheidungsfragen, Imperativsätzen und bestimmten Nebensätzen – fast immer der Fall: *Ich <u>esse</u> heute Pizza. Heute <u>esse</u> ich Pizza. Pizza <u>esse</u> ich heute.* Die „Verbzweitstellung" ist ein wesentliches Merkmal der deutschen Syntax. → Verberstsatz, Verbletztsatz
Vollverb (das)	full verb Ein Verb, das (im Gegensatz zu einem Hilfsverb) allein das Prädikat bilden kann: In dem Satz *Er hat sein Auto verkauft* ist *verkaufen* ein Vollverb (denn es kann auch allein das Prädikat bilden, z. B.: *Er verkauft sein Auto*), während *haben* hier kein Vollverb ist, sondern ein Hilfsverb (*haben* kann nur zusammen mit einem Vollverb das Prädikat bilden). In dem Satz *Er hat ein Auto* dagegen ist *haben* kein Hilfsverb, sondern ein Vollverb. *Haben* kann also sowohl als Hilfsverb als auch als Vollverb gebraucht werden. → Hilfsverb, Modalverb
Wortstellung (die)	word order → Satzgliedstellung
zusammengesetzte Zeit (die)	compound tense Eine zusammengesetzte Zeitform ist ein Tempus, das aus der Kombination eines Hilfsverbs mit dem Infinitiv oder Partizip II eines weiteren Verbs gebildet wird. Zusammengesetzte Zeiten sind also das Futur (z. B. *ich <u>werde bezahlen</u>*), das Perfekt (z. B. *ich <u>habe bezahlt</u>*) und das Plusquamperfekt (z. B. *ich <u>hatte bezahlt</u>*).

Beachten Sie:

Die grammatische Fachsprache ist nicht leicht zu verstehen. Erklärungen Ihnen unbekannter Wörter finden Sie im „Verzeichnis der grammatischen Fachausdrücke" (S. 222 – 231).

unregelmäßiges Verb
2G1 4C3 6F1 6F2 6F4 6G1 7C1

Verb 1F3 1F4 1G2 2C3 2G1
• *haben* 3C3
• Konjugation 13G

Verberstsatz → Ja-Nein-Fragesatz

Verbletztsatz 3G3

Verbstamm 2G1 6F1 11G1

Verbzweitsatz 3G3

Verneinung 1C6 1F6

Verschmelzung (Präposition + Artikel)
11F3 12F5

von + **Dativ** 8C2 11F2
• Passiv 11C2 11F2
• *vom* 11F3

während + **Genitiv** 8C1

wäre 12C4

wegen + **Genitiv** 8C1 8C4

weil – denn 3G3

wem? 9F4

wen? 9F4 9G

wenn-**Satz** 5I 12C3 12C4

wer? 9F4 9G

werden 4C3 9C3 14F3 15F3
• Passiv 11C1

W-Fragesatz 9G 10C6 11C5 13F2

wie – als 9F1

worden – geworden 14F3

Wortstellung → Satzgliedstellung

würde 12C4

zu → Präposition mit Dativ
• + Infinitiv 11G1
• Verschmelzung (Präposition + Artikel) 11F3

zusammengesetzte Zeit
→ Futur, Perfekt, Plusquamperfekt

Dieses Register enthält den gesamten Wortschatz des Buches mit Ausnahme der H-Teile sowie der Artikel, der Personal- und Reflexivpronomen und der possessiven Artikelwörter.

Die Verweise (3A, 4C, 14D usw.) beziehen sich auf die Lektionsteile, in denen das Wort oder die Wortbedeutung zum ersten Mal vorkommt.

Die englischen Übersetzungen (in blauer Schrift) gelten nur für den Kontext, in dem der betreffende Ausdruck an der genannten Stelle vorkommt.

Den flektierbaren Wörtern sind grammatische Informationen beigegeben:

Nomen:	1. Genus (*der*/*die*/*das*), 2. Genitiv im Singular, 3. Plural im Nominativ: **Apfelsaft: der, Apfelsaft(e)s, Apfelsäfte,** apple juice 3A Ein Strich bedeutet, dass die Form (hier die Pluralform) nicht gebräuchlich ist: **Zukunft: die, Zukunft, –,** future 4C
Verb:	1. er/sie/es-Form des Präsens, 2. er/sie/es-Form des Präteritums, 3. er/sie/es-Form des Perfekts: **befragen: befragt, befragte, hat befragt,** to ask, to question 14D
Adjektiv:	Unregelmäßige Formen des Komparativs und Superlativs: **alt: älter, ältest-,** old 2D
Ein Strich	am Wortende kennzeichnet Wörter, die nie ohne eine Endung benutzt werden: **höchst-** (*höchste, höchster, höchstes* usw.), **einig-** (*einige, einiger, einiges* usw.)

A

abblättern blättert ab, blätterte ab, ist abgeblättert, to flake 13A

Abend der, Abends, Abende, evening 6D, morgen Abend tomorrow night 10A

Abendessen das, Abendessens, Abendessen, dinner 12D

aber but 3A

abfallen fällt ab, fiel ab, ist abgefallen, to fall off 13I

Abgeordnetenhaus das, Abgeordnetenhauses, –, house of representatives (state parliament of Berlin)

abhängig abhängig von depending on 9F

Abitur das, Abiturs, Abiture, (German equivalent of:) A levels, high school diploma 9D

ablaufen läuft ab, lief ab, ist abgelaufen, to happen 6F

ablehnen lehnt ab, lehnte ab, hat abgelehnt, to reject 9D

Absage die, Absage, Absagen, rejection 15A

abschaffen schafft ab, schaffte ab, hat abgeschafft, to abolish, die Pressefreiheit abschaffen to abolish the freedom of the press 11A

Abschiebung die, Abschiebung, Abschiebungen, deportation, removal, drohende Abschiebung the threat of deportation 9D

abschließen schließt ab, schloss ab, hat abgeschlossen, einen Vertrag abschließen to make a contract 10D

abschreiben schreibt ab, schrieb ab, hat abgeschrieben, to copy (out) 1C

abstellen stellt ab, stellte ab, hat abgestellt, to park 3H

abweichen weicht ab, wich ab, ist abgewichen, to deviate (from) 9F

Abzug der, Abzug(e)s, Abzüge, deduction 4D

achten achtet darauf, achtete darauf, hat darauf geachtet, to make sure 9D

addieren addiert, addierte, hat addiert, to add up 4A

Adjektiv das, Adjektivs, Adjektive, adjective 1F

Adverbial das, Adverbials, Adverbiale, adverbial 11F

ähnlich wie sieht ähnlich aus wie looks similar to 13I

Akkusativ der, Akkusativs, Akkusative, accusative (case) 1G

Akkusativ-objekt das, Akkusativobjekts, Akkusativobjekte, direct object 5C

Aktiv das, Aktivs, –, active (voice) 11C

akzeptieren akzeptiert, akzeptierte, hat akzeptiert, to accept 9I

Alkohol der, Alkohols, Alkohole, alcohol 7A

all- der größte aller Bösewichte the greatest of all villains 13D

alle everybody 11A

allein alone 3C

allerdings however 9G

allermeist- die allermeisten Verben the vast majority of verbs 6G

alles all, everything 3A, das alles all that 9A, alles, was er wissen wollte everything he wanted to know 10D

Alltags-gespräch das, Alltagsgespräch(e)s, Alltagsgespräche, everyday conversation 6F

als als Deutscher as a German 9I

als mehr als more than 3C, anders als different than 14D, etwas anderes als das Subjekt something other than the subject 2C, sie ist besser als er she is better than he/him 8A

also well (now) 3A, so 3A, i.e. 6I, that is (to say) 6I, now 8A, right 11A

alt älter, ältest-, old 2D

Alt(bier) das, a kind of beer popular in the Düsseldorf area 7I

Amerika das, Amerikas, Amerikas, America 9I

an die nearly, almost 4D

anbieten bietet an, bot an, hat angeboten, to offer 14D

Anbieter der, Anbieters, Anbieter, unser bisheriger Anbieter our present provider 10D

Anblick der, Anblick(e)s, Anblicke, sight 11A

ander- andere Wörter other words 1G, ein anderer Satzteil another part of the sentence 2G, etwas anderes als something different from 3C, der andere the other 5A, ein Gang nach dem andern one course after another 12D, alle anderen all the others 13A, nichts anderes nothing else 14I

ändern ändert (sich), änderte (sich), hat (sich) geändert, to change 2C

anders als different from/than 3G

Änderung die, Änderung, Änderungen, change 6F

Anfang der, Anfang(e)s, Anfänge, beginning 2C

anfangen fängt an, fing an, hat angefangen, to start 12D

Angabe die, Angabe, Angaben, (Grammatik:) complement, word or phrase 2C

angeben gibt an, gab an, hat angegeben, to set/ask (a price) 14D, to name 6D

Angebot das, Angebot(e)s, Angebote, offer, ein Angebot machen to make an offer 10D

angehen	geht an, ging an, hat angegangen, to concern 12A, was mich angeht as for me/myself 12A, as far as I'm concerned 12A, das geht Sie nichts an that's none of your business 14D
angenehm	pleasant 2D
angespannt	tense 9A
Angestellte	die, Angestellten, Angestellten, employee 5A
angreifen	greift an, griff an, hat angegriffen, to attack 13D
Angst	die, Angst, Ängste fear, Angst haben to be afraid 4D, die Angst vor den Wölfen the fear of wolves 13D
angucken	guckt (mich) an, guckte (mich) an, hat (mich) angeguckt, to look at (me) 14A
anhängen	hängt an, hängte an, hat angehängt, to add, to attach 2G
Anker	der, Ankers, Anker, anchor 8D
ankommen	(darauf) ankommt, (darauf) ankam, ist (darauf) angekommen, es kommt nicht darauf an the important thing is not 14I
ankreuzen	kreuzt an, kreuzte an, hat angekreuzt, to tick, to check, to mark (with a cross) 14D
annehmen	nimmt an, nahm an, hat angenommen, to assume 14C
Anrede	die, Anrede, Anreden, salutation, form of address 4C
anreden	redet mich an, redete mich an, hat mich angeredet, to address 12A
anrufen	ruft an, rief an, hat angerufen, to call, to phone 7A
anschauen	schaut an, schaute an, hat angeschaut, to look at 14I
anschließend	then, subsequently 6D

ansehen	sieht an, sah an, hat angesehen, ansehen als to regard as 9G, sich etwas ansehen to take a look at something 15A
Anteilnahme	die, Anteilnahme, –, sympathy 10G
Antrag	der, Antrag(e)s, Anträge, application 9D
Antwort	die, Antwort, Antworten, answer 2F
antworten	antwortet, antwortete, hat geantwortet, to answer 1F
anwenden	wendet an, wendete an, hat angewendet, to apply 15D
Anwendungs-beispiel	das, Anwendungsbeispiels, Anwendungsbeispiele, illustrative example 7G
Anzug	der, Anzug(e)s, Anzüge, suit 11A
anzünden	zündet an, zündete an, hat angezündet, to set on fire 12D
Apfel	der, Apfels, Äpfel, apple 3A
Apfelsaft	der, Apfelsaft(e)s, Apfelsäfte, apple juice 3A
Appetit	der, Appetit(e)s, –, appetite 1D
April	der, Aprils, –, April 14A
arabisch	Arab(ic), Arabian 2I
Arbeit	die, Arbeit, Arbeiten, work 4D
arbeiten	arbeitet, arbeitete, hat gearbeitet, to work 4D
Arbeitszimmer	das, Arbeitszimmers, Arbeitszimmer, study 10I
ärgern	ärgert (sich), ärgerte (sich), hat (sich) geärgert, sie ärgert sich she is annoyed/angry 14F
Arm	der, Arm(e)s, Arme, arm 9A
Art	die, Art, Arten, kind, way, Arten der Pluralbildung ways of forming the plural 3C
-artig	-like 13I

Artikel	der, Artikels, Artikel, article 2F, bestimmter / definiter Artikel definite article, unbestimmter / indefiniter Artikel indefinite article
Artikelwort	das, Artikelwort(e)s, Artikel-wörter, determiner 7F
Arzt	der, Arztes, Ärzte, (male) doctor 9A, zum Arzt gehen to go see a doctor 15A
Ärztin	die, Ärztin, Ärztinnen, (female) doctor 9A
Ast	der, Ast(e)s, Äste, branch 13I
Asylantrag	der, Asylantrag(e)s, Asylanträge, asylum application 9D
attraktiv	attractive 8A
auch	also, too 1D, ich auch me too 10D, ich auch nicht neither have I 12D
auch nicht	not ... either 4A
auf Deutsch	in German 15D
auf einmal	er wollte auf einmal 200 Euro mehr haben he suddenly wanted 200 euros more 14D
aufbekommen	bekommt auf, bekam auf, hat aufbekommen to open 6A
aufdringlich	overfamiliar 12A
auffallen	fällt auf, fiel auf, ist aufgefallen, das ist Ihnen sicher aufgefallen you will surely have noticed that 10G
Auffanglager	das, Auffanglagers, Auffang-lager, reception camp 9D
auffordern	fordert auf, forderte auf, hat aufgefordert, to demand (that) 6D
Aufforderung	die, Aufforderung, Aufforderungen, request, entreaty 12C
Aufgabe	die, Aufgabe, Aufgaben, task 14F
aufgehen	geht auf, ging auf, ist aufgegangen, to rise 14I

aufgeregt	excited 13A
aufhaben	hat auf, hatte auf, hat aufgehabt, eine Kapuze aufhaben to wear a hood 6A
aufpassen	passt auf, passte auf, hat aufgepasst, to take care of 13I
aufregen	regt sich auf, regte sich auf, hat sich aufgeregt to get worked up 13D
aufschreiben	schreibt auf, schrieb auf, hat aufgeschrieben, to write down 1I
Auftreten	das, Auftretens, –, demeanour, sicheres Auftreten self-assurance 8A
Auge	das, Auges, Augen, eye, einen Job im Auge haben to have a job in mind 4D
Augenblick	der, Augenblick(e)s, Augenblicke, moment 7D
Ausdruck	der, Ausdruck(e)s, Ausdrücke, expression 2C, zum Ausdruck der Zukunft to express futurity 9C
ausdrücken	drückt aus, drückte aus, hat ausgedrückt, to express 4C
ausfallen	fällt aus, fiel aus, ist ausgefallen, to be cancelled 9D
ausführlich	in depth, in detail, extensively 8C
auspacken	packt aus, packte aus, hat ausgepackt, to unwrap 5A
ausprobieren	probiert aus, probierte aus, hat ausprobiert, to try 10A
ausreichend	sufficient, nicht ausreichend insufficient 6A
Aussage	die, Aussage, Aussagen, die Aussage des Satzes the message / meaning of the sentence 10G
Aussagesatz	der, Aussagesatzes, Aussage-sätze, declarative sentence 3G
außer	apart from 5F, except for 9F, except (that) 14A

äußerst	extremely, äußerst attraktiv extremely attractive 14A
Aussicht	die, Aussicht, Aussichten, wir hatten eine Wohnung in Aussicht we had a flat in our sights 14D
Aussprache	die, Aussprache, Aussprachen, pronunciation 12C
aussteigen	steigt aus, stieg aus, ist ausgestiegen to get off, uns wurde beim Aussteigen geholfen we were helped off the train 11D
Australien	das, Australiens, –, Australia 10A
Auswahl	die, Auswahl, –, choice 11A
Auto	das, Autos, Autos, car 2D
Autobahn	die, Autobahn, Autobahnen, motorway, interstate (highway) 13D
Automat	der, Automaten, Automaten, ticket machine 2H, cash machine 9C3

B

backen	bäckt / backt, backte, hat gebacken, to bake 7I
Bäcker	der, Bäckers, Bäcker, baker 7I
Badezimmer	das, Badezimmers, Badezimmer, bathroom 14D
Bahnhof	der, Bahnhof(e)s, Bahnhöfe, (railway) station 6A
Bahnsteig	der, Bahnsteig(e)s, Bahnsteige, platform 11D
bald	soon 14A
Banane	die, Banane, Bananen, banana 3A
Band	das, Band(e)s, Bänder, band 2A
Baum	der, Baum(e)s, Bäume, tree 13A
Bauteil	der, Bauteils, Bauteile, component 9G

beachten	beachtet, beachtete, hat beachtet, to note, to pay attention to 1F
beantworten	beantwortet, beantwortete, hat beantwortet, to answer 2F
bedecken	bedeckt, bedeckte, hat bedeckt, to cover 5D
bedenken	bedenkt, bedachte, hat bedacht, to consider 9D
bedeuten	bedeutet, bedeutete, hat bedeutet, to mean 1A
bedeutend	important 10I
Bedeutung	die, Bedeutung, Bedeutungen, meaning 1A
bedienen	bedient, bediente, hat bedient, to attend 5D, sich einer Sache bedienen to use something 11I
Bedingungs-satz	der, Bedingungssatzes, Bedingungssätze, conditional sentence 12C
beeindrucken	beeindruckt, beeindruckte, hat beeindruckt, to impress 8A
beenden	beendet, beendete, hat beendet, to end 10D
Befehl	der, Befehl(e)s, Befehle, order, command 12C
Befehlsform	die, Imperativs, Imperative, imperative 12C
befinden	befindet sich, befand sich, hat sich befunden, to be 4G
befragen	befragt, befragte, hat befragt, to ask, to question 14D
begegnen	begegnet, begegnete, ist begegnet, to come across 13D
beginnen	beginnt, begann, hat begonnen, to start, to begin 5D
begleiten	begleitet, begleitete, hat begleitet, to accompany 5C
Begleiter	der, Begleiters, Begleiter, (Grammatik:) determiner 15I
Begriff	der, Begriff(e)s, Begriffe, term 9G

behandeln	behandelt, behandelte, hat behandelt, to deal with 13C
bei	beim Sprechen while speaking 15D
beide	both 1A, die beiden the two 1I
Bein	das, Bein(e)s, Beine, leg 4A
Beispiel	das, Beispiel(e)s, Beispiele, example 2G, zum Beispiel for example 6G
bekannt	bekannt / berühmt werden to become famous 8D
Bekanntschaft	die, Bekanntschaft, Bekanntschaften, acquaintance 6F
bekommen	bekommt, bekam, hat bekommen, to get 1D
beliebt	popular 8I
bellen	bellt, bellte, hat gebellt, to bark 13I
benutzen	benutzt, benutzte, hat benutzt, to use 6F
beobachten	beobachtet, beobachtete, hat beobachtet, to watch 4A
bequem	comfortable 3D
bereits	already 5C
Berg	der, Berg(e)s, Berge, mountain 8F
berichten	berichtet, berichtete, hat berichtet, to report 6F
Berliner	der, Berliners, Berliner, Berliner 15D
Beruf	der, Beruf(e)s, Berufe, profession, job 10I
berühmt	famous 7D
bescheiden	modest 10G
beschreiben	beschreibt, beschrieb, hat beschrieben, to describe, etwas näher beschreiben to give further information about something 5F
Beschreibung	die, Beschreibung, Beschreibungen, description 6A

Beschützer	der, Beschützers, Beschützer, protector 8D
Besichtigung	die, Besichtigung, Besichtigungen, viewing 14D
Besitz	der, Besitzes, –, possession, ownership 8C
besitz-anzeigend	showing who or what something belongs to 7G
besitzen	besitzt, besaß, hat besessen, to own, to possess 2D
besonder-	special 3G
besonders	particularly 1G, especially 9D
besser	→ gut
bestehen aus	besteht aus, bestand aus, hat aus … bestanden, to consist of 3G
bestens	mir geht es bestens I'm just fine 10A
bestimmen	bestimmt, bestimmte, hat bestimmt, determine 5C
bestimmt	certain, particular 3F, definite (article)
besuchen	besucht, besuchte, hat besucht, to visit 10A
betonen	betont, betonte, hat betont, to emphasize, to stress 15F
Betonung	die, Betonung, Betonungen, emphasis 3F
betrachten	betrachtet, betrachtete, hat betrachtet, to look at 5A
Betrag	der, Betrag(e)s, Beträge, amount 5A
betreiben	betreibt, betrieb, hat betrieben, eine Kneipe betreiben to run a pub 7I
betreten	betritt, betrat, hat betreten, to enter 6D
Bett	das, Bett(e)s, Betten, bed 3D
Beugung	die, Beugung, Beugungen, inflection 15I
Beute	die, Beute, –, loot 6D

bewachsen	covered (with) 13I
bewahren	bewahrt, bewahrte, hat bewahrt, to preserve 13A
bewegen	bewegt sich, bewegte sich, hat sich bewegt to move 4G
Bewegung	die, Bewegung, Bewegungen, motion, movement 6G, das Fahrzeug setzte sich in Bewegung the car started moving 11D
Bewerbungs-gespräch	das, Bewerbungsgespräch(e)s, Bewerbungsgespräche, job interview 15A
bezahlbar	eine bezahlbare Wohnung an affordable flat 14D
bezahlen	bezahlt, bezahlte, hat bezahlt, to pay 4A
Bezahlung	die, Bezahlung, Bezahlungen, pay 4D
bezeichnen	bezeichnet, bezeichnete, hat bezeichnet, to denote, to name 3C
beziehen	bezieht sich auf, bezog sich auf, hat sich bezogen auf to refer to 5F
Bezugswort	das, Bezugswort(e)s, Bezugs-wörter, antecedent 5F
Bibel	die, Bibel, Bibeln, Bible 11I
Bier	das, Bier(e)s, Biere, beer 3A
Bild	das, Bild(e)s, Bilder, picture 3D
bilden	bildet, bildete, hat gebildet, to form 2G
Bildung	die, Bildung, –, formation 6F, education 8A
billig	cheap 3D
bin	→ sein 1A
bis	until, till, to 6D, bis hundert up to one hundred 12G
bisher	up to now 13C
bisherig-	unser bisheriger Anbieter our present provider 10D
bisschen	ein bisschen a little, a bit 1D
bist	→ sein 1A
bitte	please 2A
blass	pale 4A
Blatt	das, Blatt(e)s, Blätter, leaf 13A
bleiben	bleibt, blieb, ist geblieben, to remain 6D, to stay 8D
blöd	silly 8A
blühen	blüht, blühte, hat geblüht, to flower, to bloom 13A, 13I
Blume	die, Blume, Blumen, flower 14I
Bockwurst	die, Bockwurst, Bockwürste, (a kind of sausage eaten hot) 7I
Boden	der, Bodens, Böden, ground 6I
Boot	das, Boot(e)s, Boote, boat 8D
böse	bad, evil 2A
Bösewicht	der, Bösewicht(e)s, Bösewichte, villain 13D
braten	brät, briet, hat gebraten, to fry 7I
Bratkartoffeln	(Plural) fried potatoes 7I
brauchen	braucht, brauchte, hat gebraucht, to need 2D, das brauchst du nicht (zu tun) you don't need to do that 10D
breit	wide, broad 3D
brennen	brennt, brannte, hat gebrannt, to burn 11D
bringen	bringt, brachte, hat gebracht, to bring 3A, to get 8D
Brot	das, Brot(e)s, Brote, (loaf of) bread, 3A
Brötchen	das, Brötchens, Brötchen, (bread) roll 3A
Bruchbude	die, Bruchbude, Bruchbuden, dump 14D
Bruder	der, Bruders, Brüder, brother 1A
brüllen	brüllt, brüllte, hat gebrüllt, to yell 4A

brutto	before tax (= vor Steuern) 4D
Buchstabe	der, Buchstabens, Buchstaben, letter (of the alphabet) 1C
Bundeskanzler	der, Bundeskanzlers, Bundeskanzler, (male) federal chancellor 11I
Bundeskanzlerin	die, Bundeskanzlerin, Bundeskanzlerinnen, (female) federal chancellor 11I
Bundesland	das, Bundesland(e)s, Bundesländer, federal state 2F, 11A
Bundespräsident	der, Bundespräsidenten, Bundespräsidenten, federal president 11A
Bundesrat	der, Bundesrat(e)s, –, (the) Bundesrat (= the legislative body representing the 16 Länder/states of Germany) 11A
Bundesregierung	die, Bundesregierung, Bundesregierungen, federal government 11A
Bundesrepublik	die, Bundesrepublik, Bundesrepubliken, federal republic 4I
Bundestag	der, Bundestag(e)s, –, (the) Bundestag (= the federal parliament of Germany) 11A
Bundestagspräsident	der, Bundestagspräsidenten, Bundestagspräsidenten the president (= speaker) of the German national parliament
Bundestagswahl	die, Bundestagswahl, Bundestagswahlen, federal election (= election for the Bundestag, the national parliament of Germany) 11A
Burger	der, Burgers, Burger, (ham)burger 5D
Bürgersteig	der, Bürgersteig(e)s, Bürgersteige, pavement 13D
Bus	der, Busses, Busse, bus 2D
Busch	Busch(e)s, Büsche, bush 13A
buschig	bushy 13I

Bushaltestelle	die, Bushaltestelle, Bushaltestellen, bus stop 2D
Butter	die, Butter, –, butter 3A
BVB	der Fußballverein Borussia Dortmund the premier league football team from Dortmund 12I

C

Charakter	der, Charakters, Charaktere, character 8A
Chauffeur	der, Chauffeurs, Chauffeure, chauffeur 11D
Computer	der, Computers, Computer, computer 2D
cool	cool 6A

D

da	er ist da he's here 7D, wenn er nicht da gewesen wäre if he had not been there 14A
dabei	beim halve Hahn nicht dabei not part of halve Hahn 7I, einige neue Wörter sind dabei some of the words are new 7I, dicht dabei close to it 8D
dadurch	by it 12A, sie fühlen sich dadurch wohler it makes them feel more comfortable 12A
dafür	for it 5A, instead 5D
dagegen	however 2D, against it 9A, ich hätte nichts dagegen I wouldn't mind 12A
Dame	die, Dame, Damen, lady 3D
damit	so (that), in order that 9A
danach	after that 6A
danebensetzen	setzt sich daneben, setzte sich daneben, hat sich danebengesetzt, to miss the chair sitting down 12D
dank	dank der Beschreibung on the basis of the description 6D

Dank der, Dank(e)s, –, thanks, vielen Dank many thanks 1D

danke thank you 1D

danken dankt, dankte, hat gedankt, to thank 8D

dann then 3A

darauf achten achtet darauf, achtete darauf, hat darauf geachtet, to make sure 9D

daraufhin at that 9D

daraus was ist daraus geworden? what has become of it?, what has happened to it? 14D

darf → dürfen

darin in it 8D

darüber manche Leute regen sich darüber auf some people are getting worked up about it 13D

dasitzen sitzt da, saß da, hat dagesessen, to sit (there) 9A

dass that 5D

Date das, Date(s), Dates, date, rendezvous 12D

Dativ der, Dativs, Dative, dative (case) 2G

Datum das, Datums, Daten, date 12G

dauern dauert, dauerte, hat gedauert, to take 8D, es dauerte länger it took longer 8D

davon about it 6A

dazu to that, genau dazu wollten wir euch einladen that's exactly what we wanted to invite you to 10A

Definition die, Definition, Definitionen, definition 8I

Deklination die, Deklination, Deklinationen, declension 13C

Deklinations- endung Deklinationsendung, Deklinationsendungen, inflectional ending 14C

deklinierbar ein deklinierbares Wort a word than can be grammatically declined 15I

demokratisch democratic 12A

denken denkt, dachte, hat gedacht, to think 1A, ich dachte an unsere hohen Stromrechnungen I thought of our high electricity bills 10D

denn because 2D

deren whose 11D

deshalb that's why, so 3D

deshalb … weil for the reason that … 8A

Dessert das, Desserts, Desserts, dessert, sweet 12D

Dessertkarte die, Dessertkarte, Dessertkarten, dessert menu 12D

deutlich clear 9C, sie macht klar, dass … she makes it clear that … 14G

deutsch German 1D

Deutsch German 1D, im Deutschen in German 3C, auf Deutsch in German 15D

Deutsche die, Deutschen, Deutsche German (woman) 1A

Deutschland das, Deutschlands, Deutschland(s), Germany 1A

Deutsch- lehrerin die, Deutschlehrerin, Deutschlehrerinnen, (female) teacher of German, 9D

deutsch- sprachig German-language, in German 15D

dicht bewachsen densely covered (with) 13I

dicht dabei close to it 8D

Dichter der, Dichters, Dichter, poet, author 11I

dick ein dicker Mann a fat man 4A, dickes Glas thick glass 5A

Dielen (Plural) floorboards 13A

dies this 1A

dieselbe	the same 7I
Ding	das, Ding(e)s, Dinge, thing 8I
direkt	direct 3F, immediately 10D, direkte Rede direct speech 14G
Direktsaft	juice made directly from fresh fruits and/or vegetables 3A
doch	du weißt doch you know, of course 8A, es ist nicht so wichtig? – doch! it isn't so important? – (oh yes,) it is!
Dollar	der, Dollars, Dollar, dollar, viele Millionen Dollar many millions of dollars 8D
Dom	der, Dom(e)s, Dome, cathedral 12I
doppelt	twice, double 3D, doppelt unterstrichen double underlined 11F
Dorn	der, Dorn(e)s, Dornen, thorn 5A
Dose	can, tin 3D, eine Dose Cola a can of cola 4A
Drama	das, Dramas, Dramen, play 10I
draußen	unsere Koffer wurden nach draußen gehoben our suitcases were lifted out 11D
dreist	ganz schön dreist! some nerve! 14D
drin	in it 6A, in Leberkäse nicht drin not contained in Leberkäse 7I, in there, inside 12D
drohen	droht, drohte, hat gedroht, to threaten 9D
drücken	drückt, drückte, hat gedrückt, den Notknopf drücken to press the emergency button 6A
drucken	druckt, druckte, hat gedruckt, to print 5F
dunkel	dunkler, dunkelst-, dark 6D
dunkelgrau	dark grey 11D
durch	through 5A, 8I
durchgehend	continuous 9G
durchschieben	schiebt durch, schob durch, hat durchgeschoben, to pass ... through 5A
dürfen	darf, durfte, hat gedurft, to be allowed to, darf nicht must not 4D, das hätten wir nie machen dürfen we should never have done that 14D, sie darf nicht Miglied eines Mietervereins sein she is not allowed to be a member of a tenants association 14F
duzen	duzt, duzte, hat geduzt, to use the "du" form of address 12A, jemand(en) duzen to be on "du" terms with someone 12A

E

eben	after all, Reichtum macht eben attraktiv being rich makes you attractive after all 8A, nein, eben nicht no, that's the point 14D, eben! precisely!
ebenfalls	also, too, ebenfalls nicht not ... either 5C
Ecke	die, Ecke, Ecken, corner 6A, gleich um die Ecke just around the corner 10A
egal	es ist egal it doesn't matter 7D
Ehepaar	das, Ehepaar(e)s, Ehepaare, (married) couple 5D
eher	rather 6F
Ehrenmal	das, Ehrenmal(e)s, Ehrenmale, memorial 11I
Ei	das, Ei(e)s, Eier, egg 7I
Eichhörnchen	das, Eichhörnchens, Eichhörnchen, squirrel 13A
eigen	haben Sie eine eigene Wohnung? do you have a flat of your own? 1D, in deinem eigenen Auto in your own car 7A, sie will ein eigenes Zimmer she wants a room of her own 14D

eigenartig	strange 9I	**einladen**	lädt ein, lud ein, hat eingeladen, to invite 1D, er lud sie zu einem Kaffee ein he invited her to coffee 14A
Eigenschaft	die, Eigenschaft, Eigenschaften, quality 13C		
eigentlich	actually, strictly speaking 8A, as a matter of fact 12A	**Einladung**	die, Einladung, Einladungen, invitation 1D
einbrechen	bricht ein, brach ein, ist eingebrochen, to break into 5D	**einmal**	once 13C
		einsam	lonely 5D
Einbürge-rungstest	der, Einbürgerungstests, Einbürgerungstests / Einbürgerungsteste, citizenship test 11A	**einschlafen**	schläft ein, schlief ein, ist eingeschlafen, to fall asleep 12D
eindeutig	eindeutige Regeln clear-cut rules 8G	**Einschreiben**	per Einschreiben by registered mail 10D
einfach	ich musste einfach Ja sagen I just / simply had to say yes 10D	**einsetzen**	setzt ein, setzte ein, hat eingesetzt, to put in, to insert 1C
einfallen	fällt mir ein, fiel mir ein, ist mir eingefallen, to come into (your / one's) mind, to think of 14A	**einsteigen**	steigt ein, stieg ein, ist eingestiegen, to get in 11D
		Einwohner	der, Einwohners, Einwohner, inhabitant 12I
einfrieren	friert ein, fror ein, hat eingefroren, to freeze 3A	**Eis**	das, Eises, –, ice cream 12D
einge-klammert	placed / put in brackets, bracketed → einklammern 2C	**Ellbogen**	der, Ellbogens, Ellbogen / Ellbögen, elbow 9A
einig-	einige Freunde 2G some friends, seit einiger Zeit for some time 1F, einige Zeit for some time 11D	**E-Mail**	die, E-Mail, E-Mails, e-mail 7A
		emotional	emotional 10G
		empfehlen	empfiehlt, empfahl, hat empfohlen, to recommend 7D
einigen	einigt sich, einigte sich, hat sich geeinigt, to agree 12A, sich mit jemand(em) auf etwas einigen to agree with someone on something 12A	**Empfehlung**	die, Empfehlung, Empfehlungen, recommendation, suggestion 9C
		Ende	das, Endes, Enden, end 2A, Ende gut, alles gut all's well that ends well 9D, am Ende in the end 12D, sie ist so Ende 80 she's in her late eighties 13A
Einigkeit	die, Einigkeit, –, unity 11I		
Einkauf	der, Einkauf(e)s, Einkäufe, purchase 4A		
einkaufen	kauft ein, kaufte ein, hat eingekauft, to shop 3A	**enden**	endet, endete, hat geendet, to end 2G
Einkaufs-wagen	der, Einkaufswagens, Einkaufs-wagen, (shopping) trolley 4A	**endlich**	finally, at last 4D
		Endung	die, Endung, Endungen, ending 4F
einklammern	klammert ein, klammerte ein, hat eingeklammert, to bracket, to put in brackets 2C	**England**	das, Englands, –, England, Britain 9I

englisch	English 7D
Englisch	im Englischen in English 3C
entfernen	entfernt sich, entfernte sich, hat sich entfernt, to get away 13D
entgegen-nehmen	nimmt entgegen, nahm entgegen, hat entgegen-genommen, to take delivery of 10D
enthalten	enthält, enthielt, hat enthalten, to contain 4F
entschädigen	entschädigt, entschädigte, hat entschädigt, to compensate 13D
entschuldigen	entschuldigt, entschuldigte, hat entschuldigt, to excuse 2A
entspannt	relaxed, entspannter more relaxed 9A
entsprechend	accordingly 3F, corresponding 5F, entsprechend dem Beispiel as in the example 7F
Entsprechung	die, Entsprechung, Entsprechungen, equivalent 10G
entweder ... oder	either ... or 2D
Erde	die, Erde, Erden, earth, hier auf Erden on this earth 14I
erfahren	erfährt, erfuhr, hat erfahren, to find out 4A
Erfolg	der, Erfolg(e)s, Erfolge, success 9D
Erfolgsge-schichte	die, Erfolgsgeschichte, Erfolgsgeschichten, success story 9D
ergänzen	ergänzt, ergänzte, hat ergänzt, to fill in, to add 1C
Ergänzung	die, Ergänzung, Ergänzungen, complement 6C
ergeben	ergibt, ergab, hat ergeben, es ergibt sich diese Wortstellung this word order results 2C
erhalten	erhält, erhielt, hat erhalten, to get, to obtain 9G

erinnern	erinnert sich, erinnerte sich, hat sich erinnert, to remember 4F
erkennbar	klar erkennbar clearly recognizable 15F
erkennen	erkennt, erkannte, hat erkannt, to recognize, to make out 8G
Erkrankung	die, Erkrankung, Erkrankungen, illness, medical condition 9A
ernennen	ernennt, ernannte, hat ernannt, to appoint 11A
ernten	erntet, erntete, hat geerntet, to reap 14I
erpressen	erpresst, erpresste, hat erpresst, to blackmail 11I
erreichen	erreicht, erreichte, hat erreicht, to reach 2D
Ersatz	der, Ersatzes, –, substitute 13F
erschreckend	horrifying 13D
erschrocken	startled 4A
ersetzen	ersetzt, ersetzte, hat ersetzt, to replace 6F
erst	sie kam erst als junges Mädchen hierher she came here only as a young girl 9D
erst-	der erste Teil the first part 12F, als Erstes first of all 15A
erst mal	for the time being 4D
Erstaunen	das, Erstaunens, –, surprise 10G
erststellen-fähig	capable of being placed at the beginning 9G
Erwähnung	die, Erwähnung, Erwähnungen, mentioning 11C
erwarten	erwartet, erwartete, hat erwartet, to expect 11D
Erwartung	die, Erwartung, Erwartungen, expectation 10G
erzählen	erzählt, erzählte, hat erzählt, to tell 6A
essen	isst, aß, hat gegessen, to eat 3A
etwa	perhaps 11A

etwas	something 3A, etwas größer slightly larger 14D, das wäre wohl etwas frech gewesen that would have been a little cheeky 15A
Euro	der, Euro(s), Euros, euro 3D
europäisch	European 11I
evangelisch	Protestant, Lutheran 11I
Ewigkeit	die, Ewigkeit, Ewigkeiten, eternity, seit Ewigkeiten for ages 7A
Exemplar	das, Exemplar(e)s, Exemplare, item 3C
Exfreundin	die, Exfreundin, Exfreundinnen, ex-girlfriend, former girlfriend 5A

F

fahren	fährt, fuhr, ist / hat gefahren, to go, to drive 2D, einen Wagen fahren to drive a car 4D, wir wollen nach Weimar fahren we're going to Weimar 10A, wohin werden wir gefahren? where are we being driven? 11D, weite Wege fahren to travel long distances 14D
Fahrer	der, Fahrers, Fahrer, driver 7A
Fahrrad	das, Fahrrad(e)s, Fahrräder, bicycle, bike 2D, (Schweiz:) Velo 5I
Fahrschule	die, Fahrschule, Fahrschulen, driving school 7A
Fahrt	die, Fahrt, Fahrten, ride, trip, journey 2D
Fahrzeug	das, Fahrzeug(e)s, Fahrzeuge, vehicle, car 11D
fair	fair 8A
Fall	der, Fall(e)s, Fälle, case 7G, auf keinen Fall certainly not 11A, es ist nicht mein Fall it's not my kind of place / not my cup of tea 12D, auf jeden Fall anyway, in any case 13A

falls	falls nötig if necessary 10F
fangen	fängt, fing, hat gefangen, to catch 8D
fantastisch	fantastic 1D
Farbe	die, Farbe, Farben, (Anblick:) colour 7G, (Substanz:) paint 3D
fassen	fasst, fasste, hat gefasst, to catch 6A
fast	almost, nearly 2D
FC	Fußballclub football club 12I
Feder	die, Feder, Federn, feather 13I
fehlend	missing 1C
Fehler	der, Fehlers, Fehler, mistake 5C
feminin	feminine 1G
Fenster	das, Fensters, Fenster, window 11D
fern	in einem fernen Land in a faraway country 8D
Fernsehen	das, Fernsehens, –, television 2A
fernsehen	sehen Sie viel fern! watch a lot of television 15D
Fernseher	der, Fernsehers, Fernseher, TV set 2D
festlegen	legt fest, legte fest, hat festgelegt, von genau festgelegter Größe of an exactly defined size 13I
festnehmen	nimmt fest, nahm fest, hat festgenommen, to arrest 6D
feststecken	steckt fest, steckte fest, hat festgesteckt, to be stuck 8D
feststellen	stellt fest, stellte fest, hat festgestellt, to find out 15A
Feststellung	die, Feststellung, Feststellungen, statement 10G
fettarm	low-fat 3A
fett gedruckt	printed in bold 5F
fies	nasty 15A

finden	findet, fand, hat gefunden, to find 2A, das finde ich nicht I don't agree 12A
finit	finite 3G
Firma	die, Firma, Firmen, firm, company 7A
Fisch	der, Fisch(e)s, Fische, fish 8D
Fischer	der, Fischers, Fischer, fisherman 8D
Fischfang	der, Fischfang(e)s, Fischfänge, fishing, catching fish 8I
Fitnessstudio	das, Fitnessstudios, Fitness-studios, gym 2D
flach	flat 13I
Fläche	die, Fläche, Flächen, area 13I
Flagge	die, Flagge, Flaggen, flag 11A
Flasche	Flasche, Flaschen, bottle 12D
flektieren	flektiert, flektierte, hat flektiert, to inflect 9C
flexibel	flexibler, flexibelst-, flexible 3G
fliegen	fliegt, flog, ist geflogen, to fly 13I
fliehen	flieht, floh, ist geflohen, to flee 6D
Flüchtling	der, Flüchtlings, Flüchtlinge, refugee 9D
Flüchtlings-lager	das, Flüchtlingslagers, Flücht-lingslager, refugee camp 9D
Flügel	der, Flügels, Flügel, wing 13I
Flut	die, Flut, Fluten, flood 8D
folgen	folgt, folgte, ist gefolgt, to follow 4G
folgend	following 1C
fordern	fordert, forderte, hat gefordert, to demand 6F
Form	die, Form, Formen, form 1C
förmlich	förmliche Anrede formal way of address 4C
fort	und so weiter und so fort and so on and so forth 15D

Frage	die, Frage, Fragen, question 1C
fragen	fragt, fragte, hat gefragt, to ask 2D, ich frage mich I ask myself 13D
Fragesatz	der, Fragesatzes, Fragesätze, interrogative sentence 3G
Fragewort	Fragewort(e)s, Fragewörter, question word 13F
Frankreich	das, Frankreichs, –, France 12I
Französin	die, Französin, Französinnen, Frenchwoman, French girl 1A
französisch	French 1A
Frau	die, Frau, Frauen, woman; (vor Namen:) Mrs, Ms 1D; meine Frau my wife 5A
frech	cheeky 15A
frei	freier, freiest-, free 6D
freilassen	lässt frei, ließ frei, hat freigelassen, to release 6A
fressen	frisst, fraß, hat gefressen, to eat, to feed 13D
Freund	der, Freund(e)s, Freunde, (male) friend 1A
Freundin	die, Freundin, Freundinnen, (female) friend 1D, (Liebesverhältnis:) girlfriend 8A
freundlich	friendly 1D
Frieden	der, Friedens, –, peace 9F
Frikadelle	die, Frikadelle, Frikadellen, (norddeutsch:) Bulette fried meatball 7I
frisch	fresh 3A, frische Pizza fresh pizza 10A
Friseur	der, Friseurs, Friseure, hairdresser('s shop) 5D
Friseurin	die, Friseurin, Friseurinnen, (female) hairdresser 5D
Frucht	die, Frucht, Früchte, fruit 13I
früh	morgen früh tomorrow morning 10A

Frühstück	das, Frühstücks, Frühstücke, breakfast 7I
Fuchs	der, Fuchses, Füchse, fox 13A
führen	führt, führte, hat geführt, to lead, to guide, du wirst zum Tisch geführt you are shown to your table 12D
Führerschein	der, Führerschein(e)s, Führerscheine, driving licence 4D
füllen	füllt, füllte, hat gefüllt, to fill 8D
Füllwort	das, Füllwort(e)s, Füllwörter, filler, (modal) particle 10C
fürchten	fürchtet sich vor, fürchtete sich vor, hat sich vor … gefürchtet, to be afraid of 13D
fürchterlich	horrible 9D
Fürwort	das, Fürwort(e)s, Fürwörter, pronoun 7G
Fuß	der, Fußes, Füße, foot, zu Fuß on foot 2D, auf freiem Fuß free 6D
Fußball	der, Fußballs, Fußbälle, football 9I
Fußballverein	der, Fußballverein(e)s, Fußballvereine, football club 4D
Fußboden	der, Fußbodens, Fußböden, floor 3D
Futter	das, Futters, –, food (for animals), feed 13I
Futur	das, Futurs, –, future tense 4C

G

Gang (Essen)	der, Gang(e)s, Gänge, course 12D
ganz	ganze Sätze complete sentences 1F, ganz schnell really quickly 6A, ganz erstaunlich quite surprising(ly) 9D, ganz vorsichtig very careful 12A, eine ganze Flasche Wein a whole bottle of wine 12D, ganz aufgeregt all excited 13A
ganz (gut)	quite (well)/(good) 4D, ganz schön dreist! some nerve! 14D

gar kein-	no … at all, none at all, in Berlin gibt es gar keinen Landtag there is no Landtag in Berlin (at all) 11A
gar nicht	not … at all 9D, ich wusste gar nicht I didn't know, I had no idea 6I, ich hatte an diese Möglichkeit gar nicht gedacht I hadn't thought of that possibility at all 15A
Garantie	die, Garantie, Garantien, guarantee, keine Garantie dafür übernehmen, dass to give no guarantee that 14G
garantiert	garantiert nüchtern guaranteed to be sober 7A
Gardine	die, Gardine, Gardinen, curtain 3D
Garten	der, Gartens, Gärten, garden 13A
gartenartig	garden-like 13I
Gast	der, Gast(e)s, Gäste, guest 7D
Gebäck	das, Gebäcks, –, bakery product 7I
geben	gibt, gab, hat gegeben, es gibt there is/are, they have 1D, wissen sie, dass es euch gibt? do they know that you exist? 7A, es hat über 100 Jahre keine Wölfe in Deutschland gegeben there haven't been any wolves in Germany for over a hundred years 13D
geboren	born 10I, Goethe wurde in Frankfurt am Main geboren Goethe was born in Frankfurt am Main 12I, Sofia wäre nie geboren worden Sofia would never have been born 14A
Gebrauch	der, Gebrauch(e)s, –, use 14G, durch den Gebrauch des Konjunktivs by using the subjunctive 14G
gebrauchen	gebraucht, gebrauchte, hat gebraucht, to use 4C

gebraucht   used, second-hand 4C

Geburtsname   der, Geburtsnamens, Geburtsnamen, birth name, name at birth 11I

Geburtstag   der, Geburtstag(e)s, Geburtstage, birthday 14A

Gedicht   das, Gedicht(e)s, Gedichte, poem 10I

Gefahr   die, Gefahr, Gefahren, danger, niemand(en) in Gefahr bringen to put no one at risk 7A

gefallen   gefällt, gefiel, hat gefallen, wie gefällt es dir hier? how do you like it here? 1D

gefrieren   gefriert, gefror, ist gefroren, to freeze 12G

gefroren   gefrorene Pizza frozen pizza 10A

Gefühl   das, Gefühls, Gefühle, feeling 13C

gegeben   factual, existing 12A

gegen   against 2A, gegen 20 Uhr around 8 p.m.

Gegenstand   der, Gegenstand(e)s, Gegenstände, object, item 5A

Gegenteil   das, Gegenteils, Gegenteile, opposite 8I

gegenüber-sitzen   sitzt mir gegenüber, saß mir gegenüber, hat mir gegenübergesessen, sie saß mir gegenüber she was sitting opposite me 12D

Gegenwart   die, Gegenwart, –, present 12F

gehen   geht, ging, ist gegangen, to go, zu Fuß gehen to walk 2D, wie geht es euch? how are you (doing)? 10A, wohin geht's denn? where are you off to? 10A

gehören   gehört, gehörte, hat gehört, to belong 4F, es gehört zum Geschäftsmodell it's part of their business model 12A, es gehört mir it belongs to me 13A

gekleidet   schwarz gekleidet dressed in black 11D

gelb   yellow 2A

Geld   das, Geldes, Gelder, money 4D

Geldbörse   die, Geldbörse, Geldbörsen, purse 4A

Geldschein   der, Geldschein(e)s, Geldscheine, banknote 9I

gelegentlich   occasionally 12C

Gemeinheit   die, Gemeinheit, Gemeinheiten, das ist eine Gemeinheit that's an outrage 14D

gemeinsam   ein gemeinsames Zimmer a shared room 3D, etwas gemeinsam haben to have something in common 11F

Gemüse   das, Gemüses, Gemüse, vegetable(s) 4A

genau   exactly 1A, closely 1C, genau das will ich tun that's exactly what I want to do 10A, genau hinsehen to look closely 6A, den genaueren Begriff the more exact/precise term 9G, sich etwas genau ansehen to take a close look at something 15A

Genehmigung   die, Genehmigung, Genehmigungen, permission 9D

Genitiv   der, Genitivs, Genitive, genitive (case), Wesfall 7G

genug   enough 2D

genügen   genügt, genügte, hat genügt, to be enough, to suffice 4D

Genus   das, Genus, Genera, gender 2F

Gepäck   das, Gepäcks, –, luggage, baggage 11D

gerade	wo du gerade bist where you happen to be 7A, er holt gerade Pizza he's out getting pizza 10A, was machst du gerade? what are you doing? 11A
geraten	gerät, geriet, ist geraten, in einen Sturm geraten to run into a storm 8D
Gericht	das, Gericht(e)s, Gerichte, court 11A
Gerichtsent-scheidung	die, Gerichtsentscheidung, Gerichtsentscheidungen, court('s) decision 9D
Gerichts-verhandlung	die, Gerichtsverhandlung, Gerichtsverhandlungen, trial 6A
gern(e)	lieber, am liebsten, gladly, ich mache es gern I like to do it 1D, noch lieber beobachte ich die Leute even more I like watching the people 4A, Mäuse werden gern von Katzen gefangen mice are often caught by cats, mice are a cat's favourite food choice 13I, ich hätte sie gern gekannt I would have liked to have known her 14A
Gesagtes	das, Gesagten, –, the things said, what has been said 14G
Gesamtsumme	die, Gesamtsumme, Gesamtsummen, sum total 4A
Geschäfts-modell	das, Geschäftsmodell(e)s, Geschäftsmodelle, business model 12A
Geschehen	das, Geschehens, –, event 12F
geschehen	geschieht, geschah, ist geschehen, to happen 3G
Geschenk	das, Geschenk(e)s, Geschenke, present 2A
Geschichte	die, Geschichte, Geschichten, story 5D
geschickt	smart 4D
Geschlecht	das, Geschlecht(e)s, Geschlechter, gender 7G
Gesetz	das, Gesetzes, Gesetze, law 11A
Gesicht	das, Gesicht(e)s, Gesichter, face 6A
Gesinnung	die, Gesinnung, Gesinnungen, attitude 12A
Gespräch	das, Gespräch(e)s, Gespräche, conversation 8I, (Telefon-)Gespräch call 10D
gestehen	gesteht, gestand, hat gestanden, to admit 6D
gesund	gesünder / gesunder, gesündest- / gesundest-, healthy, gesund bleiben to stay healthy 8D
Getränk	das, Getränk(e)s, Getränke, drink, beverage 3A
getrennt	separated 1G
gewesen	→ sein 9A
gewiss	certain 10G
gewöhnen	gewöhnt sich daran, gewöhnte sich daran, hat sich daran gewöhnt, to get used to it 9I
gibt	→ geben 1D
Glas	das, Glases, Gläser, glass 5A
glauben	glaubt, glaubte, hat geglaubt, to believe 2A, ich glaube I think 3A
gleich	same, identical 3C, immediately 6A, gleich um die Ecke just around the corner 10A
gleichgültig	es ist mir (eigentlich) gleichgültig I don't (really) care 8A
Glück	das, Glück(e)s, –, (good) luck, viel Glück! good luck! 7I
glücklich	happy 1A
Glücksbringer	der, Glücksbringers, Glücksbringer, lucky charm 8D
Glückwunsch	der, Glückwunsch(e)s, Glückwünsche, congratulations 13A
Gold	das, Gold(e)s, –, gold 5A
golden	gold(en) 14I

goldfarben	gold-coloured 5A
Goldkette	die, Goldkette, Goldketten, gold necklace 5A
Gouda(käse)	der, Goudas, Goudas, Gouda (cheese)
Grad	der, Grad(e)s, Grade, degree 12G
Grammatik	die, Grammatik, Grammatiken, grammar 1G
Grasfläche	die, Grasfläche, Grasflächen, area of grassland 13I
grau	grey 13I
groß	größer, größt-, big, large 1D, great 8D, die größere Angst the greater fear 13D
Größe	die, Größe, Größen, size, von der Größe eines mittelgroßen Hundes the size of a medium-sized dog 13I
großschreiben	schreibt groß, schrieb groß, hat großgeschrieben, to capitalize 11G
Groß-schreibung	die, Großschreibung, Großschreibungen, written with a capital letter 12G
grün	green 13I
Grund	der, Grund(e)s, Gründe, reason 3G
gründen	gründet, gründete, hat gegründet, to found, (Unternehmen:) to start 7A
Grundform	die, Grundform, Grundformen, infinitive 15I
Grundrecht	das, Grundrecht(e)s, Grundrechte, basic right 11A
Grundstück	das, Grundstück(e)s, Grundstücke, property 13A
Gruppe	die, Gruppe, Gruppen, group 1I
gucken	guckt, guckte, hat geguckt, to look 9F
gültig	valid 10D

gut	besser, best-, good, well 1D, es gefällt mir sehr gut hier I like it very much here 1D, so gut kennen wir ihn nicht we don't know him that well 10A
guten Tag!	good morning / afternoon / day! 3D

H

Haar	das, Haar(e)s, Haare, hair 2A
Haarband	das, Haarband(e)s, Haarbänder, hairband 2A
Haarschnitt	der, Haarschnitt(e)s, Haarschnitte, haircut 5D
haben	ich habe / hatte, du hast / hattest, er/sie/es hat / hatte, wir haben / hatten, ihr habt / hattet, sie / Sie haben / hatten; hat gehabt, to have 1A
hacken	hackt, hackte, hat gehackt, fein gehacktes Fleisch finely chopped meat 7I
Hafen	der, Hafens, Häfen, harbour 1H
Haftgrund	Haftgrund(e)s, Haftgründe, ground for detention 6A
Hähnchen	das, Hähnchens, Hähnchen, chicken 7I
halb	ein halber Liter half a litre 3A, halb so viel Fett half as much fat 9I
Halbfett-	half-fat 3A
Hals	der, Halses, Hälse, neck 9I
Halskette	die, Halskette, Halsketten, necklace 5A
halten	hält, hielt, hat gehalten, to stop 11D
halve Hahn	der, (Dialekt:) a rye roll with a thick slice of medium-matured Gouda cheese 7D
Hand	die, Hand, Hände, hand 6A
Händedruck	der, Händedruck(e)s, –, handshake 11A

handeln	handelt, handelte, hat gehandelt, to be about (something) 2A
handelnd	die handelnde Person the "acting" person, the agent, the doer (of the action) 11C
handgemacht	handmade 2A
Handlung	die, Handlung, Handlungen, action 4C
Handschrift	die, Handschrift, Handschriften, handwriting 1C
Handy	das, Handys, Handys, mobile (phone), cell (phone) 12D
hängen	hängt, hing, hat gehangen to hang 2A, da hängt ein Zettel an der Tür there's a note on the door 14D
hart	härter, härtest-, hard 4D
Hass	der, Hasses, –, hatred 13D
hätte	would have 12A, ich hätte nichts dagegen I wouldn't mind 12A, sie hätte heute Geburtstag gehabt she would have had a/her birthday today 14A, ich hätte ihn fragen können I could have asked him 15A
häufig	common 2F, ein häufiger Name a common name 1A, frequent 4G, besonders häufig gebraucht used particularly frequently 6G, häufig gebraucht frequently used 12C, diese Form ist häufiger this form is more common 12G
Hauptsache	die, Hauptsache, Hauptsachen, main thing 7D
Hauptsatz	der, Hauptsatzes, Hauptsätze, main clause 3G
Hauptstadt	die, Hauptstadt, Hauptstädte, capital 11I
Hauptstraße	die, Hauptstraße, Hauptstraßen, (the) High Street, Main Street 6A
Hauptwort	das, Hauptwort(e)s, Hauptwörter, noun 15I
Haus	das, Hauses, Häuser, house, zu Hause at home 2D, nach Hause home 7A
Haushalt	der, Haushalt(e)s, Haushalte, household, im Haushalt arbeiten to do housework 9A
Haustier	das, Haustier(e)s, Haustiere, domestic animal 13I
heiraten	heiratet, heiratete, hat geheiratet, to marry 7A
heißen	heißt, hieß, hat geheißen / gehießen, to mean, to be called 1A
Held	der, Helden, Helden, hero 2A
helfen	hilft, half, hat geholfen, to help 3D
herausgeben	gibt heraus, gab heraus, hat herausgegeben, to edit 11I
Herbst	der, Herbst(e)s, Herbste, autumn, fall 13I
Herde	die, Herde, Herden, flock, herd 13D
Herr	Mr 5D
herstellen	stellt her, stellte her, hat hergestellt, to make 7I
Herz	das, Herzens, Herzen, heart, es kommt von Herzen it comes from the heart 14I
herzlich	heartfelt, warm, cordial 13A
Herzog	der, Herzog(e)s, Herzöge, duke 10I
heute	today 2A
hier	here 2A
hierher	sie kam hierher she came here 9D
Hilfe	die, Hilfe, Hilfen, help, zu(r) Hilfe nehmen to use, to consult 7I
Hilfsverb	das, Hilfsverbs, Hifsverben, auxiliary (verb) 4C

hin — hin und zurück there and back, morgen früh hin leaving tomorrow morning 10A

hingehen — geht hin, ging hin, ist hingegangen, to go (there) 1D

hingehören — gehört … hin, gehörte … hin, hat … hingehört, to belong 13C

hinkommen — kommt hin, kam hin, ist hingekommen, to get there 14D

hinsehen — sieht hin, sah hin, hat hingesehen, to look 6A

hinten — at the end 3G, back there 6A

hinter — behind 5A

hinter- — die hintere Tür the rear door 11D, im hinteren Teil towards the back 13A

hinterher — afterwards 12A

hinunter — down 11D

H-Milch — die, UHT milk (milk that has been heated to a high temperature to make it last for a long time)

hoch — höher, höchst- high 4D, die Rechnung ist viel zu hoch the bill is far too high 10D, unsere hohen Stromrechnungen our high electricity bills 10D, hoch auf dem gelben Wagen high on the yellow wagon 11I

hochhalten — hält hoch, hielt hoch, hat hochgehalten, to hold up 5A

hochwertig — high-quality 3D

Hochzeitstag — der, Hochzeitstag(e)s, Hochzeitstage, wedding anniversary 14A

hoffen — hoffe, hoffte, habe gehofft, to hope 12A

höflich — polite 10G

hold — lovely 14I

holen — holt, holte, hat geholt, to take, to get, to fetch 4A, er holt gerade Pizza he's out getting pizza 10A

hören — hört, hörte, hat gehört, to hear, to listen (to) 1C, Radio hören to listen to the radio 15D

Hotel — das, Hotels, Hotels, hotel 2A

hübsch — nice 1D, ein hübsches Mädchen a pretty girl 10A

Humor — der, Humors, –, a sense of humour 8A

Hund — der, Hund(e)s, Hunde, dog 13F

huschen — huscht, huschte, ist gehuscht, to scurry 13A

Hütte — die, Hütte, Hütten, hut 8D

Hymne — die, Hymne, Hymnen, die Europahymne the European anthem 11I

I

ideal — eine ideale Wohnung an ideal place to live 14D

Idee — die, Idee, Ideen, idea 7A

identisch — identical 7G

Idiot — der, Idioten, Idioten, idiot, fool 10D

illustrieren — illustriert, illustrierte, hat illustriert, to illustrate 3G

immer — always 1A, immer länger longer and longer 8D, immer weniger Fisch less and less fish 8D, immer wieder again and again 9D, sie war schon immer she has always been 9D

Imperativ — der, Imperativs, Imperative, imperative 5I

imstande — able 13F

Indikativ — der, Indikativs, Indikative, indicative 14G

indirekt — indirect 3F, indirekte Rede indirect speech 14G

Infinitiv — der, Infinitivs, Infinitive, infinitive 1G

Information — die, Information, Informationen, (piece of) information 5F

innerhalb von	within 5A
Institution	die, Institution, Institutionen, institution 11C
Instrument	das, Instruments, Instrumente, instrument 14D
integrieren	integriert, integrierte, hat integriert, to integrate 5F
interessant	interesting 2A
Interesse	das, Interesses, Interessen, interest 10G
Interessent	der, Interessenten, Interessenten, potential buyer 13A
interessiere	interessiert sich, interessierte sich, hat sich interessiert, sie interessiert sich für she is interested in 9D
interessiert	interested
Interview	das, Interviews, Interviews, interview 1D
inzwischen	meanwhile, since 6D
Irak	(der), Irak(s), –, Iraq 12I
Iran	(der), Iran(s), –, Iran 9D
irgendwie	somehow 7D
irreal	unreal, irreale Konditionalsätze unreal conditional sentences 14C
ist	→ sein 1A
Italien	das, Italiens, –, Italy 12I
Italiener	Italian 10A
italienisch	Italian 8I

J

ja	yes 1A
Jahr	das, Jahr(e)s, Jahre, year 6I, mit den Jahren over the years 8D
jahrelang	jahrelanges Warten years of waiting 9D
Jahreskarte	die, Jahreskarte, Jahreskarten, annual pass 2D
-jährig	-year-old 6D

Japan	das, Japans, –, Japan 8I
Japanerin	die, Japanerin, Japanerinnen, Japanese woman/lady/girl 5D
je nach	depending on 13F
je(mals)	ever 13D
jede(r, s)	every, each 2D
jedenfalls	anyway 1D, in any case 14A
jemand	someone 8A
jetzig	ihr jetziger Ehemann her present husband 14C
jetzt	now 1D
Job	der, Jobs, Jobs, job, work 4D
Joghurt	der/das, Joghurt(s), Joghurt(s), yogurt 4A
jung	jünger, jüngst-, young 4A
Junge	der, Jungen, Jungen/Jungs boy, guy 1A
Jurist	der, Juristen, Juristen, lawyer 11I

K

Kaffee	der, Kaffees, Kaffees, coffee 14A
kalt	kälter, kältest-, cold 12D
kämpfen	kämpft, kämpfte, hat gekämpft, to fight 2A
kann	→ können
Kapital	das, Kapitals, –, capital 7A
kaputt	broken, on the blink 9I
Kapuze	die, Kapuze, Kapuzen, hood 6A
Kardinalzahl	die, Kardinalzahl, Kardinalzahlen, cardinal number 12G
Karre	die, Karre, Karren, cart 11D
Karte	die, Karte, Karten, map 4I
Kartoffel	die, Kartoffel, Kartoffeln, potato 7I
Käse	der, Käses, –, cheese 3A
Kasse	die, Kasse, Kassen, checkout 4A, till 6A
Kassiererin	die, Kassiererin, Kassiererinnen, cashier 6A

Kasus	der, Kasus, Kasus, case 5C
Katze	die, Katze, Katzen, cat 13I
Katzenfutter	das, Katzenfutters, –, cat food 4A
kaufen	kauft, kaufte, hat gekauft, to buy 3D
kaum	hardly 5D, barely 6A
kein	es gibt dafür kein deutsches Wort there's no German word for it 1A, 7D
kennen	kennt, kannte, hat gekannt, to know 4D
kennenlernen	lernt kennen, lernte kennen, hat kennengelernt, to get to know 6G
Kilo	das, Kilos, Kilos, kilo 2D
Kilometer	der, Kilometers, Kilometer, kilometre 2D
Kind	das, Kindes, Kinder, child 7C
Kirche	die, Kirche, Kirchen, church 6D
Klammer	die, Klammer, Klammern, bracket 6C
klar	clear, die Bedeutung wird weniger klar the meaning becomes less clear 10G, na klar! of course! 11A
Klarheit	die, Klarheit, –, brightness, clearness 14I
klasse	eine klasse Idee a brilliant idea 7A, klasse! excellent! 11A, klasse! wonderful! 13A
klein	small 1D, eine interessante kleine Geschichte an interesting little story 6I, der kleine Bahnhofsplatz the little station square 11D
Klein-schreibung	die, Kleinschreibung, Kleinschreibungen, written with a small letter 12G
klettern	klettert, kletterte, ist geklettert 13I, to climb, auf Bäumen (herum)klettern to climb about in trees 13I

klingen	klingt, klang, hat geklungen, to sound 1A
Klops	der, Klopses, Klopse, meatball 1D
knallrot	bright red 4A
knapp	scarce 14D
knarren	knarrt, knarrte, hat geknarrt, to creak 13A
Kneipe	die, Kneipe, Kneipen, pub 7A
Knospe	die, Knospe, Knospen, bud 14I
kochen	kocht, kochte, hat gekocht, to cook 1D
Koffer	der, Koffers, Koffer, suitcase 11D
Kölsch	das, Kölsch(s), Kölsch, a kind of beer popular in the Cologne area 7D
Kombination	die, Kombination, Kombinationen, combination 9C
kombinieren	kombiniert, kombinierte, hat kombiniert, to combine 13F
komisch	funny 9I, komische Frage funny question 15A
kommen	kommt, kam, ist gekommen, to come 1A
Komparativ	der, Komparativs, Komparative, comparative 8F
kompliziert	complex, complicated 15A
komponieren	komponiert, komponierte, hat komponiert, to compose 11I
Komponist	der, Komponisten, Komponisten, composer 11I
Konditional-satz	der, Konditionalsatzes, Konditionalsätze, conditional sentence 12C
Königin	die, Königin, Königinnen, queen 8A
Konjugation	die, Konjugation, Konjugationen, conjugation 1G
konjugieren	konjugiert, konjugierte, hat konjugiert, to conjugate 3G

Konjunktiv	der, Konjunktivs, Konjunktive, subjunctive 12C
können	kann, konnte, hat gekonnt, can, to be able to 2A, es kann sein, dass it's possible that 8A, das kann man wohl sagen you can say that again 13A, das hätten wir uns nicht leisten können we wouldn't have been able to afford that 14D, ich hätte ihn fragen können I could have asked him 15A, Sie können jetzt genug Deutsch you know enough German now 15D
konnte	could 9A
könnte	could 9A, 12C, ich könnte mich ohrfeigen I could slap myself 10D, könntest du mir nicht einen Tipp geben? couldn't you give me a hint? 14A
Konstruktion	die, Konstruktion, Konstruktionen, construction 3C
Kopf	der, Kopf(e)s, Köpfe, head 4A
Kopf-schmerzen	(Plural) die, headache(s) 9A
kopieren	kopiert, kopierte, hat kopiert, to copy 1C
korrekt	correct 1C
kosten	kostet, kostete, hat gekostet, to cost 3D
kräftig	stout 4A
Kredit	der, Kredit(e)s, Kredite, loan 5A
kreuz und quer	criss-cross 1I
Kreuzwort-rätsel	das, Kreuzworträtsels, Kreuzworträtsel, crossword puzzle, 2I
Krieg	der, Krieg(e)s, Kriege, war 11D
kriegen	kriegt, kriegte, hat gekriegt, to get 4D

Krimi	der, Krimis, Krimis, crime movie/novel 2A
kritisch	critical 10G
Kuh	die, Kuh, Kühe, cow 13I
Kühlschrank	der, Kühlschrank(e)s, Kühlschränke, refrigerator, fridge 3A
Kunde	der, Kunden, Kunden, customer 10G
Kunden-nummer	die, Kundennummer, Kundennummern, customer number 10D
kündigen	kündigt, kündigte, hat gekündigt, to give notice (to quit), wir haben unsere Wohnung gekündigt we have given notice to leave our flat 14D
Kurkuma	die, Kurkuma, Kurkumen, turmeric 1D
kurz	kürzer, kürzest-, short 2A, die kürzere Form ist häufiger the shorter form is more common 12G
Kurzform	die, Kurzform, Kurzformen, short form 7I

L

Labskaus	das, Labskaus, –, a stew, formerly eaten by sailors, a Hamburg speciality 7I
lächeln	lächelt, lächelte, hat gelächelt, to smile 11A
Laden	der, Ladens, Läden, shop 9I
Lampe	die, Lampe, Lampen, lamp 3D
Land	das, Land(e)s, Länder, land, country, state 1H, ein Stück Land a piece of land 13I, auf dem Land wohnen to live in the country 13I
Landtag	der, Landtag(e)s, Landtage, parliament of a Bundesland (= federal state) 11A

Landtagswahl	die, Landtagswahl, Landtags-wahlen, state election (election for the parliament of a federal state) 11A
lang	länger, längst-, long 4A, drei Jahre lang for three years 10D, am längsten for the longest time 11I
lange	(for) a long time 6I, er ist ja nun schon lange tot he's long dead 7D
länglich	longish 7I
langsam	slow 2D, er ging langsam die Treppe hinunter he slowly walked down the stairs 11D
lassen	lässt, ließ, hat gelassen, to let, to leave, stehen lassen to abandon 7A, Lehrer lassen sich von ihren Schülern duzen teachers allow their students to say "du" to them 12A
Lauf	der, Lauf(e)s, Läufe, im Lauf(e) der Jahre over the years 8D
Laufband	das, Laufband(e)s, Laufbänder, treadmill 2D
laufen	läuft, lief, ist gelaufen, to walk 2D
lauten	lautet, lautete, hat gelautet, to be 6F
Leben	das, Lebens, Leben, life 8A
leben	lebt, lebte, hat gelebt, to live 1D
lebend	alive, live 8I
Lebensregel	die, Lebensregel, Lebensregeln, rule of life, principle 10F
Lebens-unterhalt	der, Lebensunterhalt(e)s, –, seinen Lebensunterhalt verdie-nen to earn one's living 8D
Leberkäse	der, Leberkäses, –, loaf made of minced meat 7I
Lebewesen	das, Lebewesens, Lebewesen, living thing, creature 13I
lediglich	merely, only 14G
leer	empty 3A
legen	legt, legte, hat gelegt, to put 5A
Lehrer	der, Lehrers, Lehrer, (male) teacher 1D
Lehrerin	die, Lehrerin, Lehrerinnen, (female) teacher, 9D
leicht	easy, sie hatte es nicht leicht she didn't have it easy 9D, easily 9G
leider	es ist leider so it's sadly true 10G, leider spreche ich kein Französisch unfortunately I don't speak French 10G
Leihhaus	das, Leihhauses, Leihhäuser, pawnshop 5A
leisten	leistet sich, leistete sich, hat sich geleistet, to afford 13A, wir können uns den Preis leisten we can afford the price 13A, das hätten wir uns nicht leisten können we wouldn't have been able to afford that 14D
Lektion	die, Lektion, Lektionen, lesson, unit 1A
lernen	lernt, lernte, hat gelernt, to learn 3G
lesen	liest, las, hat gelesen, to read 5A
Lese-verständnis	das, Leseverständnisses, –, reading comprehension 14F
letzt-	unsere letzte Rechnung our latest/last bill 10D
Leute	(immer Plural) die, (Genitiv:) Leute, people 1H
Libanon	der, Libanon(s), –, Lebanon 12I
Licht	das, Licht(e)s, Lichter, light 14I
Liebe	die, Liebe, –, love 8A
lieben	liebt, liebte, hat geliebt, to love 1D
Liebesbrief	der, Liebesbrief(e)s, Liebesbriefe, love letter 6I
Liebling	der, Lieblings, Lieblinge, darling 2A

liebst-	am liebsten würde ich arbeiten I'd prefer to work 4D
Liechtenstein	a very small German-speaking country between Switzerland and Austria 12I
Lied	das, Lied(e)s, Lieder, song 11I
Lieferwagen	der, Lieferwagens, Lieferwagen, van 4D
liegen	liegt, lag, hat gelegen, to lie 2A
Limousine	die, Limousine, Limousinen, limousine 11D
Linie	die, Linie, Linien, line 9G
link-	der linke Schalter the left counter 5A
links	on the left 6G
Liste	die, Liste, Listen, list 1F
Literatur	die, Literatur, Literaturen, literature 9D
loben	lobt, lobte, hat gelobt, to praise 10F
Lokal	das, Lokals, Lokale, pub, restaurant 7A
lösen	löst, löste, hat gelöst, to solve 9I
Lösung	die, Lösung, Lösungen, solution 15A
Lücke	die, Lücke, Lücken, gap 2F, 4A
lügen	lügt, log, hat gelogen, to lie, to tell lies 14I
Lupe	die, Lupe, Lupen, magnifying glass 5A

M

machen	macht, machte, hat gemacht, to make, to do 1C, was macht ihr? how are you doing? 10A, was machst du gerade? what are you doing? 11A
Mai	der, Mais, –, May 2A
Main	der, Mains, –, (the river) Main 8I
-mal	dreimal three times, viermal four times 5C

mal	multiplied by, tausend mal tausend ist eine Million one thousand multiplied by one thousand is/equals one million 8I
Mal	zum ersten Mal for the first time 5D
man	you 2D, one 2E
manch	manche Präpositionen some prepositions 4G
manchmal	sometimes 1D
Mann	der, Mann(e)s, Männer, man 2A
männlich	male, masculine 15I
Märchen	das, Märchens, Märchen, fairy tale 8A
Margarine	die, Margarine, –, margarine 3A
maskiert	masked 6D
maskulin	masculine 1G
massenhaft	massenhaft Flyer loads of/plenty of flyers
Matjes	der, Matjes, Matjes, herring 1D
Maus	die, Maus, Mäuse, mouse 9A
Medien	(Plural) die Medien sind the media is/are 12A
mehr	mehr als more than 3C, nicht mehr arbeiten to work no more 9A
mehrere	several 4A
Mehrheit	die, Mehrheit, Mehrheiten, majority 11A
mehrmals	several times 5C
meinen	meint, meinte, hat gemeint, to mean 1A
Meinung	die, Meinung, Meinungen, opinion, meine bescheidene Meinung my modest opinion 10G
meist-	die meisten Verben most verbs 6G

meist(ens)	mostly, most of the time, usually 1D
Meister	der, Meisters, Meister, master 5C
Menge	die, Menge, Mengen, eine Menge Obst a lot of fruits 4A, große Mengen large quantities 4A
Mensch	der, Menschen, Menschen, ein Mensch a person, a human being, die Menschen (the) people 1D, Mensch, bin ich ein Idiot! man, what a fool I am! 10D
merken	merkt, merkte, hat gemerkt, ich kann mir keine Daten merken I can't remember dates 14A
Metall	das, Metall(e)s, Metalle, metal 5A
Meter	der, Meters, Meter, metre 2D
Mettbrötchen	das, Mettbrötchens, Mettbrötchen, minced-pork roll 7D
miauen	miaut, miaute, hat miaut, to miaow 13I
Miete	die, Miete, Mieten, rent 14F
Mieterverein	der, Mieterverein(e)s, Mietervereine, tenants association 14D
Milch	die, Milch, –, milk 3A
Million	die, Million, Millionen, million 8A
Minister	der, Ministers, Minister, minister 10I
minus	minus, less 12G
Minute	die, Minute, Minuten, minute 5A
Mitarbeiterin	die, Mitarbeiterin, Mitarbeiterinnen, (female) employee 6D
mitbringen	bringt mit, brachte mit, hat mitgebracht, to bring (along) 3A
Mitgefühl	das, Mitgefühls, –, sympathy 10G

Mitglied	das, Mitglied(e)s, Mitglieder, member 14D
mithilfe von	by means of 4C
mithören	hört mit, hörte mit, hat mitgehört, to overhear 12D
mitnehmen	nimmt mit, nahm mit, hat mitgenommen, wenn er sie nicht (mit dem Auto) mitgenommen hätte if he had not given her a lift 14A
mittelgroß	medium-sized 13I
Mittelmeer	das, Mittelmeer(e)s, –, Mediterranean (Sea) 11D
Möbelhaus	das, Möbelhauses, Möbelhäuser, furniture store 3D
Möbelstück	das, Möbelstück(e)s, Möbelstücke, piece of furniture 10I
möchte	→ mögen, er möchte passend bezahlen he wants to pay the exact amount 4A, ich möchte Geld verdienen I would like to make some money 4D
Modalpartikel	die, Modalpartikel, Modalpartikeln, modal particle 10G
Modalverb	das, Modalverbs, Modalverben, modal (auxiliary) verb 3C
modern	modern, moderner more modern 7D
modifizieren	modifiziert, modifizierte, hat modifiziert, to modify 3C
mögen	mag / möchte, mochte, hat gemocht, to like 2A
möglich	possible 1C, so schnell wie möglich as quickly as possible 13D
Möglichkeit	die, Möglichkeit, Möglichkeiten, possibility 3G
Möglichkeitsform	die, Möglichkeitsform, Möglichkeitsformen, subjunctive 14G
Moment	der, Moment(e)s, Momente, moment 2A
Monat	der, Monats, Monate, month 5A

Montag	der, Montag(e)s, Montage, Monday 2A
Mörderin	die, Mörderin, Mörderinnen, (female) murderer, murderess 2A
morgen	tomorrow 10A, morgen Abend tomorrow night 10A, morgen früh tomorrow morning 10A
Motiv	das, Motivs, Motive, motive 6D
Mühe	die, Mühe, Mühen, effort, difficulty 8D
Münze	die, Münze, Münzen, coin 4A
Muschel	die, Muschel, Muscheln, clam 8D
Muskel	der, Muskels, Muskeln, muscle 9A
müssen	muss, musste, hat gemusst, must, to have to 2A, Sie werden sich daran gewöhnen müssen you will have to get used to it 9I, ich musste einfach Ja sagen I just / simply had to say yes 10D
musste	→ müssen
Muster	das, Musters, Muster, example, model 5F
Mut	der, Mut(e)s, –, courage 11I
mutmaßlich	alleged(ly) 6D
Mutter	die, Mutter, Mütter, mother 8I

N

Nachbarschaft	die, Nachbarschaft, Nachbar-schaften, neighbourhood 15F
nachdenken	denkt nach, dachte nach, hat nachgedacht, to think 3A
nacheinander	one after the other 6F
nachfolgend	das nachfolgende Nomen the noun following it 7F
nachgucken	guckt nach, guckte nach, hat nachgeguckt, to have a look 2A
nachrücken	rückt nach, rückte nach, ist nachgerückt, to move up 4A
nachsprechen	spricht nach, sprach nach, hat nachgesprochen, to repeat 1C
nächst-	in nächster Zeit in the near future, any time soon 9A, die nächste Antwort the next answer 11A
Nacht	die, Nacht, Nächte, night 8I
Nacken	der, Nackens, Nacken, (back of the) neck 9A
Name	der, Namens, Namen, name 1A
nämlich	wir fahren nämlich morgen weg because we're going away tomorrow 10A, er ist nämlich Arzt you see he's a doctor 12D
nass	nasser / nässer, nassest- / nässest-, wet 6I, 14D
National-hymne	die, Nationalhymne, Nationalhymnen, national anthem 11I
Natur	die, Natur, –, nature, in der freien Natur in the wild 13D
natürlich	of course 2A, es klingt natürlicher it sounds more natural 10F
ne(e)	= nein, nope 7A
'ne	= eine 6A
neben	next to 2A, beside 11D
nebenan	next door 1D
Nebensatz	der, Nebensatzes, Nebensätze, subordinate clause 3G
negativ	negative 1C
nehmen	nimmt, nahm, hat genommen, to take, to use 3A, er nahm neben dem Fahrer Platz he seated himself beside the driver 11D
nein	no 1A
'nem	= einem 14D
nennen	nennt, nannte, hat genannt, to call, to refer to as, to mention 5F, to name 11C

Nerv	der, Nervs, Nerven, nerve 4A
nett	nice 1F, 7D
netto	after tax nach Steuern 4D
neu	neuer, neu(e)st-, new 5D
neugierig	curious 7A
neutral	neuter 2F, neutral 3G
nicht	not 1C
nichts	nothing 4A
nie(mals)	never 2D, noch nie never 6I, 13D
niederknien	kniet nieder, kniete nieder, ist / hat niedergekniet, to kneel down 11I
Niederlande	(Plural) die, the Netherlands, Holland 7I
niemand	nobody, no one 3D
noch	still 6I, noch nie never 6I, noch besser even better 10D
noch einmal	once again 14C
noch nicht	not yet 3A
nochmal	again 12D
Nomen	das, Nomens, Nomen, noun 1G
Nominativ	der, Nominativs, Nominative, nominative (case) 1G
nordöstlich	nordöstlich von Berlin northeast of Berlin 12I
nordwestlich	nordwestlich von Hamburg northwest of Hamburg 12I
normal	normal 4D
normalerweise	normally 14G
Not	die, Not, Nöte, zur Not if necessary 7I
Notiz	die, Notiz, Notizen, note, sich Notizen machen to take notes 15D
Notknopf	der, Notknopf(e)s, Notknöpfe, emergency button 6A
notwendig	necessary 3C
nüchtern	sober 7A
Nudelgericht	das, Nudelgericht(e)s, Nudelgerichte, noodle dish, pasta dish 8I
Nugat	das / der, Nugats, Nugats, nougat 3A
null	zero, nil, nought 12G
Null	die, Null, Nullen, zero 12G
Numerus	der, Numerus, Numeri, number 7G
nun mal	after all 13D
nur	only 4A, just 10A
Nuss	die, Nuss, Nüsse, nut, es frisst gern Nüsse it likes to eat nuts 13I
Nussbaum	der, Nussbaum(e)s, Nussbäume, walnut tree 13A
nutzen	nutzt, nutzte, hat genutzt, to use 15A
nützlich	useful 7D

O

ob	if, whether 12A
Oberstufe	die, Oberstufe, Oberstufen, advanced level of secondary school, senior high school 9D
obig	die obigen Sätze the above sentences 14C
Objekt	das, Objekt(e)s, Objekte, object 3F
Obst	das, Obst(e)s, –, fruit(s) 4A
Oder	die, Oder, –, (the river) Oder 8I
oder	entweder … oder either … or 2D
offen	open 8I
öffentlich	public 2D
öffnen	öffnet, öffnete, hat geöffnet, to open 8D
oft	öfter, öftest-, often 2D
ohne	without 2G
Ohr	das, Ohr(e)s, Ohren, ear 5D

ohrfeigen	ohrfeigt, ohrfeigte, hat geohrfeigt, jemand(en) ohrfeigen slap someone's face 10D
okay	okay, OK, all right 9A
Oma	die, Oma, Omas, grandma 3A
Opfer	das, Opfers, Opfer, victim, Opfer einer Flut werden to fall victim to a flood 8D
Orange	die, Orange, Orangen, orange 3A
Ordinalzahl	die, Ordinalzahl, Ordinalzahlen, ordinal number 12G
Ordnung	die, Ordnung, Ordnungen, order 10A, alles in Ordnung? everything all right? 10A
Ort	der, Ort(e)s, Orte, place 1A
Österreich	das, Österreichs, –, Austria 12I
Ostsee	die, Ostsee, –, the Baltic Sea 10A
Ozean	der, Ozean(e)s, Ozeane, ocean 14I

P

paar	ein paar Haare a few hairs 2A, ein paar hundert Euro a few hundred euros 6A
Paketdienst	der, Paketdienst(e)s, Paketdienste, parcel service 4D
Park	der, Park(e)s, Parks, park 13I
Parlament	das, Parlament(e)s, Parlamente, parliament 11A
Partei	die, Partei, Parteien, (political) party 11A
Partizip	das, Partizips, Partizipien, participle 6C
Partnerportal	das, Partnerportal(e)s, Partnerportale, dating site 12D
Passage	die, Passage, Passagen, passage 15D
passen	passt, passte, hat gepasst, passen zu to go with 2A
passend	appropriate 2F, corresponding (to) 7F, das passendste Adjektiv the most suitable adjective 13C, passend bezahlen to give the exact amount 4A
passieren	passiert, passierte, ist passiert to happen 14C
Passiv	das, Passivs, Passive, passive (voice) 11C
Passivsatz	der, Passivsatzes, Passivsätze, passive sentence 11C
Pasta	(Plural) die, Pasta, Pasta, tolle Pasta und Salate awesome pasta and salads 10A
Pech	das, Pechs, –, bad luck 4D
Perfekt	das, Perfekts, –, present perfect tense 6C
Perle	die, Perle, Perlen, pearl 8D
Person	die, Person, Personen, person 1C
Personalerin	die, Personalerin, Personalerinnen, recruiter, HR manager 15A
Personalpronomen	das, Personalpronomens, Personalpronomen, personal pronoun 4C
Personengruppe	die, Personengruppe, Personengruppen, group of people/persons 13I
persönlich	kennen Sie ihn persönlich? do you know him personally? 7D
Pfandkredit	der, Pfandkredits, Pfandkredite, pawn credit (a loan you get in exchange for a pawn such as a gold ring; when you pay back the money, you get your pawn back) 5A
Pfandleiherin	die, Pfandleiherin, Pfandleiherinnen, pawnshop lady 5A
Pfandschein	der, Pfandschein(e)s, Pfandscheine, pawn ticket 5A
Pfanne	die, Pfanne, Pfannen, pan 1D

Pfarrer	der, Pfarrers, Pfarrer, pastor 11I
Pfeife	die, Pfeife, Pfeifen, whistle 8A
Pferd	das, Pferd(e)s, Pferde, horse 13I
Pflanze	die, Pflanze, Pflanzen, plant 13I
Philosoph	der, Philosophen, Philosophen, philosopher 11I
Physiotherapie	die, Physiotherapie, Physiotherapien, physiotherapy 9A
Pistole	die, Pistole, Pistolen, gun 6A
Platz nehmen	nimmt Platz, nahm Platz, hat Platz genommen to take a seat 11D
plötzlich	suddenly 10G
Plural	der, Plurals, Plurale, plural 1C
Pluralbildung	die, Pluralbildung, –, formation of the plural, forming the plural 3C
Plusquam-perfekt	das, Plusquamperfekts, –, past perfect, pluperfect 12F
Polizei	die, Polizei, Polizeien, police 2A
polizeibekannt	known to the police 6D
Polizist	der, Polizisten, Polizisten, police officer 5D
Portion	die, Portion, Portionen, portion 12D
Position	die, Position, Positionen, position, in der schwächeren Position in the weaker position 14D
Positions-tausch	der, Positionstausch(e)s, –, change of position 2G
Positiv	der, Positivs, Positive, positive form (i.e. not comparative or superlative) 13C
possessiv	besitzanzeigend, possessive 7F
Prädikat	das, Prädikat(e)s, Prädikate, predicate, verb 2C
prägen	prägt, prägte, hat geprägt, to shape 11I
praktisch	convenient 1D
Präposition	die, Präposition, Präpositionen, preposition 2C
Präsens	das, Präsens, –, present tense 2G
Präteritum	das, Präteritums, –, past tense 6F
Preis	der, Preises, Preise, price 3D, zu einem Preis at a price 13A
preiswert	reasonably / economically priced 3D
Pressefreiheit	die, Pressefreiheit, –, freedom of the press 11A
prima	great, fine 3A, super 7A
Problem	das, Problem(e)s, Probleme, problem 8A
Programm	das, Programms, Programme, programme 2A
Pronomen	das, Pronomens, Pronomen, pronoun 1F
protzig	pretentious 12D
provisorisch	provisional 11I
Prozent	das, Prozent(e)s, Prozente, per cent 3A
prüfen	prüft, prüfte, hat geprüft, to examine 5A
Punkt	der, Punkt(e)s, Punkte, point 2D

Q

Quark	der, Quark(e)s, –, quark 3A
Quatsch	der, Quatsches, –, nonsense 8A
Quiz	das, –, –, quiz 10I

R

Rad fahren	fährt Rad, fuhr Rad, ist Rad gefahren, to bike, to cycle, to ride a bike 14A
Radfahrer	der, Radfahrers, Radfahrer, cyclist, biker 13D
Rang	der, Rang(e)s, Ränge, rank 10I
rascheln	raschelt, raschelte, hat geraschelt, to rustle 13A
Raser	der, Rasers, Raser, speeder 13D

Rat	der, Rat(e)s, –, (piece of) advice 9C
raten	rät, riet, hat geraten, to guess 4A
Ratgeber	der, Ratgebers, Ratgeber, adviser 8D
ratsam	advisable 10F
Rätsel	das, Rätsels, Rätsel, puzzle 6G
Räuber	der, Räubers, Räuber, robber 6D
Raubtier	das, Raubtier(e)s, Raubtiere, predator, beast of prey 13I
rauchen	raucht, rauchte, hat geraucht, to smoke 14D
Raum	der, Raum(e)s, Räume, room 11D
Realität	die, Realität, Realitäten, der Realität entsprechen to correspond to reality 14C
Recht	das, Recht(e)s, Rechte, right 14D
recht-	die rechte hintere Tür the right rear door 11D
recht	ist es so recht? is this OK? 5D, Sie haben recht you are right 9I
rechts	on the right 6G
Rede	die, Rede, Reden, speech, (in)direkte Rede (in)direct speech 14G
reden	redet, redete, hat geredet, to talk 10D, reden mit to talk with 15A
reflexiv	reflexive 9F
Reflexiv-pronomen	das, Reflexivpronomens, Reflexivpronomen, reflexive pronoun 9F
Regel	die, Regel, Regeln, rule 2C, in der Regel normally, as a rule 9C
regelmäßig	regular(ly), regelmäßige Verben regular verbs 6F
Regierung	die, Regierung, Regierungen, government 10I
Regierungssitz	der, Regierungssitzes, Regierungssitze, seat of (the) government 11I
regnen	regnet, regnete, hat geregnet, to rain 2D
reich	rich, reich heiraten to marry into money 7A
Reichtum	der, Reichtums, Reichtümer, wealth, being rich 8A
Reihenfolge	order, sequence 2C
rein	pure 14I
reinkommen	kommt rein, kam rein, ist reingekommen, to come in 6A
Reis	der, Reises, –, rice 1D
reiten	reitet, ritt, ist geritten, to ride 2A
reizen	reizt, reizte, hat gereizt, to appeal (to) 15A
reizend	charming 14A
Relativ-pronomen	das, Relativpronomens, Relativpronomen, relative pronoun 5F
Relativsatz	der, Relativsatzes, Relativsätze, relative clause 5F
Reporter	der, Reporters, Reporter, reporter 1D
reservieren	reserviert, reservierte, hat reserviert, to reserve 11D
Rest	der, Rest(e)s, Reste, rest, die Reste eines Schafes the remains of a sheep 13D
Restaurant	das, Restaurants, Restaurants, restaurant 5D
Rezept	das, Rezept(e)s, Rezepte, recipe 10A
rheinisch	from the Rhineland in Germany, Rhenish 7I
richten	richtet sich nach, richtete sich nach, hat sich gerichtet nach, richtet sich nach dem Genus is determined by the gender 7G
richtig	right, correct 1A, richtig neugierig really curious 7A

Richtung	die, Richtung, Richtungen, direction 6D	**Satzanfang**	der, Satzanfang(e)s, Satzanfänge, beginning of the sentence 11F
riesig	gigantic 8D	**Satzbau**	der, Satzbau(e)s, –, (sentence) structure 9G
Ring	der, Ring(e)s, Ringe, ring 5A	**Satzglied**	das, Satzglied(e)s, Satzglieder, sentence element 9G
riskieren	riskiert, riskierte, hat riskiert, to risk 7A	**Satzglied-stellung**	die, Satzgliedstellung, Satzgliedstellungen, order of sentence elements 9G
Roman	der, Roman(e)s, Romane, novel 10I, 15D	**Satzteil**	der, Satzteil(e)s, Satzteile, part of a sentence, constituent 2C
rot	röter / roter, rötest- / rotest-, red 5F	**sauer**	saurer, sauerst-, die sauren Früchte the sour fruits 13I
rotbraun	red-brown 13I	**S-Bahn**	die, S-Bahn, S-Bahnen, urban railway 2D
rothaarig	red-haired 4A	**schäbig**	shabby 2A
Rotwein	der, Rotwein(e)s, Rotweine, red wine 4A	**Schach**	das, Schachs, –, chess 14I
Rückfrage	die, Rückfrage, Rückfragen, stellen Sie Rückfragen mit „wer" ask back using "wer" 9F	**schade**	das ist aber schade that's a pity 10A
Rückschein	der, Rückschein(e)s, Rückscheine, return receipt 10D	**Schaf**	das, Schaf(e)s, Schafe, sheep 13D
rufen	ruft, rief, hat gerufen, to call 7D	**Schäfer**	der, Schäfers, Schäfer, shepherd 13D
rund	round 7I	**Schäferhund**	der, Schäferhund(e)s, Schäferhunde, Alsatian, German shepherd (dog) 13I

S

Sache	die, Sache, Sachen, thing 7G	**schaffen**	schafft, schaffte, hat geschafft, schaffen Sie es? will you manage? 7I
sachlich	factual 10G	**Schalter**	der, Schalters, Schalter, counter 5A
sächlich	neutral, neuter 15I	**scharf**	schärfer, schärfst-, sharp, scharf aufpassen to pay close attention 6A
säen	sät, säte, hat gesät, to sow 14I		
Saft	der, Saft(e)s, Säfte, juice 3A	**Schatten**	der, Schattens, Schatten, shadow 14I
sagen	sagt, sagte, hat gesagt, to say, to tell 1A, sagen Sie mal tell me 7D	**schätzen**	schätzt, schätzte, hat geschätzt, to estimate 4A
Salat	der, Salat(e)s, Salate, salad 10A	**Schätzung**	die, Schätzung, Schätzungen, estimate 4A
Sammlung	die, Sammlung, Sammlungen, collection 11I		
Samstag	der, Samstag(e)s, Samstage, Saturday 4A		
satt	eine satte Mehrheit a comfortable majority 11A		
Satz	der, Satzes, Sätze, sentence 1C		

schauen	schaut, schaute, hat geschaut, to look 5D
Scheibe	die, Scheibe, Scheiben, slice 7I
Schein	der, Schein(e)s, Scheine, note, Geldschein banknote 5A
scheinen	scheint, schien, hat geschienen, to seem, es scheint wichtig zu sein it seems to be important 14A
schicken	schickt, schickte, hat geschickt, to send 7A
schieben	schiebt, schob, hat geschoben, to push 4A
Schlange	die, Schlange, Schlangen, queue 4A
schlau	clever 9A
schlecht	bad(ly) 4D
schleichen	schleicht, schlich, ist geschlichen, to creep 14I
schlicht	simply, schlicht eine Unverschämtheit simply an impudence 9I
schließlich	finally 8D, after all 14A
schlimm	bad 10D, das Schlimme ist the bad thing is 10D
Schloss	das, Schlosses, Schlösser, palace 11A
Schluss	der, Schlusses, Schlüsse, end(ing), zum Schluss in the end 15A
Schlüssel	der, Schlüssels, Schlüssel, key 7D
schmal	schmaler / schmäler, schmalst-, slender 5A
Schmerz	der, Schmerzes, Schmerzen, pain 9A
Schmuck	der, Schmuck(e)s, –, als Schmuck as an ornament 9I
schnarchen	schnarcht, schnarchte, hat geschnarcht, to snore 7D
Schnee-wittchen	Snow White 8A
schneiden	schneidet, schnitt, hat geschnitten, to cut 5D
schneien	schneit, schneite, hat geschneit, to snow 2D
schnell	fast 2D, quick 6A, quickly 6A
Schokolade	die, Schokolade, Schokoladen, chocolate 3A
schon	already 1F, schon in der Schule even at school 9D
schön	nice, pretty, beautiful 1A, nicely 2A, das ist doch schön that's great 10A, das können wir doch immer so schön sehen it's always so nice to watch 11A, ein schöner Anblick a pretty sight 11A, ganz schön dreist! some nerve! 14D, das sind ganz schön persönliche Fragen these are pretty personal questions 14D, das Schönste the most beautiful thing 14I
schonen	schont, schonte, hat geschont, den Arm schonen to go easy on the arm 9A
Schrank	der, Schrank(e)s, Schränke, wardrobe, cupboard 3D
schrecklich	terrible 9D, awful 15D
schreiben	schreibt, schrieb, hat geschrieben, to write 4I, das Schreiben ist auch wichtig writing is important too 15D
Schreibweise	die, Schreibweise, Schreib-weisen, spelling 13I
Schriftsteller	der, Schriftstellers, Schriftsteller, writer 10I
Schüler	der, Schülers, Schüler, (male) pupil, (male) student 9D
Schülerin	die, Schülerin, Schülerinnen, (female) pupil, (female) student 9D
Schulter	die, Schulter, Schultern, shoulder 9A

schwach	schwächer, schwächst-, weak 4A
schwanger	pregnant 14D
Schwanz	der, Schwanzes, Schwänze, tail 13I
schwarz	schwärzer, schwärzest-, black 3D
Schweiz	die, Schweiz, –, Switzerland 5I
schwer	heavy 8D, difficult 15D
schwierig	difficult 5C
schwimmen	schwimmt, schwamm, ist geschwommen, to swim 14A
See	der, Sees, Seen, lake 13I
See	die, See, –, sea, auf See bleiben to stay out at sea 8D
Seele	die, Seele, Seelen, soul 14I
sehen	sieht, sah, hat gesehen, to see 2G, sieh mal her! look here! 15F
Sehnsucht	die, Sehnsucht, Sehnsüchte, longing 14I
sehr	very 1D
seid	are 1G, 2G, 6F → sein to be
Seide	die, Seide, Seiden, silk 2A
sein	sein to be 1A, bin am, bist / sind / seid are, ist is, war was, warst / waren / wart were, wie war's? how did it go? 15A, gewesen been 9A, sei am, was 14G, 15A, 15C, 15F, seist are, were 15A, seien are, were 15H, wäre would be 12A, wärest would be 12C, sei vorsichtig! be careful! 12C
Seite	die, Seite, Seiten, page, side das Buch hat 100 Seiten the book has 100 pages 10I, zur Seite legen to put aside 5D
selbst	myself, yourself, himself, herself, itself, ourselves, yourselves, themselves 6A, 7A, 15A, sie … selbst she … herself 6A, du … selbst you … yourself 7A, sich selbst oneself 8I

selbstständig	self-employed 7A
senkrecht	down 2I
Service	der, Service, Services, service 7A
servieren	serviert, servierte, hat serviert, to serve 7I
Sessel	der, Sessels, Sessel, armchair 2D
setzen	setzt, setzte, hat gesetzt, to place 2C, ins Perfekt setzen to change into the present perfect tense 6C, das Auto setzte sich in Bewegung the car started moving 11D, ich habe ihn in ein Taxi gesetzt I put him in a taxi 12D
Shuttlebus	der, Shuttlebusses, Shuttlebusse, shuttle bus 14A
sicher	surely 3A, sicheres Auftreten self-assurance 8A
Sicherheit	die, Sicherheit, Sicherheiten, mit Sicherheit most certainly 7I
siegen	siegt, siegte, hat gesiegt, to win 2A
Silbe	die, Silbe, Silben, syllable 14F
sind	→ sein 1A
singen	singt, sang, hat gesungen, to sing 11I
Singular	der, Singulars, Singulare, singular 1C
Sitz	der, Sitzes, Sitze, seat 12I
sitzen	sitzt, saß, hat gesessen, to sit 2D
Smartphone	das, Smartphones, Smartphones, smartphone 7I
so … wie	so schnell wie möglich as quickly as possible 13D, so viel Deutsch wie möglich as much German as possible 15D
sodass	so that 15C
sofort	at once, immediately, right away 10D
sogar	even 1D
sogleich	immediately, at once 11D

solch-	solche nützlichen Firmen such useful firms/companies 9I
Solei	das, Solei(e)s, Soleier, pickled hard-boiled egg 7I
sollen	soll, sollte, hat gesollt, du solltest heiraten you should get married 4D, was soll diese Frage? what is this question supposed to mean? 8A, sollten sie sie nicht verkaufen? shouldn't they sell it? 8D, das soll wohl ein Witz sein you must be joking 9A, so was soll man nie tun that's something you should never do 10D, ein Systemadministrator soll doch nicht visionär sein a system administrator isn't supposed to be visionary 15A, wie soll ich das tun? how am I to do that? ich soll also nicht an die Regeln denken so I'm not supposed to think of the rules 15D
sollte (nicht)	should (not) 4A, 8A, wer Visionen hat, der sollte zum Arzt gehen anyone who has visions should go see a doctor 15A
Sommer	der, Sommers, Sommer, summer 13I
Sonder-angebot	das, Sonderangebot(e)s, Sonderangebote, special offer 3D
Sonderfall	der, Sonderfall(e)s, Sonderfälle, special case 12C
sondern	but 2G
Sonne	die, Sonne, Sonnen, sun 14I
Sonnenbrille	die, Sonnenbrille, Sonnenbrillen, sunglasses, 6A
Sonnen-untergang	der, Sonnenuntergang(e)s, Sonnenuntergänge, sunset 2A
Sonntag	der, Sonntag(e)s, Sonntage, Sunday 1D
sonst	was sonst noch? what else? 4A, das tue ich sonst nie I never do that normally 10D
Sorge	die, Sorge, Sorgen, ich mache mir keine Sorgen I don't worry 4D
sorgen	sorgt sich, sorgte sich, hat sich gesorgt, to be worried 13A
soviel	soviel ich weiß as far as I know 7D
sowieso	anyway, it's a given 12A
soziale Medien	social media 12A
Spaghetti	(Plural) die, Spaghetti, Spaghetti, spaghetti 5D
Spalte	die, Spalte, Spalten, column 1I
Spanien	das, Spaniens, –, Spain 13I
sparen	spart, sparte, hat gespart, to save 4D
spät	später, spätest-, late 4A
Speisekarte	die, Speisekarte, Speisekarten, menu 12D
speziell	special 15I
Spiegel	der, Spiegels, Spiegel, mirror 5D
Spiegelei	das, Spiegelei(e)s, Spiegeleier, fried egg 7I
spielen	spielt, spielte, hat gespielt, to play 14D
Sprache	die, Sprache, Sprachen, language 9D
Sprachen-lernen	das, Sprachenlernens, –, learning a language 15D
sprechen	spricht, sprach, hat gesprochen, to speak 1D, sprich lauter! speak louder! 15F
Sprecher	der, Sprechers, Sprecher, speaker 14G
springen	springt, sprang, ist gesprungen, to spring (open), to burst (open) 14I
Staatsanwalt	der, Staatsanwalt(e)s, Staatsanwälte, prosecutor 6A

Stadt	die, Stadt, Städte, town, city 1A
Stadtteil	der, Stadtteils, Stadtteile, district 6D
Stamm	der, Stamm(e)s, Stämme, stem 2G
Stammform	die, Stammform, Stammformen, principal part 6G
Stammgast	der, Stammgast(e)s, Stamm-gäste, regular (guest) 7I
Stammtisch	der, Stammtisch(e)s, Stamm-tische, table reserved for regular guests 7I
ständig	always 9A
stark	stärker, stärkst- strong, stark unregelmäßig highly irregular 2G
statt	instead of 7C
stattfinden	findet statt, fand statt, hat statt-gefunden, to take place 4C
Stau	der, Stau(e)s, Staus / Staue, traffic jam 2D
stehen	steht, stand, hat gestanden, to stand 2D, zum Stehen kommen to come to a stop 11D
stehen bleiben	bleibt stehen, blieb stehen, ist stehen geblieben, to stop 4A
stehlen	stiehlt, stahl, hat gestohlen, to steal 5D
steif	stiff 12D
Steigerung	die, Steigerung, Steigerungen, Steigerung der Adjektive comparison of adjectives 8F
Steigerungs-form	die, Steigerungsform, Steigerungsformen, comparative 8F
Stelle	an erster Stelle in first place 2C, an der richtigen Stelle in the right place 3C, an passender Stelle in an appropriate place 8F
stellen	stellt, stellte, hat gestellt, to place, to move 3F, Fragen stellen to ask questions 14F
Stellung	die, Stellung, Stellungen, position 3G, Wortstellung word order 2C
sterben	stirbt, starb, ist gestorben, to die 10I
Stern	der, Stern(e)s, Sterne, star 14I
stets	always 3F, 7F
Steuer	die, Steuer, Steuern, tax 4D
Stiefmutter	die, Stiefmutter, Stiefmütter, stepmother 8A
still	still, quiet(ly), silent(ly) 14I, in silence 14I
Stimme	die, Stimme, Stimmen, voice 5D
Straße	die, Straße, Straßen, street 9D, road 14A, an der Straße stehen to stand at the roadside 14A
Straßenbahn	die, Straßenbahn, Straßen-bahnen, tram, streetcar 2D
Strauch	der, Strauch(e)s, Sträucher, shrub 13A
Strauß	der, Straußes, Sträuße, bouquet, bunch, ein Strauß roter Rosen a bouquet / bunch of red roses 14A
streicheln	streichelt, streichelte, hat gestreichelt, to stroke 8D
Strom-rechnung	die, Stromrechnung, Strom-rechnungen, electricity bill 10D
Stück	Stück(e)s, Stück(e), piece 3A, ein Stück Land a piece of land 13I
studieren	studiert, studierte, hat studiert, to study 4D
Stufe	die, Stufe, Stufen, step 11D
Stuhl	der, Stuhl(e)s, Stühle, chair 3D
stumm	silent(ly) 11D
Sturm	der, Sturm(e)s, Stürme, storm 8D
Subjekt	das, Subjekt(e)s, Subjekte, subject 2C
Substantiv	das, Substantivs, Substantive, noun 15I → Nomen

suchen	sucht, suchte, hat gesucht, to look for 3D	**tanzen**	tanzt, tanzte, hat getanzt, to dance 8A
super	super, great 1D, great 6A, super 10A	**Tastatur**	die, Tastatur, Tastaturen, keyboard 9A
Superlativ	der, Superlativs, Superlative, superlative 13C	**Täter**	der, Täters, Täter, robber 6D, (im Passivsatz:) doer, agent 11C
Supermarkt	der, Supermarkt(e)s, Supermärkte, supermarket 2D	**tatsächlich?**	really? 4D
Supermarkt-kasse	die, Supermarktkasse, Supermarktkassen, supermarket checkout 4A	**Tatverdächtige**	der, Tatverdächtigen, Tatverdächtigen, suspect 6D
süß	die süße kleine Sofia sweet little Sofia	**tauchen**	taucht, tauchte, hat / ist getaucht, to dive 8D
sympathisch	der Mann war mir sympathisch I liked the man 10D, sympathisch wäre es mir nicht I wouldn't like it 12A	**tausendmal**	a thousand times 8A
		Taxi	das, Taxis, Taxis, taxi, cab 2D
		Teammitglied	das, Teammitglied(e)s, Teammitglieder, member of the team 15A
Syntax	die, Syntax, –, syntax, the rules that describe how sentences are constructed 15I	**Teil**	der, Teil(e)s, Teile, part, constituent 2F
Syrien	das, Syriens, –, Syria 6I	**teilweise**	partly 5D
syrisch	Syrian 1D	**Telefonge-spräch**	das, Telefongesprächs, Telefongespräche, phone call / conversation 14G
System	das, Systems, Systeme, system 15A	**telefonieren**	telefoniert, telefonierte, hat telefoniert, to make a phone call 2A
System-administrator	der, Systemadministrators, Systemadministratoren, system administrator 15A	**telefonisch**	over the phone, by phone 10D, ein telefonischer Vertrag a contract made over the phone 10D

T

Tafel	die, Tafel, Tafeln, eine Tafel Schokolade a bar of chocolate 3A	**Telefon-verkäufer**	der, Telefonverkäufers, Telefonverkäufer, telemarketer 10D
Tag	der, Tag(e)s, Tage, day 3D, eines Tages one day 8D, den ganzen Tag all day 12D	**Tendenz**	die, Tendenz, Tendenzen, tendency 8G
		Teneriffa	das, Teneriffas, –, Tenerife 10A
tanken	tankt, tankte, hat getankt, to fill up 6A	**Teppich**	der, Teppichs, Teppiche, carpet 3D
Tankstelle	die, Tankstelle, Tankstellen, petrol station 6A	**Terrorist**	der, Terroristen, Terroristen, terrorist 11I
Tankstellen-shop	der, Tankstellenshops, Tankstellenshops, petrol station shop 6D	**Test**	der, Tests, Tests / Teste, test 11A
Tante	die, Tante, Tanten, aunt 2A	**testen**	testet, testete, hat getestet, to test 14F

teuer	teurer, teuerst-, expensive 4A, teurer Strom expensive electricity 10D, pricey 12D
Text	der, Text(e)s, Texte, text 1C
Thema	das, Themas, Themen, subject, theme 10I
ticktack	the sound made by some clocks 8I
tief	deep 8D
Tier	das, Tier(e)s, Tiere, animal 13A
Tipp	der, Tipps, Tipps, hint 14A
tippen	tippt, tippte, hat getippt, to type 9A
Tisch	der, Tisch(e)s, Tische, table 3D, am Tisch at the table 12D
Tod	der, Todes, Tode, death 9I
toll	tolle Pasta awesome/terrific pasta 10A, er sieht noch toller aus als du he's even better-looking than you 8A, toll! amazing! 13A
Tomate	die, Tomate, Tomaten, tomato 3A
tot	dead 7D
total	total Angst haben to be totally afraid 6A, jetzt bin ich total neugierig now I'm really curious 13A
Tote	der/die, Toten, Toten, dead man/woman 2A
Tour	die, Tour, Touren, tour 4D
Tourist	der, Touristen, Touristen, (male) tourist 11C
Touristin	die, Touristin, Touristinnen, (female) tourist 11C
tragen	trägt, trug, hat getragen, to wear, to carry 4A
Training	das, Trainings, –, training 9D
Träne	die, Träne, Tränen, tear 14I
treffen	trifft, traf, hat getroffen, eine Person treffen to meet a person 10A
trennbar	separable 1G
trennen	trennt, trennte, hat getrennt, to separate 3G
Treppe	die, Treppe, Treppen, stairs 11D
trinken	trinkt, trank, hat getrunken, to drink 7A
Tropfen	der, Tropfens, Tropfen, drop, ein Tropfen Liebe one drop of love 14I
trotzdem	anyway, all the same 4D, all the same 7I
trüb(e)	ein trübes Licht a dull light 11D
T-Shirt	das, T-Shirts, T-Shirts, T-shirt 4A
Tür	die, Tür, Türen, door 11D
Türkei	die, Türkei, –, Turkey 12I
Typ	der, Typs, Typen, guy 6A
typisch für	typical of 6G

U

u. a.	unter anderem among other things 15I
U-Bahn	die, U-Bahn, U-Bahnen, (the) underground/subway/metro 2D
U-Bahnhof	der, U-Bahnhof(e)s, U-Bahnhöfe, underground/subway/metro station 2D
üben	übt, übte, hat geübt, to practise 7G
über	above, over 9I, über oder unter sechzehn over or under sixteen 12A, über hundert above one hundred 12G
überall	everywhere 1D
übereinstimmen	stimmt überein, stimmte überein, hat übereingestimmt, to agree 7F

Überfall	der, Überfall(e)s, Überfälle, robbery 6A
überfallen	überfällt, überfiel, hat überfallen, to hold up, to rob 6D
überhaupt	really 5A, kennst du ihn überhaupt? do you know him at all? 8A
überlegen	überlegt, überlegte, hat überlegt, to think about, to consider 14C
übermorgen	(the) day after tomorrow, in two days' time, übermorgen Abend the evening after tomorrow 10A
übernachten	übernachtet, übernachtete, hat übernachtet, to spend the night 10A
überreichen	überreicht, überreichte, hat überreicht, to hand 14A
Übersetzung	die, Übersetzung, Übersetzungen, translation 10G
Übersicht	die, Übersicht, Übersichten, overview 7G
üblich	common 12A
übrigens	incidentally 15A
Übung	die, Übung, Übungen, exercise 1A
Übungssache	die, Übungssache, Übungssachen, matter of practice 15D
Uhr	die, Uhr, Uhren, clock 8I
um	um … zu in order to … 9D, um die Ecke around the corner 10A
Umgangs-sprache	die, Umgangssprache, Umgangssprachen, colloquial language, in der Umgangssprache colloquially 8C
umgangs-sprachlich	colloquial(ly) 9A
umherirren	irrt herum, irrte herum, ist herumgeirrt, to wander about 5D
umkehren	kehrt um, kehrte um, ist umgekehrt, to reverse, to turn round 5C
Umlaut	der, Umlaut(e)s, Umlaute, umlaut 4G
umwandeln	wandelt um, wandelte um, hat umgewandelt, to change 7F
Umwandlung	die, Umwandlung, Umwandlungen, change 11F
unangenehm	unpleasant 10G
unbestimmt	indefinite, unbestimmter Artikel indefinite article 15G
undicht	unsealed 13A
ungefähr	about 6D
ungemütlich	uninviting 12D
ungetrennt	unseparated 1G
Ungetüm	das, Ungetüms, Ungetüme, monster 9I
unglücklich	unhappy 5I
uniformiert	uniformed 11D
unregelmäßig	irregular 2G, irregularly 4C
uns	(= einander:) each other 12D
unsichtbar	invisible, not to be seen 14I
unter	under 5A, über oder unter sechzehn over or under sixteen 12A, unter jungen Leuten among young people 12A
Unterhaltung	die, Unterhaltung, Unterhaltungen, conversation 5D
Unternehmen	das, Unternehmens, Unternehmen, business, company 7A, 12A
Unternehmer	der, Unternehmers, Unternehmer, entrepreneur 7A
unterrichten	unterrichtet, unterrichtete, hat unterrichtet, to teach 9D
unterscheiden	unterscheidet, unterschied, hat unterschieden, ist zu unterscheiden von is to be distinguished from 14G

Unterschied   der, Unterschied(e)s, Unterschiede, difference 8F

unterschied-lich   auf sehr unterschiedliche Weise in many different ways 3C

unterstreichen   unterstreicht, unterstrich, hat unterstrichen, to underline 1F

Unterton   der, Unterton(e)s, Untertöne, undertone 10G

unterwegs   out (and about) 2D

Unverschämt-heit   die, Unverschämtheit, Unverschämtheiten, impudence 9I

unvollständig   incomplete 4F

Unwetter   das, Unwetters, Unwetter, storm 8D

Urkunde   die, Urkunde, Urkunden, document 11A

ursprünglich   originally 14D

usw.   und so weiter and so on 8I, etc. 13A

V

Vater   der, Vaters, Väter, father 8I

Vaterland   das, Vaterland(e)s, Vaterländer, fatherland, native country 11I

vegetarisch   vegetarian 3A

verändern   verändert, veränderte, hat verändert, to change 2C, to modify 9C

verändert   mit veränderten Personen with different persons 14C

Veränderung   die, Veränderung, Veränderungen, change 4F

Verärgerung   die, Verärgerung, Verärgerungen, annoyance 10G

Verb   das, Verbs, Verben, verb 1F

Verbesse-rungsvorschlag   der, Verbesserungsvorschlag(e)s, Verbesserungsvorschläge, suggestion for improvement 15A

Verbform   die, Verbform, Verbformen, verb form 12C

verbinden   verbindet, verband, hat verbunden, to connect (with/to) 15F

Verbindung   die, Verbindung, Verbindungen, connection 4C

Verbklammer   die, Verbklammer, Verbklammern, verbal bracket 6C

Verbrauch   der, Verbrauch(e)s, –, consumption 10D

verdammt   verdammt hoch damn high 4D

verdienen   verdient, verdiente, hat verdient, to earn (money), to make (money) 4D

verfolgen   verfolgt, verfolgte, hat verfolgt, to pursue 14I

vergammelt   rotting 14D

Vergangenheit   die, Vergangenheit, Vergangenheiten, past 6C

vergeben   vergibt, vergab, hat vergeben, die Wohnung ist vergeben the flat/apartment has been rented/let 14D

Vergnügen   das, Vergnügens, Vergnügen, fun, viel Vergnügen! have fun! 9I

Verhältnis   das, Verhältnisses, Verhältnisse, relationship 15I

Verhör   das, Verhör(e)s, Verhöre, questioning, interrogation 6A

verkaufen   verkauft, verkaufte, hat verkauft, to sell 8D

Verkäufer   der, Verkäufers, Verkäufer, salesman 3D

Verkäuferin   die, Verkäuferin, Verkäuferinnen, (female) shop assistant 12A

Verkehrsmittel   das, Verkehrmittels, Verkehrsmittel, (means of) transport 2D

verkrampft   strained 9A

verliebt   in love 1A

verlieren   verliert, verlor, hat verloren, to lose 12G

vermieten	vermietet, vermietete, hat vermietet, to rent (out), to let 9I, 14D
Vermieter	der, Vermieters, Vermieter, landlord 4D
vermuten	vermutet, vermutete, hat vermutet, to guess, ich vermute mal I guess 8A
Vermutung	die, Vermutung, Vermutungen, assumption 10G
Verneinung	die, Verneinung, Verneinungen, negation 1F
vernünftig	reasonable 7A
verpassen	verpasst, verpasste, hat verpasst, to miss 14A
verschieden	different 4G
Verschmelzung	die, Verschmelzung, Verschmelzung, blending, contracting, contraction 2F
verschmolzen	contracted 11F
Versicherung	die, Versicherung, Versicherungen, insurance 4D
Verstand	der, Verstand(e)s, –, reason 11I
verstehen	versteht, verstand, hat verstanden, to understand 2A
versuchen	versucht, versuchte, hat versucht, to try 4F
vertieft	absorbed 12D
Vertrag	der, Vertrag(e)s, Verträge, contract 10D
vertraulich	vertrauliche Anrede familiar / informal way of address 4C
vertreten	vertritt, vertrat, hat vertreten, to stand for 15I
vervollständigen	vervollständigt, vervollständigte, hat vervollständigt, to complete 3C
verwandeln	verwandelt, verwandelte, hat verwandelt, verwandeln in to change (in)to 15C
Verwandte	der / die, Verwandten, Verwandten, relative 12A
verwenden	verwendet, verwendete, hat verwendet, to use, to provide 14C
verzweifeln	verzweifelt, verzweifelte, ist verzweifelt, to despair 5C
viel	wie viel? how much? 4D, nicht viel Geld not much money 6A, die Rechnung ist viel zu hoch the bill is far too high 10D
viele	mehr, meist-, many 1A
vielleicht	perhaps, maybe 4D
vierbeinig	four-legged 13I
Villa	die, Villa, Villen, villa 11D
Vision	die, Vision, Visionen, vision 15A
visionär	visionary 15A
Vogel	der, Vogels, Vögel, bird 13A
Vokal	der, Vokals, Vokale, vowel 6G
voll	full 4A
vollkommen	vollkommen deutlich completely clear 9C
Vollverb	das, Vollverbs, Vollverben, full verb 3C
voneinander	voneinander abweichen to deviate from one another 9F
vor	in front of, before 6C, vor dem Frühstück before breakfast 12F
vor allem	most of all, above all 3A, mainly 6F
vorbei-kommen	kommt vorbei, kam vorbei, ist vorbeigekommen, to pass by 13A
vorbereiten	bereitet vor, bereitete vor, hat vorbereitet, to prepare 11D
vordrängeln	drängelt sich vor, drängelte sich vor, hat sich vorgedrängelt, to jump the queue 4A

vorgehalten	mit vorgehaltener Pistole at gunpoint 6D		**wachsen**	wächst, wuchs, ist gewachsen, to grow 13I
vorgestern Abend	two nights ago 12D		**Wagen**	der, Wagens, Wagen, (shopping) trolley 4A, car 11D, carriage 14I
vorhanden	wenn keine Ergänzung vorhanden ist if there is no complement 6C		**Wahl**	die, Wahl, Wahlen, election 11A
vorher	before that 12D		**wählen**	wählt, wählte, hat gewählt, to choose 12D
vorhin	just now 10D		**wahnsinnig**	sie interessiert sich wahnsinnig für she is incredibly interested in 9D
vorkommen	kommt vor, kam vor, ist vorgekommen, are/is to be found 5I		**wahr**	nicht wahr? right? 2A
vorlesen	liest vor, las vor, hat vorgelesen, to read (something to someone) 13D		**während**	while 5A, during 8C
			Wahrheit	die, Wahrheit, Wahrheiten, truth 14I
Vormittag	der, Vormittags, Vormittage, morning, forenoon 4A		**Wald**	der, Wald(e)s, Wälder, forest, wood(s) 13A
vorn(e)	at the front 3G, nach vorn to the front 3F, vorn(e) stehen to be in front position 2G		**Wand**	die, Wand, Wände, wall 3D
			wandern	wandert, wanderte, ist gewandert, to walk 11I
Vorname	der, Vornamens, Vornamen, first name 1A		**wann**	when 2F, 10C, 10D
Vorschlag	der, Vorschlag(e)s, Vorschläge, suggestion 12D		**war**	→ sein 6A
vorsichtig	careful 12A		**wäre**	would be 12A, wäre gewesen would have been 14D, das wäre schön that would be great 15A → sein
Vorsilbe	die, Vorsilbe, Vorsilben, prefix 3G			
vorstehend	das vorstehende Muster the above example 5F		**waren**	→ sein 6F, 6I, 9D
			warm	wärmer, wärmst-, warm 14A
vorstellen	stellt es sich vor, stellte es sich vor, hat es sich vorgestellt, to imagine it 12C		**Warschau**	Warsaw, the Warsaw Ghetto 11I
			warst	→ sein 6F, 6I, 12F
vorüber	bis das Unwetter vorüber war until the storm was over 8D		**wart**	→ sein 6F
Vorvergangen-heit	die, Vorvergangenheit, –, pre-past 12F		**warten**	wartet, wartete, hat gewartet, to wait 2A
vorweggehen	geht vorweg, ging vorweg, ist vorweggegangen, to precede 15F		**warum**	why 2D
			was	= etwas, something 3A, was? what? 3F
W			**was für ein?**	was für einen Betrag? what amount? 5A, what (kind of)? 11D
Waage	die, Waage, Waagen, scales 5A			
waagerecht	across 2I			

waschen	wäscht, wusch, hat gewaschen, to wash, sich die Haare waschen to wash/shampoo one's hair 5D
Wasser	das, Wassers, Wasser, water 8D
Wasser-behälter	der, Wasserbehälters, Wasserbe-hälter, water container 8D
Wasserfläche	die, Wasserfläche, Wasserflä-chen, body of water 11D, area of water 13I
Weg	der, Weg(e)s, Wege, way, path 2D, Wege durch den Park path(way)s through the park 13I, weite Wege fahren to travel long distances 14D
weg	weg war er! off he went! 12D, weg mit dem Baum! let us get rid of the tree 13A
wegbringen	bringt weg, brachte weg, hat weggebracht, to take away 11D
wegen	because of 8A
wegfahren	fährt weg, fuhr weg, ist weggefahren, to go away 10A
weglassen	lässt weg, ließ weg, hat weggelassen to omit, to leave out 10G
Wehmut	die, Wehmut, –, sadness, melancholy 14I
weiblich	female, feminine 15I
Weide	die, Weide, Weiden, pasture 13D
weil	because 3D
Wein	der, Wein(e)s, Weine, wine 8I
Weinkarte	die, Weinkarte, Weinkarten, wine list 12D
weiß	white 3D
Weißbier	das, Weißbier(e)s, Weißbiere, a kind of beer popular in Bavaria 7I
weit	die große weite Welt the big wide world 5D, weite Wege fahren to travel long distances 14D, far away 14I
weitab	eine kleine, weitab gelegene Bucht a remote little bay 8D
weiter	eine weitere Form der Plural-bildung another way of forming the plural 4G, und so weiter and so on 8I,10D, ohne uns weiter zu beachten without paying any further attention to us 11D
welch	which 4F, what 15D
Welt	die, Welt, Welten, world 5D, 8D
Weltmeister	der, Weltmeisters, Weltmeister, world champion 9I
weltweit	weltweit beliebt popular all over the world 8I
wem	to whom, who ... to 3F, von wem? by whom?/who ... by? 11A
Wemfall	der, Wemfall(e)s, –, dative case 5C
wen	whom 3F, auf wen wartest du? who are you waiting for? 14I
wenig	little 2D, weniger less 8D, allein macht es weniger Spaß alone it is less fun 14I, sie hat selbst wenig gesagt she said little herself 15A
wenigstens	at least 12D
wenn	when, if 2D, given that 14A
wenn ... auch	even though 14A
wer	who 3F
Werbeanruf	der, Werbeanruf(e)s, Werbe-anrufe, marketing call 10D

werden	(Hilfsverb) wird, wurde, ist … worden, was werden sie kosten? what will they cost? 4A, von wem werden Gesetze gemacht? who are laws made by? 11A, die Pressefreiheit kann nicht abgeschafft werden the freedom of the press cannot be abolished 11A, Sie werden erwartet you are being expected 11D, die Tür wurde geöffnet the door was opened 11D, sie wird in eine kleine Wohnung ziehen she's going to move into a small flat 13A, sie wird schwimmen lernen she will learn to swim 14A, er wird verstanden he is/gets understood 15D
werden	(Vollverb) wird, wurde, ist … geworden, to become 8D, Opfer einer Flut werden to fall victim to a flood 8D, bekannt werden to become famous 8D, die beiden wurden ein Paar the two became a couple 14A
Werk	das, Werk(e)s, Werke, work(s) 10I
Wert	der, Wert(e)s, Werte, value 9I
wert	viele Millionen Dollar wert worth many millions of dollars 8D
wertlos	worthless, without value 5A
wesentlich	essential 14I
wessen	whose 15I
Western	der, Westerns, Western, western 2A
Wetter	das, Wetters, –, weather 9D
Wetterbericht	der, Wetterbericht(e)s, Wetterberichte, weather report/forecast 9I
Whisky	der, Whiskys, Whiskys, whisk(e)y 8I
wichtig	important 1G
widerrufen	widerruft, widerrief, hat widerrufen to cancel 10D
wie	how 1D, wie meinst du das? what do you mean by that? 13A
wie viel?	how much? 4D
wieder	again 3A
wiegen	wiegt, wog, hat gewogen, to weigh 2D
wild	wild 13I
will	→ wollen
winzig	tiny 9A
wirken	wirkt, wirkte, hat gewirkt, to appeal (to) 14I
wirklich	really 4A, real 12C
Wirklichkeit	die, Wirklichkeit, Wirklichkeiten, der Wirklichkeit entsprechen to correspond to reality 14C
Wirklichkeitsform	die, Wirklichkeitsform, Wirklichkeitsformen, indicative 14G
Wirt	der, Wirt(e)s, Wirte, landlord, pub owner 7D
Wirtschaftswunder	das, Wirtschaftswunders, Wirtschaftswunder, economic miracle 11I
wissen	weiß, wusste, hat gewusst, to know 2A
Witz	der, Witzes, Witze, joke 9A
wo	where 2A
Woche	die, Woche, Wochen, week 10D
woher	woher wissen sie das? how do they know that? 7A
wohin	where (to) 4G, wohin geht's denn? where are you off to? 10A
wohl	apparently 6A, sie hoffen wohl I suppose/guess they hope 12A, sich wohlfühlen to feel comfortable 12A

wohlfühlen	fühlt sich wohl, fühlte sich wohl, hat sich wohlgefühlt, to feel good/happy 1D, to feel comfortable 12A
wohnen	wohnt, wohnte, hat gewohnt, to live 5D, in einem Hotel wohnen to stay at a hotel 10A
Wohnung	die, Wohnung, Wohnungen, flat, apartment 1D, Wohnungen sind knapp housing is scarce 14D
Wohnungs-probleme	housing problems 14D
Wohnungs-suchender	der, Wohnungssuchenden, Wohnungssuchenden, flat hunter 14D
Wolf	der, Wolf(e)s, Wölfe, wolf 13D
wollen	will, wollte, hat gewollt, to want 2D, willst du damit sagen, dass …? do you mean to say that …? 8A, ihr wollt nach Weimar fahren you're going to Weimar 10A
Wort	das, Wort(e)s, Wörter, word 1C
Wörterbuch	das, Wörterbuch(e)s, Wörterbücher, dictionary 7I
wortlos	without a word, silently 11D
Wortstellung	die, Wortstellung, Wortstellungen, word order 2C
Wunder	das, Wunders, Wunder, miracle 14I
Wunderperle	die, Wunderperle, Wunderperlen, miracle pearl 8D
wunderschön	beautiful 14I
Wunsch	der, Wunsch(e)s, Wünsche, desire, der Wunsch nach Zustimmung the desire for approval 10G
wünschen	wünscht, wünschte, hat gewünscht, to wish 5A, sich etwas wünschen to wish for something 13A
würde	would 4D, would 12A, would be(come) 12A → werden
Wurst	die, Wurst, Würste, sausage 3A

Z

zahlen	zahlt, zahlte, hat gezahlt, to pay 3D
Zahlwort	das, Zahlwort(e)s, Zahlwörter, numeral 12G
zart	delicate 5A, tender 14I
zeigen	zeigt. zeigte, hat gezeigt, to show 3G
Zeile	die, Zeile, Zeilen, line 13I
Zeit	die, Zeit, Zeiten, time 1D
Zeitung	die, Zeitung, Zeitungen, newspaper 2A
zerstören	zerstört, zerstörte, hat zerstört, to destroy 11D
ziehen	zieht, zog, ist gezogen, to move 13A
ziemlich	fairly 7D, rather 12D
Zimmer	das, Zimmers, Zimmer, room 2A
zitieren	zitiert, zitierte, hat zitiert, to quote 15A
zittern	zittert, zitterte, hat gezittert, to tremble 6A
zu	zu wenig too little 3D, zu kurz too short 5D, zu groß too large 14F
Zug	der, Zug(e)s, Züge, train 11D
zugeben	gibt zu, gab zu, hat zuge-geben, to admit 6A
Zugehörigkeit	die, Zugehörigkeit, Zugehörig-keiten, membership 8C
Zukunft	die, Zukunft, –, future 4C
Zukunfts-bezug	der, Zukunftsbezug(e)s, Zukunftsbezüge, reference to the future 9C
zunächst	first (of all) 3G

zurechtkommen	kommt zurecht, kam zurecht, ist zurechtgekommen, to get by 4D, to get along 15D	**zusammenbringen**	bringt zusammen, brachte zusammen, hat zusammengebracht, to bring together 1I
zurechtrücken	rückt zurecht, rückte zurecht, hat zurechtgerückt, to adjust 12D	**Zusammensetzung**	die, Zusammensetzung, Zusammensetzungen, compound 9I
zurück	hin und zurück there and back 10A	**zusätzlich**	additional, added 3C
zurückbekommen	bekommt zurück, bekam zurück, hat zurückbekommen, to get back 5A	**zusehen**	sieht zu, sah zu, hat zugesehen, to watch 5A
		Zusteller	der, Zustellers, Zusteller, delivery driver 4D
zurückbeziehen	bezieht sich zurück, bezog sich zurück, hat sich zurückbezogen, to refer back (to) 9F	**Zutat**	die, Zutat, Zutaten, ingredient 7I
zurückgeben	gibt zurück, gab zurück, hat zurückgegeben, to return, to give back 5A	**Zweck**	der, Zweck(e)s, Zwecke, purpose 6F
		Zweifel	der, Zweifels, Zweifel, doubt 10G
zurückzahlen	zahlt zurück, zahlte zurück, hat zurückgezahlt, to repay 5A	**zweifeln**	zweifelt, zweifelte, hat gezweifelt, to doubt 14I
zusammen	together 3D	**Zweig**	der, Zweig(e)s, Zweige, twig, branch 13I
zusammenbleiben	bleibt zusammen, blieb zusammen, ist zusammengeblieben, to stay together 3C	**zweit-**	der zweite Teil the second part 12F, Hamburg ist die zweitgrößte Stadt Deutschlands Hamburg is Germany's second largest city 12I
		zwischen	between 3C

DIE WICHTIGSTEN UNREGELMÄSSIGEN VERBEN

Zusammengesetzte Verben wie *anfangen, bedenken* und *zugeben* sind nicht in der
Liste enthalten. Ihre Formen können Sie unter dem jeweiligen Grundverb finden:
For compound verbs see the basic verbs contained in them:
anfangen → fangen, einschlafen → schlafen, zugeben → geben usw.

Das Partizip II eines zusammengesetzten Verbs beginnt mit seiner Vorsilbe
(also nicht grundsätzlich mit *ge-*):
The past participle of a compound verb starts with its prefix
(i.e. not routinely with *ge-*):
denken → gedacht, aber *bedenken →bedacht*
bringen → gebracht, aber *mitbringen → mitgebracht*
lassen → gelassen, aber *verlassen → verlassen*

Die Formen aller Verben, die im obligatorischen Teil dieses Buches vorkommen,
finden Sie auch im Wortregister (S. 236 – 281). Dort können Sie im Zweifel also auch
die zusammengesetzten Verben nachschlagen.
The principal parts of all verbs from the obligatory sections of this book are also to be
found in the Wortregister (pp. 236 – 281).

Infinitiv	Präsens 3. Pers. Sing.	Präteritum 3. Pers. Sing.	Perfekt 3. Pers. Singular	English translation
befehlen	befiehlt	befahl	hat befohlen	command
beginnen	beginnt	begann	hat begonnen	begin
beißen	beißt	biss	hat gebissen	bite
betrügen	betrügt	betrog	hat betrogen	cheat
biegen	biegt	bog	hat gebogen	bend
bieten	bietet	bot	hat geboten	offer
binden	bindet	band	hat gebunden	bind
bitten	bittet	bat	hat gebeten	request
blasen	bläst	blies	hat geblasen	blow
bleiben	bleibt	blieb	ist geblieben	remain
braten	brät	briet	hat gebraten	fry
brechen	bricht	brach	hat / ist gebrochen	break
brennen	brennt	brannte	hat gebrannt	burn
bringen	bringt	brachte	hat gebracht	bring
denken	denkt	dachte	hat gedacht	think
dürfen	darf	durfte	hat gedurft	be allowed to
einladen	lädt ein	lud ein	hat eingeladen	invite
empfangen	empfängt	empfing	hat empfangen	receive
empfehlen	empfiehlt	empfahl	hat empfohlen	recommend

empfinden	empfindet	empfand	hat empfunden	perceive
erleiden	erleidet	erlitt	hat erlitten	suffer
erlöschen	erlischt	erlosch	ist erloschen	(light:) go out
erraten	errät	erriet	hat erraten	guess
erschrecken	erschrickt	erschrak	ist erschrocken	be startled
erwägen	erwägt	erwog	hat erwogen	consider
erweisen	erweist	erwies	hat erwiesen	render
essen	isst	aß	hat gegessen	eat
fahren	fährt	fuhr	ist / hat gefahren	go, drive
fallen	fällt	fiel	ist gefallen	fall
fangen	fängt	fing	hat gefangen	catch
finden	findet	fand	hat gefunden	find
fliegen	fliegt	flog	ist / hat geflogen	fly
fliehen	flieht	floh	ist geflohen	flee
fließen	fließt	floss	ist geflossen	flow
fressen	frisst	fraß	hat gefressen	(animal:) eat
frieren	friert	fror	hat gefroren	be cold
geben	gibt	gab	hat gegeben	give
gedeihen	gedeiht	gedieh	ist gediehen	thrive
gefrieren	gefriert	gefror	ist gefroren	freeze
gehen	geht	ging	ist gegangen	go
gelingen	gelingt	gelang	ist gelungen	succeed
gelten	gilt	galt	hat gegolten	be valid
genießen	genießt	genoss	hat genossen	enjoy
geschehen	geschieht	geschah	ist geschehen	happen
gewinnen	gewinnt	gewann	hat gewonnen	win
gießen	gießt	goss	hat gegossen	pour
gleichen	gleicht	glich	hat geglichen	resemble
gleiten	gleitet	glitt	ist geglitten	glide
graben	gräbt	grub	hat gegraben	dig
greifen	greift	griff	hat gegriffen	grasp
haben	hat	hatte	hat gehabt	have
halten	hält	hielt	hat gehalten	hold; stop
hängen	hängt	hing	hat gehangen	hang

hauen	haut	haute	hat gehauen	hit
heben	hebt	hob	hat gehoben	lift
heißen	heißt	hieß	hat geheißen	be called
helfen	hilft	half	hat geholfen	help
kennen	kennt	kannte	hat gekannt	know
klingen	klingt	klang	hat geklungen	sound
kommen	kommt	kam	ist gekommen	come
können	kann	konnte	hat gekonnt	be able to
kriechen	kriecht	kroch	ist gekrochen	crawl
laden	lädt	lud	hat geladen	load
lassen	lässt	ließ	hat gelassen	let
laufen	läuft	lief	ist gelaufen	run
leiden	leidet	litt	hat gelitten	suffer
leihen	leiht	lieh	hat geliehen	lend
lesen	liest	las	hat gelesen	read
liegen	liegt	lag	hat gelegen	lie
lügen	lügt	log	hat gelogen	(tell) lie(s)
meiden	meidet	mied	hat gemieden	avoid
messen	misst	maß	hat gemessen	measure
misslingen	misslingt	misslang	ist misslungen	fail
mögen	mag	mochte	hat gemocht	like
müssen	muss	musste	hat gemusst	have to
nehmen	nimmt	nahm	hat genommen	take
nennen	nennt	nannte	hat genannt	call
pfeifen	pfeift	pfiff	hat gepfiffen	whistle
preisen	preist	pries	hat gepriesen	praise
raten	rät	riet	hat geraten	advise; guess
reiben	reibt	rieb	hat gerieben	rub
reißen	reißt	riss	hat / ist gerissen	tear
reiten	reitet	ritt	hat / ist geritten	ride (a horse)
rennen	rennt	rannte	ist gerannt	run
riechen	riecht	roch	hat gerochen	smell
ringen	ringt	rang	hat gerungen	wrestle
rinnen	rinnt	rann	ist geronnen	flow

rufen	ruft	rief	hat gerufen	call
saufen	säuft	soff	hat gesoffen	(animal:) drink
saugen	saugt	sog / saugte	hat gesogen / gesaugt	suck
schaffen	schafft	schuf	hat geschaffen	create
scheiden	scheidet	schied	hat / ist geschieden	depart
scheinen	scheint	schien	hat geschienen	seem; shine
scheißen	scheißt	schiss	hat geschissen	shit
schieben	schiebt	schob	hat geschoben	push
schießen	schießt	schoss	hat geschossen	shoot
schlafen	schläft	schlief	hat geschlafen	sleep
schlagen	schlägt	schlug	hat geschlagen	beat; hit
schleichen	schleicht	schlich	ist geschlichen	creep
schleifen	schleift	schliff	hat geschliffen	grind
schließen	schließt	schloss	hat geschlossen	shut
schmeißen	schmeißt	schmiss	hat geschmissen	throw
schmelzen	schmilzt	schmolz	ist geschmolzen	melt
schneiden	schneidet	schnitt	hat geschnitten	cut
schreiben	schreibt	schrieb	hat geschrieben	write
schreien	schreit	schrie	hat geschrien	scream
schweigen	schweigt	schwieg	hat geschwiegen	say nothing
schwellen	schwillt	schwoll	ist geschwollen	swell
schwimmen	schwimmt	schwamm	ist / hat geschwommen	swim
schwinden	schwindet	schwand	ist geschwunden	disappear
schwören	schwört	schwor	hat geschworen	swear
sehen	sieht	sah	hat gesehen	see
sein	ist	war	ist gewesen	be
senden	sendet	sandte / sendete	hat gesandt / gesendet	send
singen	singt	sang	hat gesungen	sing
sinken	sinkt	sank	ist gesunken	sink
sitzen	sitzt	saß	hat gesessen	sit
sollen	soll	sollte	hat gesollt	be (supposed) to
sprechen	spricht	sprach	hat gesprochen	speak
springen	springt	sprang	ist gesprungen	jump
stechen	sticht	stach	hat gestochen	sting

stehen	steht	stand	hat gestanden	stand
stehlen	stiehlt	stahl	hat gestohlen	steal
steigen	steigt	stieg	ist gestiegen	rise
sterben	stirbt	starb	ist gestorben	die
stinken	stinkt	stank	hat gestunken	stink
stoßen	stößt	stieß	hat / ist gestoßen	bump
streichen	streicht	strich	hat gestrichen	cancel
streiten	streitet	stritt	hat gestritten	quarrel
tragen	trägt	trug	hat getragen	carry; wear
treffen	trifft	traf	hat getroffen	meet; hit
treiben	treibt	trieb	hat / ist getrieben	drive; drift
treten	tritt	trat	ist / hat getreten	step; kick
trinken	trinkt	trank	hat getrunken	drink
trügen	trügt	trog	hat getrogen	deceive
tun	tut	tat	hat getan	do
verderben	verdirbt	verdarb	hat / ist verdorben	spoil
vergessen	vergisst	vergaß	hat vergessen	forget
verlieren	verliert	verlor	hat verloren	lose
verschleißen	verschleißt	verschliss	hat verschlissen	wear out
verschwinden	verschwindet	verschwand	ist verschwunden	disappear
verzeihen	verzeiht	verzieh	hat verziehen	excuse
wachsen	wächst	wuchs	ist gewachsen	grow
waschen	wäscht	wusch	hat gewaschen	wash
weichen	weicht	wich	ist gewichen	give way
weisen	weist	wies	hat gewiesen	point
werben	wirbt	warb	hat geworben	advertise
werden	wird	wurde	ist geworden	become
werfen	wirft	warf	hat geworfen	throw
wiegen	wiegt	wog	hat gewogen	weigh
wissen	weiß	wusste	hat gewusst	know
wollen	will	wollte	hat gewollt	want (to)
ziehen	zieht	zog	hat / ist gezogen	pull; move
zwingen	zwingt	zwang	hat gezwungen	force

Titel und Rücktitel:

© Getty Images/DigitalVision/Hinterhaus Productions

Umschlaginnenseite hinten:

© Digital Wisdom

Fotos Innenteil:

S. 7: © Thinkstock/iStock/monkeybusinessimages   **S. 8**: © Getty Images/E+/fstop123   **S. 9**: © tomhanisch – stock.adobe.com   **S. 10**: © Carl-J. Bautsch – stock.adobe.com   **S. 13**: links © Thinkstock/iStock/Bartek-Szewczyk, rechts © Quade – stock.adobe.com   **S. 14**: © jeepbabes – stock.adobe.com   **S. 17**: oben © Carl-J. Bautsch – stock.adobe.com, unten © iStockphoto/querbeet   **S. 18**: © Vlada Z – stock.adobe.com   **S. 19**: © AntonioDiaz – stock.adobe.com   **S. 21**: © melanie – stock.adobe.com   **S. 23**: © Thinkstock/iStock/Gaussian_Blur   **S. 25**: © Kara – stock.adobe.com   **S. 27**: © Thomas Reimer – stock.adobe.com   **S. 29**: © Getty Images/iStock/al_la   **S. 31**: © Thinkstock/iStock/GeorgeRudy   **S. 33**: © stockphoto-graf – stock.adobe.com   **S. 35**: © keiforce – stock.adobe.com   **S. 36**: © mw47 – stock.adobe.com   **S. 37**: © Monkey Business – stock.adobe.com   **S. 41**: © Kadmy – stock.adobe.com   **S. 43**: © Kzenon – stock.adobe.com   **S. 45**: © gpointstudio – stock.adobe.com   **S. 49**: © ninelutsk – stock.adobe.com   **S. 53**: © Drobot Dean – stock.adobe.com   **S. 54**: © Digital Wisdom   **S. 55**: © WavebreakmediaMicro – stock.adobe.com   **S. 57**: © Thomas Reimer – stock.adobe.com   **S. 58**: © Thinkstock/iStock/nicoletta9907   **S. 61**: © Nichizhenova Elena – stock.adobe.com   **S. 65**: oben © Marc McRaw – stock.adobe.com, unten © ernstboese – stock.adobe.com   **S. 67**: © Thinkstock/iStock/SAKDAWUT14   **S. 69**: © VRD – stock.adobe.com   **S. 72**: © Thinkstock/iStock/hansenn   **S. 73**: © PantherMedia/mattomedia   **S. 77**: © PantherMedia/Andrey-Popov   **S. 79**: © Thinkstock/iStock/dolgachov   **S. 81**: © industriblick – stock.adobe.com   **S. 85**: © Thinkstock/iStock/HandmadePictures   **S. 87**: © SeanPavonePhoto – stock.adobe.com   **S. 89**: oben © creative studio – stock.adobe.com, unten © Thinkstock/iStock/bonchan   **S. 91**: © Thinkstock/iStock/Valentyn-Volkov   **S. 93**: © Thinkstock/iStock/Sigefride   **S. 96**: © Johannes Rigg – stock.adobe.com   **S. 97**: © Thinkstock/iStock/prchaec   **S. 101**: © GettyImages/iStock/NejroN   **S. 103**: © Thinkstock/Wavebreak Media Ltd   **S. 105**: © Ralf Geithe – stock.adobe.com   **S. 109**: © Antonio Gravante – stock.adobe.com   **S. 113**: oben © AOK-Mediendienst, unten © Goss Vitalij – stock.adobe.com   **S. 115**: © steschum – stock.adobe.com   **S. 117**: © laguna35 – stock.adobe.com   **S. 121**: © Minerva Studio – stock.adobe.com   **S. 125**: © Juulijs – stock.adobe.com   **S. 126**: © picture alliance/akg-images   **S. 127**: © Dusko – stock.adobe.com   **S. 129**: © Photocreo Bednarek – stock.adobe.com   **S. 133**: © Aliencat – stock.adobe.com   **S. 137**: © Thinkstock/iStock/chris-mueller   **S. 139**: © nelsonaishikawa – stock.adobe.com   **S. 141**: © contrastwerkstatt – stock.adobe.com   **S. 145**: © Thinkstock/iStock/Marjan_Apostolovic   **S. 149**: © fotolia/Markus Schieder   **S. 151**: © Martin Debus – stock.adobe.com   **S. 153**: © Thinkstock/iStock/Thomas_Zsebok_Images   **S. 157**: © giorgia pesarini – stock.adobe.com   **S. 161**: © rohappy – stock.adobe.com   **S. 163**: © goodluz – stock.adobe.com   **S. 165**: © Thinkstock/moodboard/Mike Watson Images   **S. 167**: © pinkomelet – stock.adobe.com   **S. 169**: © Matthias Stolt – stock.adobe.com   **S. 173**: © Thinkstock/iStock/LianeM   **S. 175**: © Thinkstock/Ingram Publishing   **S. 177**: © Thinkstock/iStock/AndreyPopov   **S. 179**: © Jeanette Dietl – stock.adobe.com   **S. 181**: © Thinkstock/iStock/DGimages   **S. 185**: © Vic – stock.adobe.com   **S. 186**: © Lucky Business – stock.adobe.com

Bildredaktion:

Cornelia Hellenschmidt, Hueber Verlag, München

Inhalt der MP3-Dateien (MP3-CD und kostenloser Download unter www.hueber.de/audioservice):

© 2018 Hueber Verlag GmbH & Co. KG, München

Sprecher:

Nils Dienemann, Hubertus von Lerchenfeld, Anke Kortemeier, Verena Rendtorff, Hans G. Hoffmann

Produktion:

Tonstudio Langer, 85375 Neufahrn, Deutschland

DIE GRÖSSTEN DEUTSCHSPRACHIGEN LÄNDER

Deutschland

Einwohnerzahl:	82,5 Millionen
Bevölkerungsdichte:	231 Einwohner pro Quadratkilometer
Sprache:	Deutsch
Religion:	katholisch 28,5%, evangelisch 26,5%, muslimisch 4,9%
Währung:	der Euro
Lebenserwartung bei Geburt:	männlich 78, weiblich 83 Jahre
Ärzte je 1000 Einwohner:	3,73
Autos je 1000 Einwohner:	548
Erfolgreichster Fußballverein:	FC Bayern München
Hauptstadt und größte Stadt:	Berlin (3,7 Millionen Einwohner)
Höchster Berg:	die Zugspitze (2962 Meter)
Längster Fluss:	der Rhein
Größter See:	der Bodensee
Zugang zum Meer:	ja – die Nordsee, die Ostsee

Österreich

Einwohnerzahl:	8,8 Millionen
Bevölkerungsdichte:	105 Einwohner pro Quadratkilometer
Hauptsprache:	Deutsch
Religion:	katholisch 58,8%, evangelisch 3,4%, muslimisch 8%
Währung:	der Euro
Lebenserwartung bei Geburt:	männlich 79, weiblich 84 Jahre
Ärzte je 1000 Einwohner:	2,28
Autos je 1000 Einwohner:	550
Erfolgreichster Fußballverein:	SK Rapid Wien
Hauptstadt und größte Stadt:	Wien (1,8 Millionen Einwohner)
Höchster Berg:	der Großglockner (3798 Meter)
Längster Fluss:	die Donau
Größter See:	der Neusiedler See
Zugang zum Meer:	nein

die Schweiz

Einwohnerzahl:	8,5 Millionen
Bevölkerungsdichte:	204 Einwohner pro Quadratkilometer
Hauptsprachen:	Deutsch 65%, Französisch 23%, Italienisch 8%
Religion:	katholisch 38%, evangelisch 26%, muslimisch 5%
Währung:	Schweizer Franken
Lebenserwartung bei Geburt:	männlich 81,5, weiblich 85,3 Jahre
Ärzte je 1000 Einwohner:	3,57
Autos je 1000 Einwohner:	543
Erfolgreichster Fußballverein:	Grasshopper Club Zürich
Größte Stadt:	Zürich (400 000 Einwohner)
Bundesstadt (Regierungssitz):	Bern (140 000 Einwohner)
Höchster Berg:	die Dufourspitze (4634 Meter)
Längster Fluss:	der Rhein
Größter See:	der Genfersee
Zugang zum Meer:	nein

% = Prozent